明德并购重组前沿丛书

兼并、收购和公司重组

教材与案例

钱坦拉斯卡尔·克里希纳穆迪（Chandrasekhar Krishnamurti）
维什瓦纳特·S. R.（Vishwanath S. R.） 主编

李曜 译

Mergers, Acquisitions and Corporate Restructuring
Text and Cases

上海财经大学出版社
SHANGHAI UNIVERSITY OF FINANCE & ECONOMICS PRESS

上海学术·经济学出版中心

图书在版编目(CIP)数据

兼并、收购和公司重组：教材与案例/(印)钱坦拉斯卡尔·克里希纳穆迪 (Chandrasekhar Krishnamurti)，(印)维什瓦纳特·S. R. (Vishwanath S. R.)主编；李曜译. 一上海：上海财经大学出版社，2024.1

(明德并购重组前沿丛书)

书名原文：Mergers, Acquisitions and Corporate Restructuring: Text and Cases

ISBN 978-7-5642-3945-9/F·3945

Ⅰ.①兼… Ⅱ.①钱… ②维… ③李… Ⅲ.①公司—企业合并—研究 Ⅳ.①F276.6

中国版本图书馆 CIP 数据核字(2022)第 013105 号

图字：09-2021-0854 号

Mergers, Acquisitions and Corporate Restructuring
Chandrasekhar Krishnamurti, Vishwanath S. R.

© Chandrasekhar Krishnamurti and Vishwanath S. R., 2018
All Rights Reserved. No part of this book may be reproduced or utilized in any form or by any means, electronic or mechanical, including photocopying, recording or by any information storage or retrieval system, without permission in writing from the publisher.
CHINESE SIMPLIFIED language edition published by SHANGHAI UNIVERSITY OF FINANCE AND ECONOMICS PRESS, Copyright © 2024.

2024 年中文版专有出版权属上海财经大学出版社
版权所有　翻版必究

□ 责任编辑　刘晓燕
□ 封面设计　贺加贝

兼并、收购和公司重组
教材与案例

钱坦拉斯卡尔·克里希纳穆迪(Chandrasekhar Krishnamurti)
维什瓦纳特·S. R. (Vishwanath S. R.)　主编
李　曜　译

上海财经大学出版社出版发行
(上海市中山北一路 369 号　邮编 200083)
网　　址：http://www.sufep.com
电子邮箱：webmaster@sufep.com
全国新华书店经销
上海华业装潢印刷厂有限公司印刷装订
2024 年 1 月第 1 版　2024 年 1 月第 1 次印刷

787mm×1092mm　1/16　22.75 印张(插页：2)　444 千字
定价：116.00 元

总　序

并购重组(merger,acquisition,restructuring,以下简称 MAR),来自西方英语世界,也是商学院一门金融、财务和战略方向的必修课程。因为属于外来词汇,汉语词库中并无精确词语完全对应这一概念,所以借鉴西方典籍了解 MAR,就是一个必然途径,也是一个捷径。引进、翻译西方的并购重组书籍,有助于更多的读者了解当代西方的并购重组理论与实践经验。

外来的和尚会念经。从唐玄奘为学佛法,取经西天之日起,我国就有了取经的传统。当年历经千难万险,方能取回真经。而今独守书斋,即可纵览天下典籍,不亦幸哉快哉!

翻译过程,实乃人生之辛苦事,对于专业书籍来说,除了对于至关重要的遣词用语需要中英文转换、领会原文的专业本意以外,还要能够精确理解涉及的理论专业名词和背景,否则,绝无翻译成功之可能。本套丛书由上海财经大学金融学院的专业教师牵头翻译,部分指导的研究生进行了初稿翻译,之后由教师校阅、修改并最终定稿。

这套书目前共 7 本。

第一本《铁血并购》,作者是美国弗吉尼亚大学达顿商学院的罗伯特·布鲁纳教授,他是学界和业界均有影响力的学者。达顿商学院的并购案例教学举世闻名,众多世界名校的 MAR 课程均采用达顿商学院的教学案例。这是一本作为商学院教科书的案例集,系统总结了 20 世纪 90 年代至 21 世纪第一个 10 年的美国重大并购失败案例。

第二本《重大转折——并购失败中的教训》,作者是麦肯锡顾问公司并购咨询委员会成员罗伯特·斯坦凡诺斯基,他曾在美国通用电气(GE)公司多个下属机构担任 CEO,并且担任过瑞士银行 UBS 投行部的财务总监。该书聚焦于 2008 年全球金融危机爆发以来,英美国家发生的重大并购失败案例分析,特别是有多个银行、证券等金融机构的并购案,从全流程中总结了"并购准备—执行—整合"的经验教训。

第三本《兼并、收购和公司重组——教材与案例》(原书第 2 版),由两位印度教授克里希纳穆迪和维什瓦纳特合著,这是一本发展中国家学者编写的 MAR 教材,案例多取材于印度企业。因此若读者欲了解印度企业的并购重组,则本书提供了大量有益的信息。

第四本《欧洲私募股权和风险投资：市场、技术和交易》(原书第 2 版)，作者是意大利博洛科尼大学(Bocconi University)商学院的两位教授斯特凡诺·卡塞利和朱莉亚·内格里，他们基于欧洲的实践，对私募股权和风险投资市场做了分析，其中讨论了 PE/VC 对并购、杠杆收购、转型重组等的参与，书中涉猎了私募债、PE 二级市场交易、公私合营项目 PPP、私募股权管理公司上市、众筹等新话题，该书覆盖了 PE/VC 的业务流程各领域，是了解行业前沿的好作品。

第五、六本均为《并购的艺术》系列著作。《并购的艺术》诞生于 1989 年，是较早的一本"收购兼并买断指南"，目的是向社会和业界解释并购及重组交易的全过程。该系列丛书的独辟蹊径之处在于：应用苏格拉底式的刨根问底的方法，提出一系列连珠炮式的问题，然后进行解答。通过这个过程，以模拟"思辨式思考"的创新探索过程。因为作者认为"没有愚蠢的问题，也没有人会因为提问题而变成傻瓜，除非他停止提问"。该系列丛书的创办者是亚历山德拉·里德·拉茹，她是从事并购重组的咨询顾问，之后她的一些合作者及其女儿也参加进来。这套书对金融实务界的影响颇大，成为整个并购重组行业的一束火炬，照亮了行业前进的道路(我国的华夏出版社 1998 年引进翻译过当时的这套丛书)。2016 年《并购的艺术》新系列出版，反映了并购重组实践中的新进展。第五本《并购的艺术——公司估值指南》，介绍了估值中常用的现金流折现和可比公司法等，更分析了估值前沿的一些问题，如或有补偿、税务和法律对估值的影响等，给出了估值模型举例分析。第六本《并购的艺术——合并、收购和买断指南》是经典的系列开篇之作的第 5 个版本，出版于 2019 年，作者是亚历山德拉·里德·拉茹及其创办的资本专家服务有限公司，这是一本百科全书式的指南，厚达 1 200 多页，自 1989 年以来更新了 5 版，在全球并购重组业内享有重要影响力。该书对美国并购重组的现实特别是有关法律问题做了最新的展示和分析。既然叫指南，就是如何操作之意，一本在手，可以大致了解并购重组的全貌。

第七本《跨境并购》揭开了跨国并购的神秘面纱，内容包括从初步协议和尽职调查，到评估、结构、融资和最终完成交易的全过程。它从理论和实证的角度研究了跨国并购的动机和效率。作者巧妙地确定了跨国并购所面临的障碍，重点介绍了并购前的控制法律和法规特别是美国、欧盟和中东的法律和法规。本书还考虑到了监管改革包括放松合并管制和其他关键改革建议的影响。经济、法律、投行等专业人员将获得克服与跨境交易相关的独特障碍的实际理解，政策制定者也会发现书中提供的信息和标准是评估和设计政策的有用工具。

"明德并购重组前沿丛书"的命名和诞生，与武飞先生的义举有着关键关系。"明德"一词，出自《礼记·大学》，所谓"大学之道，在明明德"。采用此名，则为武飞先生的建议。武飞先生，是上海道得投资合伙企业的创始合伙人。作为20世纪90年代上海财经大学的本科毕业生，曾留校短暂工作了一段时间，终于被时代的经济大潮所吸引，就此成为我国经济改革开放事业中的弄潮儿。二十多年来，他在并购重组领域积累了丰富的经验，同时也积累了一些财富。由于他割舍不断与母校的情感，于是自2017年始，武飞先生决定捐助母校的教育事业。他出资捐赠上海财经大学，用于教学科研、大学生领导力培养、楼宇建设等，其中一项就是捐助用于并购重组的学科研究，包括出版"明德并购重组前沿丛书"。

说来事巧，我们曾于1998年国泰君安证券公司组建后的首届并购部中相识。彼时，武飞先生刚从大学跃入业界，李曜先生则在证券公司兼职工作。两人的办公桌就隔着一米宽的走道。每天清晨，武飞必泡上一壶绿茶，李曜则在浏览当天的报纸和财经信息，二人交流观点、畅谈资本市场。人生奇妙，二十年后，李曜从事着公司金融、并购重组的教学与科研，武飞从事着并购重组的业务实践，李曜成为大学教授和知名学者，武飞成为著名的金融投资家和母校校董。在不同的人生轨道上漫游了一圈之后，又有了交汇的一刻。光阴荏苒，因缘不断，一切由于资本市场并购重组的事业。

我们致敬我国资本市场并购重组事业的发展，相信这一块业务必能获得更大的蓬勃发展空间。希望读者不用言必称希腊，采取拿来主义的态度即可，打开"明德并购重组前沿丛书"，开卷有益，从中获得指引和指南。成功经验的圭臬是什么？失败教训的覆辙有哪些？从而趋利避害，走向成功。

武　飞　上海道得投资有限合伙企业创始人
　　　　上海财经大学校董
李　曜　上海财经大学金融学教授
2021年6月30日

主编和各章作者

作者

钱坦拉斯卡尔·克里希纳穆迪(Chandrasekhar Krishnamurti)是澳大利亚南昆士兰大学商学院金融学教授。他曾在新加坡国立大学、新加坡南洋商学院、莫纳什大学、奥克兰理工大学和印度理工学院(班加罗尔)担任教职。他拥有美国爱荷华大学的金融学博士学位,曾在《金融管理》(*Financial Management*)、《银行与金融杂志》(*Journal of Banking and Finance*)、《公司金融杂志》(*Journal of Corporate Finance*)和《金融研究杂志》(*Journal of Financial Research*)等主要国际期刊上发表文章。他的研究方向是市场微观结构公司治理、新兴市场、国际金融和碳融资。

维什瓦纳特·S. R. (Vishwanath S. R.)是希夫·纳达尔大学管理与创业学院的金融学教授。他曾在 S. P. Jain 管理学院、T. A. Pai 管理学院、沙迦阿联酋银行和金融研究所与那格浦尔管理技术研究所从事科研学术工作,2006-2007 年担任印度浦那塔塔管理培训中心的顾问。他是 Ruth Greene 纪念奖、最佳工作室案例奖、北美案例研究协会的 Jonathan Welch 奖和 Unilever-Dewang Mehta 财务管理最佳教授奖的获得者。被提名入选世界名人录和麦金斯世界名人录。撰写了 6 本书和 80 个案例,涉及公司金融、投资管理、收购和公司重组。他的研究考察了证券交易所的交易机制,家族企业的业绩和风险承担,IPO 公司的认证价值和分析师建议,税收对投资者和公司行为的影响,以及主要投资者在 IPO 市场中所起的作用。曾在欧洲金融管理协会亚洲会议、亚洲金融协会年会、企业融资特别新兴市场会议、金融市场和公司治理会议以及北美案例研究协会(NACRA)年会等主要全球会议上展示研究成果。

各章作者

迦什克兰·阿诺拉(Jaskiran Arora)是古尔冈 BML Munjal 大学会计学教授。她发表了 20 多篇关于会计、金融和教育的学术文章。

沙伦·汉尼斯(Sharon Hannes)是特拉维夫伯克利高管法律硕士项目的负责人,

该项目是特拉维夫大学和加州大学伯克利分校培养高级律师、法律顾问和法官的联合项目。沙伦在特拉维夫大学法学院教授公司、法律和经济学，包括针对外国发行人的美国证券监管等课程。2003年秋，他是美国西北大学法学院的访问教授。他拥有哈佛大学法学院的法学博士学位，并在那里获得了Byse奖学金。他拥有特拉维夫大学的法学学士和会计学学士学位以及纽约大学法学院的企业研究法学硕士学位，并获得了Hauser全球奖学金。

匹塔巴斯·莫汉提(Pitabas Mohanty)是印度泽维尔管理学院教授。他是班加罗尔印度管理学院的研究员，他的研究曾在UTI研究所资本市场等会议上获得了国家级奖项。他分别于1999年和2002年获得了AIMS最佳研究论文奖和最佳青年教师奖。他是博迪、凯恩、马库斯的热门教材《投资学》的印度版的合作者，该书由塔塔麦格劳-希尔公司出版。

杜迦·普拉萨德(Durga Prasad)是T. A. Pai管理学院的副教授。他在一些最好的管理学院拥有19年的教学经验，在各种期刊上发表众多文章和案例。

拉汉文·劳(Raghavendra Rau)在英国剑桥大学迦杰商学院担任Evelyn de Rothschild主席，曾是美国普渡大学克兰纳特管理研究生院的副教授。他拥有法国INSEAD的金融学博士学位，曾在所有主要财经期刊上发表过文章，如《金融杂志》《商业杂志》《金融经济学杂志》和《金融研究评论》。劳教授目前的研究领域是实证金融和信息经济学，他的研究主要集中在市场框架中的并购以及参与者获取和利用信息。在最近的一些论文中，他研究了网络泡沫中公司名称变更的估值影响、中国内地和中国香港上市公司的利益侵占问题、共同基金清盘的估值影响，以及明星分析师离职对投资银行市场份额的影响。劳教授的主要教学兴趣是公司金融。

科雷·罗森(Corey Rosen)是美国员工所有权中心(NCEO)的执行董事和联合创始人，该中心是美国加利福尼亚州奥克兰市的一家私人非营利性会员制信息和研究机构，NCEO被普遍认为是员工所有权计划的权威来源。1981年，他作为美国国会参议院的专业人员工作了五年，共同创立了NCEO，在那里他帮助起草了关于员工所有权计划的立法。在此之前，他在美国威斯康星州里彭学院教授政治学。他是关于员工所有权的100多篇文章的作者或合作者。他与约翰·凯斯共同合著《公平：为什么员工所有权对企业有利》(2005)。2000年8月，他在《公司》杂志上接受了采访，经常出现在CNN、PBS、NPR和其他网络节目中，并经常被《华尔街日报》《纽约时报》和其他主要出版物引用。他拥有美国康奈尔大学的政治学博士学位，并在注册股权职业研究院的顾问委员会担任职务。

库伯·辛格(Kulbir Singh)是那格浦尔管理技术研究所的副教授。他在《国际应用金融研究杂志》《亚洲案例研究杂志》和《CASE杂志》发表多篇论文和案例。他因北美案例研究协会的案例撰写而获得多个奖项。

卡·桑卡兰(K. Sankaran)是卡纳塔克邦的 K. S. Hegde 管理学院院长。他拥有印度理工学院的技术学士学位、班加罗尔印度管理学院的 PGDM 硕士学位和美国俄亥俄州肯特州立大学的博士学位。他在美国、东亚和印度拥有多年的工作经验,他曾工作于英国的斯特拉斯克莱德大学、沙迦大学、S. P. Jain 管理学院和 T. A. Pai 管理学院。除了学术界,他还拥有多年的项目管理和管理咨询经验。

前　言

近年来，全球并购（M&A）交易量平均为 5 万亿美元，达到数十亿美元的交易并不罕见。例如，2006 年英国的米塔尔钢铁公司（Mittal Steel）以 230 亿美元的价格收购了法国的阿塞洛（Arcelor），成为世界最大的钢铁公司，占世界钢铁产量的 10%。并购交易量和规模的增加，提高了对分析交易结构的合理实用框架的需求。本书侧重于股权的购买和出售，并考虑并购交易的设计。书中包括的模块有搜寻收购目标、分析价值驱动因素和目标估值、交易对价设计、并购的实物期权视角、会计和税务因素、跨境收购以及股权和债务合约重组等。在这个修订版中，我们整合了七个简短的案例和六个完整的教学案例，教师可以使用这些案例进行课堂讨论。

本书同样适用于对公司重组过程中的财务、战略和商业问题感兴趣的学生。企业重组并非罕见，已成为企业的永久性业务。公司重组是公司重新协商合约并与其各方利益相关者（如股东、债权人、员工、供应商、客户和政府）签订合约的过程。书中将向学生展示如何应对他们未来在职业生涯中遇到的收购或重组机会，并从中获利。

本书中提出的具体重组类型包括公司分立、股权分割、目标股票发行、破产、重组保护，以及收缩规模。

教学目标

本书的目的是提供在各种条件下进行估值的严谨分析。虽然书中考虑了并购/重组中所有参与者的观点，但重点落在公司的管理者身上。读完本书之后，读者应该能够进行估值并且构建一项收购或重组业务。

本书重点试图回答以下问题：
- 什么情况下重组公司具有意义？
- 交易结构如何影响潜在的价值创造能力？
- 收购或重组将创造多少价值？
- 并购中的会计和税务问题如何解决？
- 管理人员面临的并购后整合问题是什么？

- 哪种重组方式最适合解决公司面临的特定问题或挑战？

目标读者

本书旨在用于 MBA 的"兼并收购和公司重组"的标准课程，同时其他专业技能项目（如 CFA、CA 和 ICWA）的学生也会发现它很有用。此外，本书适用于那些寻求从事投资银行、工商管理、战略咨询、证券分析、转型管理、商业银行和投资管理等职业的人士。本书还可用于高管培训中诸如收购和联盟以及公司重组的内容。

致谢

没有一本书仅仅是个人努力的结果。多年来，我们在世界各地的许多大学任教，作者的想法和观点是通过与同事讨论而形成的，这本书同样属于他们。感谢帮助我们完成本书的同事和学生，特别感谢让这本书成为可能的贡献者。特别感谢维吉亚·纳拉帕兰迪（Vijaya Narapareddy，丹佛大学）、杜尔迦·普拉萨德（Durga Prasad，T. A. Pai 管理学院）、拉杰斯·哈迪普（Rajesh Haldipur，普华永道）、贾斯基兰·阿罗拉（Jaskiran Arora，BML Munjal 大学）和库尔伯·辛格（Kulbir Singh，Nagpur 管理技术研究所）撰写了第二版中的各个案例。

钱坦拉斯卡尔·克里希纳穆迪（Chandrasekhar Krishnamurti）

维什瓦纳特·S. R.（Vishwanath S. R.）

目　录

第一章　收购实现多元化 ··· 1
　　为什么需要收购 ··· 2
　　多元化的传统观点 ··· 3
　　协同作用：提高绩效的关键 ······································· 4
　　协同作用的构成 ··· 5
　　结论 ·· 11
　　复习题 ·· 14

第二章　寻找收购目标 ··· 15
　　BCG 的战略发展方法 ·· 16
　　通过互联网/中介寻找交易目标 ··································· 17
　　决策框架 ·· 19
　　财务分析 ·· 20
　　战略分析 ·· 21
　　目标公司的战略发展 ·· 22
　　培育策略 ·· 24
　　进入外国市场 ·· 26
　　结论 ·· 27
　　复习题 ·· 49

第三章　价值驱动和企业目标价值评估 ······························· 50
　　价值驱动 ·· 51
　　并购经济学 ·· 55
　　自由现金流量估值 ·· 57
　　结论 ·· 71
　　复习题 ·· 80
　　附录 3A：使用乘数法估值 ······································· 82

附录 3B：估计增长率 ·· 82

第四章　私人持股公司的估值 ·· 84
　　为什么私有企业的估值很难 ·· 84
　　替代性的估值方法 ·· 85
　　确定资本成本 ·· 87
　　估算债务成本 ·· 93
　　现金流量的确定 ·· 98
　　结论 ··· 98
　　复习题 ··· 99

第五章　并购中的实物期权分析 ·· 101
　　公司金融中的实物期权 ·· 101
　　波动率的估计 ··· 107
　　实物期权的管理 ··· 108
　　实物期权在并购中的应用 ·· 109
　　流动性作为期权 ··· 110
　　控制权作为期权 ··· 111
　　并购中的期权式或有支付 ·· 114
　　赢取计划的潜在效益 ·· 114
　　构建和评估赢取计划 ·· 116
　　结论 ··· 118
　　复习题 ··· 118

第六章　并购中对价的设计：现金和股票报价 ······································ 120
　　低估与高估 ··· 122
　　管理者如何选择支付方式 ·· 122
　　支付方式对绩效的影响 ·· 123
　　收购公司的最大换股比率 ·· 125
　　卖方公司的最低换股比率 ·· 126
　　市场对并购公告的反应 ·· 126
　　并购支付方式及经营业绩 ·· 127
　　案例：印度信实工业有限公司和信实石油化工有限公司合并 ············ 129
　　结论 ··· 130

复习题 ··· 130

第七章　并购中的会计与税务问题 ··· 131
　　并购的会计处理 ··· 131
　　并购中的税务问题 ··· 135
　　并购涉及的赋税种类 ·· 136
　　复习题 ··· 137

第八章　跨国并购 ·· 138
　　跨国并购的动机 ··· 140
　　跨国并购的发展趋势 ·· 140
　　跨国并购的实证研究 ·· 141
　　跨国并购的估值 ··· 141
　　新兴市场的情况 ··· 144
　　折现率的转换 ·· 146
　　结论 ·· 147
　　复习题 ··· 151

第九章　并购中的实证研究 ··· 153
　　并购研究方法 ·· 153
　　并购的实证研究 ··· 157
　　结论 ·· 174
　　复习题 ··· 174

第十章　接管防御 ·· 175
　　介绍 ·· 175
　　法院审查反收购防御的法律标准 ·· 186
　　采用反收购措施的趋势和未来的研究途径 ····································· 187
　　结论 ·· 191
　　复习题 ··· 191

第十一章　并购后整合 ·· 192
　　整合的道路 ·· 192
　　保留和整合人力资源 ·· 195

整合财务和有形资源 ········· 196
整合信誉和无形资源 ········· 196
整合 IT 系统 ········· 196
整合薪酬方案 ········· 197
解决利益相关方的期望 ········· 197
结论 ········· 197
复习题 ········· 198

第十二章 分拆、剥离与目标企业股票发行 ········· 199

资产重组的推动力量 ········· 200
新兴市场的重组 ········· 204
资产出售 ········· 206
资产出售的经验证据 ········· 207
分立 ········· 209
吸引新投资者 ········· 210
关于公司分立的经验证据 ········· 212
公司分立的长期业绩 ········· 216
资产出售与公司分立的选择 ········· 217
股权分割 ········· 217
关于分割的经验证据 ········· 218
目标股票 ········· 220
设定目标股票的投票权、股息和清算权 ········· 221
目标股票的优势和劣势 ········· 221
复习题 ········· 235
附录 12A：品牌评估 ········· 235
附录 12B：目标股票的特点 ········· 236

第十三章 破产和重组 ········· 237

财务困境的原因 ········· 237
破产成本多高？ ········· 240
美国破产法典 ········· 241
国际比较 ········· 242
英国的《破产法》 ········· 245
印度的企业债务重组 ········· 245

预测困境 ·· 247
收购困境公司 ··· 247
破产公司的估值 ··· 248
兀鹫投资者的角色 ·· 250
财务困境公司的首席执行官薪酬对业绩的敏感性 ········ 250
破产后公司的资本结构和绩效 ··························· 251
结论 ·· 252
复习题 ··· 252
附录 13A：破产法的比较 ································· 252

第十四章 员工持股计划 253
在全球背景下的员工持股 ································· 253
员工持股的立法模式 ····································· 254
评估员工持股模型 ·· 258
员工持股立法的方法 ····································· 259
非立法支持的员工持股方式 ····························· 261
股票期权的定义 ··· 261
员工股票购买计划 ·· 263
美国的经验 ·· 264
什么是 ESOP？ ·· 265
ESOP 应用程序 ·· 266
ESOP 贷款的规则 ·· 266
供款出资的限制 ··· 267
使用股息来偿还贷款 ····································· 268
股票如何到达员工手中 ··································· 269
投票规则 ··· 270
估值 ·· 270
对卖方股东的税收优惠 ··································· 271
员工的财务问题 ··· 272
确定员工持股计划的可行性 ····························· 272
回购的考虑因素 ··· 273
在 S 公司中的 ESOP ······································· 273
设置 ESOP 的步骤 ··· 274
基于广泛持有的股票期权 ································· 276

美国的股票期权程序 ·· 276
激励性股票期权 ·· 278
ISO对员工的税务影响 ·· 279
401(k)计划 ··· 279
员工股票购买计划 ··· 281
员工持股和员工的激励 ··· 283
员工持股和公司业绩 ·· 283
结论 ·· 286
复习题 ··· 286

教 学 案 例

案例1 萨蒂扬财务造假丑闻：公司治理 ······················· 289
案例2 塔塔钢铁公司的融资策略 ·································· 299
案例3 翠鸟航空有限公司：债务重组 ··························· 311
案例4 信实电信：纸牌屋的游戏 ·································· 318
案例5 威普罗有限公司：分拆决定 ······························ 329
案例6 苏司兰能源公司：债务重组 ······························ 337

译后记 ·· 345

第一章 收购实现多元化

卡·桑卡兰(K. Sankaran)和
维什瓦纳特·S. R. (Vishwanath S. R.)

学习目标

- 多元化策略的基本原理
- 收购中不同类型的协同作用
- 企业多元化的研究文献

收购是指一个公司(收购者)购买另一个公司(目标公司)的大部分资产或证券,可以是目标公司的一部分,也可以是大部分(或全部)有表决权的股份。收购有协议收购和要约收购两种形式,协议收购涉及与目标公司的经理(董事)协商,如果经理们批准了协议,股东们就会对协议进行投票。要约收购则是直接向目标公司的股东提出收购要约,股东可以决定是否接受,由于要约收购不需要目标公司经理们的批准,因此被称为敌意收购。

在21世纪,全球并购交易的总价值和数量急剧增加,2015年交易额达到4.67万亿美元(见图1.1),同年交易总数达到45 000例,其中14 353例在亚太地区完成。表1.1列出了1998-2015年期间完成的重要并购交易。此前,企业收购在亚洲和欧洲的作用远不如美国,实际上,大部分收购活动集中在美国。但现在趋势正发生改变,有几个因素导致世界其他地区的收购活动增加。亚洲和欧洲的许多国家之前制定了限制性的收购条例,阻止外国公司收购。最近,许多国家允许外国公司获得企业控股权。例如,韩国的外国股权上限已从55%增加到100%。同样,印度尼西亚也放宽了对外资银行股权的限制。印度允许大多数部门的外国直接投资,包括国防制造业。在亚洲和拉丁美洲的许多国家,经济中居于主导地位的企业集团涉及了许多互无联系且并无优势技能的行业,竞争压力促使其剥离非核心业务。例如,韩国的财阀集团在20世纪90年代末被迫缩减运营规模。上述国家普遍存在很多国有企业,通常效率低于私营企业,这些国家的政府没有财力为这些公司提供资金。因此,许多国家正在实施私有化方案,公司的私有化可以通过向私营经济"战略性出售"来实现。

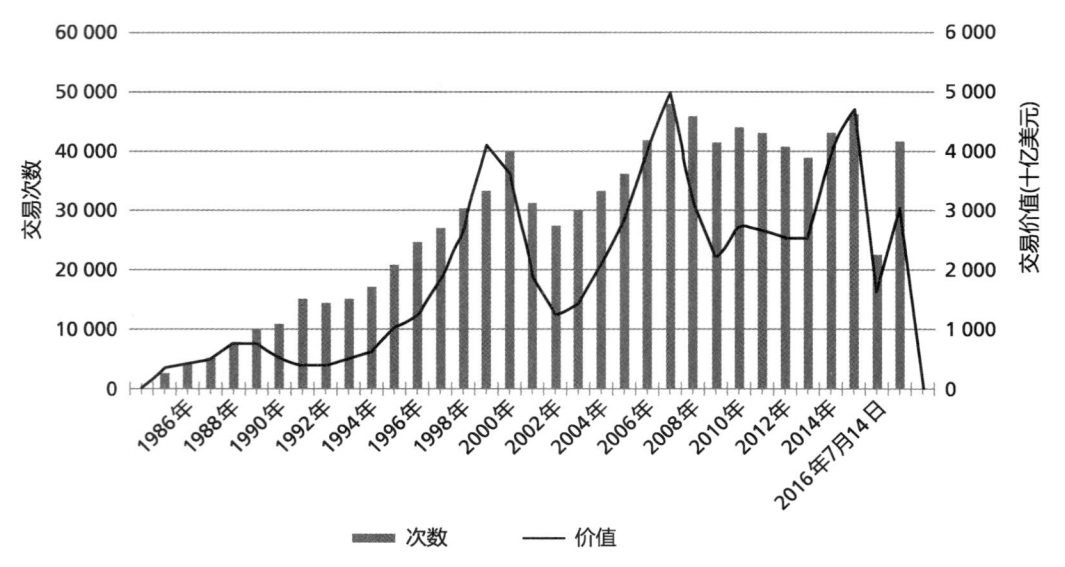

图 1.1　1985—2015 年世界的并购活动

资料来源：Thomson Financial，Institute for Mergers，Acquisitions and Alliances。

为什么需要收购

公司控制权或收购市场是一个潜在所有者(投标人)竞争管理表现不佳公司的权利的市场，目标公司的股东可以选择向出价最高者出售其股票。许多大公司的经理并不拥有多数股权，因此他们没有动力为股东的利益行事。[①] 此外，大型公司通常由众多小投资者拥有，他们没有动力监督经理们的表现，因此经理们可能会轻易逃脱监管，监督机制缺乏，使得管理者浪费公司资源。

公司控制权市场的任务是惩罚犯错的经理。收购通常被视为企业获得增长的一种便利手段。许多学者宣称，经理人进行的收购是以对股东不公平的成本为代价的。根据这种观点，是股东而不是经理，更应该在企业的投资中拥有发言权。他们认为，无节制的经理们通过无度的收购来做大企业帝国，使得股东与经理的信托关系破裂。

虽然这一论点有其优点，但没有证据证明收购方公司的经理系统地伤害股东利益而建立庞大帝国，然而却有相反的证据，目标公司的股价上涨，是由于更好地利用了目标公司资产而获得了价值。收购是管理者扩大公司规模或进入新业务领域的重要手段。考虑一下维亚康姆[②]的例子，该公司的销售收入从 1986 年的不到 10 亿美元增加

[①] 进而美国企业经理的薪酬与绩效的联系比较弱，参见 Jensen and Murphy(1990)。
[②] 维亚康姆集团(Viacom INC.)于 1948 年成立于美国，是一家全球领先的传媒公司，其在有线电视、广播、户外广告等领域都处于行业领先地位。旗下知名公司包括哥伦比亚广播公司(CBS)、MTV 音乐电视网等。——译者注

到1995年的110多亿美元,在不到10年的时间内实现了1 000%的巨大增长!考虑到从头开始培育新项目、创建品牌知名度、形成网络关系和信息链接以及内部创新和服务技能培养等所需的时间,除了使用收购方式之外,这么巨大的任务在短时间内是不可能完成的。

本书提出了一个问题:可以做些什么以提高收购方和目标方的综合价值?在本章的其余部分,我们将讨论推动收购的内部和外部因素。

表1.1　　　　　　　　　　1998-2015年全球重要的并购完成事件

完成年份	收购公司	目标公司	价值(十亿美元)
1999	沃达丰	曼内斯曼股份公司	202.79
2000	美国在线	时代华纳	164.75
2013	维诺森通讯	维诺森无线	130.3
2015	安海斯-布希	南非米勒	109.28
2007	RFS持股	苏格兰皇家银行	98.19
1999	辉瑞制药	华纳蓝伯	89.17
1998	埃克森	美孚	78.95
2000	葛兰素威康	史克必成	75.96

资料来源:Thomson Financial,Institute for Mergers,Acquisitions and Alliances。

多元化的传统观点

在公司董事会和学术界,几十年来,"投资组合"框架主导着公司战略分析。从金融文献中借用的"投资组合"一词,代表了企业战略规划者的心态:各个业务单元就像证券(例如股票),可以在市场上进行战略性交易以获得公司控制权,从而形成投资组合。在这种情况下,业务部门是独立的且显然是分开的,它们之间没有任何合作和协同之处。

根据这种观点,公司将充当中央银行的角色,以最优方式分配战略业务单位(SBU)间的现金流,同时最大限度地降低"将所有鸡蛋放在一个篮子里"的风险。除了"银行"隐喻所预设的财务控制外,公司的行政部门还对业务部门实施管理控制。根据波特(Porter,1987)的说法,这些控制措施包括以冷静的方式评估各业务部门的业绩,以及关键高层管理人员(包括但不限于业务负责人)的任命。公司的战略部门将专门寻找正确的收购目标和为随后的合并活动(如谈判)进行准备。财务控制和管理控制为此类"投资组合型企业"战略提供了理由。

收购的另一个理由是,巧妙地进入新产品细分市场的战略可以带来卓越的绩效,并购满足了公司与新产品市场的契合需求。但这一论点令人失望,因为20世纪60年代的企业集团多元化的经验证据远未达到预期。这引发了一个问题:什么类型的多元化可带来卓越的绩效?早期的研究发现,"相关的多元化"比"不相关的多元化"或狭隘地"为多元化而多元化"表现得更好,这证实了多元化战略是影响绩效的重要决策变量。

公司资源基础理论(resource based view,RBV)[①]的观点为公司实现多元化提供了另一个理由。公司资源基础理论的观点不仅要求公司通过更好的生产流程降低成本,还要求运用公司资源和内部优势获取独特的战略性资产。这要求企业既要向内、也要向外生存和成长。企业间的异质性为企业绩效提供了答案,而收购可以帮助企业建立无法模仿、不可撼动的资源的优势。

协同作用:提高绩效的关键

许多研究人员对协同作用的解释为,在两个主体之间的合作过程中捕获额外价值,即超过在此过程之前存在的价值。常说的"二加二等于五"能够理想地表达出并购超越了简单聚焦战略业务单位以追求利润的过程。尽管这个概念很受欢迎,但从理论和实证的角度看,将所有潜在的协同作用类型统一概念化,是极其难以确定的。

协同作用的定义

虽然协同作用在理论上被认为是多元化战略和并购绩效之间的传导机制,但由于缺乏正确的定义,学者们通常不简单地赞同。他们常将协同作用定义为多元化战略的近义词,并不再对协同作用提供额外信息。查特吉(Chatterjee,1986)根据协同作用的不同类型检验了收购和被收购公司的业绩,他正确地指出,研究人员倾向于将某种类型的并购与某种类型的协同效应一对一地联系起来。基于这一倾向,他指出:"并购的类型与协同作用的类型常常被认为没有区别。不幸的是,并购通常不适合这样分类。"

将多元化类型与协同作用类型逐一匹配没什么意义,并且只能提供很少的信息或没有新信息。查特吉似乎意识到了这个问题,试图通过将协同类型区分为共谋的协同效应、运营的协同效应和财务的协同效应,在先验的和重要性的基础上匹配多元化和

[①] 公司资源基础理论,由Wernefelt(1984)在其经典论文《企业资源基础论》中首次进行了完整的表述。基本思想是把企业看成资源的集合体,认为企业具有不同的有形和无形的资源,这些资源可转变成独特的能力;资源在企业间是不可流动的且难以复制;这些独特的资源与能力是企业持久竞争优势的源泉。该理论不同于战略理论中处于主流地位的迈克尔·波特的竞争优势外生论。资源基础理论以企业资源的异质性为理论基础,认为企业的竞争优势是内生的。企业的长期竞争优势源自企业拥有和控制的那些具有难以模仿、难以交易等特征的特殊资源,尤其是异质性资源。——译者注

协同类型。但是,他既没有明确界定协同作用的基本概念,也没有明确区分不同协同作用及其来源。他通过删除一种协同作用(共谋的协同作用)清理样本来进行实证分析,降低了研究力度,将其简化为仅仅在运营和财务协同作用之间的比较。

尽管存在这些问题,查特吉的研究也是协同作用的实证测量的起点。有趣的是,他对于多元化/并购类型和并购绩效的实证关联关系提出了质疑,但是他没有质疑这种不当关联关系的背后原因。

协同作用的构成

在合并或收购后,公司可能会产生哪些额外价值?或者说"由于资产的互补性,合并后的公司可获得的租金是多少?"协同作用有五个层次:(1)规模经济;(2)范围经济;(3)竞争定位经济;(4)企业定位经济;(5)财务战略经济。

这五个层次相应证明合并的不同理论观点。表1.2概述了如此定义的协同作用更广泛的理论和实践基础。

表 1.2 协同作用的层次

协同层次	特征					
	基本经济逻辑	理论基础	组织的基本隐喻	战术目标	涉及的主要资源	规划中使用的巧妙战术
规模经济	微观经济学	完全竞争市场	机器的集聚	效率最大化	机器设备	材料和资源规划
范围经济	产业组织	多产品公司理论	专业人士/知识人才聚集	效率最大化	人和知识	研发计划(更全面的意义上,知识管理)
竞争定位经济	竞争策略	博弈论	部署功能性作战单位	效用最大化	市场定位和情报	行业竞争分析
企业定位经济	公司策略	交易成本理论	合同连接	效用最大化	合同安排和可信承诺	企业环境分析
财务战略经济	财务	投资组合理论	集中流动性资产	优化类现金资产的使用	流动性资产	行业和战略业务单位前景分析

资料来源:本书作者。

前两个层次通常与提高效率有关,外界环境的作用很小。但是接下来的两个层次涉及获取更高的有效性,这自然地强调一个动态的外部环境的作用。最后一个层面涉及从投资组合方法看待企业战略。

在我们继续解释各个层次之前,有必要指出,这里引入第二个维度定义,可以提高解释力度。这个维度来自系统理论和运营管理的核心,是指过程的三个基本阶段。这个想法隐含在波特(1985)的"价值链"概念中,并且偶尔会被管理学家使用。在此基础上,我们区分"输入活动""流程操作"和"输出活动"。这种阶段性差异化的界定[或输入、流程和产出(IPO)①框架]为我们提供了第二个维度定义,将并购的五个协同作用进行了不同的划分。

在阐述了五个协同作用层次以及每一个层次的三个阶段之后,将有15种协同作用亚型用于检验收购中的协同效果。协同构成的摘要如表1.3所示。

表1.3　　　　　　　　协同作用模式以及 IPO 框架

协同模式	IPO 框架		
	输入	过程	产出
规模经济	采购规模经济	运营规模经济	分销和营销的规模经济
范围经济	在采购中传播知识	在运营/技术方面传播知识	在分销和营销方面传播知识
竞争定位经济	提高对供应商的议价能力	在运营中设置进入壁垒	增加接触现有买家和扩展客户的能力
企业定位经济	通过向后整合等方式更好地控制供应商	企业整合带来的内在力量	通过整合加强对市场的控制
财务战略经济	资本的可得性	降低资本成本	更明智地保留现金

资料来源:本书作者。

1. 规模经济

多元化的一个主要好处是规模经济。规模经济来自两个方面:一是在超大型生产中实现,将固定费用分摊在新增产品上以降低平均成本。二是当生产单位(或设施)的生产能力提高时,产能比较小的生产单位将更有效。后一种形式的潜在节约通常用更为严格的"产能经济"概念解释②。很明显,这两种规模经济特别是前者,使得并购往往会带来成本的节约。

表1.3提供了规模经济的具体内容。在完全竞争市场的经典均衡条件下,假设公司在规模收益不变的市场中运营,这意味着没有规模经济。与具有无数供应商的完美竞争市场不同,可充分竞争的市场容纳的供应商数量有限。根据这种观点,虽然公司可以通过规模经济实现相对于竞争对手的优势,但对环境的影响却微乎其微。在这种情况下,公司的主要资产是其生产性资产,机器设备成为公司的关键资源,效率最大化是组织的主要目标。公司的计划职能将集中在物质资源规划上。

鉴于规模经济可能出现在IPO框架的各个阶段,可以确定协同作用的以下组成部分:
(1)(输入)采购规模经济:当合并后的公司购买的数量大于个体之前单独采购

---

① 这里 IPO 指的是 input, process, output 三者首字母缩写,即输入、流程、产出。——译者注
② 规模经济的英文是 economies of scale,产能经济的英文是 economies of size。——译者注

的数量时,就可以实现采购的规模经济。原因是大量购买原材料等有助于公司降低单位产品的库存、仓储和采购管理的成本。由此要实现任何采纳成本的节省都要求在企业并购之后实现集中的采购和仓储。零售连锁店的合并是个常见的例子。

(2)(过程)运营规模经济:合并后的公司由于产量增加而能够降低合并后任何中间/最终产品或服务的单位成本,因此可以实现运营规模经济。从理论上讲,运营中的规模经济在生产活动以及工程、原型设计、产品测试和质量控制等支持活动中都是可以实现的。许多行业都可以获得规模经济(Carlino,1978)。

(3)(产出)分销和营销的规模经济:当并购后公司的产出环节中的运输、仓储和保险的单位成本降低时,可以实现分销规模经济。合并后的公司可以确保运输、销售更大的批量,从而节省每单位的资金。如果合并后公司的单位产品的市场规划、市场研究、广告等的成本降低(在整体营销参与方面与并购前处于同一水平),那么由于营销规模经济,公司将实现协同效应。例如,公司在合并后进行"单一公司"的广告宣传时,可以从这种协同效应中受益,其目的是通过单个广告文案推广大量产品。

2. 范围经济

合并后公司可能享有的另一种节省成本的形式是范围经济。当公司一起生产许多不同的产品而不是由不同的公司分别生产时,就会产生成本优势。换句话说,联合生产通常会降低单位成本。范围经济的定义如下:它可以来自并购企业中某一方生产系统中尚未开发的优势特征,也可以是二者相互连接的部分,能由两个或更多个产品线共享优势特征而不发生冲突。

这指出了范围经济的中介功能。在扩展的意义上,中介功能本质上可能是无形的(例如知识传播),可以潜在地增强合并后公司的创新能力。

范围经济的概念也与多产品公司理论密切相关。在 IPO 生产阶段关于企业战略中的潜在范围经济的讨论如下:

(1)(输入)采购的知识传播:如果参与合并的一家公司能够从另一家公司的采购材料所采用的系统中受益,就会发生采购知识的转移。通过改进与供应商和材料订购程序的谈判,或其他提高采购职能整体效率等,来实现采购的知识传播。

(2)(过程)运营/技术的知识传播:合并后,如果任何一家合并公司能够将运营中的技术诀窍传递给另一方,就会产生协同效应。技术诀窍可以是制造技术,例如准时制(JIT)[①]、柔性制造系统(FMS)[②]、产品设计、标杆管理、原型设计、测试或质量控

[①] 准时制(just-in-time,JIT)的基本思路是用最准时、最经济的生产资料采购、配送,以满足制造需求。——译者注

[②] 柔性制造系统(flexible manufacturing system,FMS)是以数控机床或加工中心为基础,配以物料传送装置组成的生产系统。该系统由电子计算机实现自动控制,能在不停机的情况下实现多品种的加工。——译者注

（3）（产出）分销和营销的知识传播：合并导致公司能够从另一家公司获得有关分销实践的知识，从而可以节省成本，实现协同作用。合并之后，这可能表现在诸如重新调整市场销售渠道、重新划分市场等行为中。在合并之后，如果其中一家公司能够利用另一家公司在市场细分、消费者品位、广告实力等方面的专业知识，那么由于市场营销方面的技术诀窍的传播，则可实现协同效应。

3. 竞争定位经济

多元化可以成为企业在市场中进行竞争性定位的有效手段。商业组织的世界中有三个主要参与者：消费者、供应商和竞争对手（包括潜在的进入者）。虽然多元化主要是"企业"战略的工具，但多元化也可以提升合并后的公司对这些市场参与者的市场地位。重新定位可能是串通的、聚焦的或相关的多元化。由于竞争性的定位而产生的经济性可能导致更大的市场议价能力、在产量和定价方面做出更有利的决策，从而带来更高的盈利能力。

"竞争定位"的隐喻是公司的机会主义行为。在基于规模/范围经济的范例中，假设公司的外部环境基本上是稳定的，企业的行动在追求效率方面是具有确定性的，主要行动可以表现为成本节约而不是制定战略。在"竞争定位"中，公司的特点是处在动态环境中，公司将采取机会主义行为，各参与者的行动和对抗可能会为公司带来利益。图1.2提供了竞争定位和博弈论之间的联系。

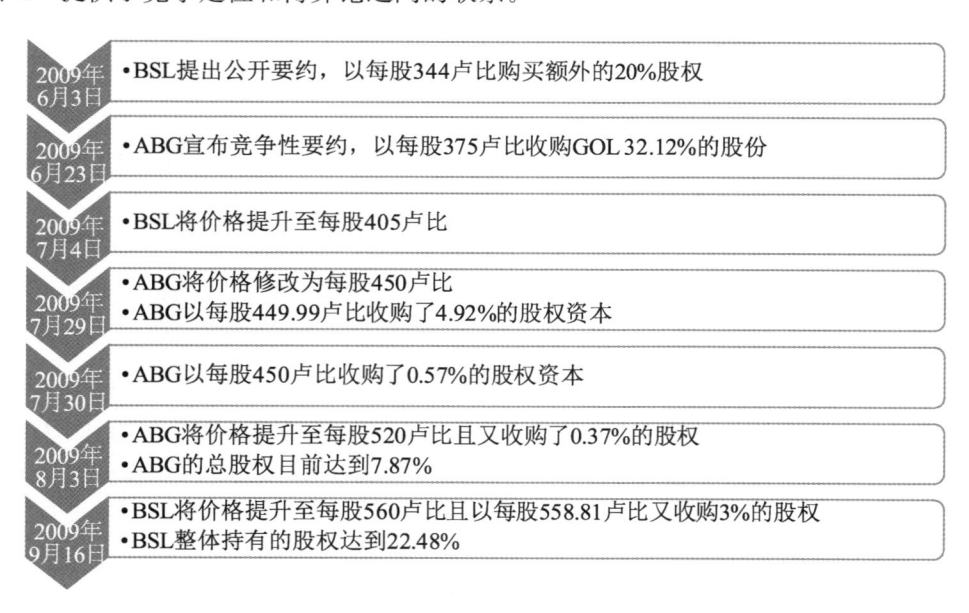

2009年6月3日	BSL提出公开要约，以每股344卢比购买额外的20%股权
2009年6月23日	ABG宣布竞争性要约，以每股375卢比收购GOL 32.12%的股份
2009年7月4日	BSL将价格提升至每股405卢比
2009年7月29日	ABG将价格修改为每股450卢比 ABG以每股449.99卢比收购了4.92%的股权资本
2009年7月30日	ABG以每股450卢比收购了0.57%的股权资本
2009年8月3日	ABG将价格提升至每股520卢比且又收购了0.37%的股权 ABG的总股权目前达到7.87%
2009年9月16日	BSL将价格提升至每股560卢比且以每股558.81卢比又收购3%的股权 BSL整体持有的股权达到22.48%

资料来源：后文案例作者。

图1.2　ABG和BSL竞争收购GOL大事记

以下定义描述了与竞争定位相关的三个创造协同效应的阶段：

（1）（输入）提高对供应商的议价能力：公司合并后，可以提高对供应商的议价能力。这种合并具有使现有供应商不得不与一家较大的合并公司而不是两家独立公司打交道的效果。由于规模效应，合并后的公司能够与供应商更好地讨价还价。例如，库恩（Kuhn，1986）报告了通用汽车的规模如何使其与供应商达成"要求合同"（requirement contract），这意味着通用汽车公司无须购买供应商指定的产品数量，它只需购买维持其当前产量所需的产品。

（2）（过程）在运营中设置进入障碍：这种协同效应是保护自己的地盘不受潜在进入者的影响，进而保护公司所实现的经济租金，潜在进入者可能会被行业吸引并在未来构成竞争挑战。在收购方和目标公司之间共享专利、许可和排他性合作，可以实现设置进入障碍的目的。间接地，也可以通过其他方式建立障碍，使该行业对潜在进入者的吸引力降低，这些方式是：①增加公司规模；②保持制造的灵活性；③提高成本效益。

（3）（产出）增加对现有买家和客户的议价能力：当公司合并时，可以提高议价能力。合并可能导致更加明显的寡头垄断，并最终导致完全垄断的局面。收购提供了在新的地理区域获得初步立足点的机会，从而获得新客户，否则是几乎不可能的。宝洁在全球范围内的多元化战略就是一个很好的例子。在全球化的推动下，宝洁公司收购了东道国的公司，这些公司提供了使得宝洁成为当地市场领导者所需的一切支持，从而节省了熟悉当地监管环境和建设基础设施等所延误的时间，否则在外国进行直接投资，这些成本是难以避免的。这种协同作用在国内的市场扩张中也是可以实现的。

4. 企业定位经济

"企业定位"是通过将企业纳入组织的边界范围内来减少外部环境的不确定性。传统的企业定位形式是纵向一体化。可以说，收购公司可以扩大自己的范围，把以前的环境要素纳入。在市场交换效率低下或涉及交易成本的情况下，这种收购控制将是有益的：企业内部的控制和合规的结构安排将取代外部的市场交换。威廉姆森（1975，1991a，1991b）以科斯（1937）的企业理论为基础，认为当交易成本超过企业内部层级相关的组织成本时，公司就会产生。各利益相关者"被纳入"企业组织边界的程度将是一个关键问题，同样重要的是决定要收购哪些单位以及剔除哪些单位。

然而在其他情况下，纳入企业内部只能是部分的，例如对于合资企业、许可生产等。重点是对创建和维护企业组织内部层级结构的成本与外部交易成本之间的权衡。公司的主要目标是通过交易和合同产生效果。对于寻求企业定位优势的多元化公司来说，合约安排和承诺是并购中所获得的或可以利用的最敏感的资源。本质上，公司可以被视为"一组合约的连接点",下面的"输入-流程-产出"三阶段可以用来分析这里的协同作用。

（1）（输入）通过后向整合更好地控制供应商：垂直整合期间发生的情况,可以最好地理解这种形式的协同作用。垂直向后整合的企业现在改为采取"做出"(make)决策而不是"买入"(buy)决策,这导致公司采购资源时能够处于价值链的高端位置。

（2）（流程）企业整合带来的内在力量：这是西方企业所有协同效应组成部分中最难实现的。似乎一些日本大型多元化企业集团已经能够通过这种协同创造了增强公司内部实力的结构和流程,并购后的公司整合能够实现协同作用的相互联系。

（3）（产出）通过前向整合更好地控制市场：就像"做出或买入"决策一样,公司在产出方面也面临着"卖出或增值"的决定①。传统的前向一体化产生了这种形式的协同作用。除了全面的前向集成外,还有其他可能的变化。比如独家交易、转售价格维护、专属区域等安排,都能提供部分前向整合的替代形式。当然前向整合包括收购目标公司,使收购方能够为客户提供更全面的产品/服务,从而提高公司对客户的价值。

5. 财务战略经济

财务战略导致的经济利益,不完全符合迄今为止上面阐述的协同效应分析,财务战略经济效应是多元化战略在寻求协同作用方面的重要因素。这种协同效应在使用投资组合矩阵或类似的公司战略分析中是清晰的。个体业务可以被视为在控制权市场上进行交易的独立单位,这个市场提供了一个竞争场所,那些具有流动性的战略业务单位可以在被收购后获得最大的现金回报。公司的管理部门将监督各业务单元的业绩,并分配资金和其他资源。与外部市场相比,M型公司②的内部市场可能导致更高的制度集权,可以进行审计和使用公司的激励与分配机制。因此,多元化有可能在合并后提供协同效应。不仅因为监控成本降低,从而降低了资本成本,而且合并后的内部企业也更有可能从其他内部企业获得更多的资金。收购还可能通过较少的税收流出等方式更多地保留企业现金。下面通过"输入-流程-产出"三个阶段分析协同作用的组成部分：

（1）（输入）资本的可得性：多元化可能使并购的公司更容易获得资本,当现金充裕的企业收购一家缺乏现金的公司时尤其如此。这种协同作用提供了参与者的财务资源,合并后的公司也可以在更大程度上利用资产进行负债,增强债务融资能力。多元化也可能导致风险的变化,但这会提高企业资金的可得性。

---

① "卖出或增值"(sell or add value),是指传统企业是卖出商品,并购整合后的企业不仅卖出商品,而且提供增值服务。——译者注

② M型公司即采取事业部制的企业组织结构,事业部在公司统一领导下,进行独立的生产经营活动。

(2)（流程）资本成本降低：总体而言，合并后公司的资本成本会降低。资金从现金充足的单位转移到缺乏资金的单位，这种内部资金流动的灵活性和各部门之间"共同保险"作用的好处是，可以降低企业的资本成本。

(3)（产出）更明智地保留现金：多元化可以为公司内部的现金保留和增长提供机会。例如，有许多并购导致税收流出量减少。通常情况下，其中一个企业的利润可以抵消另一个企业的亏损，属于此类别的其他经济利益还包括利用现金共同投资而产生的优势。

结论

在本章中，我们描述了收购的不同理论和理论基础、为什么需要收购以及收购中的价值来源。如果合并的企业个体之间存在协同作用，则收购可以提升价值。协同作用有五个层次，它们是：(1)规模经济；(2)范围经济；(3)竞争定位经济；(4)企业定位经济；(5)财务战略经济。

成功的合并步骤：(1)确定合并目标；(2)确定合并后所需完成的任务；(3)从两家公司（以及外部）中选择管理人员；(4)使管理人员成为解决方案的一部分而不是问题；(5)建立绩效标准，并根据该标准评估管理人员；(6)将管理人员纳入有吸引力的基于利润的激励性薪酬计划。

后续章节将介绍筛选、评估和整合潜在的国内外收购候选标的企业的框架。

案例学习

巴哈迪造船厂：收购大海岸有限公司之战

公司控制权市场的作用

2009年6月，印度的ABG造船厂有限公司（ABG）和巴哈迪造船厂有限公司（BSL）参与了一场争夺大海岸有限公司（Great Offshore Limited，GOL）的收购战。BSL是一家领先的私人造船厂，拥有六个位于战略位置的造船厂。ABG是印度最大的私营造船公司，订单超过1 500亿卢比。GOL是一家著名的综合海上油田服务提供商，为上游石油和天然气生产商提供广泛的服务，以开展海上勘探和生产活动。

这次冲突的种子是在2008年播下的。GE航运的岸上业务部门于2005年被分拆到大海岸有限公司（GOL）。GOL的副主席兼董事总经理Vijay Sheth先生分别持有GE航运和GOL 3%的股权。为了加强对GOL的控制，Sheth先生将他对GE航运的3%股权卖给了他的堂兄弟，并向GOL支付了每股850卢比购买股份，以增加他的持股比例。然而,他还需要另外 30 亿卢比才能将他的股份增加到 15%。随之而来的是一系列事件导致对大海岸公司的收购战。

IL&FS 和 Motilal Oswal 通过股权质押的方式向 Sheth 先生提供了 30 亿卢比的贷款。Sheth 先生承诺将 GOL14.89% 的股份用于抵押。然而,随着 2008 年全球股市崩盘,GOL 的股价下跌了 65% 以上。Sheth 先生被要求提供额外的股票作为抵押品,但他没有这样做。IL&FS 和 Motilal Oswal 威胁要在 2008 年 12 月在公开市场上出售股票。绝望之中,Sheth 先生求助于长期商业伙伴 BSL。BSL 通过收购 GOL 的 14.89% 股权作为新的股份质押承诺,并还清了原有的债务。BSL 向 Sheth 先生提供了 20 亿卢比的贷款,而抵押品股票的价值仅为 15.4 亿卢比(股票的市场价格为 274 卢比)。由于市场崩溃和 GOL 业绩不佳,Sheth 先生违反了他对 BSL 的利息承诺。BSL 援引该贷款抵押承诺并于 2009 年 5 月 6 日以每股 310 卢比的价格收购了 Sheth 先生持股的 14.89%。为了遵守印度证监会(SEBI)的要求,BSL 必须向公众提出公开收购要约。该事件的发展见图 1.2,GOL 股票价格在整个期间的变化如图 1.3 所示。

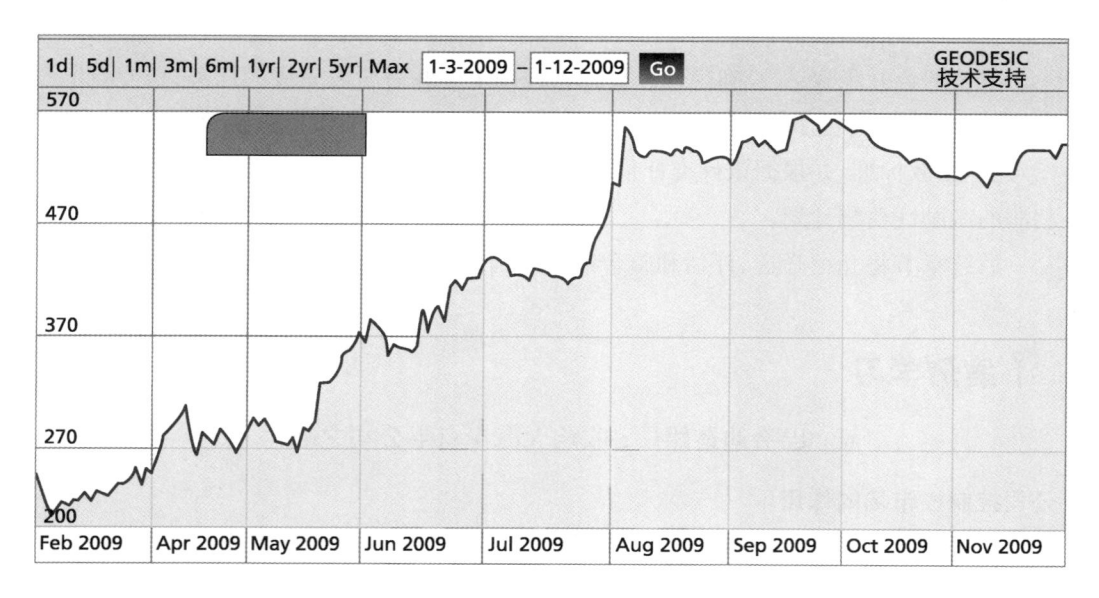

资料来源:案例作者利用 www.moneycontrol.com 数据整理而得。

图 1.3　GOL 的股价演变

收购的理由

在上一财年,GOL 以 95 亿卢比的收入实现了 21.1 亿卢比的利润。因此,它具有非常高的利润率。由于整体经济增长放缓,印度造船厂的新订单量急剧下降。海上钻井是一个蓬勃发展的行业。GOL 有超过 40 艘的大船,其中 50% 将在未来 3-5 年内更换。因此,GOL 为拥有控制权的任何人提供了有吸引力的专属业务,GOL 船舶也提供维修业务机会。

此次收购对 BSL 具有战略意义，因为其订单仅能维持 2-3 年。在未来 5 年内，50% GOL 船队的更换订单价值约为 250 亿至 300 亿卢比。GOL 已经是 BSL 的重要客户，它的订单包括一台钻井平台和一艘多用途船，价值 120 亿卢比，该订单被认为占 BSL 订单价值的 20% 以上。

ABG 自然对 BSL 收购 GOL 的前景感到不安，因为 GOL 提供了大量的专属业务。这是 ABG 通过收购 BSL 的关键客户消除竞争的绝佳机会。ABG 参加了收购竞赛，仅仅可能是为了让竞争对手 BSL 的收购成为一件成本昂贵的事情。截至 2014 年，ABG 的订单总额达到 1 100 亿卢比，而 BSL 的订单额度在 2012 年前为 500 亿卢比，ABG 的资本市值几乎是 BSL 的 2.5 倍，因此它会更容易安排融资。

2009 年 9 月 16 日之后的事件

- 10 月 8 日，BSL 将其持股增加至 23.17%。
- 12 月 1 日，BSL 将其公开报价提高到 590 卢比。
- 印度证监会（SEBI）批准了两项公开收购要约：ABG 报价为 520 卢比/股，收购 32.12%；BSL 报价为 590 卢比/股，收购 20%。
- 12 月 2 日，ABG 在公开市场上将 GOL 8.29% 的全部股权以平均 570 卢比/股的价格出售给 ECL Finance 和 Carmona Investment and Finance，获利整整 5 亿卢比！
- ABG 在收购上取得了显著收益，之后仅持有 517 股 GOL 股票！
- 12 月 4 日，印度证监会传唤 ABG，要求其解释在公开要约收购正式开始前出售股份的缘由。
- ABG 解释说它发现这笔交易太贵了，ABG 可能从不想收购 GOL。
- BSL 以近 80 亿卢比的价格收购了 GOL 44.26% 的股份。
- 它使用了 22.5 亿卢比的现金储备并筹集了大量短期债务来为收购提供资金。
- 收购 GOL 后，BSL 的账面债务增加了 279% 以上。
- 计划外的收购导致大量高利率短期负债，对企业盈利能力产生了不利影响。
- BSL 于 2012 年 2 月进行了 285 亿卢比的企业债务重组计划，将短期债务转换为长期债务。
- 在 2011-2012 年所有 GOL 船舶仍在运行。然而由于经济增长放缓，租船费率仍然很低，这影响了利润率。
- 因此，GOL 不得不放慢其更换船只计划的速度。
- BSL 和 GOL 的净利润分别减少了 20% 和 52%。
- 两家公司的资本市值下降超过 70%！

复习题

1. 判断以下表述的对错，并解释原因：
(1) 合并会增加公司的债务能力。
(2) 合并后的资本成本降低。
(3) 范围经济是指在统一框架下生产多个不相关的产品。
(4) 矿业类公司拥有持续的规模经济。
(5) 收购投标报价不需要目标公司经理的批准。
(6) 塔塔汽车(Tata Motors)收购捷豹(Jaguar)是一个相关多元化并购的例子。
(7) 后向整合和前向整合（如油气一体化公司）可以降低风险。

2. 从投资银行的角度出发，为潜在的并购交易准备一份建议书：
(1) 塔塔—新加坡航空合资公司收购印度航空公司。
(2) 新加坡电信收购印度巴蒂电信，同时将巴蒂公司的非洲业务出售给阿联酋电信。
(3) 百事可乐收购塔塔全球饮料公司。
(4) 印度工业发展银行与印度工业信贷投资银行合并。
(5) 印度电商弗利普卡特与未来集团(庞塔隆/大巴扎)[①]合并。

[①] 弗利普卡特(Fliplcart)是印度最大的电子商务零售商，2007年由亚马逊的两名前员工创建，2018年被沃尔玛收购。庞塔隆(Pantaloons)是印度的时装零售商，大巴扎(Big Bazaar)是印度的连锁超市，均是未来集团的子公司。——译者注

第二章 寻找收购目标

维什瓦纳特·S. R. (Vishwanath S. R.)和
卡·桑卡兰(K. Sankaran)

学习目标

- 了解搜索收购候选目标企业的框架
- 重点关注收购涉及的分析类型
- 关注收购所涉及的各个阶段
- 讨论目标公司的战略发展
- 理解通过收购进入国外市场的框架体系

学术研究表明,在竞争激烈的市场中通过收购成功创造价值是极其困难的。詹森和鲁巴克(Jensen and Ruback,1983)通过总结11年间兼并和收购的结果强调了这一点。他们发现,在宣布合并的情况下,在公告日目标公司股东的平均回报率为20%,而收购方公司股东的平均回报率为0%。麦肯锡咨询的另一项研究表明,所研究的116项收购中有61%是失败的,只有23%是成功的。另一项学术研究表明,超过一半的收购交易(交易价值达到1.5万亿美元)未能实现价值创造的目标。在这样的统计数据情形下,为什么公司要去收购?管理层应采取什么措施来确保收购成功?要回答这个问题,必须了解公司为什么最初要并购以及卖方是谁。

收购大致可以分为善意收购和恶意收购。恶意收购的目的是严加约束目标公司表现不佳的管理层,它解决了管理层浪费自由现金流的问题。善意收购旨在实现运营、营销、研发等方面的协同效应,协同性的收购也可能导致资本成本下降,因为合并后的实体能够以低于独立实体的利率借款,或者合并后企业会提高债务融资能力或降低系统性风险①。

恶意收购中的目标企业与收购方或行业其他公司相比,通常业绩表现不佳,他们

---

① 美林混合多元化指数的系统风险 β 系数为0.91,该指数包含马丁·马瑞塔、埃斯马克和其他40家企业。这说明多元化集团企业比股票市场整体风险要小。参见 Fridson and Jonsson(1997)。但是 Salter and Weinhold (1978)的最早研究认为多元化并没有降低系统性风险。

也不太可能是由创始人或创始人的家人在经营。这里列出了善意收购和恶意收购的两类目标企业的特征(Morck, Shleifer and Vishny, 1987)。

	善意并购	恶意并购
董事会所有权	高	低
由创始人或创始人家人经营	更有可能	更不可能
成长性/绩效	与行业相比差不多	较差
托宾 Q 值①	与行业相比差不多	低

BCG 的战略发展方法

为了决定投资方向,公司通常会审查不同业务单元(或产品)的业绩表现,并投资那些增长潜力最高的单元或产品。波士顿咨询集团(BCG)②率先推出了产品组合分析方法,构建了增长/市场份额矩阵。把不同产品绘制在矩阵中,每个产品用圆圈表示,其直径与该产品的美元销售额成比例。矩阵有四个象限,如下所示:

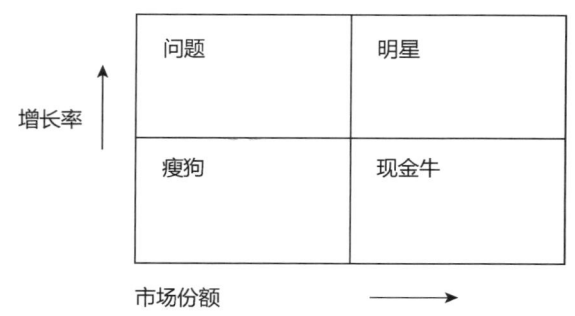

↑	问题	明星
增长率	瘦狗	现金牛
	市场份额 →	

"现金牛"是增长缓慢但市场份额高的产品,因为它们可以产生大量现金。"瘦狗"是增长缓慢、同时市场份额低的产品,既不产生现金也不需要大量现金。这些产品几乎不需要额外的资金维持市场份额。"问题"是高增长但低市场份额的产品,需要大量现金维持市场份额。"明星"是高增长、高市场份额的产品,能够产生大量现金。

BCG 战略制定方法涉及每种产品的生成现金流量潜力分析以及对每种产品进行战略评估。例如,公司可以使用"现金牛"生成的现金将"问题"变成"明星",这些"明星"反过来又成为未来的"现金牛"。③ 为了发展特定的产品或业务,可以在同一行业

---

① 托宾 Q 值是一个企业绩效的计量指标。它是企业资产的总市值与重置价值的比例。
② Boston Consulting Group,简记 BCG,波士顿咨询集团,是世界著名的管理咨询公司。——译者注
③ BCG方法,假设经理可以为了投资者利益而进行投资决定,而规避了资本市场的约束。但现实中,经理们往往把钱投在"瘦狗"上而让"问题"闲置。因此,人们指出应该把"现金牛"的现金交还股东们,由股东们去决定投资,"问题"可以直接去资本市场寻求资金。

集团中建立新工厂或收购公司,从而将业务分散到相关或不相关的领域。例如,在33个大型多元化公司样本中,波特(1987)发现,在1950年至1986年间,每个公司平均进入了80个新行业,超过70%的多元化进入是通过收购完成的,这表明通过收购实现增长很受欢迎(Porter,1987;Shleifer and Vishny,1988)。

购买一家企业涉及以下步骤:

- 做出购买企业的初步决定
- 充分理解自己想要购买的企业类型
- 确定可以支付多少钱
- 寻找潜在的收购目标
- 聘请顾问
- 评估目标企业
- 对感兴趣的企业进行投标
- 与卖方谈判
- 与卖方签署意向协议书
- 尽职调查
- 构建和完成并购的文档
- 获得或有融资承诺
- 签署购买协议
- 结束购买

整个过程可分为五个阶段:

交易流程

| 规划发展 | 财务建模 | 实地调研 | 意向协议书 | 尽职调查 |

通过互联网/中介寻找交易目标

许多公司意识到严格的搜索收购标的的流程是成功的关键。例如,美国的联合信号公司[①]公司在1996-1997年间就对550家具有吸引力的潜在收购公司进行了研究。其中,选择了190个目标,通过进一步筛选,将样本减少到52家公司,美国的联合信号公司就其中的28家提出了收购要约。再对其中的17家公司进行了详细的尽职调查

---

① Allied Signal,美国大型化工企业。——译者注

研究后,完成了其中 10 项交易。搜索收购目标的历史记录可能是瑞士西巴-盖吉公司①于 1974 年收购艾维克产业,西巴-盖吉对超过 18 000 家公司进行了审查,才最终完成了收购(Bruner,2000)!

收购方(至少是大型收购方)最重要的交易来源之一是投资银行。投资银行拥有并购咨询业务,以协助买方进行潜在的目标识别、估值、法律、税务、融资和其他此类事项。由于他们的研究基础以及与商业界的广泛联系,他们为潜在的卖家持续进行关注。

现在买方或卖方企业越来越多地转向互联网进行搜寻和广告宣传。在互联网出现之前,寻找行业信息,需要通过行业数据库和文献并进行昂贵、耗时的搜寻。当前,随着互联网的普及,企业可以获得行业数据、收集情报,并以最低的成本找到买家/卖家。

估值标准包括公司的资产、行业地位、财务状况、声誉、管理、商业秘密、技术、名称识别等,互联网是此类信息的有用来源。有专门为希望收购和出售的公司开发的网站,这些网站提供各种信息,如销售价格以及公司有关报道和广告等。例如,某网站②包含可按地点、行业和其他标准搜索的超过 10 000 个买方和卖方的列表。③

水磨坊创业公司(Watermill Ventures,WMV)是一家私人投资公司,投资于中型公司,这些公司已经历了战略、运营或融资的挑战。④ 水磨坊公司通过其战略投资合作伙伴提供资金和其他资源,并通过手把手的操作,帮助目标企业管理团队进一步发展其战略和运营实践。水磨坊公司成立于 1992 年,隶属于成立于 1978 年的 HMK 公司,该公司提供战略发展专业知识和其他增值服务。基于"专业创业"的原则(公司的严格纪律管理与创业动机相结合),水磨坊帮助其所投资的各个公司的管理团队培养专业管理的企业家思维,这种专业管理体现在战略规划、预算和信息技术等方面。这种方法使管理层能够创造性地思考他们的业务,并在不冒太大风险的情况下探索增长途径。水磨坊的方法是收购公司、改善它们,然后实现 4-7 年增长,最后出售公司或将其 IPO 上市。为了获得交易,水磨坊公司建立了一个网站。⑤ 水磨坊的成功主要是因为其对行业和企业进行了严格的筛选,能够识别具有吸引力的机会,并结合了对投资组合公司的战略和经营关注。水磨坊投资于各行各业的公司,但优先考虑由于新竞争动态、新技术、整合或需求变化而正在经历结构性变化的中等增长行业。该公司有以下的投资标准:

---

① Ciba-Geigy,瑞士最大的化工企业,也是世界大型跨国公司之一。——译者注
② 参见 www.usbx.com
③ 参见 www.acquisitionadvisors.com
④ 关于 wmv 的信息来自其网址。
⑤ 参见 www.watermill.com

销售规模	中等增长行业
特征	适度的行业增长
	合理的行业利润率
	市场或细分市场的潜在领导者
	与潜力相比，表现不佳
	过度杠杆化
	管理层状况

虽然互联网对于搜寻和推广非常有用，但许多卖家和买家更愿意与可以指导他们完成整个收购过程的商业经纪人合作，这些经纪人收取的佣金为并购交易价格的10%至14%，商业经纪人通常局限于小额交易（最高达1 000万美元）。其他中介机构如杠杆收购（LBO）公司也是并购交易流的潜在来源。Clayton、Dubilier & Rice 和 Kohlberg Kravis Roberts(KKR)等杠杆收购企业协助公司私有化，如果已实现了投资目标，杠杆收购企业会将投资组合公司出售。

决策框架

收购机会往往随机而至，这意味着决策者难以将某一笔交易与另一笔交易比较。此外，在做出决定之前，决策者不可能评估所有潜在的候选对象。因此，决策者需要一个有用的先决果断的筛选机制，可以是以下的任何一种：

● 目标公司的规模：公司通常考虑一定范围的规模（就销售收入或资产而言），目标公司的规模取决于收购方的投资预算。大型收购者可以支付大笔资金，而中型公司通常不能购买大公司。例如，一家公司可能会针对2.5-3亿美元销售额的目标企业。此外，任何收购方都无力收购所有列入名单的公司。

● 目标公司的竞争能力：当前流行的管理理念是将公司视为一组技能的组合，一般说来那些使企业业务与这些技能保持一致的公司将获胜。普拉哈拉德和哈默尔(Prahlad and Hamel, 1990)将核心竞争力定义为组织的集体学习能力，特别是如何协调多样化的生产技能和整合多种技术。核心竞争力不应与核心业务相混淆，核心竞争力是沟通、参与以及跨组织边界工作的深层承诺，它与对各种技术进行协调一致有关。索尼的核心竞争力是小型化，菲利普的专业技术领域是光学媒体，沃尔玛的专长是物流管理。公司需要停止将自己视为一组商业业务的组合。成功的公司，即使持有看似无关的业务，也可以是通过一系列共同技能整合为一个企业。这表明公司应该强调收购战略能力而不是各种商业业务。

- 盈利能力/偿付能力：公司只满足规模要求是不够的，它也应该足够有利可图。购买一家大而破产的公司显然不是一个好主意，除非收购方是专门从事业务转型的"秃鹰投资者"。盈利能力可以根据税前利润（EBIT）或税后利润（PAT）的绝对值或收益范围确定。
- 资产构成：公司从两个来源获得价值：现有资产和未来增长机会。例如，软件公司从品牌名称、专利和员工素质等无形资产中获取大部分价值。一些收购方（例如生物技术和药品企业）寻求研发能力和专利，而其他收购方则可寻找资产（例如应收款和现金余额）的流动性。
- 行业性质和公司的地位：公司和行业就像产品一样必然具有生命周期。公司的未来增长率取决于行业现状和公司的竞争地位。换句话说，一家公司15%的增长率并不能告诉我们什么，除非将该增长率与整个行业的增长率比较。同样，如果行业处于下降阶段，企业的增长率不太可能持续。收购方应了解该行业是否具有周期性特征。

典型的行业生命周期如图2.1所示：

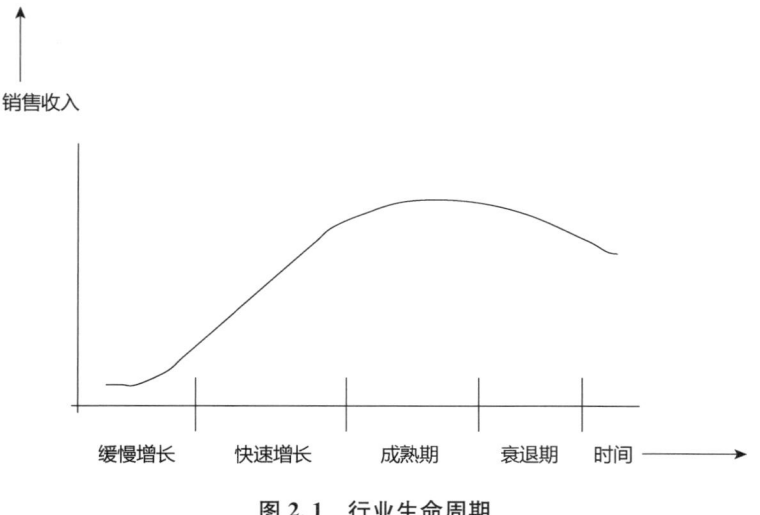

图 2.1　行业生命周期

生命周期分为四个阶段，即缓慢增长（萌芽）、快速增长、成熟、衰退。当公司达到生命周期的某个特定点时，它可能会使产品线恢复活力，从而进入新的生命周期。收购者应该了解一家公司在其生命周期中的地位，虽然这很难。例如，水磨坊创投（WMV）专注于第三和第四阶段中的企业，目的是为这些企业提供转型机会。

财务分析

作为起点，收购方可以使用目标公司和同行业公司的相对市场份额和销售数据，并按照0-5的等级对其进行相应排名，其中0表示最差，5表示最佳，这种排名可用于筛选候选标的。例如，人们可能会专注于3-5得分范围内的公司，但仅专注于高利润和管理良好的公司，将限制目标企业的上行潜力，因为这些公司没有可以进一步提高的空间。如果一个企业要收购排名为0或1的公司，那么可能既存在上行潜力又存在下行空间。总而言之，一个企业的进取心取决于其财富禀赋和风险承受能力。

财务分析涉及对利益表、资产负债表和现金流量表的分析，以衡量目标公司近年来的表现。更具体地说，收购方可以回答目标方的以下问题：

- 公司如何为其运营提供资金？
- 公司的股息支付是否太多或太少？
- 公司是否产生足够的现金流来支持运营？
- 公司是否具有足够的流动性？

这既是对过往业绩的事后分析，也是对目标公司未来业绩情况的粗略估计。分析内容包括公司在各种情形下可以获得的收益，收购方可以支付的金额，公司的资本结构应该做出哪些变化（如果有的话），如何筹集收购资金，以及目标企业能够支付多少利息。通常情况下，收购方会在目标公司的还本付息能力上设置最低限度，以保证目标公司在所有情况下均能偿还收购债务。

战略分析

一旦目标企业清除了上述障碍，就可以开始战略分析。与财务分析相比，战略分析能够揭示企业战略的现状及其错误。通过分析，重新定位公司的可能性和实施新战略所需的资源，新战略表明了新的细分机会（即具有最大增长机会的细分市场）以及降低成本和提高收入的来源。重要的是让收购方所有职能部门的负责人参与这一阶段，以便每个人都知道自己所处的境地以及收购背后的基本假设。当并购交易进入随后的阶段时，事情就会水到渠成了。

实地考察和收购意向书：为了使并购能够落实，收购方应前往目标企业的工厂和办公室，以获得对目标企业的第一手的现场感受，无论正确还是错误，现场拜访服务于以下目的：

- 更好地了解目标公司的管理和运营
- 确保对公司销售额的假设和预测是合理的
- 确保公司资产状况良好

为了获取信息，收购公司的管理层可能需要与目标公司的所有关键管理人员见面。如果现场访问令人满意，则该流程的下一步是签署一份意向书（letter of intent），为收购方提供一些时间在正式结束交易之前进行额外的调查研究。一旦签署了意向书，除非在特殊情况下，否则双方不能退出交易。接下来是尽职调查。

尽职调查：尽职调查是获取和分析信息的系统过程，有助于买方或卖方确定是否正式交易，获得的信息涉及要购买企业的所有方面。尽职调查包括各种定量信息，如销售额、现金流量和其他财务数据，以及定性信息，如位置、管理质量、内部控制系统等。

并购过程的第一阶段是初步谈判，形成收购意向书，第二阶段是尽职调查，第三阶段是谈判和签署最终协议，最后阶段是交易结束。尽职调查阶段是并购流程中最关键的阶段，如果尽职调查得不到妥善处理，可能会出现代价高昂的意外事件，包括交易破裂。

尽职调查需要分析与目标公司的资产和负债相关的公共信息和专有信息，这些信息涉及法律、税务和财务事宜。尽职调查为买方提供了验证卖方提供信息的准确性的机会，该流程有助于确定是否存在潜在问题，例如可疑的资产质量、资产所有权、各种政府许可权等。欧洲最激烈的收购战之一是在雀巢和阿格奈利斯（Agnellis）之间争夺法国矿泉水公司帕瑞尔（Perrier）控制权的案例。雀巢最终赢得了这场战斗，但令人沮丧的是，发现其购买的资产中至少有一处泉水并非由帕瑞尔最初拥有（它是从城镇租来的）！当被问及时，帕瑞尔管理层指出他们并没有隐瞒事实，因为雀巢从没有提出过疑问！

为了尽职调查，公司通常组成一个包括财务、营销、人力资源和税务/法律等领域人员的团队，这些人员将审查并修改尽职调查清单，然后再将其发送给卖方。卖方的团队对所有可提供的信息进行内部审查，并让买方知道何时、何地以及如何提供信息。典型的并购交易涉及由买方和卖方共同准备的许多协议和文件。最重要的是：

- 保密协议
- 收购意向书
- 尽职调查

保密协议阐明了"评估材料"（提供给买方的任何材料或信息）的定义以及此类材料的使用，该协议阻止买方以不恰当的方式使用该信息，例如公开披露信息（即使已经签署了正式协议），并且规定在收到卖方请求后要将所有材料退还给卖方。并购过程以交易结束而告终。

目标公司的战略发展

完成交易后，收购公司必须迅速为目标公司制订业务计划。当目标公司与母公司在不同的产品市场中运营时,问题将变得更加棘手。

通过提出这样一个问题开始这个过程是有用的:"这个企业属于行业生命周期的哪个阶段?"正如前面所指出的,企业将属于以下四个阶段中的任何一个:(1)萌芽;(2)增长;(3)成熟;(4)衰退。

萌芽阶段的特点是存在大量新进入市场的参与者,除非产品或服务的特点是公司(例如高度专业化的制药公司)拥有高研发投入,否则市场的萌芽阶段将以行业细分为特征(例如太阳能电池制造和安装、风力涡轮机制造和有机物肥料制造等)。这些行业一开始拥有大量的参与者并持续分化,直至出现占主导地位的技术或者商业设计,然后这些行业才会开始整合。

在细分的行业中,公司最好遵循"聚焦"战略(Porter,1980),聚焦战略中的焦点可以基于客户群、客户需求或地理区域。这三个方面的例子分别是:(1)昂贵葡萄酒鉴赏;(2)老年护理医院;(3)南美洲的农村市场。聚焦战略并不意味着该行业一直规模很小。细分的行业可能不会长期维持细分状态,有很多例子可以证明,银行业就是这样一个行业。从理论上讲,如果可以实现高水平的产品/服务的标准化,预期的规模经济显著,单位运输成本占总单位成本的百分比较低,就会出现整合趋势。

接着就进入了增长阶段。如果目标公司处于即将增长的阶段,可以采用以下通用策略实现增长:

1. 供应链:通常出现在零售业中。这在采购具有高规模经济性时尤其适用,并且公司能够创建链接仓库和商品销售的网络,其特点是灵活地在单位间转移库存。

2. 特许经营:当达到一定程度的标准化时,且还没有被广泛利用,将适用特许经营策略。特许经营将允许出现大量的本地业务单位,个体投资很少但总投资额较高。

3. 横向合并:另一个增长策略是横向合并,收购公司不仅不会停止收购目标公司,而且收购其竞争对手,以获得更大的市场份额。

许多目标公司可能已进入行业生命周期的下一阶段,即成熟阶段。在这里,目标公司的主要任务是保持竞争地位及最低的行业盈利能力。在许多情况下,目标公司可能没有达到行业标准。无论如何,不管是维持还是提升竞争地位,公司可用的策略都是:

1. 识别未被开发的产品细分市场:换句话说,找出行业未向客户提供的细分市场。一个例子是在传统上只提供干水泥的水泥工业,增加价值和创造竞争优势的一种方法是提供预混合水泥。

2. 管理竞争:成熟行业的竞争可以通过基于价格和非基于价格的措施来进行管理。价格竞争方法包括价格信号和价格领先,这些措施通常适用于在各自市场上占据主导地位的企业。非价格措施包括选择性地剥离价值链的上游或下游单位,当交易成本低于持有这些单位的成本时,就会发生这种情况。对于成熟阶段的公司来说,采取非价格措施并不罕见。

最后是衰退阶段。根据前面讨论的因素，收购方可能会将处于行业生命周期衰退阶段的公司作为收购对象。在这种情况下，收购公司的可用选项是：(1)提高市场集中度；(2)削减资产；(3)清算。市场集中将导致服务的客户群或产品范围缩小，并导致退出边缘的细分市场，或者由于释放的资源很多或者现有的利润贡献微不足道，亦可能两者兼而有之。市场集中之后，企业资源将聚集在公司可聚焦精力的某些特定领域。

削减资产是指公司采取"收获战略"(harvesting)，所有重大资本支出都将被冻结，以放弃未来投资为代价而获得当前利润。那些遵循低成本战略的经理们可能会采取这样一种方法，即冻结工厂和机器的新投资，利用现有设备实现最低产量以"榨取"利润。最后一个选择是清算。

培育策略

前一部分涉及制定目标公司的业务战略，考虑了行业生命周期、行业特征(特别是公司所在行业的生命周期阶段)和竞争动态。这只是战略的一部分，更重要的是收购公司自身的战略。目标公司的业务战略和收购公司的公司战略必须能够相互匹配，只有相互匹配，才能实现全部的收购价值。换句话说，良好的收购预示着明确了收购公司的战略，并且凭借它，对目标公司提供了培育支持和控制。

古尔德、坎贝尔和亚历山大(Goold，Campbell and Alexander，1994)认为，现代企业可以遵循四种类型的企业培育策略，它们是独立影响、联系影响、中央职能和服务、企业发展，如图 2.2 所示。

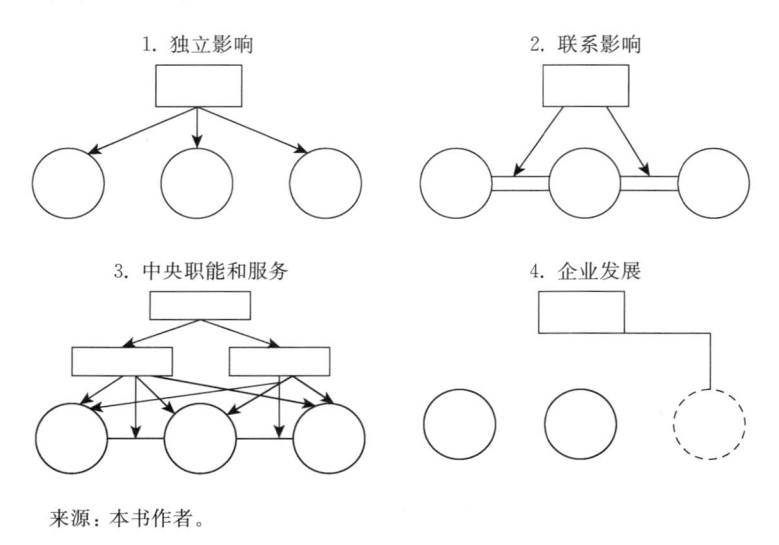

来源：本书作者。

图 2.2 培育策略的四种类型

1. 独立影响

在这里，母公司的经理层将参与协商和监督各业务单元部门的业绩、批准主要的资本支出以及选择和更换业务部门负责人。有些母公司还可能会在产品市场战略、定价决策、整体人力资源开发政策等方面发挥更大的影响力。虽然理想情况下这种控制应该提供管理的专业知识和理性的控制，但企业培育不应导致追求错误的目标、浪费企业的资源、任命不合适的管理者等。成功发挥独立影响战略的教科书范例是由杰克·韦尔奇领导下的通用电气(GE)。在通用电气保护伞下的每个企业都是一个个独立的实体，或者是一个"战略业务部门"，拥有自己的自主权和绩效目标。

2. 联系影响

企业之间通过转移定价、行政命令、横向任命等就可以建立起联系。如果企业是独立的实体，则不会发生这种联系。内部的结构性机制和强制性的任务将企业联系起来以产生协同作用。事实证明，这种相互联系在银行和零售等行业都很有效。例如，就美国的银行业而言，近年来各地区性银行已经整合完毕，协同效应是通过后台处理的标准化和集中化、信息的共享等来实现的。同样，在零售行业，由于物流改善，共同采购和成本节约实现了协同效应。

3. 中央职能和服务

在这种安排下，母公司为不同的产品市场实体或业务部门提供具有成本效益的功能(或服务)，以发挥领导和支持作用。几十年前，在许多组织中普遍存在的功能结构类似于这种公司培育方式。在更现代的组织中，集中支持体现在诸如研发或专业项目管理服务等方面。

典型的是3M公司的例子。通过公司的中心实验室，高质量创新管理的成果可供大量业务部门使用，并将创新成果转化为可销售的产品和服务。下游业务部门对公司管理部门均独立负责。虽然公司管理部门监控各个业务单元的业务，但后者还是通过例如对集中实验室的审核评估流程来评价公司管理部门。

在柏克德公司[①]等项目密集型的企业中，专门的项目管理服务可供各个业务单元使用，这些业务单元独立管理、计算成本和收费。

4. 企业发展

在公司发展中，母公司购买和销售资产业务，就像它们是流动资产一样。根据预选的规划，母公司可以在短至1-2年的时间内持有企业。该策略涉及及时将业务出售

---

① 柏克德(Bechtel)工程公司总部位于美国旧金山，是一家具有国际一流水平的工程建设公司。代表性工程项目有美国胡佛水坝、英法海峡海底隧道、中国香港国际机场等。

给对资产出价更高的买家(比多元化的"投资组合经理"持有更好)。这种策略需要高度关注公司拥有的各种业务类型,通过精明的交易技巧、快速响应、短期现金生成能力、资产分拆等,以充分实现资产真正价值。古尔德等人(1994)引用汉森公司作为这种框架公司的典型例子。

进入外国市场

当一家公司将其业务扩展到其他国家时,由于缺乏有关候选国家的信息或者限于时间或潜在成本的约束,因此并不能够审慎地做出在何处创办工厂(比如新建项目或收购)的决定。假设一家公司有10种产品,并打算向国外发展,由于世界上有超过100个的国家,假设一种业务进入每个国家,则决策者至少必须处理1 000种可能的交易。现实中需要通过多种方式对产品和国家进行组合,这更增加了复杂性。由于与收集和分析数据相关的成本并非微不足道,需要一个简化分析的框架。下面提出的四个与国家相关的变量在分析中很有用:市场规模、投资环境、技术可得性以及与生产厂商(以及市场)的距离。

其中一个显而易见的参数是支持盈利运营所需的市场规模。由于难以估计市场规模和增长率,通常在猜测的基础上做出投资决策。此外,由于生活方式、品味等方面的差异,市场规模的代理变量(如GNP或人均收入)等并不能告诉我们有关产品市场规模的真实信息。快速消费品(FMCG)公司通常前往发展中国家,期望在美国可接受的软饮料也可被世界其他地区的消费者接受,这些公司没有考虑到的是各国之间生活方式的差异。虽然有很多成功案例,但也有一些引人注目的失败案例。第二个参数是投资环境。为了比较不同国家的投资环境,可以建立一个评级量表,其中的因子如表2.1所示(Stobaugh,1969)。此外,公司还应该建立一种在每个类别中分配取值得分的方法,表2.2显示了一个样本分类和"允许资本汇回"类别下的分数范围,表2.3以印度的投资环境描述为例。

表 2.1   国家投资环境因子的评分范围

项目	分数
允许资本汇回	0-12
允许外国所有权	0-12
歧视和控制	0-12
价格稳定	0-14
政治稳定	0-12
当地资本的可获得性	0-10
货币币值稳定	0-20

表 2.2　　"允许资本汇回"类别中的不同得分

项目	分数
无限制	12
仅基于时间限制	8
对资本限制	6
严格限制	2
不可能汇回	0

表 2.3　　印度的投资环境

外国投资开放程度	1991 年后,作为自由化计划的一部分,政府促进了外国投资; 对投资采取税收激励措施; 允许资本汇回
政治风险	合理稳定的政府; 长期存在的腐败问题
基础设施风险	能源供应不充足、不可靠
经济风险	财政赤字高; 印度货币对主要其他货币频繁贬值
没收风险	除 1 或 2 个零星事件外,风险很低

《经济学人》智库(Economist Intelligence Unit)定期发布国家报告,可用于收集情报[1]。如果在外国收购,需要了解当地的收购规定[2]。

通常,跨国公司与东道国公司可以建立战略联盟,然后通过收购进行外部扩张。战略联盟涉及两个或更多的公司之间明确的长期协议,目的是交换商品或服务以及信息。当任何一公司的内部资源不足或认为投资具有风险时,战略联盟才有意义。

结论

在本章中,我们概述了收购目标的特征、搜索潜在目标企业的系统方法以及一些可用于为公司指点迷津的通用策略。许多公司经常合并,是因为担心较大的竞争者具有规模经济,可能通过对原材料供应、渠道等实施束缚来压垮它们,但它们没有意识到"公司做大"的缺点(Levinson,1970)。收购公司的高管们会在没有咨询目标企业经理的情况下制定详细的计划,这会导致目标企业经理的怨恨和管理损耗。通过与目标公司高管的诚实讨论可以避免这种情况。大多数公司的合并,希望能够实现协同效应

---

[1] 《经济学人》智库的网址 www.eiu.com
[2] 在本书跨国并购的一章中,将对此详细阐述。

的好处。只有在合并后的实体被管理得比之前更好的情况下,才能实现协同效应,最高管理层的素质决定了合并的成功与否。很多时候,收购公司的高管由于目标企业规模较小,因而失去对目标公司的兴趣(Kitching,1967),这些小公司的高管因为不被重视,陷入了前所未有的企业愿景、预算、预测与利润计划的困境。公司控制系统的精细程度取决于公司的规模和文化,一旦发生收购,收购方就应决定目标企业是"单独发展"还是坚持"用收购公司的文化和控制系统整合",这不是一个容易回答的问题。如果目标是一个失败或亏损的公司,答案是后者。如果目标是一家成功的公司并且收购的动机是进入一个新的市场,那么答案是前者,收购方应该改变现有的系统,否则,可能会破坏有助于目标公司成功的独特文化和制度。

案例学习

ABX 持股公司进入酒店业

评估行业的吸引力和对目标企业进行估值

2010 年夏天,ABX 持股公司通过在印度全国各地收购四星级和五星级酒店来评估进入酒店业的选择①。该公司计划在 5 年内运营近 10 家酒店,这些酒店将由国际连锁酒店管理。该集团在零售、酒店和度假村、金融服务和房地产方面进行了多元化,它经营着一家高级餐厅、一家总部在中东的连锁饭店、一家快餐店和一家位于德里的高档餐厅。该集团相信,个性化的豪华酒店可以满足高净值旅客的需求,也可以提供"轻奢型"酒店以满足有预算要求的旅客的需求。

酒店业

印度该行业拥有 110 000 间客房,尚缺少 150 000 间客房。CRISIL 研究估计,由于商务旅行和外国游客人数增加,五星级和五星级豪华酒店的房间需求在未来 5 年内将以 10% 的复合年增长率(CAGR)增长。预计未来 5 年房间的供应量将以 11% 的复合年增长率增长,2015-2016 年的入住率(occupation rate,OR)可能会从 2010-2011 年的 62% 下降至 59%。

需求动态

周期性:酒店业具有周期性。在上升期间,该行业见证了持续增长的时期、稳健的平均房价和入住率。经济衰退开始时,入住率开始下降,随后平均房价下降。酒店业的收入增长对名义 GDP 增长等宏观经济指标很敏感,有关市场规模的统计数据如

---

① 出于保密的原因,这个公司的真实身份被隐藏了。该集团还考虑了其他的一些潜在收购。

图 2.3 所示,收入增长对经济增长的敏感性如图 2.4 所示。

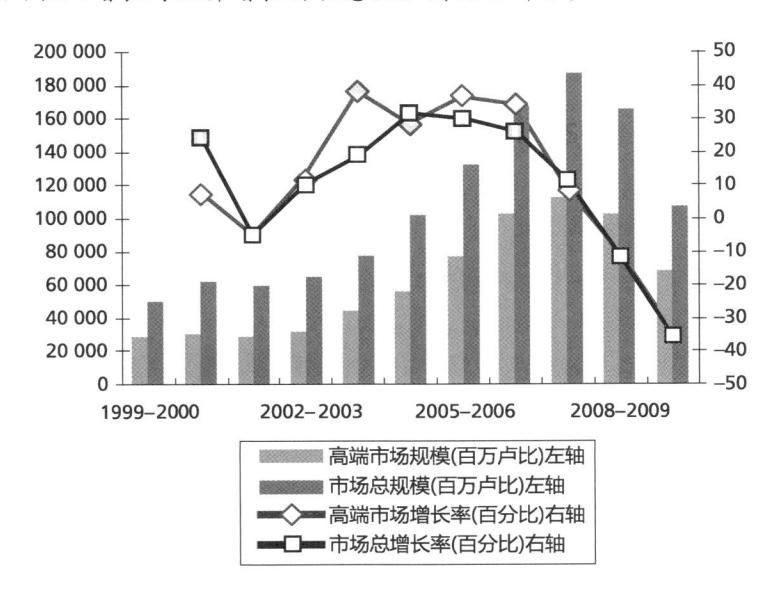

资料来源:CRISIL 研究。

图 2.3　印度酒店行业的市场规模

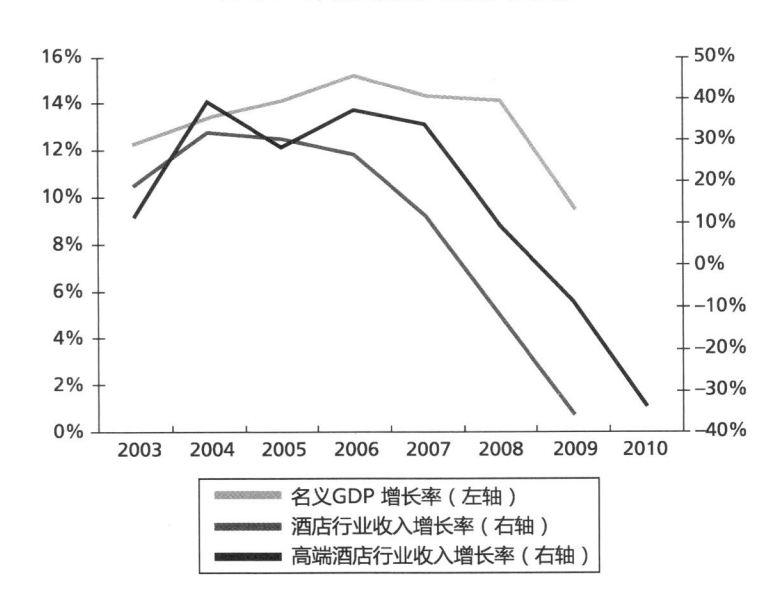

资料来源:CRISIL 研究。

图 2.4　印度酒店行业对宏观经济增长率的敏感性

季节性:对酒店的需求是季节性的。商务和休闲酒店需求旺季是相同的(1月至3月)。在4月至11月,商务需求相对平稳,休闲需求在5月至10月期间较低,而在12月的假期期间入住率较高(超过70%)。

酒店分类

酒店业在所提供服务的性质和类型方面,表现出相当大的多样性。机场酒店以商务客户、中途过夜旅行的航空公司乘客和航空公司人员为目标;商务酒店主要迎合商务旅客,通常位于市中心或商业区;公寓式酒店为客人提供长期或永久住宿;度假酒店位于山区、岛屿或远离城市的具有异国情调的地方;赌场酒店为客人提供赌博设施。

酒店经营者可以拥有自己的房产或将房屋租赁给另一方并获得固定比例的收入,他们可以与豪华连锁酒店签订管理合同,让后者管理房屋财产,还可以获得授权使用特许经营商的品牌名称。

酒店50%的收入来自房间租赁,35%来自食品和饮料,其他服务占剩余的15%。在成本方面,运营成本占50%,员工成本占27%,燃料、原材料以及销售、一般和管理费用占其余部分。

印度酒店的运营者面临一些挑战。他们必须从多个机构获得100多项批准,资本支出必须由债务融资,但酒店经营者不得在国外举债,该行业也没有税收优惠政策,只有少数几个邦授予其旅游业的行业地位。

印度的平均债务成本为14%,而其他许多国家则为6.5%-8%。

波特的五力模型

迈克尔·波特的五力模型通常应用于行业分析,以解释各行业的盈利能力差异。在图2.5中,我们将其应用于印度的酒店业。分析表明,由于客户的高议价能力和强有力的竞争者,该行业不太可能提供异常回报。与此同时,替代品的威胁很低,潜在进入者也很有限。总的来说,该行业似乎可以为一些知名连锁店提供良好的回报。表2.4中的行业盈利数据强化了我们的分析。

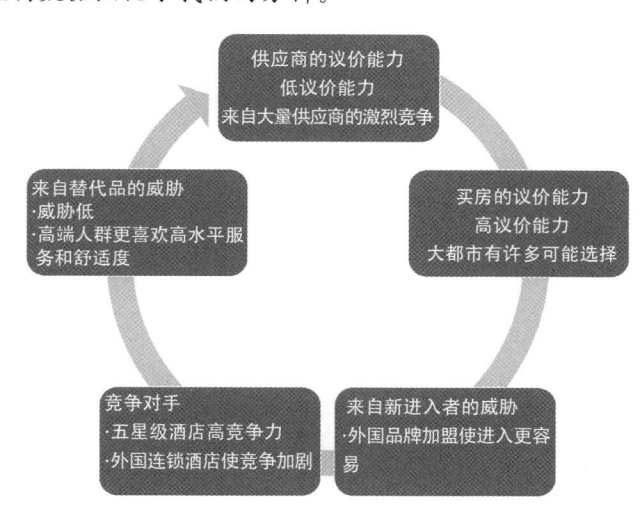

图 2.5　波特五力模型分析

表 2.4　　　　　　　　　　　酒店行业财务状况（百万卢比）

	2010—2011	2009—2010	2008—2009	2007—2008
净销售额	32 155	26 821	29 419	34 205
息税折旧摊销前利润	8 450	7 803	10 667	14 139
净收益	2 143	−1 261	4 894	6 860
净销售额增长率(%)	19.9	−8.8	−14	19.4
息税折旧摊销前利润率	26	27.5	33.7	40.8
净利润率(%)	6.6	−4.4	15.5	19.8
资本收益(率)	5.5%			

资料来源：Prowess 数据库。

表 2.4 显示，尽管净销售额增长接近 20%，但该行业的净利润率仍低至 6.6%，投入资本回报率（ROCE）5.5% 也不是很令人鼓舞。然而，从历史上看，该行业一直非常有利可图，EBITDA（扣除利息、税项、折旧和摊销前的盈利）利润率为 40.8%，净利润率为 19.8%。竞争加剧和 2007—2008 年全球金融危机对行业盈利能力产生了不利影响。

估值方法

除了新建项目外，ABX 还考虑了一些潜在的收购候选对象。除了标准的贴现现金流量法外，业内通常的做法是使用一些非传统的经验法则评估酒店。我们在这里概述三种方法：

1. 使用一个稳定年份的投资价值

不是在一个较长时间内预测净利润（或现金流量），而是选择一个单一、稳定年份的净利润，以适当的比率资本化，即一个稳定的收入和倍数的乘积，提供价值估计。

2. 房价乘数

经验法则是众所周知的平均每日费率（average daily rate，ADR）规则，该规则规定酒店房产的价值是每间客房的平均每日房价（租金）的 1 000 倍。

$$\text{酒店价值} = \text{平均每日房价} \times \text{房间数量} \times 1\,000$$

3. 可乐罐乘数

酒店的每个房间的价格是自动售货机或室内迷你吧的可乐价格的 10 万倍！所以酒店价值就等于：

$$\text{酒店价值} = \text{可口可乐价格} \times \text{房间数量} \times 100\,000$$

随后发生的事件

截至 2015 年中期，该集团已经在卡纳塔克邦开设了第一家豪华酒店，并已经在马哈拉施特拉邦建立另一家豪华酒店①。它并没有考虑收购。

案例学习

印度制药公司的财务表现

药品是化学品(原料药)根据配方转化而成的,原料药物来自植物衍生物、动物衍生物、合成化学品和生物遗传衍生物。药剂师仅根据医疗处方(所谓的处方药物)分销某些药剂,而其他药剂则通过非处方药获得。

制药行业分为两类公司:进行基础研究以制造受专利保护产品的公司和制造仿制药的公司。仿制药制造商仿造和销售不受专利保护的药品,当专利到期后,仿制药制造商也可以生产专利产品。通用药物比专利产品便宜,在其他条件相同的情况下,这些公司不会在研发上花钱。

1995年,印度成为《乌拉圭回合协议——贸易相关知识产权》的签署国,要求签署方执行产品专利,并于2005年生效。从历史上看,印度的药品价格由中央政府控制。1985年制定的药品价格管制令(The Drug Price Control Order,DPCO)使政府能够控制143种基本药物的药品价格。目前DPCO涵盖的药物数量已从90%降至50%,并在进一步降低,DPCO的目标是确保以合理的价格向所有人提供某些药物。该系统的明显缺点在于,由于最终药剂产品的价格被控制得较低,它就不能为制造商提供足够的激励来投资研发生产新药。实际上,印度许多药物的价格是全世界最低的。

全球医药市场的构成见表2.5。放松DPCO管制、经济自由化以及增加医疗保健支出对制药业产生了有利影响,2009年印度制药公司的全球总营业额估计为210亿美元,2013年印度国内市场的规模估计为138亿美元。配方药市场有以下几个部分:

- 减轻疼痛的镇痛药
- 抗酸剂
- 抗生素
- 抗结核产品
- 抗寄生虫和抗真菌产品
- 心血管药物
- 治疗皮肤病和哮喘等的皮质类固醇

---

① 印度马哈拉施特拉邦的首府是第一大城市、经济中心孟买,卡纳塔克邦为邻省。这两个邦均为印度西南部濒临海洋的省份。——译者注

- 减轻关节疼痛的抗风湿产品
- 维生素

表 2.5　　　　　　　　　　　　2014 年全球医药市场规模

国家	销售额（十亿美元）
北美	322.5
欧盟	213.8
日本	70.5
拉丁美洲	63.1
亚洲、非洲和澳大利亚	246.8

资料来源：www.staista.com。

与全球同行一样，印度制药业高度分散，没有公司占有相当大的市场份额。2015年，太阳(Sun)、鲁宾(Lupin)、瑞迪博士实验室(Dr Reddy's Lab)、西普(Cipla)和奥罗宾多(Aurobindo)是按市值计算的印度五大制药公司。表 2.6 至 2.11 列出了这些公司的财务报表和相关财务数据。

- 根据 2015 年总资产、长期债务、股东权益、销售额、营业利润、税前利润和净利润的增长情况评估每家公司。
- 查看资产负债表，比较 2014 年至 2015 年，为什么不同公司的流动资产会有所不同？为什么 2015 年各公司的借款从 0.49% 到 37.9% 不等？
- 参见利润表，比较 2014 年至 2015 年，哪家公司盈利最高？为什么各公司的净收入从 −18% 到 24.35% 不等？
- 参见现金流量表，所有公司是否经历了运营现金流量的增加？如果没有，为什么呢？来自经营的现金流量是否多于或少于这些公司投资活动的现金流量？如果是，为什么？如果没有，为什么呢？将经营现金流与投资活动的现金流量进行比较，公司如何为投资融资？这种情况能否无限期地持续下去？对这两年进行分析。
- 查看这些公司的财务比率，截至 2015 年，哪家公司流动性最高(最少)？公司可以拥有过多的流动性吗？截至 2015 年，哪家公司在管理资产方面最好(最差)？截至 2015 年，哪家公司的财务杠杆率最高(最低)？您是否期望制药公司具有高杠杆率？为什么？公司债务太多或太少都可以吗？
- 导致每家公司股本回报率变化的因素是什么？进行杜邦分析。
- 学术研究表明，收购的候选企业往往是杠杆率低、经营业绩差的公司。这些公司是否都是好的收购候选对象？为什么？

表2.6 2014和2015年的资产负债表

单位：千万卢比

	Aurobindo	Cipla Ltd	DRL	Lupin Ltd	Sun	Aurobindo	Cipla	DRL	Lupin	Sun
	2014	2014	2014	2014	2014	2015	2015	2015	2015	2015
资金来源：										
股本资本	291.5	1 605.80	851	896.8	2 071.20	292	1 605.90	852	899	2 071.20
总公积	39 832.40	99 310.60	92 439.00	68 893.60	72 007.60	53 303.40	109 296.00	105 488.00	89 378.40	225 308.00
股权申请资金	0	0	0	0	0	0	0	0	0	483.8
股东权益总额	40 123.90	100 916.00	93 290.00	69 790.40	74 078.80	53 595.40	110 902.00	106 340.00	90 277.40	227 863.00
抵押贷款	20 700.60	8 769.10	17	500	88.1	18 840.00	6.7	14	209.5	2 816.30
非抵押贷款	8 551.00	4.9	26 645.00	944.7	24 002.00	14 007.20	13 799.50	31 247.00	242.6	65 290.50
总贷款	29 251.60	8 774.00	26 662.00	1 444.70	24 090.10	32 847.30	13 806.20	31 261.00	452.1	68 106.80
其他负债	83	1 039.90	382	864.3	25 255.70	226.5	2 044.10	753	1 116.20	24 368.80
总负债	69 458.50	110 730.00	120 334.00	72 099.40	123 425.00	86 669.20	126 752.00	138 354.00	91 845.70	320 338.00
资金使用：										
资产总额	30 088.20	53 947.20	48 997.20	30 892.20	19 735.30	35 075.40	59 450.80	58 156.00	33 104.50	59 950.70
减：累计折旧	19 379.40	35 241.90	27 483.00	21 794.60	12 671.70	21 900.10	35 936.20	32 494.00	20 356.00	31 852.70
净资产	19 379.40	35 241.90	27 483.00	21 794.60	12 671.70	21 900.10	35 936.20	32 494.00	20 356.00	31 852.70
在建工程	2 038.90	3 766.90	5 761.00	2 670.50	4 804.60	2 271.90	3 607.10	4 883.00	4 899.60	10 905.90
生产性质投资	8 726.20	35 871.30	28 065.00	11 636.60	70 157.30	10 127.50	44 211.00	38 623.00	34 442.30	258 762.00

续表

	Aurobindo	Cipla Ltd	DRL	Lupin Ltd	Sun	Aurobindo	Cipla	DRL	Lupin	Sun
	2014	2014	2014	2014	2014	2015	2015	2015	2015	2015
流动资产、贷款和预付款存货	17 118.10	25 111.60	15 921.00	13 722.40	9 183.80	21 450.50	32 892.00	17 233.00	17 395.10	21 892.50
杂项债务	29 701.20	17 281.00	45 615.00	28 599.20	9 801.50	37 089.40	20 523.80	47 117.00	25 152.10	18 028.20
现金及银行结余	97.2	460.4	6 651.00	1 462.80	1 414.80	111.3	827.6	9 014.00	593	4 164.60
贷款和预付款	3 895.00	5 538.20	10 227.00	4 906.50	27 994.30	4 833.20	7 500.50	9 647.00	4 841.30	9 478.20
流动资产总计	50 811.50	48 391.20	78 414.00	48 690.90	48 394.40	63 484.40	61 743.90	83 011.00	47 981.50	53 563.50
减：流动负债	13 182.50	12 957.00	18 700.00	11 052.90	11 410.70	12 626.00	18 544.30	19 521.00	11 384.00	33 450.30
准备金	1 061.80	2 440.70	4 795.00	2 358.00	6 880.30	860.2	3 316.20	5 395.00	4 955.20	20 666.90
总流动负债	14 244.30	15 397.70	23 495.00	13 410.90	18 291.00	13 486.20	21 860.50	24 916.00	16 339.20	54 117.20
净流动资产	36 567.20	32 993.50	54 919.00	35 280.00	30 103.40	49 998.20	39 883.40	58 095.00	31 642.30	−553.7
递延所得税资产	185.6	0	231	591.5	115.1	285.5	0	357	665.7	3 893.10
递延所得税负债	2 238.10	3 112.00	1 483.00	3 070.80	2 043.50	2 388.90	3 305.90	1 647.00	2 557.90	3 893.10
净递延所得税	−2 052.50	−3 112.00	−1 252.00	−2 479.30	−1 928.40	−2 103.40	−3 305.90	−1 290.00	−1 892.20	0
其他资产	4 799.30	5 968.70	5 358.00	3 197.00	7 616.00	4 474.90	6 420.00	5 549.00	2 397.70	19 371.80
总资产	69 458.50	110 730.00	120 334.00	72 099.40	123 425.00	86 669.20	126 752.00	138 354.00	91 845.70	320 338.00
或有负债	2 311.00	3 561.50	16 052.00	3 517.80	7 686.60	5 589.20	4 146.50	12 319.00	3 624.00	20 163.20

资料来源：Capitaline 数据库。

表 2.7 利润表

单位：千万卢比

公司名称	Aurobindo	Cipla	DRL	Lupin	Sun	Aurobindo	Cipla	DRL	Lupin	Sun
年份	2015	2015	2015	2015	2015	2014	2014	2014	2014	2014
收入：										
营业额	82 448.40	102 247.00	100 939.00	98 459.80	81 687.40	72 695.30	95 560.20	98 100.00	90 198.60	29 282.50
消费税	1 497.40	929.4	829	935.1	1 403.00	1 588.20	991.2	820	804.8	994.6
净销售额	80 951.00	101 318.00	100 110.00	97 524.70	80 284.40	71 107.10	94 569.00	97 280.00	89 393.80	28 287.90
其他收入	672.2	1 479.10	2 228.00	1 806.30	2 115.80	748	2 802.80	1 515.00	4 153.80	1 777.60
库存调整	1 590.90	3 490.50	289	1 708.00	−3 181.00	357.5	1 581.20	1 706.00	762.1	145.3
总收入	83 214.10	106 287.00	102 627.00	101 039.00	79 219.20	72 212.60	98 953.00	100 501.00	94 309.70	30 210.80
支出：										
原材料	39 360.90	43 301.50	28 488.00	31 818.20	31 953.30	35 192.30	39 187.40	26 608.00	29 611.90	10 796.60
燃料成本	3 401.30	1 981.90	2 971.00	3 363.90	3 825.20	3 357.10	1 918.40	2 728.00	3 093.60	1 158.00
员工成本	6 687.50	14 996.30	14 909.00	10 525.50	14 876.50	5 142.10	12 847.50	14 199.00	8 443.20	2 796.30
其他制造费用	4 414.70	7 152.10	8 480.00	6 659.10	7 377.20	3 301.60	5 042.90	7 949.00	5 614.20	3 436.60
销售及管理费用	5 004.70	15 221.00	19 386.00	12 077.40	19 576.40	4 016.80	14 353.60	16 685.00	13 002.60	4 912.20
杂项费用	1 168.60	2 542.40	2 254.00	1 056.10	5 081.00	1 260.00	2 905.10	3 200.00	1 267.10	33 918.80
支出总额	60 037.70	85 195.20	76 488.00	65 500.20	82 689.60	52 269.90	76 254.90	71 369.00	61 032.60	57 018.50
营业利润	23 176.40	21 092.20	26 139.00	35 538.80	−3 470.40	19 942.70	22 698.10	29 132.00	33 277.10	−26 807.70
利息	1 321.40	1 360.50	638	49	5 512.50	2 888.40	1 278.60	783	209.9	183.8
总利润	21 855.00	19 731.70	25 501.00	35 489.80	−8 982.90	17 054.30	21 419.50	28 349.00	33 067.20	−26 991.50

续表

公司名称	Aurobindo	Cipla	DRL	Lupin	Sun	Aurobindo	Cipla	DRL	Lupin	Sun
年份	2015	2015	2015	2015	2015	2014	2014	2014	2014	2014
折旧	2 451.50	4 332.00	4 902.00	3 367.90	6 606.80	1 859.70	3 236.10	3 805.00	1 676.30	1 019.40
税前利润	19 403.50	15 399.70	20 599.00	32 121.90	−15 589.70	15 194.60	18 183.40	24 544.00	31 390.90	−28 010.90
税	4 106.80	3 187.80	3 767.00	8 455.10	1 080.00	2 100.60	4 000.00	4 901.00	8 101.10	0
递延所得税	133.2	401	38	−306.7	−1 928.40	1 373.10	300	315	47.6	274.3
报告的净利润	15 163.50	11 810.90	16 794.00	23 973.50	−14 741.30	11 720.90	13 883.40	19 328.00	23 242.20	−28 285.20
额外项目	−19.4	284.2	453.9	−25.4	860.1	−14.1	8.1	59.1	−69.6	−27 690.10
调整后的净利润	15 182.90	11 526.70	16 340.10	23 998.90	−15 601.40	11 735.00	13 875.30	19 268.90	23 311.80	−595.1
净利润以下调整	−196.4	−401.9	13	−610.8	158 792.00	0	0	2	304.2	0
余额承前的损益	28 278.40	53 299.70	56 599.00	46 646.60	160.6	18 752.20	42 695.00	43 614.00	28 539.20	32 080.50
拨款	1 563.20	1 932.80	5 787.00	4 058.10	8 689.20	2 194.70	3 278.70	6 345.00	5 439.00	3 634.70
余额结转损益	41 682.30	62 775.90	67 619.00	65 951.20	135 522.00	28 278.40	53 299.70	56 599.00	46 646.60	160.6
股息	1 312.80	1 605.90	3 408.00	3 371.20	7 219.50	874.1	1 605.80	3 062.00	2 690.10	3 106.70
股票股息%	4 500.00	1 000.00	4 000.00	3 750.00	3 000.00	3 000.00	1 000.00	3 600.00	3 000.00	1 500.00
每股派息（卢比）	45	20	200	75	30	30	20	180	60	15
每股收益（卢比）	510.7	143	944.8	518.1	0	397	169.5	1 105.10	512.8	0
调整后每股收益（卢比）	255.35	143	944.8	518.1	0	198.5	169.5	1 105.10	512.8	0
账面价值（卢比）	1 835.50	1 380.10	6 240.60	2 008.40	1 097.80	1 376.50	1 255.80	5 481.20	1 556.40	357.7

资料来源：Capitaline 数据库。

表2.8 通用的资产负债表

单位：千万卢比

公司名称	Aurobindo Pharma	Cipla	Dr Reddy's Labs	Lupin	Sun Pharma. Inds.	Aurobindo Pharma	Cipla	Dr Reddy's Labs	Lupin	Sun Pharma. Inds.
年份	2015	2015	2015	2015	2015	2014	2014	2014	2014	2014
资金来源：										
股本资本	0.34	1.27	0.62	0.98	0.65	0.42	1.45	0.71	1.24	1.68
总公积	61.5	86.2	76.24	97.31	70.33	57.35	89.7	76.82	95.55	58.34
股东资金总额	61.84	87.5	76.86	98.29	71.13	57.77	91.1	77.53	96.8	60.02
抵押贷款	21.74	0.01	0.01	0.23	0.88	29.8	7.92	0.01	0.69	0.07
非抵押贷款	16.16	10.9	22.58	0.26	20.38	12.31	0	22.14	1.31	19.45
总贷款	37.9	10.9	22.59	0.49	21.26	42.11	7.82	22.16	2	19.52
其他负债	0.26	1.61	0.54	1.22	7.61	0.12	0.94	0.32	1.2	20.46
总负债	100	100	100	100	100	100	100	100	100	100
资金使用：										
资产总额	40.47	46.9	42.03	36.04	18.71	43.32	48.7	40.72	42.85	15.99
减：累计折旧	25.27	28.4	23.49	22.16	9.94	27.9	31.8	22.84	30.23	10.27
减：资产减值	0	0	0	0	0	0	0	0	0	0
净资产	25.27	28.4	23.49	22.16	9.94	27.9	31.8	22.84	30.23	10.27
在建工程	2.62	2.85	3.53	5.33	3.4	2.94	3.4	4.79	3.7	3.89
生产性质投资	11.69	34.9	27.92	37.5	80.78	12.56	32.4	23.32	16.14	56.84
流动资产、贷款和准备金										

续表

公司名称	Aurobindo Pharma	Cipla	Dr Reddy's Labs	Lupin	Sun Pharma. Inds.	Aurobindo Pharma	Cipla	Dr Reddy's Labs	Lupin	Sun Pharma. Inds.
年份	2015	2015	2015	2015	2015	2014	2014	2014	2014	2014
存货	24.75	26	12.46	18.94	6.83	24.65	22.7	13.23	19.03	7.44
杂项债务	42.79	16.2	34.06	27.39	5.63	42.76	15.6	37.91	39.67	7.94
现金及银行结余	0.13	0.65	6.52	0.65	1.3	0.14	0.42	5.53	2.03	1.15
贷款和预付款	5.58	5.92	6.97	5.27	2.96	5.61	5	8.5	6.81	22.68
流动资产总计	73.25	48.7	60	52.24	16.72	73.15	43.7	65.16	67.53	39.21
减：流动负债	14.57	14.6	14.11	12.39	10.44	18.98	11.7	15.54	15.33	9.25
准备金	0.99	2.62	3.9	5.4	6.45	1.53	2.2	3.98	3.27	5.57
总流动负债	15.56	17.3	18.01	17.79	16.89	20.51	13.9	19.52	18.6	14.82
净流动资产	57.69	31.5	41.99	34.45	−0.17	52.65	29.8	45.64	48.93	24.39
递延所得税资产	0.33	0	0.26	0.72	1.22	0.27	0	0.19	0.82	0.09
递延所得税负债	2.76	2.61	1.19	2.79	1.22	3.22	2.81	1.23	4.26	1.66
净递延所得税	−2.43	−2.61	−0.93	−2.06	0	−2.96	−2.81	−1.04	−3.44	−1.56
其他资产	5.16	5.07	4.01	2.61	6.05	6.91	5.39	4.45	4.43	6.17
总资产	100	100	100	100	100	100	100	100	100	100
或有负债	6.45	3.27	8.9	3.95	6.29	3.33	3.22	13.34	4.88	6.23

资料来源：Capitaline 数据库。

表2.9 通用的利润表

单位：千万卢比

公司名称	Aurobindo	Cipla	DRL	Lupin	Sun	Aurobindo	Cipla	DRL	Lupin	Sun
年份	2015	2015	2015	2015	2015	2014	2014	2014	2014	2014
收入：										
营业额	100	100	100	100	100	100	100	100	100	100
消费税	1.82	0.91	0.82	0.95	1.72	2.18	1.04	0.84	0.89	3.4
净销售额	98.18	99.09	99.18	99.05	98.28	97.82	98.96	99.16	99.11	96.6
其他收入	0.82	1.45	2.21	1.83	2.59	1.03	2.93	1.54	4.61	6.07
库存调整	1.93	3.41	0.29	1.73	-3.89	0.49	1.65	1.74	0.84	0.5
总收入	100.93	104	101.7	102.6	96.98	99.34	103.6	102.5	104.6	103.2
支出：										
原材料	47.74	42.35	28.22	32.32	39.12	48.41	41.01	27.12	32.83	36.87
燃料成本	4.13	1.94	2.94	3.42	4.68	4.62	2.01	2.78	3.43	3.95
员工成本	8.11	14.67	14.77	10.69	18.21	7.07	13.44	14.47	9.36	9.55
其他制造费用	5.35	6.99	8.4	6.76	9.03	4.54	5.28	8.1	6.22	11.74
销售及管理费用	6.07	14.89	19.21	12.27	23.97	5.53	15.02	17.01	14.42	16.78
杂项费用	1.42	2.49	2.23	1.07	6.22	1.73	3.04	3.26	1.4	115.8
减：项目前费用资本化	0	0	0	0	0	0	0	0	0	0
支出总额	72.82	83.32	75.78	66.52	101.2	71.9	79.8	72.75	67.66	194.7
营业利润	28.11	20.63	25.9	36.09	-4.25	27.43	23.75	29.7	36.89	-91.55
利息	1.6	1.33	0.63	0.05	6.75	3.97	1.34	0.8	0.23	0.63

续表

公司名称	Aurobindo	Cipla	DRL	Lupin	Sun	Aurobindo	Cipla	DRL	Lupin	Sun
年份	2015	2015	2015	2015	2015	2014	2014	2014	2014	2014
总利润	26.51	19.3	25.26	36.04	−11	23.46	22.41	28.9	36.66	−92.18
折旧	2.97	4.24	4.86	3.42	8.09	2.56	3.39	3.88	1.86	3.48
税前利润	23.53	15.06	20.41	32.62	−19.08	20.9	19.03	25.02	34.8	−95.66
应纳税额	4.98	3.12	3.73	8.59	1.32	2.89	4.19	5	8.98	0
递延所得税	0.16	0.39	0.04	−0.31	−2.36	1.89	0.31	0.32	0.05	0.94
报告的净利润	18.39	11.55	16.64	24.35	−18.05	16.12	14.53	19.7	25.77	−96.59
额外项目	−0.02	0.28	0.45	−0.03	1.05	−0.02	0.01	0.06	−0.08	−94.56
调整后的净利润	18.42	11.27	16.19	24.37	−19.1	16.14	14.52	19.64	25.84	−2.03
净利润以下调整	−0.24	−0.39	0.01	−0.62	194.4	0	0	0	0.34	0
余额承前损益	34.3	52.13	56.07	47.38	0.2	25.8	44.68	44.46	31.64	109.6
拨款	1.9	1.89	5.73	4.12	10.64	3.02	3.43	6.47	6.03	12.41
余额结转损益	50.56	61.4	66.99	66.98	165.9	38.9	55.78	57.7	51.72	0.55
股息	1.59	1.57	3.38	3.42	8.84	1.2	1.68	3.12	2.98	10.61
股票股息(%)	5.46	0.98	3.96	3.81	3.67	4.13	1.05	3.67	3.33	5.12
每股派息(卢比)	0.05	0.02	0.2	0.08	0.04	0.04	0.02	0.18	0.07	0.05
每股收益(卢比)	0.62	0.14	0.94	0.53	0	0.55	0.18	1.13	0.57	0
调整后每股收益(卢比)	0.31	0.14	0.94	0.53	0	0.27	0.18	1.13	0.57	0
账面价值(卢比)	2.23	1.35	6.18	2.04	1.34	1.89	1.31	5.59	1.73	1.22
调整后账面价值(卢比)	1.11	1.35	6.18	2.04	1.34	0.95	1.31	5.59	1.73	1.22

资料来源：Capitaline 数据库。

表 2.10 现金流量表 单位：千万卢比

2014 年现金流量表

公司名称	APL	Cipla	DRL	Lupin	Sun
年份	2014	2014	2014	2014	2014
经营活动的现金净流量	3 280.3	17 851.9	9 055	15 262.1	−24 930.6
税前净利润及额外普通收入	15 194.6	18 183.4	24 546	31 390.9	−28 010.9
现金流量表中折旧的调整	1 859.7	3 236.1	3 805	1 676.3	1 019.4
现金流量表应付利息的调整	770.5	1 278.6	783	209.9	183.8
已证明或有事项的调整					
外汇损益调整	909.7	−356.1	−4 151	595.5	813.7
摊销加回调整	4	275.4	86		0.2
追加其他临时调整	840	86	2 374	269.4	97.7
因出售投资而产生的盈亏调整	0.1	−80.1	−47	−5.5	−813.2
因出售资产而产生的盈亏调整	20.3	69.5	−28	99.6	21.1
利息收入调整	−59.5	−139.2	−1 022	−63.5	−890.6
股息收入调整		−714.1	−12	−3 045.4	−0.2
其他费用或收入的调整		157.1	472	211	
因备抵或负债而做出的调整			−82	−7.3	0
营运资金变动前的劳动现金流量	19 351.9	21 910.6	34 726	31 330.9	−27 579
因贸易及其他应收款项变动而产生的现金流量	13 348.3	−1 780.3	−18 274	−11 054.4	−27 198.8
存货变动引起的现金流量	−2 800.8	−1 677.8	−1 974	−414.1	−496.2
因贸易及其他应付款的变动而产生的现金流	3 467.9	2 525.4	746	1 620.6	32 711.1
银行存款的现金流入或（流出）					
预付款现金流					
其他现金流			−739		
经营产生的现金流量	6 670.7	20 977.9	14 485	21 483	−22 562.9
直接纳税造成的现金流出	−3 390.4	−2 853.1	−5 430	−6 201.7	−1 487.7
支付股利税导致现金流出		−272.9		−19.2	−880
特别项目前现金流	3 280.3	17 851.9	9 055	15 262.1	−24 930.6
来自特别项目的现金流					
杂项支出造成的现金流出					

续表

公司名称	APL	Cipla	DRL	Lupin	Sun
年份	2014	2014	2014	2014	2014
投资活动的净现金流量	−4 014.4	−14 672.1	−8 808	−4 465.1	5 191.4
因购买固定资产而发生的现金流出	−1 486.5	−5 020.3	−8 718	−3 941.5	−4 343.2
因出售固定资产而发生的现金流入	103.1	25.5	273	22.9	20.6
因资本在制品的变动而产生的现金流					
因收购、合并或分立而产生的现金流量					
因购买投资而产生的现金流出	−2 486.3	−207 277.2	−35 810	−3 024.7	−200 700.9
出售/到期投资收益的现金流入	0	197 504.2	31 069	5.5	204 610.1
集团公司贷款的现金流	−213	−829.2	539		
贷款给其他公司的现金流	0				3 101.9
因收到利息而产生的现金流入	37.4	157.4	886	63.5	1 056.4
因收到股息而产生的现金流入		714.1	12	3 045.4	0.2
因其他收入或费用产生的现金流入/流出	30.9	53.4	2 941	−636.2	1 446.3
因支付而产生的现金流量					
融资活动的现金净流量	−314.4	−3 770	282	−8 425.5	18 301
股票发行收益的现金流入	34.5		2	239.4	
因赎回或回购资本而产生的现金流出					
现金补贴导致的现金流入					
借款现金流入	1 013.9	0	44 395		24 002
长期借款的现金流入	2.1		9 089		
短期借款的现金流入	1 011.8	0	35 306		
因偿还借款而流出的资金	−70.3	−1 129.4	−40 308	−5 316.2	−343.2
因偿还长期负债而发生的现金流出	−70.3	−1.3	−5 078	−1 204.7	
因偿还短期负债而发生的现金流出		−1 128.1	−35 230	−4 111.5	−343.2
因发行费用造成的现金流出					
付息现金流出	−697	−1 034.8	−828	−221.7	−182.4

续表

公司名称	APL	Cipla	DRL	Lupin	Sun
年份	2014	2014	2014	2014	2014
因支付股息而产生的现金流出	−595.5	−1 605.8	−2 979	−3 127	−5 175.4
因现金及现金等价物净变动而产生的现金净流量	−1 048.5	−590.2	529	2 371.5	−1 438.2
现金流量现金期初余额	1 145.7	1 050.7	561	181.6	2 218.1
现金流量现金期末余额	97.2	460.4	1 156	2 553.1	763.2
营运资本变动导致的现金流入	3 467.9	2 525.4	746	1 620.6	32 711.1
营运资本变动造成的现金流出	16 149.1	3 458.1	20 987	11 468.5	27 695
经营活动中产生或损失的资金	13 473.9	17 149.5	21 751	25 353.8	1 876.2
经营活动的现金净流量	5 626.5	10 241.2	17 861	28 286.5	957.9
税前净利润及额外普通收入	19 403.5	15 399.7	20 601	32 121.9	−15 589.7
现金流量表中折旧的调整	2 451.5	4 332	4 902	3 367.9	6 606.8
现金流量表应付利息的调整	495.7	1 360.5	638	49	5 512.5
已证明或有事项的调整					
外汇损益调整	343	−7.6	−2 348	−182.9	−5 771.1
摊销加回调整	0	102.3	208	22.4	
追加其他临时调整	582.7		3 664	2.5	1 151
因出售投资而产生的盈亏调整		−450.7	−699	−4	−988.9
因出售资产而产生的盈亏调整	25	80.1	120	38.6	64.8
利息收入调整	−128.6	−59.8	−941	−29.2	−849.8
股息收入调整		−210	−105	−686.9	−0.2
其他费用或收入的调整		363.7	519	676.8	205
因备抵或负债而做出的调整				−157.1	−70.3
营运资金变动前的营运现金流量	23 163.7	20 910.2	26 559	35 219	−9 729.9
因贸易及其他应收款项变动而产生的现金流量	−7 828	−5 034	−472	4 140.2	30 606.5
存货变动引起的现金流量	−4 332.4	−7 780.5	−4 020	−3 672.7	4 242.7
因贸易及其他应付款的变动而产生的现金流	−840.1	5 902.5	−1 272	812.5	−21 698.6
银行存款的现金流入或流出					
预付款现金流					
其他现金流			1 858		

续表

公司名称	APL	Cipla	DRL	Lupin	Sun
年份	2014	2014	2014	2014	2014
经营产生的现金流量	10 163.2	13 998.2	22 653	36 499	3 420.7
直接纳税造成的现金流出	−4 259.1	−3 484.1	−4 792	−7 983.8	−1 934.8
支付股利税导致现金流出	−277.6	−272.9		−228.7	−528
特别项目前现金流	5 626.5	10 241.2	17 861	28 286.5	957.9
投资活动的净现金流量	−6 236	−11 942.8	−20 165	−11 779.9	26 407.4
因购买固定资产而发生的现金流出	−5 440	−5 326.3	−9 625	−5 069.8	−10 279.8
因出售固定资产而发生的现金流入	20.4	80.5	84	21.2	148.4
因资本在制品的变动而产生的现金流					
因收购、合并或分立而产生的现金流量					4 879.3
因购买投资而产生的现金流出	−1 975.4	−209 524.6	−35 946	−8 012.1	−103 608.1
出售/到期投资收益的现金流入		202 777.2	26 096	4	121 912.6
集团公司贷款的现金流	996.1	−250	1 308		
贷款给其他公司的现金流	−10				11 031.8
因收到利息而产生的现金流入	172.9	59.7	732	29.2	892.6
因收到股息而产生的现金流入		210	105	649.8	0.2
因其他收入或费用产生的现金流入/流出		30.7	−2 919	597.8	1 430.4
因支付而产生的现金流量					
融资活动的现金净流量	623.6	2 068.9	1 894	−1 982.5	−26 212.9
股票发行收益的现金流入	67.6	0.1	5	413	748.7
因赎回或回购资本而产生的现金流出					
现金补贴导致的现金流入					
借款现金流入					
长期借款的现金流入	3 775.1	5 029	27 370		78 687.4
短期借款的现金流入	8.3				
因偿还借款而流出的现金	3 766.8	5 029	27 370		
因偿还长期负债而发生的现金流出	−1 103	−0.1	−21 220	−992.6	−99 224.4

续表

公司名称	APL	Cipla	DRL	Lupin	Sun
年份	2014	2014	2014	2014	2014
因偿还短期负债而发生的现金流出	−1 103	−0.1		−50.5	
因发行费用造成的现金流出			−21 220	−942.1	−3 391.3
付息现金流出	−589.1	−1 354.3	−687	−58.4	−3 319.8
因支付股息而产生的现金流出	−1 527	−1 605.8	−3 574	−1 344.5	−3 104.8
因现金及现金等价物净变动而产生的现金净流量	14.1	367.3	−410	14 524.1	1 152.4
现金流量现金期初余额	97.2	460.4	1 156	2 553.1	763.2
现金流量现金期末余额	111.3	827.6	600	17 077.2	1 932
营运资本变动导致的现金流入	0	5 902.5	1 858	4 952.7	34 849.2
营运资本变动造成的现金流出	13 000.5	12 814.5	5 764	3 672.7	21 698.6
经营活动中产生或损失的资金	17 433.6	16 711.3	20 871	27 564.9	179 022.7

资料来源：Capitaline 数据库。

表 2.11　　　　　　　　　　关键的财务比率

奥罗宾多

年份	2015	2014
关键比率		
负债权益比	0.66	0.82
长期负债权益比	0.18	0.3
流动比率	1.49	1.36
周转比率		
固定资产	2.53	2.46
库存	4.28	4.63
应收账款	2.47	3.09
利息保障比率	15.68	6.26
EBIDT 利润率（%）	28.11	27.43
EBIT 利润率（%）	25.14	24.88
EBDT 利润率（%）	26.51	23.46
PAT 利润率（%）	18.39	16.12
投资回报率（%）	26.55	28.53
净资产收益率（%）	32.36	33.72

续表

西普

年份	2015年3月	2014年3月
关键比率		
负债权益比	0.11	0.1
长期负债权益比	0	0
流动比率	1.66	1.81
周转比率		
固定资产	1.81	1.84
库存	3.53	3.94
应收账款	5.41	5.67
利息保障比率	12.32	15.22
EBIDT利润率(%)	20.63	23.75
EBIT利润率(%)	16.39	20.37
EBDT利润率(%)	19.3	22.41
PAT利润率(%)	11.55	14.53
投资回报率(%)	14.13	18.56
净资产收益率(%)	11.16	14.66

瑞迪博士实验室

年份	2015	2014
关键比率		
负债权益比	0.29	0.28
长期负债权益比	0.09	0.05
流动比率	1.78	1.69
周转比率		
固定资产	1.88	2.15
库存	6.09	6.29
应收账款	2.18	2.61
利息保障比率	33.29	32.35
EBIDT利润率(%)	25.9	29.7
EBIT利润率(%)	21.04	25.82
EBDT利润率(%)	25.26	28.9
PAT利润率(%)	16.64	19.7
投资回报率(%)	16.42	23.08
净资产收益率(%)	16.83	22.59

续表

鲁宾

年份	2015	2014
关键比率		
负债权益比	0.02	0.01
长期负债权益比	0	0
流动比率	2.72	2.66
周转比率		
固定资产	3.16	3.08
库存	6.23	6.33
应收账款	3.22	3.66
利息保障比率	265.25	656.55
EBIDT 利润率(%)	37.12	36.09
EBIT 利润率(%)	34.44	32.67
EBDT 利润率(%)	36.99	36.04
PAT 利润率(%)	25.34	24.35
投资回报率(%)	36.8	39.25
净资产收益率(%)	27.98	29.95

太阳

年份	2015	2014
关键比率		
负债权益比	0.31	0.16
长期负债权益比	0.04	0
流动比率	0.67	1.35
周转比率		
固定资产	2.05	1.58
库存	5.26	3.28
应收账款	5.87	3.41
利息保障比率	−1.83	0.74
EBIDT 利润率(%)	−4.25	3.95
EBIT 利润率(%)	−12.3	0.47
EBDT 利润率(%)	−11	3.32
PAT 利润率(%)	−18.0	−2.03
投资回报率(%)	−4.54	0.13
净资产收益率(%)	−9.76	0.78

资料来源：Capitaline 数据库。

复习题

1. 解释收购公司的各个步骤。
2. 什么是不同的企业培育策略？
3. 将迈克尔·波特的五力模型应用于印度的摩托车工业。
4. 创建一个印度企业对中国的投资排名（按规模）。你可以使用经济学人智库和其他来源的数据。

第三章 价值驱动和企业目标价值评估

维什瓦纳特·S. R. (Vishwanath S. R.)和钱坦拉斯卡尔·克里希纳穆迪(Chandrasekhar Krishnamurti)

学习目标

- 提供增长与股东价值之间的联系
- 突出三个价值驱动因素在价值创造中的作用
- 介绍一些其他的估值方法,如公司自由现金流法(FCFF)、调整现值法(APV)、资本现金流法(CCF)和相对估值法
- 提供一个估计并购中协同效应价值的方法

近年来,全球并购规模平均每年达4万亿美元,我们也在过去几十年间见证了一股强劲的收购浪潮。监管的增强和经济不确定性的增加,加上人们相信被低估的基本面良好的公司可以被收购,这使得"有机增长"相对失去了吸引力[①]。并购越发成为企业发展的新策略。公司收购的原因多种多样,比如为了获得协同效应、收购被低估的资产、增加销售和资产、扩大市场份额和研发新产品。虽然意图是好的,但其实很少有并购能创造价值,许多学术研究发现收购方股东在公告日股票不存在甚至有负回报。尽管如此,还是有越来越多的公司通过收购寻求增长。更重要的是,只有少数收购候选人的价值是有吸引力的,所以应该设计一个合理的估值方法以避免产生代价高昂的错误。本章的目的正是对权益价值的决定因素提供一个严谨的理解。

价值管理假设价值创造应该是管理决策中考虑的关键因素。为了进行理智的收购,收购方需要知道是什么因素创造了价值、为什么能创造价值,以及运用这些知识计算收购所创造的潜在价值。当一个投资策略的净现值(NPV)在实施时就为正数,就产生了价值。

$$\text{创造的价值} = \text{新投资产生的增量现金流的现值} - \text{投资于固定资产和营运资本的现值} + \text{残值的现值}$$

---

① 有机增长(organic growth),即企业不通过并购,而是自我积累实现的增长。——译者注

价值驱动

现代资本预算理论表明，净现值（NPV）是诸如销售增长率、营业利润率、税率、固定资本投资、营运资本投资、资本成本和项目持续时间等参数的一个估值函数，这些参数就是价值驱动因素，这些价值驱动因素受到产品组合、促销、广告、分销、客户服务、库存投资、产能扩张等运营决策的影响。如果对于较低程度的投资金额实现了相同的回报，或者对于相同投资金额实现了较高的回报，那么价值就会增加。一项战略的价值可以通过以下方式增加：

- 加速现金流（导致更高的NPV）。
- 现金流量水平增加。
- 降低与现金流相关的风险（波动性），从而间接地降低公司的资本成本。
- 增加业务的剩余价值。

总股东价值是公司承担的所有项目净现值（NPV）的总和。因此，每当公司以高于预期现金流现值的价格收购另一家公司时，公司的价值就会下降（反之亦然）。例如两家公司，第一家公司拥有股本回报率（ROE）为25%的投资机会，足以在10年内实现10%的销售可持续增长率[①]。第二家公司拥有ROE为10%的投资机会，同样足以在10年内实现10%的销售可持续增长率。两家公司的权益成本均为20%。两个虚拟公司的市场价值见表3.1和表3.2。

表 3.1　　　　　　　　　　　　　公司 A 的市场价值

年份起始日	权益账面价值	ROE	税后利润	RR*	留存收益	股息	PV@20%
1	1 000	25%	250	40%	100	150	125
2	1 100		275		110	165	114.6
3	1 210		302.5		121	181.5	105
4	1 331.0		332.8		133.1	199.7	96.3
5	1 464.1		363		146.4	219.6	88.3
6	1 610.5		402.6		161.1	241.5	80.9
7	1 771.6		442.9		177.2	265.7	74.2
8	1 948.7		487.2		194.9	292.3	68.0
9	2 143.6		535.90		214.4	321.3	62.3
10	2 357.9		589.5		235.8	353.7	57.1
11	2 593.7					2 593.7	418.8

*RR＝盈余留存率。

合计＝1 290.5

[①] 可持续增长率＝盈余留存比率×（税后利润/销售额）×（销售额/资产）×（资产/权益）＝ROE×盈余留存比率。该分析基于威廉·弗卢翰（William Fruhan）在《哈佛商业评论》中的一系列文章。见弗卢翰（1984）以及弗卢翰和派珀（Fruhan and Piper, 1981）。

表 3.2　　　　　　　　　　　　公司 B 的市场价值

年份	权益账面价值	ROE	税后利润	RR*	留存收益	股息	PV@20%
1	1 000	10%	100	100%	100	0	0
2	1 100		110		110	0	0
3	1 210		121		121	0	0
4	1 331.0		133.1		133.1	0	0
5	1 464.1		146.4		146.4	0	0
6	1 610.5		161.1		161.1	0	0
7	1 771.6		177.2		177.2	0	0
8	1 948.7		194.9		194.9	0	0
9	2 143.6		214.4		214.4	0	0
10	2 357.9		235.8		325.8	0	0
11	2 593.7					2 593.7*	418.8

*最终市场价值=账面价值。

在第 10 年年末,股票预计都将以账面价值 2 593.70 元卖出。换句话说,净资产收益率等于权益成本。第二家公司保留其产生的所有利润(即盈余留存比率为 100%)以产生 10% 的增长率。第二家公司的理论价格见表 3.2。

A 公司返还给股东 1 290.5 元的现金现值比 A 公司股东的 1 000 元初始投资多 290.5 元。因此,A 公司的 M/B(账面/市值比)大于 1。B 公司返还给股东的现金 418.9 元低于 B 公司股东的初始投资 1 000 元。因此,B 公司的 M/B 小于 1[①]。这个故事告诉我们的是公司能够增长多快与公司应该以多快的速度增长是两件不同的事。如果预期净资产收益率大于权益成本并且可以维持利差,则增长是可取的。如果不行,增长就会破坏价值。

- A 公司的市场价格/账面价值=1 290.5/1 000=1.29
- B 公司的市场价格/账面价值=418.8/1 000=0.42

图 3.1 中的价值创造模型描述了这一概念。这个价值创造模型有三个组成部分,

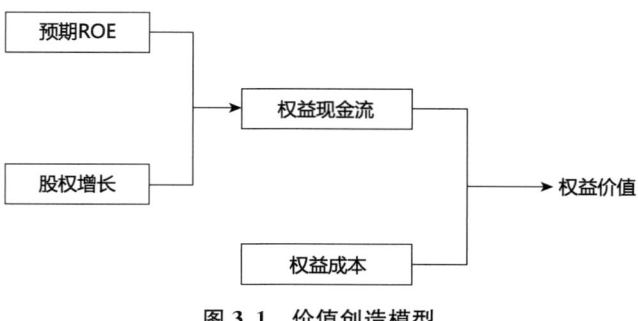

图 3.1　价值创造模型

[①] A 公司股东拿到的 1 290.5 元是由第 10 年末的出售价格(折现)和 10 年期间的股息折现两部分构成,均折现到 0 时刻。B 公司股东拿到的 418.9 元即第 10 年末出售价格的折现价值。——译者注

即盈利能力、优势期限和再投资。

盈利能力

在任何行业组织中,盈利能力更强的公司——那些每卢比的收益能够产生更高收益的公司——应该具有更高的 M/B。相反,无法产生正超额回报的公司应该以较低的 M/B 出售。

ROE 是由利润率、资产周转率和杠杆率组成的函数。①

$$ROE = \frac{税后利润}{权益} = \frac{税后利润}{销售收入} \times \frac{销售收入}{资产} \times \frac{资产}{权益}$$

任何组成部分(利润率、资产周转率、杠杆率)的增加都会提高 ROE。例如,提高价格或降低成本会增加利润率。同样,相同收入水平所用资产减少会增加资产周转率(比如,通过减少库存或账面债务)。如果这个模型是正确的,保持权益成本不变,我们将可以预计 M/B 与净资产收益率(ROE)之间存在正相关关系②。该模型的最早测试者之一是弗卢翰(1979)。他发现在众多行业中较高的 M/B 与较高的 ROE 确实存在正向联系。

优势期限(Advantage Horizon)

公司可以维持正利差($ROE - K_e$)的时期被称为优势期限。正利差也即超额收益。超额收益越大,优势期限越长;超额收益产生得越早,M/B 越高(Fruhan, 1979)。随着时间的推移,竞争压力推动净资产收益率回归资本成本。虽然公司的优势期限受到众多内部和外部因素的影响,但只有少数关键因素,比如当前的资本回报率、行业变化和进入壁垒等因素具有重大影响。具有较高(投资回报率)、市盈率(P/E)的公司倾向于具有较长的竞争优势期限,而具有低市盈率的公司的股票定价往往较低。迈克尔·波特的五力模型可以用于深入了解公司的竞争优势时期(Porter, 1979)。一个行业的竞争状况取决于图 3.2 中显示的五个基本力量。

例如,高门槛保证了该公司的回报增加,但竞争对手很难将其夺走。进入壁垒的一些主要成因是规模经济、产品差异化、资本规模要求和分销渠道。规模经济迫使进入者必须大规模地进入该行业或接受劣势的成本。规模经济可能存在于生产、购买或营销环节中。

---

① 该式即为杜邦公式。——译者注
② 由于任何相同行业中的公司预计会有类似的资本结构,因而也就是资本成本(这是一种有些严格的假设),我们可以测试同一行业中公司的 M/B 和 ROE 之间的关联。

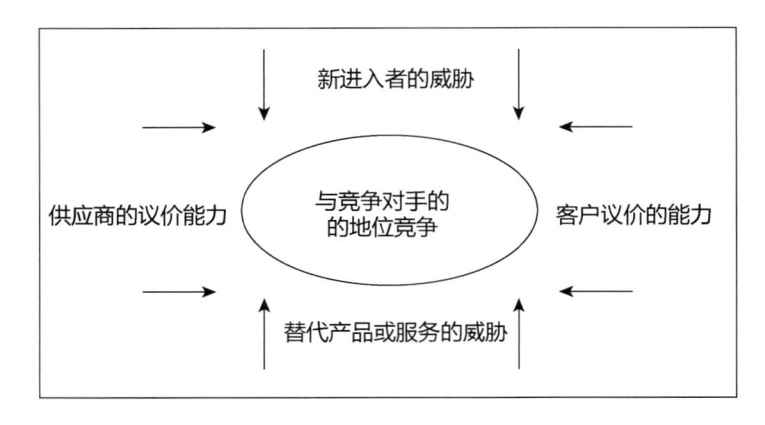

资料来源：波特(1979)。

图 3.2　影响竞争的五种力量

根据公司的竞争地位，竞争优势期可以为 0-20 年或更长时间。像可口可乐和微软这样非常成功的公司拥有相对较长的优势期。应该明白资本市场的股票定价不一定会保持恒定——它可以增加或减少。每当公司的资本资产定价（capital asset pricing，CAP）增加时，我们就会期望股票价值上涨。此外，CAP 是有限的。换句话说，公司不可能永远持续获得异常回报。当回报率降至正常水平，ROE 与股本成本之间的差距逐渐缩小。

再投资

公司可以保留其利润，也可以将利润作为股东的股息支付。直观地说，当企业再投资于可以产生超额收益的项目（比如收购）时，我们预计其价值会增加。表 3.1 和表 3.2 中两家公司的例子可以概括如下。

$$\text{权益价值是股息的现值} = \frac{[(1-r) \times ROE \times E_0]}{(1+K_e)} + \frac{[(1-r) \times ROE \times E_0(1+rROE)]}{(1+K_e)^2} + \cdots$$

其中 r 是盈余留存率[①]，E_0 是时间 0 时的股东权益价值，ROE 是权益回报率，K_e 是权益成本。

$$\frac{[(1-r) \times ROE \times E_0]}{(1+K_e)} \left\{ 1 + \frac{(1+rROE)}{(1+K_e)} + \frac{(1+rROE)}{(1+K_e)^2} + \cdots \right\}$$

这是一个增长率等于可持续增长率的增长型永续年金。它可以写成

---

① 盈余留存率（Retention ratio），即 1－股息支付率。所以式中 1－r 即等于股息支付率。

$$权益市场价值 = \frac{(Payout)(ROE)(E_0)}{(K_e - g)}$$

将双方除以 E_0 即权益的账面价值,得到 M/B:

$$M/B = \frac{(Payout)(ROE)}{(K_e - g)} = \frac{(1-r)(ROE)}{(K_e - r \times ROE)}$$

分子为可持续增长率,即为盈余留存率×净资产收益率

如果盈余留存率为零,也即公司将所有净利润作为股息支付,那么 M/B 的公式可以简化为:

$$M/B = [ROE/K_e]$$

所以,那些产生超过权益成本的回报的公司将以更高的 M/B 出售。

并购经济学

由于收购是内部增长的替代方案,因此到目前为止提出的框架也可以应用于并购。企业估值的任务是估计与购买价格相关的股东未来收益(现值)的大小。并购分析的第一步是确定并购的经济收益。如果并购后的实体价值超过其各部分的总和,即合并价值>(收购者的独立价值+被收购者的独立价值),则产生收益。

并购价值与各公司价值总和之间的差异通常归因于协同效应。

收购者的独立价值+协同效应+被收购者的独立价值=合并价值

收购还有与其相关的成本。收购成本是支付的超过市场价格的溢价与其他整合成本的和。因此,净收益是协同价值减去支付的溢价。

假设:

$$V_A = 100 \text{ 美元}$$
$$V_B = 50 \text{ 美元}$$
$$V_{AB} = 175 \text{ 美元}$$
$$协同作用 = V_{AB} - (V_A + V_B) = 25$$

如果收购溢价为 10 美元,净收益=25-10=15(美元)

为了说明这一点,戴姆勒(Daimler)和克莱斯勒(Chrysler)公司并购案例中二者之间的协同效应信息如下:

单位：十亿美元

	戴姆勒	克莱斯勒	合计
市场价值			
交易前	52.8	29.4	82.2
协同价值			18.0
合并后总价值			100.2
股东得到份额	57.2%	42.8%	100%
现在价值	57.3	42.9	100.2
获得收益	4.5	13.5	18

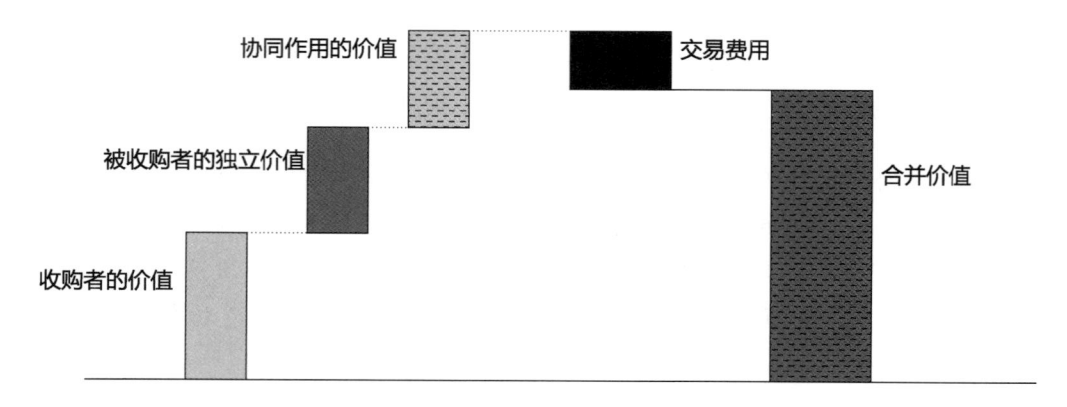

图 3.3 并购收益

图 3.3 描绘了这一协同作用的过程。公司可以通过提高其盈利能力或延长优势期限增加目标价值。收购中不一定需要考虑协同效应，也可以通过非协同收购赚钱。事实上，杠杆收购（LBO）公司如克杜瑞（Clayton、Dubilier & Rice）收购美国热电（Thermo Electron）和菲尔普道奇（Phelps Dodge）等产生的非协同收购的年回报率为18%-35%。从图 3.4 可以看出，提高经营效率是价值创造的重要来源。当应用商业机会为公司创造竞争优势并为股东带来回报时，公司本质上是一系列能力的组合。创造价值的能力取决于公司动员组织形成新的组合价值的能力。当被收购公司处于不相关的业务中，良好的并购后整合可能导致异常收益。管理才能是除了成本降低、收入增加、提高经营利润率和现金流量等方式以外最重要的创造价值的工具之一。很多时候，高管薪酬与并购后企业的期间现金流量变化有关。给管理层提供公司股权可以促使高管们像股东一样思考和行事，一些非基于协同利益的收购方最多会提供 20% 的股权给管理层。

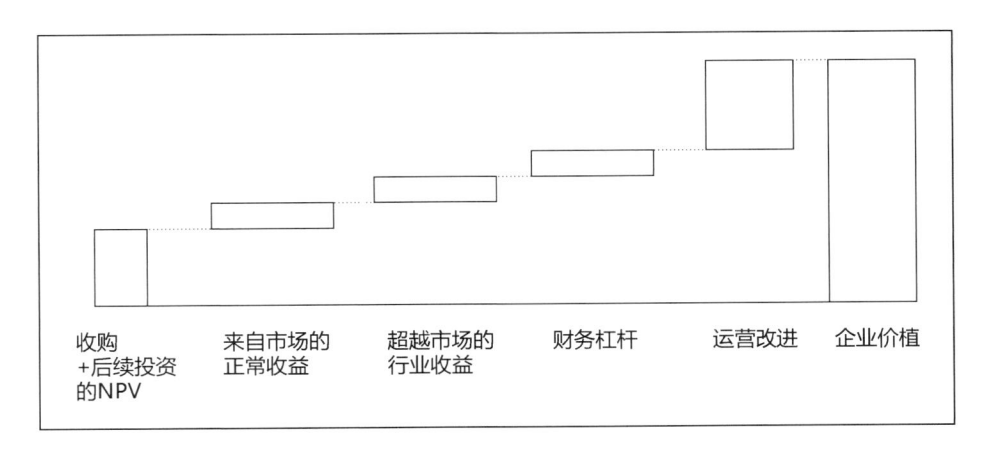

资料来源：Anslinger and Copeland，1996。

图 3.4　并购中的价值创造

自由现金流量估值

并购的关键步骤之一是确定目标公司的价值。有几种方法可以衡量目标公司的价值，其中一种流行的方法是贴现现金流量（DCF）法。在 DCF 法中，业务价值是未来预期现金流以能反映其风险的贴现率计算出的现值。这种方法用于评估企业价值是因为公司本质上是各个项目的集合。DCF 方法是建立在不适合直接对利润进行资本化的原则基础上的。产生这些收入所需的投资也必须考虑。于是，现金流是通过从税后净营业利润中扣除净资本支出（Capex）和营运资本增量等投资获得的。估值涉及的步骤如下：

第 1 步：确定自由现金流

自由现金流是在考虑税收、资本支出和营运资本投资后，公司所有投资者（包括股东和债权人）可获得的现金流量。

> 自由现金流量＝NOPAT－增加的长期资本支出－增加（减少）营运资金投入

其中 NOPAT（税后净营业利润）＝税后的利息前收益
　　　　　　　　　　　　　　　　＝息税前利润（1－税率）
EBIT（息税前利润）＝收入－销售成本－经营费用－折旧

现金流的估算需要 NOPAT（税后净营业利润）、资本支出和净营运资本。在计算 NOPAT 时，不会扣除财务利息，因为贴现率即加权平均资本成本（WACC）中包含了债务的税后成本。

公司的实物资产需要折旧和更新以维持一定的销售增长水平。通常,资本支出估计为收入的固定百分比。资本支出可以是正的,也可以是负的,这取决于公司是在做出投资还是在清算投资。如果资本支出是负数,那么它就是资金来源。将所有资本投资的总和减去过去 5 年或 10 年的折旧,并将此总数额除以从期间开始到结束的销售增长额,可以估算每美元销售额增加所需的资本投资。

营运资金投资不应包括现金和其他等价物,即非现金的营运资金才应予以考虑。如此获得的自由现金流可以是正的,也可以是负的,这取决于企业在特定的增长计划下产生的是盈余还是赤字。在估算营运资金投入时必须小心谨慎。实际的年度资产负债表的变化通常不能反映该年度业务的平均或正常需求。

营运资金定义为:

交易现金余额

加:应收账款

加:库存

加:其他流动资产

减:应付账款

减:应付税款

减:其他流动负债

$CF_t = $ 第 t 年的现金流 $= S_{t-1}(1+g_t)(p_t)(1-T) - (S_t - S_{t-1})(C_t + W_t)$

其中 $S = $ 销售收入

$p = $ 经营利润率 $= $ 息税前利润占销售收入的百分比

$T = $ 所得税税率

$C = $ 每美元销售收入增加所需的净资本投资(扣除折旧)

$W = $ 每美元销售收入增加所需的净营运资金

$g = $ 销售增长率

估算目标公司以收购方为所有者后生成的最可能的增量现金流。请注意,融资金额未纳入现金流。调整贴现率以对收购的具体融资方式进行适当调整。自由现金流预测需要以下内容:

(1)预测期开始前的初始销售收入。

(2)整个预测期内销售增长率,增长率可能保持不变,也可能变化。

(3)整个期间的 EBIT/销售收入(即经营利润率)。

(4)总营运资本投资(即长期资本支出+营运资本投资)与该期间销售收入的

比率。

于是，

$$销售收入_t = 销售收入_{t-1} \times (1 + g_t)$$
$$EBIT_t = 销售收入_t \times (p_t)$$
$$资本投资的要求 = a_t = [(FA + WC)/S]_t$$
$$(FA + WC)_t = 销售收入_t \times [(FA + WC)/S]_t$$

第 2 步：估算收购的合适贴现率

只有在收购不会影响收购方风险的情况下，收购公司才能根据收购方的目标资本结构使用其加权平均资本成本作为贴现率。如果收购方打算改变目标企业的资本结构，则应对贴现率进行适当调整。贴现率应反映收购后公司的资本结构。计算贴现率：

- 使用如下公式估算标的企业的资产贝塔(beta)。
- $\beta_A = \beta_E(E/V)$①，其中 $E/V =$ 权益 / 企业价值，$\beta_E =$ 权益贝塔。资产贝塔也可以通过获取行业中类似公司的平均资产贝塔来获得。
- 以各种债务比率(例如从 0% 到 60%)的企业通过"去杠杆"后发现平均的资产贝塔，通过使用上述等式关系找到目标企业的权益贝塔。
- 估算各种不同债务比率下的权益成本。
- 同样，估算各种加权的债务成本。
- 计算 WACC 作为债务和权益成本的加权平均值，权重是目标企业的市场价值的比例即债务与企业市场价值比率、股权与企业市场价值比率。

第 3 步：计算现金流量的现值

根据定义，企业持续经营是无限期的，所以公司的价值＝预测期内现金流和终端价值(TV)的现值。

我们可以设定预测期之后公司达到稳定阶段。换句话说，即假设公司在预测期后以恒定的速度增长。根据业务类型、市场规模、进入壁垒、替代品的可用性、市场参与者的数量等的不同，行业高速增长期可以长达 3 到 20 年(对于某些计算机软件公司，可能高速增长期更长)。

第 4 步：估算残值

残值(terminal value，TV)是预测期后发生的现金流的现值。如果我们假设现金流在预测期后以恒定速率增长，则 TV 计算为

---

① 一般公式应为 $\beta_A = \beta_E \left(\dfrac{E}{V}\right) + \beta_D \left(\dfrac{D}{V}\right)$，这里实际上假设了 $\beta_D = 0$。——译者注

$$TV = [CF_t(1+g)]/(k-g)$$

其中CF_t＝预测期最后一年的现金流

g＝恒定增长率

k＝贴现率。

步骤5：添加残值的现值。

步骤6：扣除收购方承担的债务和其他义务(如重组费用)的价值,即为目标企业的股权价值。

一个例子

一个公司的自由现金流量预测见表3.3。收购公司管理层预计企业将以每年15%的速度增长。目标企业的加权资本成本为14.62%。假设收购方不会对经营做出任何改善或改变其资本结构,那么预测期的现金流的现值为3 909万美元。2004年之后企业现金流将永远以10%的速度增长。

预测期内自由现金流量的现值＝39.09(百万美元)

企业价值＝预测期内公司的价值＋残值

表3.3 自由现金流预测 (数字以百万美元计价$)

	年数							
	1	2	3	4	5	6	7	8
销售收入	162.13	204.69	235.39	270.7	311.31	358.01	411.71	473.46
NOPAT	10.62	11.22	11.72	12.72	14.41	16.21	18.13	20.11
折旧	3.14	2.13	2.68	2.82	2.96	3.11	3.26	3.42
减去								
资本支出	0	0.63	2.36	1.79	1.88	1.97	2.07	2.17
增加的WC	0	6.44	4.12	6.1	9.45	11.67	12.97	14.32
自由现金流	13.76	6.28	7.37	7.65	6.04	5.68	6.35	7.04

自由现金流的现值为39.09百万美元。

方法1：残值是一个增长型永续年金

$TV = FCF_t(1+g)/(k-g)$

　　$= 7.04 \times 1.10/(0.146\ 2 - 0.10)$

　　$= 167.6$(百万美元)

TV的现值$= 167.6 \times PVIF(14.62, 7) = 167.6 \times 0.384\ 7 = 64.48$(百万美元)

总价值$=(39.09 + 64.48) = 103.57$(百万美元)

由于我们只有兴趣购买公司的股份,因此应从公司的价值中扣除未偿还债务的价值,以得出权益价值。假设该公司的债务总额为 7.92 百万美元。

$$权益价值=103.57-7.92=95.65(百万美元)$$

很明显,目标公司的大部分价值来自残值,残值对增长型永续年金增长率的假设很敏感。还有其他三种方法可以估算残值。

方法 2:残值作为稳定永续年金

如果在预测期后没有资本支出或资本支出完全等于折旧,意味着总资本不再增长,现金流等于税后利润。换句话说,我们假设公司的资本回报率等于资本成本,不计销售收入增长:

$$TV=[自由现金流/贴现率]=FCF/k$$
$$=[7.04/0.1462]=48.15(百万美元)$$

公司价值=39.09+48.15=87.24(百万美元)。企业价值的差异是 16.33 百万美元。

方法 3:残值作为账面价值的乘数

残值也可以通过将预测的资本账面价值乘以适当的市账率(M/B)估算。通常,当前的 M/B 被视为未来的代理指标。

请考虑以下示例。

	市场价值	数字以百万美元计价	
		账面价值	M/B
债务	8.0	8.0	1.0
权益	15.0	10.0	1.50
总资本	23.0	18	1.28

目前的 M/B 是 1.28。如果预测期末的资本账面价值为 30 百万美元,则残值=30×1.28=38.40(百万美元)。

方法 4:残值作为收益的乘数[①]

通过将预测的终端年利润乘以适当的价格—收益乘数来建立此方法下的残值。像往常一样,当前的市盈率 P/E 乘数可以用作未来的代理指标。

$$当前市盈率乘数=公司股权市场价值/当期税后利润$$

举例来说,如果目前的股权市值为 57.62 百万美元,税后利润为 8.23 百万美元,则市盈率=57.62/8.23=7

---

① 采取市盈率方法估算的只能是股权的市值。——译者注

$$TV = 最后一年利润 \times P/E 乘数$$

如果预测期最后一年的利润是 20.11 百万美元,

$$TV = 20.11 \times 7 = 140.8(百万美元)$$

显然,不同的方法会影响公司权益的最终价值。这四种方法可能会给出四种不同的答案。DCF 方法可以捕获资产的价值。收购的一些组成部分难以量化。因此,收购方支付的最终价格可能远高于获得的 DCF 值。但是,为协同效应支付的溢价不应该是不成比例的。

可以对关键变量的悲观和乐观价值进行敏感性分析,如销售增长率、利润率、营运资本投资、资本支出、高速增长期等。这种分析的最终结果是收购价格可能存在一系列区间。显然,收购方希望尽可能降低购买价格,目标方则希望尽可能提高价格。最重要的信息是,收购方不仅要考虑目标方对买方的价值,还要考虑目标方的其他可选择方案。例如,假设当单独估价时,被收购方价值 100 美元,而由于协同效应,作为购买公司的一部分,被收购方价值 150 美元。谈判过程中的一个关键要素是被收购方对另一个投标人的价值。如果协同效应对买方来说是独一无二的,那么买方可以超过单独存在价值(比如 101 美元)的价格购买该公司。如果其他竞标者也能获得协同效应,则买方可能不得不将出价提高到接近 150 美元。换句话说,估值必须考虑到协同效应的唯一性以及其他竞标者可提供的价格范围。总而言之,估值有三个要素:现金流估计、贴现率估计和敏感性分析。

我们可以将目标公司的价值视为:

对买方的价值 = 对卖方的价值 + 买方增加的价值
+ 如目标公司被竞争对手收购的价值变化[①]

第一个组成部分是当前被收购公司的折现现金流(DCF)值,其中包括当前的增长率、当前的财务计划等。第二个组成部分,即收购方带来的增值,包括对收购方的协同效应、成本节约、收购后新战略的价值、销售冗余资产的收益、税收调整、信用评级改善带来的收益以及其他融资作用。第三个组成部分是若竞争对手获得目标企业时对收购方产生的收益或损失。这三个组成部分的总和给出了目标企业的最大值。

协同价值的估算

假设一家公司预测收购会产生净利润增长。净利润的增长可以来自两个来源:收入增加和成本降低。更好的定价或销量增长(即市场份额增加)或更好的差异化/细

---

① 这里实际是一个机会成本的概念。——译者注

分,将使得销售收入增加。减少员工人数和费用开支以及降低采购成本是降低成本的一些通用策略。以下是假设的预测收购方的收益。

	年数		数字以百万美元计价		
		1	2	3	4
净利润增长的原因					
■收入增加		20	50	100	150
■成本减少		30	100	200	300
	总计	50	150	300	450
假设预测期后增长率为2%					
	$TV = \dfrac{450 \times 1.02}{(k-g)}$				

收入增加和成本降低的收益导致税后利润增加(调整税率后)。合并后的实体的混合权益成本应该用来对因收购而产生的税后利润的变化进行折现,因为协同效应的价值将流向两家公司的股东①。

合并后实体的权益成本 $= R_f + \beta_{E,混合}$(风险溢价)

$$\beta_{E,混合} = \beta_{A,加权}(V_总/E_总)$$

合并后实体的加权资产 β

$$\beta_{A,加权} = \beta_{A,收购}(V_{收购}/V_总) + \beta_{A,目标}(V_{目标}/V_总)$$

$$V_总 = V_{收购} + V_{目标}$$

其中价值,$V =$ 债务账面价值 + 权益市场价值

$$权益市场价值 = 股票数 \times 公告前股价$$

进一步的 β_A(收购方或被收购方)$= \beta_D(D/V) + \beta_E(E/V)$

其中,$\beta_D =$ 债务的贝塔(一个小的值,比如0.1)

$$\beta_E = 权益的贝塔$$
$$D = 债务的账面价值$$
$$V = D + E_{市场价值}$$

为了估计合并后实体的权益成本:
- 估算两家公司的资产 β,运用 β_E,D,E 和 V
- 估计以公司价值作为权重的组合后实体的资产 β(加权资产 β)

---

① 适当的贴现率是权益成本而非资本成本,因为计算协同价值公式的分子是股东收到的税后利润变化。

- 使用之前计算的加权 β 估算合并后实体的权益 β

$$\beta_{E,混合} = \beta_{A,加权}(V_{总}/E_{总})$$

合并实体的权益成本 $= R_f + \beta_{E,混合}(风险溢价)$

如前所述,如果公司的竞争对手收购了目标公司,那么公司可能会失去市场份额,从而失去收入(利润)。假设这个现金流已经包括了未来 4 年预测的值,并且预计将永久增长 2%。

	年数			
	1	2	3	4
净利润损失(百万美元)	0	50	100	175
TV				$\dfrac{175 \times 1.02}{(k-g)}$

该现金流的适当贴现率是收购方的权益成本。

两个现金流的现值之和,即"收入增加+成本降低"和"净利润损失",代表协同效应的价值。将协同效应价值总量除以被收购公司股票的数量,得出单位股票协同效应价值的现值。

目标值 = 基准价值 + 协同效应价值

基准价值 = 公告前的股票价格[①]

如果被收购公司公告前的股价为 50 美元,每股收入增加和成本降低的现值为 30 美元;如果竞争对手获得目标企业,收购方的营业收入损失的现值为 20 美元,那么对收购方而言,目标公司价值为每股 100 美元(50+30+20)。假设预测准确,这是收购方可以承担的并且不会造成损失的最高出价。

调整现值

当公司以不变的债务与价值比率(即资产负债率)为目标时,自由现金流可以以 WACC 贴现。在许多估值中使用的公司 WACC 是基于这样两个假设:目标公司的现金流与收购公司的现金流风险差不多,目标公司将保持与收购公司相似的资本结构。两者都是比较严格的假设。

当公司以绝对债务金额为目标时,调整现值(APV)方法就是一个很好的选择。

[①] 市值是建立基准(即企业独立存在)价值的最佳基础,只要股票价格没有因预期收购要约而提高,因为股价提供了投资者对资产现值估计的折中衡量标准。如果在公告发布之前股价出现上涨,可以推断股票价格已包含部分或全部协同价值。

交易可以被视为全权益融资,然后再调整基准价值加上考虑融资效应的价值,如利息税盾、破产成本等。

APV 分拆目标企业价值的所有组成部分并分别分析每个组成部分,而 WACC 方法将所有融资作用体现到贴现率中。

$$APV = \underset{\boxed{100\% \text{ 股权融资公司的价值}}}{\text{基础价值}} +/- \underset{\boxed{\text{利息税盾}/\text{破产费用}}}{\text{融资所产生副作用的价值}}$$

计算 APV 的第一步需要计算假设 100% 权益融资时目标公司现金流的现值。

考虑一个假设的例子,公司的现金流如下:

年数(1)	NOPAT(2)	资本支出(3)	折旧(4)	营运资本变动(5)	数字以百万美元计价 净现金流 (6)=2+4-3-5
1	60	30	20	20	30
2	70	32	22	22	38
3	75	35	24	23	41
4	80	37	26	25	44
5	85	40	28	27	46

此后,现金流预计将以 7% 永续增长。

$$\text{预测期后残值的现值} = \frac{46(1.07)}{(K-0.07)(1+K)^5}$$

无杠杆价值是通过以无杠杆权益成本 R_u 贴现所有现金流获得的。

$$R_u = R_f + \beta_u (\text{风险溢价})$$

其中,β_u = 无杠杆 β 或资产 β。

资产 β 是债务和权益的 β 的加权平均值,即

$$\beta_A = \beta_D(D/V) + \beta_E(E/V)$$

如果我们假设债务的 β 为零,

$$\beta_A = \beta_E(E/V)$$

有一个问题是当被收购公司未上市时,非上市公司没有股票市场数据,因此无法直接估计股票或资产 β。但是,可以通过观察可比公司估算资产 β。假设目标公司是一家非上市公司,在同一行业中拥有四家"可比较"的公司(类似的业务和规模),它们的 β 和负债/所有者权益(D/E)如下:

公司	Beta	D/E
1	1.0	0.50
2	0.6	0.0
3	0.8	0.4
4	0.9	0.45

公司 2 没有债务。该公司的权益成本可以作为该行业无杠杆 β 的代理值。

假设以下资本资产定价模型（CAPM）参数

$R_f = 7\%$[①]，$\beta_A = 0.60$，市场溢价 $= 7.5\%$

无杠杆权益的成本 $= 7\% + 0.60(7.5\%) = 11.5\%$

预测期内现金流现值 $= [30 \times PVIF(11.5\%, 1) + \cdots + 46 \times PVIF(11.5\%, 5)]$

$= 142.62$（百万美元）

预测期后残值 $= \dfrac{46 \times 1.07}{0.115 - 0.07} = 1\,093.77$（百万美元）

预测期后残值的现值 $= \dfrac{1\,093}{1.15^5} = 543.8$（百万美元）

所有权益价值 $= 142.62 + 543.80 = 686.42$（百万美元）

假设 6 亿美元的收购价将有 3 亿美元的债务融资，它在 5 年内降至 2 亿美元。预计债务之后将一直保持在这一水平。

年末	负债（百万美元）
0	300
1	280
2	260
3	240
4	220
5	200

利息税盾的现值 $=$ 前 5 年内税盾的现值 $+$ 第 5 年后的永久税盾的现值

税盾 $=$ 利率 $\times$ 未偿还债务数量 $\times$ 税率

假设税率为 35%，利率为 14%。

[①] 这可以是 10 年期国债利率。

前5年内税盾的现值＝[0.14×300×0.35×PVIF(14，1)]+…
$$+0.14×220×0.35×PVIF(14，5)]$$
$$=44.89(百万美元)$$

$$预测期后永久税盾的现值=\frac{0.14 \times 200 \times 0.35}{0.14 \times 1.14^5}=36.84(百万美元)$$

假设税盾与产生它们的债务支付一样不确定时,将债务成本作为计算税盾价值的贴现率。如果认为税盾比支付利息的风险更高,则可以使用更高的贴现率。

$$\boxed{APV＝基本价值＋税盾的现值－收购价格}$$

$$税盾的现值=44.89+36.84=81.73(百万美元)$$
$$APV=686.40+81.73-600=768.13-600=168.13(百万美元)$$

还可以主观或通过采取适当的代理值调整增量的破产成本。6亿美元的收购价格与基本价值(6.86亿美元)相当。收购方应该寻求通过逐步改善企业运营而不是通过负债融资产生企业价值。如果税盾消失或破产成本超过税盾,价值将永远不会实现。

资本现金流量评估

在自由现金流估值中,WACC用于贴现现金流。WACC应该能够表述债务的税收优势(WACC包含债务的税后成本);债务成本和权益成本都是机会成本,每个成本包括时间价值和风险溢价。WACC包括债务风险和税收优惠。如果项目风险更大,通常的做法是提高贴现率。该方法假设公司有一个目标的债务—权益比例。由于WACC在债务资本结构发生变化时也就相应改变了,因此在诸如杠杆收购等许多情况下,自由现金流方法不易实施。由于债务比率每年都在变化,因此对各个年份的所有现金流使用单一贴现率(WACC)是不合适的。直观地说,当杠杆率下降时,我们预计贴现率会下降,因为权益投资者的现金流变得风险较小。简而言之,每年应该计算出不同的权益成本。

已知

$$资产=债务+权益$$
$$A=D+E$$
$$\beta_A A=\beta_D D+\beta_E E$$

忽视债务的系统风险[①],我们得到

---

① 债务的 β 被假定为零。当杠杆率很高时,这是一个比较苛刻的假设。

$$\beta_A A = \beta_E E$$

$$\text{或者 } \beta_E = \beta_A [A/E]$$

其中 A 是公司价值，即 $D+E$。

利用这种关系，人们可以根据当年存在的杠杆率（A/E 基本上衡量杠杆率）得出权益 β 的值，并进而推出所有年份的权益成本。这些贴现率可用于贴现权益现金流量以估计公司权益的价值。

代数上等价但更优越的方法是资本现金流量（capital cash flow，CCF）估值（Ruback，2002）。自由现金流估值不包括利息税盾，因为贴现率 WACC 包含了债务的税收优惠。在 CCF 估值中，自由现金流加利息税盾以税前 WACC（预期资产收益率）贴现。由于资本结构发生变化时资产收益率没有变化，因此实施 CCF 估值更容易。

$$CCF = 净利润 + 折旧 - 资本支出 - 营运资本的变化 + 现金利息$$

或者

$$= 息税前利润(1-税率) + 折旧 - 资本支出 - 营运资本的变化 + 利息税盾$$

实施前一种方法更容易，因为它包含了当公司面临特殊情况时的公司税收估算，而不是机械地找到税率和应税收入①的乘积。

税前的折现率是适当的贴现率，因为债务的税收优惠已包含在 CCF 中。正确的贴现率是税前 $WACC$：

$$税前 WACC = 债务和权益的加权平均成本 = (D/V)K_D + (E/V)K_E$$

D/V 和 E/V 分别是债务与企业价值比率和权益与企业价值比率，K_D 和 K_E 是债务和权益成本。

$$债务成本 = K_D = R_f + \beta_D (风险溢价)$$

$$权益成本 = K_E = R_f + \beta_E (风险溢价)$$

$$税前 WACC = \frac{D}{V}(R_f + \beta_D \times R_p) + \frac{E}{V}(R_f + \beta_E \times R_p)$$

$$= R_f + \left(\frac{D}{V}\beta_D \times \frac{E}{V}\beta_E\right) R_p$$

$$= R_f + \beta_A (R_p)$$

因为 $\beta_A V = \beta_B D + \beta_E E$

---

① 换句话说，在许多情况下，它并不反映实际缴纳的税款。

$$\beta_A = \beta_D D/V + \beta_E E/V。$$

请注意,贴现率取决于 R_f、β_A 和风险溢价,并且不包含 D/V 或 E/V。 也就是说,税前 WACC 独立于企业的资本结构,因此可以应用于所有现金流,而不管现有的资本结构如何。换句话说,税前 WACC 作为资产 β 的函数,是不变的。自由现金流量估值和 CCF 估值都提供了相同的答案。但是,CCF 估值更容易实施。

一个例证

Clariant 公司正在购买 Synergon 公司的过程中。根据 Clariant 管理层的预测,Synergon 的现金流涉及销售增长率、利润率以及每增加一美元销售收入的资本支出和净营运资本的合理假设。以下给出了预测期的相关假设:

	年数	
	1-5	6-10
销售增长率,g(%)	15	10
利润率,EBIT/销售	0.18	0.15
税率(%)	36	36
每增加一美元销售额的资本支出(C)①	0.30	0.15
每增加一美元销售额的净营运资本(W)	0.15	0.10

在公司进入预测期后的稳定阶段后,公司的价值预计将保持稳定。Synergon 的当前财务细节见表 3.4。

任何一年的现金流 $= CF_t = S_{t-1}(1+g_t)(p_t)(1-T_c) - (S_t - S_{t-1})(C_t + W_t)$

表 3.4　　　　　　　最新的 Synergon 财务报表　　　　　单位:百万美元

利润表	
销售额	350
息税前利润	32.16
利息×12%	12.86
净收入	24.12
股票数量	
流通股(百万)	16.08

---

① 去除折旧后的营运资本净增加额。

续表

资产负债表	
负债	107.20
所有者权益	160.80
固定资产	268.00
减：累计折旧	216.00
净运营资产	50.00
其他资产	2.00
	268.00
WACC	12%

表 3.5　　　　　　　　　　　Synergon 现金流量预测　　　　　　　　　单位：百万美元

年数	销售收入	EBIT	Pt	NOPAT	St−St−1	C+W	Capex+WC	FCF	PV-Factor	PV
0	350									
1	402.5	72.45	0.18	46.368	52.5	0.45	23.625	22.743	0.893	20.309 499
2	462.875	83.31	0.18	53.318 4	60.375	0.45	27.168 75	26.149 65	0.797	20.841 271 05
3	532.3	95.8	0.18	61.312	69.425	0.45	31.241 25	30.070 75	0.712	21.410 374
4	612.15	110.18	0.18	70.515 2	79.85	0.45	35.932 5	34.582 7	0.636	21.994 597 2
5	703.97	126.71	0.18	81.094 4	91.82	0.45	41.319	39.775 4	0.567	22.552 651 8
6	774.37	116.15	0.15	74.336	70.4	0.25	17.6	56.736	0.507	28.765 152
7	851.8	127.77	0.15	81.772 8	77.43	0.25	19.357 5	62.415 3	0.452	28.211 715 6
8	937	140.55	0.15	89.962	85.2	0.25	21.3	68.652	0.404	27.735 408
9	1 030.7	154.6	0.15	98.944	93.7	0.25	23.425	75.519	0.361	27.262 359
10	1 133.75	170	0.15	108.8	103.05	0.25	25.762 5	83.037 5	0.322	26.738 075
									Total	245.82

其中营运利润率 $p = EBIT/$ 销售收入

$S = $ 销售收入

$T_c = $ 税率

因此，第 1 年的自由现金流 $= 350 \times (1+0.15) \times 0.18 \times 1 - 0.36$

$- (402.50 - 350) \times (0.30 + 0.15)$

$= 46.368 - 23.625$

$= 22.743$（百万美元）

前 10 年的预测见表 3.5①。假设基于公司长期资本结构的 WACC 为 12%。

如果我们假设公司从第 11 年产生正常回报,也就是说,公司的价值不受增长的影响,那么预测期后的残值价值可以估算为永续年金。

$$TV = \frac{FCF_{10}}{贴现率} = \frac{83.03}{0.12} = 691.92(百万美元)$$

预测期后残值的现值 $= TV \times [1/(1+k)^{10}] = 171.26(百万美元)$

总现值,即公司价值(百万美元)	417.08
Synergon 的债务承担(百万美元)	107.2
Synergon 的所有者权益价值(百万美元)	309.88
每股价值(美元)	19.27

如果可以在相同的投资水平上增加现金流或者在同一水平现金流中减少投资规模,Clariant 可能将支付高于 19.27 美元的价格②。

结论

本章概述了并购动机的一些合理原因、并购实施和估值方法。总体上有两种对目标企业估值的方法:DCF 方法和使用乘数(见附录 3A 和 3B)的相对估值法。最终价格通常是有关各方之间谈判以及公告前各公司股价的结果。收购仅在以下情况下有效:

- 有经营和财务方面的改进。
- 收购价格不是太高。
- 现任管理层胜任。
- 高层管理人员参与该流程。

尽管收购本身旨在增加销售收入或市场份额,但许多公司并没有认识到需要评估目标公司的营销优势,应特别注意公司的品牌、定价策略、分销、产品开发能力和促销等。

DCF 方法抓住了当前使用资产的价值,但是通常收购中嵌入的期权组成部分可能很大。DCF 方法忽略了在一个国家或市场中进行"平台收购"(platform acquisition)可能带来的后续购买或新商机的管理灵活性。这是下一章的主题。

---

① 基于当前年度为正常年份的假设,销售增长率以及利润率、资本支出和营运资本投资的假设通常从当前年度(作为基准年度)推断出来。如果有理由相信当前年份太好或太糟糕,那么人们可能会采取过去 2 或 3 年的平均值,这样的做法可能更符合实际。

② 原书作者误将公司价值算成 317.08 百万美元,原书数字有误,这里已做了修改。——译者注

案例分析

日本第一三共株式会社(Daiichi Sankyo, DIS)收购印度兰伯西实验室公司(Ranbaxy Laboratories

现金流折现估值

2008年6月11日,印度兰伯西实验室公司宣布DIS、兰伯西和辛格(Singh)家族(Ranbaxy的发起人)已签订具有约束力的股份购买和股份认购协议,DIS将以每股737卢比的价格收购辛格家族在该公司的全部权益。DIS是以相同的价格进一步寻求收购兰伯西的大部分股份。这个报价将兰伯西价值估算为85亿美元。在公告当日,737卢比的协议价格比兰伯西的市场价溢价了31.4%。此外,DIS还可优先收购兰伯西发行的股票或该公司公开发售的股票(只要符合监管要求)。此外,DIS已获分配23 834 333份认股权证,每份认股权证代表一股股份,可自配发日期起计6至18个月之间的任何时间以每股737卢比转换。在这方面,每张权证的73.70卢比将由DIS支付。

公司背景

兰伯西成立于1961年,并于1973年上市。2009年,该公司的销售额为15.19亿美元。该公司从新兴市场和发达市场分别获得了54%和39%的收入。2009年,该公司最大的市场——北美地区的销售额达到3.97亿美元。欧洲和亚洲分别达到2.69亿美元和4.41亿美元。兰伯西致力于通过内部和外部的增长来增加其仿制药业务的势头。

第一三共株式会社由Sankyo Shoten创立,涉及医药产品的制药、进口、销售和营销。第一三共株式会社的目标是成为"全球制药创新者"。该公司在全球33个地点拥有2 300名海外医疗代表,主要分布在欧洲和美国。

收购的动机

此次收购将为创建一个新的互补的混合业务模式铺平道路,该模式通过涵盖整个制药业务的多元化来提供可持续增长。

增长:虽然DIS在2007年增长了4.7%,达到71.2亿美元,但兰伯西增长了10%以上,达到16亿美元。虽然全球制药行业的增长率为6%,但仿制药行业增长率为11%。追求双重业务部门战略将有助于DIS大幅提高其增长率。两家公司合并后在全球医药市场排名第15位,而单独计算的话,兰伯西排名第50位,DIS排在第22位。

覆盖面:DIS将能够从目前运营的21个国家扩展到56个国家(特别是新兴市

场)。DIS将获得前端基础设施。合并后的业务将在印度、东欧和亚洲获得领先,并在非洲、墨西哥和俄罗斯占据重要地位。

制造、销售和研发方面的成本节约：最重要的好处是兰伯西的低成本制造基础设施和供应链优势。通过从兰伯西在印度的九家制造工厂以及其他四个国家的制造工厂采购活性药物成分(API)和成品剂量产品,DIS将能够提高其运营效率。DIS制造的产品之一是氧氟沙星,它在2007年的销售额为1 087亿日元[①]。DIS的平均销售成本约为30%。第一三共株式会社的Kurosawa先生认为,通过从兰伯西采购,DIS将节省成本65.2亿日元。将节省的资金以6%的资本成本资本化,并基于兰伯西在2007年的3.73亿股资本,仅外包一种产品所带来的成本节约将是每股146卢比。此外,在全球范围内进行临床试验和研究与销售合作也将节省成本。

加快新的研发：兰伯西将受益于DIS的产品线和研究设施。收购后,兰伯西将获得第一三共株式会社的专利药物组合。

资本注入：根据协议,DIS将通过认购兰伯西发行的股权证券注入12亿美元资金,这将使兰伯西能够偿还债务。兰伯西预计将拥有约300亿卢比的现金盈余,这将进一步加强其资产负债表。

估值

根据Kurosawa先生的估计,一种产品的成本节约(协同效应)将是每股146卢比。公告前的兰伯西每股市场价格为561卢比。因此,公允价值为707卢比(即"561+146"卢比)。第一三共株式会社支付的价格高于内在价值。当然,这没有考虑合并带来的其他增值机会的价值。可以通过DCF估值来估计内在价值。表3.6表示权益的自由现金流。可以通过将预测的自由现金流折现与权益成本之比来估计内在价值。假设以下CAPM参数。

$$无风险利率 = 7.5\%$$
$$\beta = 0.893\ 4$$

表3.6

分组A：历史FCFE

	2002	2003	2004	2005	2006	2007
净利润	647.76	760.89	701.11	264.24	515.36	786.75
折旧	66.12	76.31	85.09	109.32	149.44	172.16
固定资本支出	23.54	38.08	68.27	152.97	97.49	46.57

---

① 这里原著采用的是"日元"单位。——译者注

续表

	2002	2003	2004	2005	2006	2007
营运资金变动	0.00	476.12	−79.84	178.90	518.66	−7.49
净借款	0.00	189.22	267.74	1 151.54	1 951.35	185.96
FCFE	690.34	512.22	1 065.51	1 193.23	2 000.00	1 105.79

分组 B：预测的 FCFE

	2008E	2009E	2010E	2011E	2012E	2013E
FCFE	1 215.05	1 335.1	1 467.03	1 611.98	1 771.26	1 946.27
已发行的股票总数	45.9 百万					

市场风险溢价＝9%。

权益成本＝7.5%＋0.893 4(9%)＝15.54%。

假设预测期后的稳定增长率为 8%，估计股票的内在价值。

案例分析

美国雅培收购印度皮拉马尔医疗保健公司

乘数法和 DCF 估值

2010 年 5 月 22 日，美国雅培公司宣布以 37.2 亿美元(1 750 亿卢比或每股 837 卢比)收购印度皮拉马尔医疗保健公司(Piramal Healthcare)。方案包括 21.2 亿美元的预付款以及未来 4 年每年额外支付 4 亿美元。

雅培董事长兼首席执行官迈尔斯·D. 怀特(Miles D. White)[①]说：

这一战略行动将使雅培获得在印度领先的市场地位，该交易将补充我们已经在发达市场取得的领先的专利药品和渠道。

它将雅培从一个微不足道的位置推向在印度药品市场的份额接近 7%的顶峰。它将跻身总营业额前十名，营业额约为 300 亿卢比。雅培将从皮拉马尔的产品组合中添加 350 种品牌仿制药。雅培估计其收购皮拉马尔后的印度制药业务年增长率接近 20%，预计到 2020 年销售额将超过 25 亿美元。预计整个印度市场的药品销售额到 2015 年将翻一番，达到 160 亿美元。

印度医药市场的复合年增长率为 20%，出口增长显著。行业预测机构 IMS

---

① "雅培以 37 亿美元的价格收购了皮拉马尔的制药部门"。请参阅 https：//timesofindia. indiatimes. com/business/india-business/Abbott-buys-Piramals-pharma-arm-for-770bn/articleshow/5960176. cms，登录时间：2017 年 9 月 7 日。

Health 预测,到 2014 年,主要新兴市场的药品销售年增长率将达到 14%-17%,发达市场每年仅增长 3%-6%。① 随着收入水平不断提高,老年人口增长,民众意识的提高和从慢性病到糖尿病和肥胖等生活方式疾病的转换正在推动行业增长。

皮拉马尔医疗保健公司由阿贾伊·皮拉马尔(Ajay Piramal)于 1988 年创立。该医疗保健公司拥有以下业务:(1)国内配方;(2)定制生产;(3)重症监护;(4)非处方消费品;(5)诊断服务。

"印度的故事是一个有吸引力的增长故事,但在全球和新兴市场有一种新的销售专利产品药物的方式,这是我们自己无法做到的,"皮拉马尔集团主席阿贾伊·皮拉马尔在新闻发布会上表示。"公司的业务将受到雅培的收购而推动。"

雅培是一家全球制药和保健产品公司,业务遍及 130 多个国家。它拥有大约 90 000 名员工。它从事非处方药(OTC)和配方药品、医院产品、营养产品的研发和营销。它有三个主要部门:药品、医疗产品和营养产品。

皮拉马尔在过去 6 个月的平均股价为 470 卢比。在潜在收购者方面,葛兰素史克对皮拉马尔医疗保健公司的报价是 15 亿美元,而辉瑞公司的出价超过 17 亿美元。鉴于这些竞争对手的估值,37 亿美元被认为是一个非常高的价格。我们可以通过本文中概述的乘数法和 DCF 估值来验证雅培是否支付过高。表 3.7 显示了皮拉马尔的多个数据。

表 3.7　　　　　　　皮拉马尔医疗保健公司的估值乘数

	2010	2009	2008	2007	2006	平均数	中位数
市盈率	20.87	15.59	22.23	29.31	34.27	24.454	22.23
市净率	5.9	3.41	6.23	5.04	5.93	5.302	5.9
EV/EBIDTA	13.09	8.67	14.32	16.55	20.94	14.714	14.32
市值/销售收入	3.27	1.7	3.17	3.01	3.61	2.952	3.17
EPS	20.31	12.46	13.64	8.38	7.58	12.474	12.46
EBITDA	725.84	578.98	475.23	332.68	268.04	476.154	475.23
销售收入	2 650.94	2 316.26	1 913.87	1 604.24	1 413.17	1 979.696	1 913.87
账面价值	71.8	56.89	48.63	48.71	43.83	53.972	48.71
股份数目	209 013.144	209 013.144	209 013.144	209 013.133	209 013.133		

资料来源:CMIE PROWESS 数据库。

给定初始的报价,我们可以使用交易乘数和折现并购协同效应估算皮拉马尔的价值。在进行估价时,我们应该决定:

---

① 请参阅 http://timesofindia.indiatimes.com/business/india-business/Hinduja-buys-Luxembourg-bank-for-1-7bn/articleshow/5960182.cms,登录时间:2017 年 9 月 7 日。

(1) 哪些乘数合适？

(2) 哪些公司最具可比性（如果使用可比较的收购交易数据）？

(3) 皮拉马尔使用乘数和折现协同效应时的价值是多少？

哪个乘数？

投资银行家和收购方使用各种定价指标，如市盈率、市净率、销售额、现金流量和市值等。表 3.7 显示了皮拉马尔的交易乘数。虽然某些行业倾向于使用某些乘数，但关于乘数仍有一些普遍的观点。通常，使用乘数时需要记住以下内容：

(1) 资产乘数（市场价格对账面价值的比率，即市净率）与市销率、市盈率等乘数相比，产生更精确且更少偏差的估算。

(2) 息税折旧摊销前利润（EBITDA）乘数通常会比 EBIT 乘数能产生更好的估计值。

(3) 价值估计的准确性和偏差因公司规模、盈利能力和无形资产的价值而有很大差异。

收购的价格可以估算为以下任何一项的乘数：销售收入、EBITDA、息税前利润、净收入和账面价值（留存收益）。

这基本上是简化的利润表。从销售收入到权益账面价值，会计选择和失真变得越来越重要，这主要是由于收入和成本确认规则、折旧规则、利息支出等原因。虽然销售收入受影响最小，但账面价值受影响最大（由于会计失真）。但是从利润表向下移动时，你必须考虑企业更多的资本和运营效率。因此，需要在会计失真和识别运营效率之间权衡。也就是说，当从利润表越向下移动时，就越接近现金流（价值驱动力）。为何以及何时使用权益乘数（例如市盈率或 M/B）与企业总乘数（例如 EBITDA）？在选择乘数时，找到所有可比公司股票中波动最小的乘数。如果没有单一的乘数能够很好地解释交易定价，那么可以使用多个乘数以及 DCF 分析来综合分析定价。

皮拉马尔的平均每股收益（EPS）为 12.47 卢比。将其乘以 24.45 的平均市盈率，得出每股价格为 305 卢比（见表 3.8）。用 2010 年每股收益取代平均每股收益，价格为 496 卢比。若采用平均 EBITDA 乘数为 14.71，可得到 1 068 亿卢比的公司价值，减去债务的账面价值（66.096 亿卢比），获得权益价值为 1 001.904 亿卢比（或每股 479 卢比）。这个价格非常接近前 6 个月的平均价格。同样，试用 M/B 和销售乘数，分别得到 380 卢比和 345 卢比。

我们可以通过对协同效应进行 DCF 估值，即以合适的贴现率贴现协同效应价值部分来补充乘数估值的结果。该计算见表 3.9，3.10 和 3.11。我们的 DCF 分析表明，雅培有能力支付每股 174 卢比的最高溢价，即总价为 544 卢比（即 174＋470＝544 卢比）。

随后发生的事件

（1）股市对此次收购做出了积极反应。雅培的股价从 2010 年 5 月 17 日的 956 卢比增加到 2010 年 11 月 19 日的 1 430 卢比。

（2）皮拉马尔医疗保健公司的股价在 2010 年 5 月 18 日的 542 卢比和 2010 年 11 月 18 日的 449 卢比之间波动。

（3）雅培的收入增长率在 2011 年增长了 33%，2012 年增长了 48%。在收购之前，雅培在过去 7 年中平均增长率仅为 10%。

（4）即使未来两年的收入增长率分别为 33% 和 48%，EPS 仍然保持在 46 卢比左右。

表 3.8　　　　　　　　　　皮拉马尔医疗保健的乘数估值

P/E 乘数法	
皮拉马尔 EPS（平均）（卢比）	12.474
平均 EPS 乘数	24.454
每股价值（卢比）	305.039 196
市值	63 757 201 399
皮拉马尔 2009 年 EPS（卢比）	12.46
平均 EPS 乘数	24.454
每股价值（卢比）	304.696 84
市值	63 685 644.495
皮拉马尔 2010 年 EPS（卢比）	20.31
平均 EPS 乘数	24.454
每股价值（卢比）	496.660 74
市值	103 808 622 769

EBITDA 乘数法		销售收入乘数法	
皮拉马尔 EBITDA（千万卢比）	725.84	皮拉马尔 2010 年销售收入（千万卢比）	2 650.94
平均 EBITDA 乘数	14.714	平均销售收入乘数	2.952
公司价值（千万卢比）	10 680.009 76	公司价值（千万卢比）	7 825.574 88
债务价值（千万卢比）	660.96	债务价值（千万卢比）	606.96
所有者权益价值（千万卢比）	10 019.049 76	所有者权益价值（千万卢比）	7 218.614 88
每股价值（卢比）	479.350 225	每股价值（卢比）	345.366 551 7
市值	100 190 497 600	市值	72 186 148 800
M/B 乘数			
皮拉马尔账面价值（千万卢比）	71.8		
平均乘数	5.302		
每股价值（卢比）	380.683 6		
市值	79 567 876 105		

资料来源：CMIE PROWESS 数据库。

表 3.9

皮拉马尔流通股(百万)	209
皮拉马尔的股票(百万美元)	
销售人员拥有	108.68
FII	54.758
机构	18.392
私营公司	11.913
上市	15.257
NPV 总交易额(百万美元)	3 334.9
买入股份数量(百万)	108.68
每股支付的美元(美元)	30.685 498 71
假设汇率为 47 卢比/美元	1 442.218 439
皮拉马尔在过去 6 个月内的平均价格(卢比)	470.00

资料来源：CMIE Prowess and Casewriter.

注释：该表的前 5 行表明公司股票的持有者结构。

表 3.10　　　　　　　　　　协同作用的 DCF 估值　　　　　　　　　　单位：美元

	2008	2009	2010	2011E	2012E	2013E	2014E	2015E
雅培印度的销售收入	705	800	1 042	1 177	1 331	1 503	1 699	1 920
皮拉马尔的销售收入	1 997	2 383	2 708	3 141	3 644	4 227	4 903	5 688
雅培印度的净利润	61	77	60	82	93	105	119	134
皮拉马尔的净利润	300	270	443	440	510	592	686	796
总净利润	361	347	503	522	603	697	805	931
预计额外净利润（协同作用部分）				182.77	211.14	243.95	281.88	325.73
终值								4 621.90
现值				162.61	167.13	171.79	176.60	2 757.82
协同作用的净现值	3 435.96							
如果被竞争对手接管的收入损失	9.15	11.55	9	12.36	13.97	15.78	17.83	20.15
终值								264.574 843 3
现值				10.90	10.86	10.83	10.79	151.84

续表

	2008	2009	2010	2011E	2012E	2013E	2014E	2015E
收入损失的NPV	195.21							
总计（千万卢比）	3 631.17							
皮拉马尔已发行的股票数量（千万卢比）	20.90							
可支付超过470卢比以上的最高溢价	173.74							

资料来源：作者。

假设：
1. 雅培的销售额预计将增长13%，而皮拉马尔的销售额将增长16%。
2. 雅培和皮拉马尔的净利润率假定为7%和14%。
3. 协同效应（额外增加利润）假设为合并后实体净利润的35%。
4. 预测期后的稳定增长率假定为5%。

表3.11　　　　　　　　　　　　权益成本估算

无风险利率	7%
风险溢价	8%
β杠杆（雅培印度）	0.8
β杠杆（皮拉马尔）	0.6
β无杠杆（雅培印度）	0.80
β无杠杆（皮拉马尔）	0.42
股权BV（雅培）	305.00
股权MV（雅培）	3 098.0
负债BV（雅培）	0.00
总价值（雅培）	3 098.00
股权BV（皮拉马尔）	1 500.00
股权MV（皮拉马尔）	11 495.00
负债BV（皮拉马尔）	660.00
总价值（皮拉马尔）	12 155.00
加权资产beta＝收购方资产β（收购方价值/总价值）＋被收购方β（目标价值/总价值）＝0.494 加权权益β＝加权资产β（合并后实体总值/权益总值）＝0.675	
雅培的权益成本	13.40%
混合β	0.675
混合成本	12.40%

复习题

1. 参考给出的数据。

$\beta=1.40$,股票市场风险溢价$=10\%$,长期国债收益率$=12\%$,债务税前成本$=13.5\%$,税率$=35\%$,目标债务与企业价值比率$=0.45$。过去3年的企业绩效如下:

单位:百万美元

	1995	1996	1997
销售收入	9.0	9.9	11.0
EBIT	4.5	4.95	5.5
折旧	0.72	0.72	0.72

该公司在过去3年中每年的资本性支出为72万美元。预计未来3年将增长10%,之后下降至5%,与销售增长保持一致。营运资本预计将占销售额的15%。未来3年新设备的额外折旧将以直线法计算。预计3年后自由现金流将永久增长5.5%。确定公司的价值。

2. APV方法和WACC方法应该产生相同的结果。你能想到他们不一致的情况吗?

3. Nova化学公司的高管正在评估潜在的收购候选对象企业Reddy化学公司。给出Reddy公司在现行管理下的自由现金流预测。

单位:万美元

	年数						
	0	1	2	3	4	5	6
营业收入		455	551	800	1 080	1 195	1 255
营业成本		341.3	414.9	596	811.10	893.9	941.3
销售管理费用		110.4	130	219.2	251.6	280.3	287.4
=NOPAT							
+折旧		19	21	21	46.3	48.1	50
-资本支出	100	8.1	9.5	13	16	16.3	17
-营运资本	25	4.1	5.5	6.0	7.1	8	9.7
自由现金流							

预计6年后现金流将增长6.5%。

Nova的高管认为,NOPAT利润率可以提高8%,营运资本投资可以减少20%。

Reddy 化学公司拥有强大的营销网络,可用于销售 Nova 现有的产品。这项安排可能会在 8 年内每年节省 100 万美元。

	Nova	Reddy
权益成本 20%	22%	
税率	35%	35%
债务成本	12.5%	13.5%
目标 D/V	30%	20%

a. 估算当前管理下 Reddy 公司的价值。

b. 估计 Reddy 对 Nova 的价值。

c. 可以使用 Nova 的资本成本来折现 Reddy 的现金流吗?如果可以,什么时候使用?如果不行,为什么不行呢?

d. Nova 打算将债务增加 250 万美元。Nova 的利息税盾的价值是多少?假设债务是永久性的。

e. 进行敏感性分析。

4. ABC 有限公司正在考虑收购 XYZ 有限公司。ABC 的管理层认为,未来 3 年内销售成本可能会减少 1.5%(由于采购成本节约),管理费用可能会下降 3%。ABC 对 XYZ 的利润表进行预测如下:(以美元计算)

年数	1	2	3
销售	60 000	63 000	66 000
营业成本	30 000	31 000	33 000
折旧	4 000	4 200	4 300
销售管理费用	21 000	22 000	22 500

假设第 3 年后现金流每年增加 7%。ABC 需要支付固定资产和营运资金的支出以便对 XYZ 进行运营改进,详情如下:

年数	1	2	3
资本支出	4 900	5 100	5 300
营运资本	(510)	(540)	(550)

贴现率为 13%,ABC 应支付的最高价格是多少?

附录 3A：使用乘数法估值

在评估标的企业价值时，决策者通常将乘数法与 DCF 法结合使用。有几个乘数很受欢迎。

市盈率（P/E）乘数是股票价格和最近四个季度的每股收益或市值和最近四个季度净利润的比率。用可比交易的（平均）市盈率乘数乘以目标企业的每股收益，即得出标的企业的每股价格。或者可以使用 DCF 方法估算目标企业的股票价值，由此获得目标企业的 P/E 乘数，并将其与可比较交易的市盈率乘数比较。

戈登估值模型表明：

$$P = \frac{D}{k-g}$$

其中 P 是股票价格，D 是年度股息，k 是公司的权益成本，g 是公司的增长率。

这可以改写为：

$$P = \frac{(1-b)E}{k-g}$$

其中 b 是盈余留存率，E 是每股净利润。

两边都除以 E，

$$P/E = \frac{(1-b)}{k-g}$$

因此，市盈率是盈余留存率、权益成本和利润增长率的函数。

市销率（price-to-sales）乘数是股票价格与每股销售额或总市值和销售额的比率。DCF 估值所表示的 P/S 乘数可以与可比交易的 P/S 乘数比较。

市净率（price-to-book）乘数是股票市值与股东权益账面价值的比率。

EBITDA 乘数是企业价值 EV（即权益的市场价值加上债务的账面价值）与 EBIDTA 的比率。应用此乘数，会得出公司的价值而不是权益的价值。

附录 3B：估计增长率

公司的权益价值在很大程度上取决于销售额、利润和股息的增长。增长率可以通过以下几种方式衡量：

算术增长率与几何增长率

比如说,过去 10 年销售增长率的算术平均值就是这个时期的年增长率之和除以 10。相比之下,几何平均增长率使用以下等式测量销售额在整个期间的增长率:

$$S_n = S_0(1+g)^n$$

其中 S_n 是第 10 年的销售额,S_0 是当年销售额,g 是增长率,n 是年数。给定所有其他变量的值,可以求解 g。

移动平均数

移动平均数是指定时间段内增长率的平均值。假设以下数据已知,3 个月移动平均数如下。

每个月的增长率(%)	3 个月移动平均	
	3 个月总计	平均
5		
6		
5.5	16.50	5.50
6.5	18.0	6.0
7	19.0	6.33
7.5	21.0	7.00
8.0	22.50	7.50

可以计算任何其他时期(例如 6 个月或 1 年)的移动平均线,移动平均线描绘了消除季节性波动后的基本趋势。

第四章 私人持股公司的估值

匹塔巴斯·莫汉提(Pitabas Mohanty)

学习目标

- 私有企业估值所涉及的问题
- 提供各类替代性估值方法的概述
- 估算非上市公司资本成本的方法建议

私有企业的估值与任何其他经济资产的估值非常相似。预测私有企业的自由现金流量,然后以风险调整后的贴现率折现以获得公司的价值。虽然私有企业的估值与上市公司的估值相似,但分析师在估算估值所需的各种投入要素时会遇到一些额外的限制。

为什么私有企业的估值很难

第一,相当数量的私有企业处于早期发展阶段并产生负现金流。在公司生命的最初阶段,资本支出、研发支出等形式的投入成本很高。由于企业的孕育成长期很长,公司的税后净营业利润(NOPAT)会很低。在这种情况下,公司的估值将与证券分析师对公司自由现金流转何时转为正的假设十分敏感,此种问题类似于陷入困境的公司估值。

第二,在评估私有企业时,通常无法获得公司过去的财务业绩。首先,相当数量的私人公司是新的,因此在分析财务业绩时可以获得的数据年限有限。其次,与上市公司相比,私有企业的信息披露要求不那么严格。在许多国家,私有企业无须向有关当局提交利润表,尽管可能每年都要提交资产负债表。这使得分析私有企业过去的财务业绩变得困难。因此,预测自由现金流可能会遇到很多困难。

第三,估值的目的如果是公司上市,则应对自由现金流进行某些调整。其中一项调整涉及高级管理层的薪酬。在私有企业中,发起人提取企业的资金往往被视为股息支付。但是,当公司上市时,发起人/高管层的薪酬则被视为公司支付的工资。

第四,由于缺乏股票价格贝塔的数据,所以很难估计私有企业的 β。通常情况下,分析师通过对公司股票的历史回报率和标准普尔 500 指数等市场指数进行回归,来估计上市公司的 β 值。由于私有企业未上市,分析师可以估算其他可比公司的 β 值(或对一组可比公司的贝塔取平均值),并用它来估算私有企业的权益成本。

第五,资本资产定价模型(CAPM)假设投资者持有多元化投资组合,因此只需要对承担的系统风险进行补偿。由于私人有限公司的股东通常不持有多元化的投资组合,因此他们需要享有承担非系统性风险的溢价补偿。因此,CAPM 低估了这些公司的真实权益成本。

最后,估值中使用的资本成本是市场价值的杠杆比率[①]的函数。由于私有企业发行的证券没有交易,也即没有市场价值,因此无法估算市值的杠杆比率。

替代性的估值方法

尽管贴现现金流量(DCF)方法是私有企业估值中使用的最科学方法,但一些分析师也使用乘数法对私有企业估值[②]。在本节中,将简要讨论这两种方法,并了解它们如何被用于评估私有企业。

乘数法(估值的相对方法):在乘数估值法中,公开交易公司(上市公司)的市盈率(P/E)或市净率(P/BV)等乘数被用于评估私有企业。

选择一家可比公司是一项艰难的工作,因为公司的规模、风险和业务都存在差异。但是,在选择可比公司时,必须牢记以下一些因素。假设分析师决定使用 P/E 法为公司估值,从戈登的股息增长估值模型中我们知道:

$$P_0 = \frac{D_1}{r-g} = \frac{E_1 \times 股息支付比率}{r-g}$$

$$\Rightarrow \frac{P_0}{E_1} = \frac{股息支付比率}{r-g} \tag{1}$$

从等式中可以看出,只有当可以比较公司的"股息支付比率""权益成本"和"增长率"时,才能比较两家公司的市盈率。

股息支付比率和增长率:我们从基本的公司金融学中了解到,盈余留存率乘以权益回报率等于利润增长率[③],也就是:

[①] 计算 WACC 等资本成本时使用的是权益、负债的市场价值权重。——译者注
[②] 假设没有真正的价值选择。
[③] 这里我们假设公司只通过内部的留存和应计科目等为增长提供资金,即不对外融资。

$$ROE \times 盈余留存率 = 利润增长率$$
$$\Rightarrow ROE \times (1 - 股息支付比率) = 利润增长率$$

因此,我们必须确保两家公司具有相似的盈利能力和相似的增长率。重要的是要了解一家公司可以通过债务或外部股权为其增长提供外部融资,但上述的增长率公式的推导中却是假定公司不通过外部的债务或股权为增长提供资金。

权益成本：如果使用CAPM来估计权益成本,则必须选择一家β值相等的可比公司。带有杠杆的公司股权的β可以写成：

$$\beta_E = \beta_U \left(1 + (1-t)\frac{D}{E}\right) - \beta_D \frac{D}{E}(1-t) \tag{2}$$

我们可以从等式中看出,股权β是债务权益比(金融风险)的函数。

因此,可以明显看出,在为一家单一业务公司挑选可比较公司时,必须确保两家公司以下因素具有可比性：(1)盈利率；(2)成长机会；(3)经营风险；(4)财务风险。

分析师通常会估算同一行业中所有公司的市盈率的中位数,并将其作为被评估公司的市盈率的代理变量,由于以下原因,这种方法可能不适用。

(1) 并不是所有公司都具有类似的盈利率指标和增长前景。如果一家私有企业是新公司,那么它可能具有低于中位数的盈利率和高于中位数的增长率。

(2) 私有企业的负债比率可能高于业内典型的公司。

另外两个乘数即股票的市净率和市销率也很受欢迎。

市净率(P/BV)方法：通过将股票价格除以每股账面权益价值来估算。在这种方法中,分析师将可比公司的P/BV比率与被估值公司的账面价值(BV)相乘。戈登股息估价模型可以变化出以下关系：

$$P = \frac{D}{r-g} = \frac{E \times b}{r-g} \tag{3}$$

其中"b"代表股息支付比率。

我们知道 $ROE = \frac{E}{BV}$

因此, $E = ROE \times BV$。在戈登模型中替换它,我们得到：

$$P = \frac{ROE \times BV \times b}{r-g}$$

$$\Rightarrow \frac{P}{BV} = \frac{b \times ROE}{r-g} \tag{4}$$

也就是说,市净率是股息支付比率、权益回报率、权益成本和利润增长率构成的函数。在为一家单一业务公司选择可比公司时,必须确保两家公司的上述因素具有可比性。

也可以对市销率(P/S)乘数进行类似的分析。

市销率(P/S)为总市值与总销售额之比。同样,它可以定义为股票价格和每股销售额的比率。

$$P = \frac{D}{r-g} = \frac{E \times b}{r-g} = \frac{销售收入 \times 营业利润率 \times b}{r-g} \quad (5)$$

$$\Rightarrow \frac{P}{销售收入} = \frac{营业利润率 \times b}{r-g}$$

乘数方法通常由 DCF 方法补充。

DCF 方法:DCF 方法基于合理可靠的经济原则,并且被普遍认为是公司估值中最科学的方法之一。

公司的价值等于:

$$公司价值 = \sum_{t=1}^{\infty} \frac{FCF_t}{(1+WACC)^t} \quad (6)$$

尽管该方法与评估上市公司的方法类似,但在将 DCF 方法应用于非上市公司时还存在下面讨论的一些其他问题。

确定资本成本

资本成本可以写成:

$$WACC = \frac{权益市值}{公司价值} \times 权益成本 +$$
$$\frac{债务市值}{公司价值} \times 债务成本 \times (1-税率) \quad (7)$$

因此,我们需要估计债务和权益的市场价值、债务和权益的成本,以及估算公司资本成本所用到的现金税率。下面将进一步讨论在为私有企业估算这些参数时会遇到的问题。

估算权益的市场价值

因为股票没有交易,私有企业权益的市场价值不可获得。此外,资本成本是基于市场价值的目标资本结构。通常,当前账面价值的杠杆被视为市场价值目标杠杆的代理变量。根据现代金融理论,投资者要求基于市场价值而不是基于账面价值的回报。这两个值很少重合。不幸的是,衡量权益的市场价值很困难。权益的市场价值是权益现金流量(ECFs)的现值,但用于贴现 ECF 本身的贴现率应该基于权益的市场价值,这样就会存在循环求解的问题。这个问题可以通过使用账面价值比例和一系列迭代以估计权益价值来克服。

以下例子说明了该问题。

假设一个公司拥有下列的财务数字(见表 4.1)。假设债务的市场价值和债务的账面价值相等,即债务的税前成本和债券的息票利率是相等的。

还假设我们知道公司的权益成本。当然,权益成本本身就是公司财务杠杆的函数。然而,分析师通常独立估算权益成本,而没有明确地将债务/权益(D/E)比率纳入其中。由于我们将分别讨论与权益成本有关的问题,所以先假设权益成本已知。

表 4.1 中使用的其他数字可以直接从公司的财务报表中获得。该公司的内在价值为 6 亿美元(见表 4.2)。

表 4.1　　　　　　用迭代法确定股权市场价值　　　　　单位:百万美元

股权账面价值	200
债务账面价值(=债务市值)	100
债务成本(也等于债券的票面利率)	5%
股本成本	10%
现金税率	20%
净资产收益率	15%
增长率	5%

表 4.2　　　　　　　　确认资本成本　　　　　　　单位:百万美元

预期净利润	30
预期股息	25
权益价值	500
债务价值(假设)	100
公司的价值	600
真实的资本成本	9%

对于一家只知道权益(和债务)账面价值的私有企业,资本成本和权益的市场价值可以通过一系列迭代来估算。

迭代1：使用账面杠杆权重估算资本成本。假设资本成本等于8%。该公司的价值（在考虑支持连续增长5%的净投资之后）为8亿美元，权益价值为7亿美元。

迭代2：现在我们估计了权益价值，可以用7亿美元（而不是2亿美元）作为权益价值来重新估算资本成本。这给出了9.25%作为资本成本的修正估计。公司价值和权益价值的修正值分别为5.65亿美元和4.65亿美元。

迭代3：继续这个程序，直到达到收敛的数值。在这个例子中，我们尝试在九次迭代中解决问题。表4.3和附图（图4.1、图4.2和图4.3)解释了细节。

图4.1和4.2[①]表明三次迭代后的价值收敛了。在这个例子中，通过使用账面价值杠杆来估算资本，以该成本开始我们的第一次迭代。

表4.3　　　　　　　　　　不同迭代的资本成本与权益价值

迭代	WACC	权益的市场价值
1	0.08	700.00
2	0.09	464.70
3	0.089	509.52
4	0.09	497.66
5	0.089	500.58
6	0.09	499.85
7	0.089	500.03
8	0.09	499.99
9	0.09	500.00

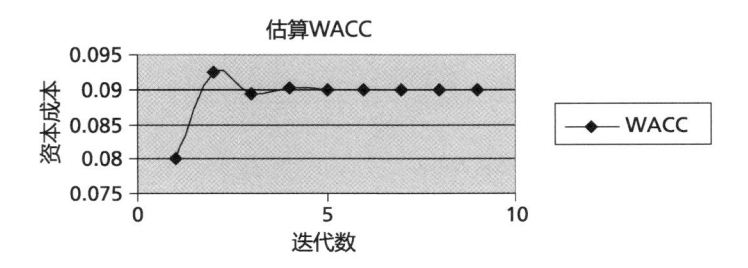

图4.1　不同迭代的资本成本价值的图形描述

---

① 预期股息：在这里，由于它是一家成长型公司，我们必须将债务增加5%，以保持市场D/E不变。在估算股息时，计算已经考虑到了这一因素。其次可以证实，为了支持5%的增长，明年的净投资将为1 000万美元。

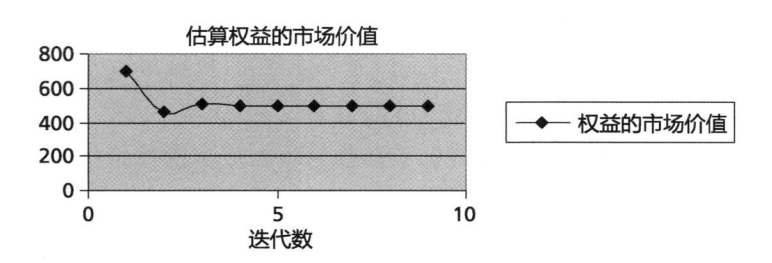

图 4.2 不同迭代的权益价值的图形描述

账面价值受到可信度的干扰。会计师可能会操纵收益,这会对杠杆比率产生影响。然而,即使使用任意主观的债务/权益比率,我们也能推导出正确的资本成本价值和公司(或权益)的价值。为了说明这是合理的,下面通过假设债务—权益比率为7/3,来证明可以得出相同的权益和资本成本值。

在表4.4中,第二列提供了假设7/3作为债务—权益比率的资本成本估算。第三列给出了使用账面杠杆得出的资本成本。

表 4.4　　具有任意起始价值的资本成本

迭代	WACC—任意	WACC—账面价值
1	0.058	0.08
2	0.098	0.09
3	0.088	0.08
4	0.09	0.09
5	0.089	0.09
6	0.09	0.09
7	0.089	0.08
8	0.09	0.09
9	0.089	0.08

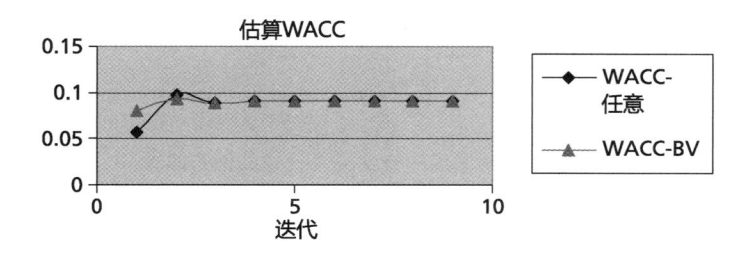

图 4.3　不同迭代的资本成本

估算债务的市场价值

在上一节中,我们假设了债务的账面价值与债务的市场价值相等。由于私营企业发行的证券没有交易,因此很难估计债务的市场价值。私营企业向金融机构借钱,此类债务工具不会在市场上交易。大多数证券分析师使用债务的账面价值作为债务市场价值的代理变量。如果我们使用债务的账面价值作为债务市场价值的代理[①],则必须使用加权平均债务票面利率作为债务成本的代理。否则,会得到公司价值或权益价值的错误估计(见表 4.5 和图 4.4)。

表 4.5　　　　　　　　　通过迭代计算的权益价值

迭代	权益的市场价值—任意	权益的市场价值—账面
1	2 900	700
2	400	464
3	531	509
4	492	497
5	501	500
6	499	499
7	500	500
8	499	499
9	500	500

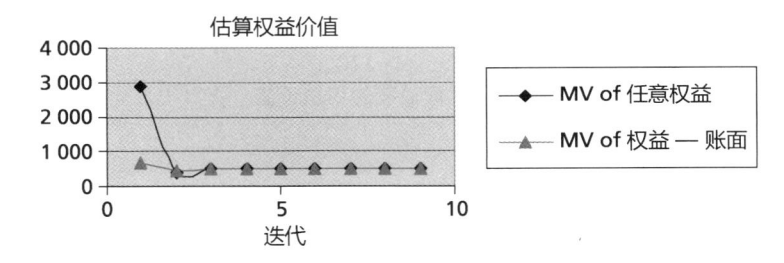

图 4.4　不同迭代的权益价值

一个简单的例子可以解释这一点。让我们假设一个私营企业拥有下列数字(见表 4.6)。

假设现金流增长率为零,则公司的真实价值将为 5.2 亿美元。

有时我们可能会知道公司的税前债务成本(使用统计模型),但不知道债务的市场价值。

[①] 即使在实证研究工作中,债务的账面价值也经常被用作债务市场价值的代理。参见伯格和欧菲克(Berger and Ofek, 1995)的一个例子。

表 4.6　　　　　　　　　　　　　　　一个假设的例子

净营业利润（百万美元）	100
息票	10%
债券面值（百万美元）	100
债务的税前成本	12%
债券市值（百万美元）	83.33
税率	30%
净利润（百万美元）	63

我们有以下选择：

（1）使用债务的账面价值作为债务市场价值的代理。但是，使用了真实的债务成本来估计公司价值和权益价值。

（2）使用债务的账面价值作为债务市场价值的代理。使用票面利率（如发行多个债务，则使用加权平均票面利率）作为债务真实成本的代理。①

第一种方法导致资本成本为13.73%，公司价值为5.098亿美元。由于债务价值假定为1亿美元，因此权益价值为4.098亿美元。这比权益的真实价值4.2亿美元低约2.5%。

第二种方法产生了错误的资本成本估计——13.46%——而真实成本则为13.91%。然而，这种方法产生了正确的权益价值，因为第二种方法下的公司价值为5.2亿美元，给出了权益4.2亿美元的真实价值（详见表4.7）

表 4.7　　　　　　　　　　　　两种不同假设下的权益价值

错误的方法1：假设债务的BV＝债务的MV，真实的债务成本	
WACC	0.137 307 692
公司价值	509.803 926
减：债务的价值	100
公平的价值	409.803 921 6
错误的方法1：假设债务的BV＝债务的MV，债务的成本＝息票率	
WACC	0.134 615 385
公司价值	520
减：债务的价值	100
公平的价值	420

---

① 第二种方法比第一种方法更好。第一种方法总是给出不准确的权益价值。

如果整个估值工作的目标是找到权益的真实价值，那么第二种方法更可取。然而，如果加权平均票面利率已知，则不应该得出债务的市场价值无关紧要的结论。虽然第二种方法给出了正确的权益价值，但它提供了错误的公司价值。如果我们有兴趣找到公司的最佳债务—权益比率或了解总债务对公司总价值的贡献，那么我们应该知道债务的真实成本和债务的真实价值。

总而言之，如果用债务的账面价值来代替债务的市场价值，那么最好用加权平均债务票面利率作为债务的税前成本，因为这是唯一可以获得正确权益价值的方法。

在前面的讨论中，假设公司的增长率为零，这是一个不切实际的假设。成长型公司在估值方面存在另外一个问题。由于权益价值以特定的速度增长，债务的市场价值也必须以相同的速率增长，以确保债务—权益比率保持不变①。因此，重要的是我们是否增加债务的账面价值或以特定利率偿还债务的市场价值，这也与权益的市场价值有关，因为这直接影响到权益的自由现金流。

估算债务成本

为了估算债务成本，建议使用以下先后顺序。

1. 找出债券的到期收益率

很容易估计在市场上交易的债务工具的债务成本。债务成本是债券的内部收益率（IRR）。在下面的等式中，"y"是债务的税前成本。

$$市场价格 = \frac{息票_1}{(1+y)^1} + \frac{息票_2}{(1+y)^2} + \cdots + \frac{息票_T}{(1+y)^T} + \frac{面值}{(1+y)^T} \tag{8}$$

由于私营企业可能没有发行在交易所交易的债券，因此无法获得市场价值。所以上述方法不能用于估算私营企业的债务成本。

2. 问一个知道的人

如果一家公司从商业银行和金融机构借款，它可以从中获知贷款的利息。这种方法背后的哲学是："如果你不了解某事，请问一个知道的人。"

3. 使用公司的信用评级

考虑到公司的信用评级，可以通过观察同一评级中的现行利率来估算公司的债务成本。例如，如果公司具有 AAA 评级而另一家具有 AAA 评级的公司支付 12% 以发

---

① 有关详细的理论讨论，请参阅米尔斯和埃泽尔（Miles and Ezzel，1980）。

行新债券,那么12%是第一家公司的债务税前成本。信用评级机构定期公布所有被评级公司的最新评级。因此,可以使用这些评级来获得债务的税前成本。这种方法背后的逻辑是:就确定利率而言,市场对待所有具有同一评级的债券的方法一致,因此,如果一家AAA级公司现在发行债券支付12%,那么所有具有相同评级的公司都将支付12%(如果它们现在借款)。①

4. 自己评价债券

并非所有公司都对其金融工具进行评级。在一些国家,到期日少于指定年限的工具无须获得评级。此外,如果公司从私人渠道借款,也无法获得评级。在这种情况下,我们必须自己对此类金融工具进行评级。

可以使用判别式分析来建立信用评级模型。或者,可以使用不同评价等级的中值比率来估计公司的评级。例如,可以使用表4.8② 的A组数据来估计标准普尔可能给予目标公司的暂定评级。在表4.8的B组中,给出了穆迪债券评级的一些参数的中位数。

表4.8　　　　　　　　不同信息评级下若干财务指标的中位数比率

A组:标准普尔中位数比率

调整后的主要产业财务比率
美国产业长期债务
三年(1998-2000)中位数

	AAA	AA	A	BBB	BB	B	CCC
EBIT 利息保障倍数(X)	21.4	10.1	6.1	3.7	2.1	0.8	0.1
EBITDA 利息保障倍数(X)	26.5	12.9	9.1	5.8	3.4	1.8	1.3
自由经营现金流/总债务(%)	84.2	25.2	15	8.5	2.6	−3.2	−12.9
FFO/总债务(%)	128.8	55.4	43.2	30.8	18.8	7.8	1.6
资本回报率(%)	34.9	21.7	19.4	13.6	11.6	6.6	1
营业利润/销售额(%)	27	22.1	18.6	15.4	15.9	11.9	11.9
长期债务/资本(%)	13.3	28.2	33.9	42.5	57.2	69.7	68.8
总债务/资本(包括STD)(%)	22.9	37.7	42.5	48.2	62.6	74.8	87.7
公司数量	8	29	136	218	273	281	22

---

① 信用评级机构对金融工具而不是公司评级,由此也会出现一些复杂事项。
② 可从www2.standardandpoors.com/spf/pdf/fixedincome/corpcrit2003r.pdf下载,登录日期:2006年3月31日。

续表

B组：穆迪的中位数比率

	Aaa	Aa	A	Baa	Ba	B	Caa
EBITA/平均资产	15.3	15.6	12.5	10.1	9.6	7.3	2
营业利润率	14.9	17	13.8	12.5	12.2	8.5	1.6
EBITA利润率	14.8	17.5	15.2	13.9	13.4	9.4	2.4
EBITA/利息费用	17	13.7	8.2	5.1	3.4	1.5	0.3
（来自营运的资金＋利息费用）/利息费用	15.5	15.5	9.6	6.6	4.7	2.6	1.5

资料来源：穆迪公司金融。

估算权益成本

为了估计权益成本，证券分析师通常使用CAPM，模型指出股票的预期回报与其系统性风险直接相关。

$$E(R_i) = R_f + \beta[E(R_m) - R_f] \tag{9}$$

其中，$E(R_i)$是股票的预期回报；

R_f是无风险回报率；

β是衡量系统风险的指标，定义如下：

$$\beta = \frac{\text{Cov}(R_i, R_m)}{\text{Var}(R_m)}$$

$E(R_m)$是市场投资组合的预期回报。

β的估算

CAPM可用于估算上市公司的权益成本。根据定义，未上市的公司没有股票市场数据。在这种情况下，人们可以诉诸"单一业务"（pure play）方法。由于私营企业的β在资本市场中是不可观察的，因此来自与该公司业务类似的上市公司的代理β可以用来衡量目标公司的系统风险。单一业务方法需要识别公开交易的可比较公司，这些公司仅从事与私营企业相同的单一业务。这些可比较的公司被称为"单一业务公司"。公司应满足以下特征，才有资格成为单一业务的公司：

（1）该公司只有一个业务和没有其他杂项业务收入。

（2）该公司与私营公司在同一行业或具有同样的业务线。

（3）该公司的销售收入与未上市公司的销售收入大致相同。

(4) 当不止一家公司被认定为潜在的单一业务公司时，具有 β 中位数的公司可以被选为单一业务公司。

此外，必须确保私营企业和单一业务公司在运营杠杆和财务杠杆方面具有可比性。

可比较公司的杠杆 β 可以使用以下关系式去杠杆，并被用作私营企业的代理资产 β（无杠杆 β）。

$$\beta_A = \beta_E E/V$$

其中 E 是权益的市场价值，V 是公司的价值，β_A 和 β_E 分别是资产 β 和权益 β。

如果公司拥有单一产品线，使用这种方法会很有效，但如果公司多元化经营，则这个方法很难实施。毕竟，没有任何规定要求私营企业必须运营单一的业务线。在这种情况下，可能很难确定可比较的单一业务公司。为了说明这一点，假设我们正在评估一家拥有水泥、纺织服装和纯碱业务的私营企业。如果我们想要使用单一业务方法，那么必须找出拥有水泥、纺织品、纯碱业务的公司。不仅如此，如果私营企业从水泥业务中获得 50% 的收入，那么单一业务公司也必须从水泥中获得约 50% 的收入。同样的规则适用于服装和纯碱。

还有一种方法可以帮助我们准确地应用单一业务方法，但又无须识别单一业务公司。此方法使用多元回归来估计公司的 β。该方法基于一个简单的前提，即投资组合 β 是构成投资组合的各个股票的 β 的加权平均值。

$$\beta_{投资组合} = \sum_{i=1}^{n} w_i \times \beta_i$$

投资组合中有 n 只股票

$$w_i = \frac{MC_i}{\sum_{i=1}^{n} MC_i}$$

其中 MC 是股票的市值。

因此，涉及钢铁和房地产的公司 β 是钢铁和房地产部门的 β 的加权平均值。所以，

$$\beta_{公司} = w_{钢铁} \times \beta_{钢铁} + w_{房地产} \times \beta_{房地产}$$

假设我们有"m"个多元化的公司，也了解它们的产品线。如果能知道各公司各个业务单元的收入权重 W，我们可以通过用公司 β 和权重 W 进行线性回归来估计不同部门的 β。假设所有"m"公司的分部（或部门）的总数是"n"。只要我们确保"m"远大于"n"，即 $m \gg n$，则可以进行有意义的回归[①]。

[①] 此处"m"实际上是样本数量，"n"是需要回归的变量系数数目。只要样本数远远大于回归系数数目，比如说要回归求解 5 个系数值，拥有 200 个样本，则回归是有效的。这是数理统计上的一般原理。——译者注

我们还没有讨论如何在上述回归中获得投资组合权重 W。W 代表每个部门对公司总市值的贡献百分比。因此,例如,如果公司的总市值为 1 亿美元,而水泥部门为市值贡献了 5 000 万美元,那么

$$w_{水泥} = 0.5$$

但我们不知道水泥部门本身的权益市值。事实上,我们最初就可以找出不同部门的市值。因此,在实践中,分析师使用该部门的总销售额而不是其市值。所以,假设水泥部门的销售额和公司总营业额分别为 4 000 万美元和 8 000 万美元,然后

$$w_{水泥} = \frac{4\,000\,万美元}{8\,000\,万美元} = 0.5$$

我们必须在运行多元回归之前解决另一个问题,即应该使用无杠杆的 β 作为因变量吗?由于我们不知道私营企业的市场杠杆率,因此使用杠杆 β 进行回归更有意义。研究表明,在多元回归方法中[①],我们使用杠杆还是无杠杆 β 是无关紧要的。在这两种情况下我们得到了类似的答案。因此,直接使用杠杆 β 作为因变量。

现在运行以下多元回归方程:

$$\beta_i = w_{i,1} \times \beta_1 + w_{i,2} \times \beta_2 + \cdots + w_{i,1} \times \beta_n \quad \forall i$$

必须牢记的一点是,回归方程中截距项为零,这种调整是必要的。否则我们将无法解释截距项的确切含义。我们可能会得出一个愚蠢的结论:没有业务、没有销售收入的公司仍然有正的或负的 β。

在上面的回归方程中,

β_i 是第 i 家公司的杠杆 β

$w_{i,k}$ 是 K 部门对公司 i 的贡献百分比

β_k 是 K 部门的 β,$K = 1, \cdots, n$

并非所有公司都会生产所有产品。如果某个公司没有制造钢铁,并假设部门 2 代表钢铁,那么在回归中,$w_{i,2}$ 将为零。

大多数财务顾问都会拥有 β 数据库,包含钢铁、食品、医疗保健等各个细分市场 β。由于 β 值随时间波动,因此需要定期更新 β 值。

经验研究表明,投资组合 β 总是比个股 β 更稳定。因此,如果个股的 β 和行业 β 之间存在显著差异,最好使用行业 β。[②]

[①] 例如,埃尔哈特和巴格瓦特(Erhardt and Bhagwat, 1991),以及伍德、麦金尼斯和劳伦斯(Wood, McInish and Lawrence, 1992)。

[②] 同一行业组别中的股票加权平均值,例如制药公司,被称为行业 β;权重是指个别公司的市值(已发行股票数量乘以市场价格)。

使用会计变量估算 β：一些学者观察到 β 可以基于某些基本因素来估算，例如股息支付、资产增长、杠杆、流动性、资产规模、利润变化和会计 β。由于私营企业可以轻松估算这些价值，因此可以使用简单的普通最小二乘（OLS）回归方法直接估算私营企业的 β 值。

应该担心非系统性风险吗？ CAPM 假设资本市场仅对系统性风险进行定价，因为通过持有资产组合可以分散非系统性风险。具有凹性效用函数的风险厌恶的投资者将通过分散非系统性风险而获益。[1] 因此，假设理性投资者承担系统性风险并因此期望对承担系统性风险进行补偿，是有道理的。

然而，私营企业的投资者并没有拥有多元化投资组合，任何私营企业所有者的总财富的很大一部分与私营企业的价值相关。因此，私营企业的所有者承担系统性和非系统性风险。CAPM 衡量的权益成本低估了公司股东的预期回报。[2]

如果私营企业可能上市或预期被已经分散了风险的股东广泛持有的上市公司接管，那么我们无须担心非系统性风险的溢价。

现金流量的确定

在评估私营企业时，需要在估算自由现金流时记住一些事实，特别是必须调整以下内容：

高管薪酬：一些高级管理人员更愿意以股息而不是工资的形式获得报酬。这是故意人为地增加公司报告的净收入，特别是在首次公开募股（IPO）之前。在预测公司的工资费用时必须小心谨慎。

税收：私营企业（特别是那些处于发展初期的公司）获得了一些优惠的税收待遇。然而一旦它们上市，就失去了这种优惠待遇。因此，公司上市后现金税率必然上升。

其他费用：上市公司必须在一定年限内保持其交易的详细记录。它们还需要定期向股东和公众披露会计信息。私营企业不用承担任何这些费用。

结论

从理论上讲，私人和上市公司的估值没有差异。然而，在现实生活中，人们面临着

---

[1] 在达莫兰（Damodaran, 1994），科普兰、科勒和穆林（Copeland, Koller and Murrin, 1994）以及埃尔哈特（Ehrhardt, 1994）中详细讨论了 CAPM 参数的估计。

[2] 例如，法玛和詹森（Fama and Jensen, 1985）观察到，在投资风险资产之前，未经多元化的所有者将要求更高的风险溢价。

某些限制，因为估值所需的一些要素通常不适用于私营企业。在本章中，我们讨论了证券分析师在评估私营企业时所面临的约束以及可能的解决方案。

私营企业的估值是一个困难的过程，估值往往是主观的，因为私营企业没有股票价格作为基准。有以下几个乘数比较流行：

市盈率乘数是股票价格和最近四个季度的每股收益的比率（或采取总市值和净利润的比率）。例如，如果同行业竞争对手以其净利润的五倍的价格出售他或她的业务，则可以应用相同的 P/E 乘数。

同样，市销率乘数是股票价格和每股销售额或总市值和销售额的比率。

市净率乘数是总市值与股东权益账面价值的比率。

企业价值（EV，即权益的市场价值加债务的账面价值）与息税折旧和摊销前利润（EBITDA）乘数是 EV 与 EBITDA 之比。应用此乘数得到的是公司价值，而不是权益价值。

必须理解的是，找到可比交易或应用"正确"的乘数并不容易，因为目标公司和可比较公司之间的风险、增长率、资本结构、规模和现金流发生时间等存在差异。通常会对可比较的上市公司或上市交易进行折扣，以反映私营企业股票缺乏的流动性。最近在美国进行的一项研究比较了私人企业和上市公司的估值比率，发现当使用市盈率乘数作为估值的基础时，私人企业相对于类似的上市公司平均估值有 20%-30% 的折扣（Kopelin, John, Sarin and Shapiro 2000）。

私营企业折扣＝1－（私营企业乘数/上市公司乘数），可以查看类似的交易并推断出私营企业的估值折扣。

复习题

机械设备有限公司正在收购小型私营机床制造商 Vishy 公司。Vishy 的预测数据见表 4.9。

表 4.9   **Vishy 的预测数据**   单位：千美元

	2012	2013	2014	2015	2016
销售净额	9 000	14 000	32 000	42 000	50 000
营业成本@净销售额的 37%					
销售管理费用@净销售额的 45%					
流动资产@净销售额的 32%					
固定资产净额@净销售额的 2%					
流动比率＝2.3					

由于Vishy是未上市公司,股票市场数据不可用。因此,机械设备公司的高管决定寻求可比公司。可比公司的财务数据见表4.10。

表 4.10　　　　　　　　　　　可比公司的数据　　　　　　　　单位:百万美元

	A公司				B公司				C公司			
	2008	2009	2010	2011	2008	2009	2010	2011	2008	2009	2010	2011
销售	80	75	60	55	150	185	230	300	18	18.5	18	19
负债	5	6	7	8	2.5	5	7	7	0.5	0.6	0.6	0.7
权益	15	16	17	18	55	68	130	200	3.0	2.4	2.5	3.5
Beta(杠杆)				1.4				1.3				1.1
市场价值				103				850				70

其他数据:

1. 10年期国债收益率=7.5%

2. 债务利率=10%

3. 税率=35%

4. 该公司没有债务。

计算:

1. 自由现金流

2. 可比公司和Vishy的无杠杆β

3. Vishy公司的杠杆β

4. Vishy公司的权益成本

5. 当β分别采用销售额或市场价值加权获得时,您的答案如何变化?

6. 分别估算公司的价值:

(1) 该公司没有债务;

(2) 从2012年开始,该公司3年内分别借入300万美元、400万美元和500万美元,并永远保持这一水平。使用资本现金流(CCF)估值法。

假设公司在2016年后永久增长率为5%。

第五章 并购中的实物期权分析

维什瓦纳特·S. R. (Vishwanath S. R.)和
钱坦拉斯卡尔·克里希纳穆迪(Chandrasekhar Krishnamurti)

> **学习目标**
> - 提出实物期权分析作为折现现金流量(DCF)的替代方法
> - 简要介绍不同种类的实物期权
> - 重点介绍在并购操作中已有的实物期权

期权赋予持有者以特定的价格购买或出售指定资产的权利,但不承担相应的义务。看涨期权赋予持有者在指定日期内以既定价格购买标的资产的权利,看跌期权赋予持有者在指定日期内以既定价格出售标的资产的权利。合约价格被称为执行价格,合约规定的日期被称为到期日。美式期权是能在到期日前的任何时间执行,而欧式期权只能在到期日执行。期权能够被进一步划分为金融期权和实物期权。当期权合约的标的资产是股票、股票指数、外汇、债券和商品时,这种期权就被称为金融期权。而实物期权的标的资产则是实物资产。

公司金融中的实物期权

"实物期权"这个术语是由麻省理工学院的教授迈尔斯(Myers)在他1984年发表的文章中所提出的。他的表述是:

公司的战略规划需要金融。作为企业战略分析的检验,项目净现值计算是必需的,反之亦然。然而,标准的现金流折现方法往往会低估企业不断增长的业务所带来的期权价值。公司金融理论需要拓展以能够处理实物期权问题(Myers,1984)。

在公司金融领域,实物期权的应用是很广泛的。在本章,我们首先讨论实物期权的鉴别和估值。然后,将关注公司并购中的实物期权。

在公司金融中常用的实物期权有六种,分别是:择机期权、增长期权、放弃期权、扩张期权、转换期权和收缩期权。

分析实物期权的第一步就是要熟知它们。表 5.1 按部门列出了部分实物期权的清单。

表 5.1　　　　　　　　　　按部门划分的典型实物期权

航空航天	客户合同中的期权
银行和证券	评估不动产租赁的价值
汽车制造	决定修改新车的设计
化工	投资时机的选择
能源	油气田转换投入的开发时机选择
制药	在研发项目中嵌入的增长期权

资料来源：科普兰和基南（Copeland and Keenan，1998b）。

择机期权

在某种意义上，资本投资项目类似于看涨期权，它拥有在确定时间内以指定价格获得某项资产的权利，但没有任何义务。表 5.2 给出了投资项目特征和看涨期权特征的对比。

表 5.2　　　　　　　　　　项目特征和期权变量

项目特征		看涨期权
获得资产所需的支出	X	执行价
现金流的现值	S	股票价格
推迟做出决定的期限	t	到期日
标的经营资产的风险	σ^2	股票收益的波动率
货币的时间价值	r_f	无风险收益率

花费在某投资项目上的金额是执行价，项目现金流的现值是股票价格。在不失去投资机会的前提下，公司推迟做出投资决定的期限与期权到期日是一致的。项目现金流的不确定性和股票收益率的标准差是一致的。由竞争对手导致的现金流损失相当于股利支出。

表 5.3 展示了每个期权变量的变动对实物期权价值的影响。类似于金融期权，可以使用期权价值表计算择机期权的价值。[1]

---

[1]　参阅任何常用的公司金融教材。

表 5.3　　　　　　　　　　期权变量的变动对实物期权价值的影响

变量	实物期权价值
投资项目现值增加	增加
更高的投资成本	减少
更长的到期期限	增加
不确定性(现金流的波动率)增加	增加
无风险利率增加	增加
现金流损失的增加	减少

回想一下净现值的计算：

$$项目的净现值(NPV)=未来现金流的现值-初期投资=S-X$$

择机期权使管理层可以在不失去投资机会的前提下，推迟投资一段时间。换言之，管理层总是想晚一点为投资付出成本而不是更早。如果一项投资能推迟一年，管理层就能把投资的钱存在银行一年，直到投资时机成熟再取出来，因为这笔钱在银行以 r_f 的利率存了一年，所以 X 以 r_f 折现的现值就表示现在要存入银行的金额。

$$PV(X)=X/(1+r_f)^t$$

由于目标是改进 NPV 使其包含其他的期权变量，例如 r_f、t、σ，因此我们重新定义 NPV 为 $S-PV(X)$。和金融期权一样，这也能被表示成一个比例的形式。

$$NPV=S/PV(X)$$

累积方差 $=\sigma^2 t$（累积波动率是累积方差的平方根）。

我们可以使用这两个值来估计期权价值占标的资产价值的百分比。如下例：

一家石油公司有一个投资机会来开发一些石油储备。未来现金流的现值目前为 1 亿美元。公司现在可以通过花费 8 000 万美元来投资。另一种选择是，先通过预付 600 万美元推迟投资 2 年，然后再投资 9 000 万美元开发储备。根据油价的波动率，油田年收益的标准差为 35%。[①] 利率是 8%。

第一套可选方案的价值为 2 000 万美元。它的 $NPV=2\,000$ 万美元。

第二套可选方案的价值是（单位均为百万美元）：

$$X=90,\ S=100$$
$$PV(X)=90/1.08^2=77.16$$
$$经营性资产的价值/PV(X)=100/77.16=1.296$$
$$\sigma(\sqrt{t})=0.35\times\sqrt{2}=0.50$$

---

① 根据石油价格的波动率估计这个石油项目现金流的波动率是不正确的，充其量只能提供一个初步的衡量。将在后面讨论波动率的估计。

从期权定价表中查找相应的行和列①。该期权的价值是资产价值的 31%＝0.31×1 亿美元＝3 100 万美元

$$NPV = 3\,100\text{ 万美元} - \text{费用} = 3\,100\text{ 万美元} - 600\text{ 万美元} = 2\,500\text{ 万美元}$$

因此，两套方案价值之差为 500 万美元（2 500 万美元－2 000 万美元）。显然，推迟投资是有意义的。

对于所有的自然资源开采工业、房地产开发、农牧业和纸制业等来说，择机期权均是很重要的。

增长期权

增长期权的特征是通过一项早期的投资（比如在研发中）将产生一系列相互关联的项目，从而研发出新一代的产品和工艺、开拓出新市场、发现石油储备等。任何可以创造新投资机会的投资都能被描述成增长期权。公司的价值有两个来源：已有资产和增长机会的现值。在为公司股票定价时，股票市场已经意识到这两点了。就像债券和权证是分开定价的，在项目内的期权组合也应该分开定价，然后再加上通过现金流贴现方法获得的价值。假设一个项目预期会产生第二次投资，整个项目的 NPV 能被写成：

$$NPV = NPV(\text{第一阶段项目}) + \text{第二阶段看涨期权的价值}$$

传统的 NPV 分析没有考虑到进一步的增长机会。

为了估计项目内增长期权的价值：

- 将项目第二阶段可自由支配的开支及其相关的现金流与第一阶段分开。
- 使用传统 DCF 方法计算第一阶段的 NPV。
- 使用合适的无风险利率将任意支出折现到现在。如果产生于第二阶段的任意支出是在第三年发生的，就需要使用三年期的无风险利率折现，这些现值构成了 X。
- 使用加权平均资本成本（WACC）计算现金流的现值（净资金流入和在流动资本与固定资产上的日常支出），这是 S。
- 找到 $S/PV(X)$。
- 估计累积波动率（$\sigma\sqrt{t}$）；在这个例子里，t 是三年。对 σ 的估计将在后面讨论。
- 计算这个看涨期权的价值，并加到第一阶段的 NPV 中去。

大多数的资本投资是分阶段进行的，阶段性投资是复合期权。当公司扩张中有多

---

① 本书中并没有提供期权定价表。该表应是根据布莱克—斯科尔斯公式将部分参数固定之后给出的定价表，类似于查正态分布表、卡方分布表等。——译者注

个阶段时,对于给定的下一个阶段情况,每个阶段都代表一个期权。

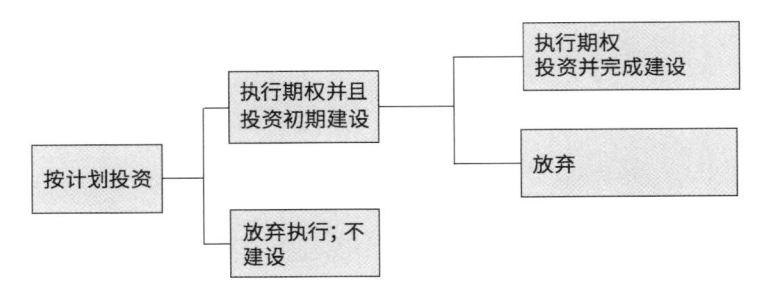

图 5.1 决策树分析

因此,将有多个扩张阶段的项目视为简单的看涨期权是不合适的。这些是看涨期权上的看涨期权、看涨期权上的看跌期权,或者看跌期权上的看跌期权等。因为复合期权更复杂,在此就不讨论了。①

放弃期权

如果市场状况严重恶化,管理层可以放弃经营,并在二手市场上获得项目资产的转售价值。在资本密集型产业、金融服务和在不确定市场中引入新产品等方面,放弃期权是非常重要的。

在产能过剩、竞争激烈的行业,管理层不得不始终考虑的一个问题是:留下继续经营还是退出该市场。而实际的决策取决于管理层选择放弃项目的价值和继续扩张项目的价值的权衡。考虑以下例子,一家矿业公司正考虑在两年内开采一座金矿。如果黄金的价格上涨,则收益也会增加;相反,如果黄金的价格下跌,则收益相应会减少。NPV 的分析是基于这样的假设:即使收益下降(从而导致亏损),在计算项目未来现金流时,仍然假设公司继续开采。但是如果金价在这两年持续下跌,该公司可能会选择放弃该项目。在 NPV 的计算过程中没有体现上述放弃决策的可能性。

在大多数商业中,放弃期权都存在,并且当不确定性很高时,放弃期权价值更高。放弃期权就是看跌期权。通过复制看跌期权的收益(即无套利定价原理),可以计算出看跌期权的价值。构建一个由项目的一部分(Δ)和以无风险利率 r 借出金额 B 组成的投资组合,复制出看跌期权的收益。② 在两种不同的状态下,项目的收益是 $V_{1,1}$ 和

---

① 感兴趣的读者可以参考鲁宾斯坦(Rubinstein,1992)。
② 这里是基于萨奇德瓦和范登堡(Sachdeva and Vandenberg,1993)。也可以从下列文献中找到:罗比切克和范霍恩(Robichek and Van Horne,1967),库塔登和梅里克(Courtadon and Merrick,1983),梅森和默顿(Mason and Merton,1985)和考克斯、罗斯和鲁宾斯坦(Cox,Ross and Rubinstein,1979)。任何关于期权/衍生品的常用课本都会详细讨论二项式模型。

$V_{1,2}$，复制的投资组合收益是 $P_{1,1}$ 和 $P_{1,2}$。

复制的投资组合收益是：

$$P_{1,1} = \Delta V_{1,1} + B(1+r)$$
$$P_{1,2} = \Delta V_{1,2} + B(1+r)$$

解出 Δ 和 B：

$$\Delta = \frac{(P_{1,1} - P_{1,2})}{(V_{1,1} - V_{1,2})}$$

$$B = \frac{P_{1,1} - \Delta V_{1,1}}{(1+r)}$$

因为投资组合的收益与看跌期权的收益相同，所以看跌期权目前的价格必须等于投资组合的现值。

$$P_0 = (\Delta)(V_0) + B$$

自然资源投资：一个特例

采矿和石油勘探等自然资源投资特别适合实物期权分析。例如，矿主可以选择推迟勘探、关闭或重新开矿，甚至放弃开采。矿主有权以固定的执行价格（生产的可变成本）获得该矿的产出（例如铜）。当矿物价格较低、运营矿山的固定成本较高时，关闭矿山是明智的做法，至少在矿物价格反弹之前暂时关闭。

假设你有两年开采铜矿的权利。已知该矿有 800 万磅铜。[①] 该矿的开发涉及 125 万美元的现金支出，开发本身预计需要 1 年时间，在此之后，矿主可以通过支付开采成本来开采或使用提成的方式分包给第三方。假设提成的成本是每磅 85 美分。然后，矿主可以以 1 年后的现货价格将矿产卖给另一方。下面的时间线图展示了各项活动的顺序：

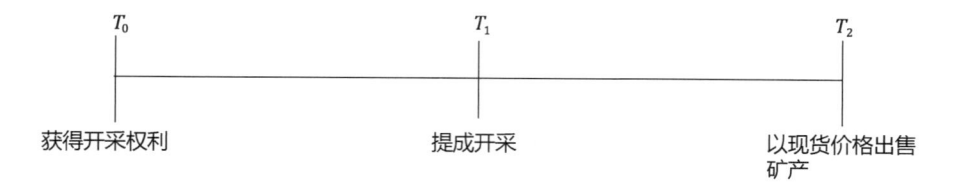

```
T₀                    T₁                    T₂
|---------------------|---------------------|
获得开采权利         提成开采              以现货价格出售
                                          矿产
```

图 5.2　投资决策的时间线

铜价的波动率服从正态分布，均值为 7%，标准差为 20%。当前的铜价是每磅 95 美分。项目所需的收益率是 10%，无风险利率是 5%。

[①] 这个例子是基于杜克大学坎贝尔·哈维（Cambell Harvey）教授的一份未发表的笔记。

$$项目的净现值 = -1.25 + \frac{8[E(S_1) - 0.85]}{1.1}$$

这里 $E(S_1) = $ 一年后铜现货价格的期望值。

现货价格的期望 $E(S_1) = S_0 e^{\mu T} = 0.95 e^{0.07} = 1.0189$

$NPV = -0.022$（百万美元）。但这种分析忽略了一个事实，即如果项目的现货价格低于 85 美分，矿主可以放弃该项目。这是对铜的一年看涨期权，执行价为 85 美分。该看涨期权的价值可以估计为：

$$看涨期权价值 = S_0 N(d_1) - K e^{-rt} N(d_2) = 0.95 N(d_1) - 0.85 e^{-0.05} N(d_2)$$

这里：

$$d_1 = \frac{\ln(S_0 \div K) + r_f + \sigma^2/2}{\sigma \sqrt{t}} = \frac{\ln(0.95 \div 0.85) + 0.05 + 0.02}{0.20} = 0.906$$

$$d_2 = d_1 - \sigma \sqrt{t} = 0.706$$

$$看涨期权的价值 = 0.162 \text{ 美元 / 每磅铜}$$

$$真实的项目净现值 = -1.25 + (8 \times 0.162) = 46\,000 (\text{美元})$$

在石油勘探等许多自然资源投资中，有两个不确定性来源：地下的石油数量和石油的价格。从两个或多个不确定性来源获得价值的期权称为彩虹期权。[①] 使用简单的期权定价模型对这些期权进行估值，可能会使得估计有偏。

其他期权

如果价格或需求发生改变，管理层可以改变工厂的产出结构。这类实物期权被称为"转换（产出）期权"。在批量采购或需求不确定的情况下，这类期权是很重要的，例如家用电子产品、玩具和专用纸等。同样，在石油、电力或农作物等产品的情况下，管理层可能持有"转换（投入）期权"。例如，就电力项目而言，管理人员可以选择这样一种技术，即保持在备选燃料之间转换的灵活性。不过，这种灵活性是有代价的，并且它的优点取决于燃料的相对价格及其波动率。当情况允许时，管理层可以选择更便宜的替代方案。

波动率的估计

期权定价模型中的一个要素是收益率的方差。就股票期权而言，通常使用近期

[①] 彩虹期权是多资产期权的一种，指的是标的资产是一系列资产中最大或最小值的期权。——译者注

(如 6 个月或 3 个月)股票收益率的标准差估计波动率的价值。另一种方法是使用过去的期权价格估计"隐含"波动率。也就是说,给定所有参数和期权价格,可以通过试错法找出波动率。在实物期权中,标的资产是投资项目。而项目的收益是不可观测的,那么应该如何估计波动率呢?这就有很多种选择了:

(1) 估计股票市场指数的波动率,用其替代投资项目收益的波动率。但是公司的波动率可能高于大盘指数,也可能低于大盘指数。另外,来自公司内部项目的现金流可能更不稳定。此外,指数的波动率只给出了股票价格波动的价值,而我们需要的是项目收益的波动率。总之,股票市场指数的波动率只是一个粗略的估计。

(2) 计算公司股票期权的隐含波动率,并用其替代项目方差。

(3) 使用 Excel 表格(或复杂的软件包,如水晶球①)模拟项目的现金流,并估计项目收益的标准差。

实物期权的管理

实物期权的价值取决于经营现金流入的现值、现金流出的现值、到期日、现金流波动率、无风险利率和竞争造成的现金流损失等基本变量。期权的价值可以(也应该)通过增加现金流入的现值、减少现金流出的现值、增加现金流的不确定性、延长机会的持续时间,以及通过推迟执行减少价值损失等方法管理。例如,公司可以通过设立竞争对手的进入壁垒,从而达到延期的目的,以此来减少价值损失。同样,通过提高价格和降低支出可以增加现金流入的现值。正如前文所述,期权的价值可以表示成 $S/PV(X)$ 和 $\sigma\sqrt{t}$ 两个变量的函数。如果其中一个(或两个)变量增加,期权的价值也将增加。公司可以根据期权空间来对项目分类,如图所示(Luehrman,1998a;1998b)。

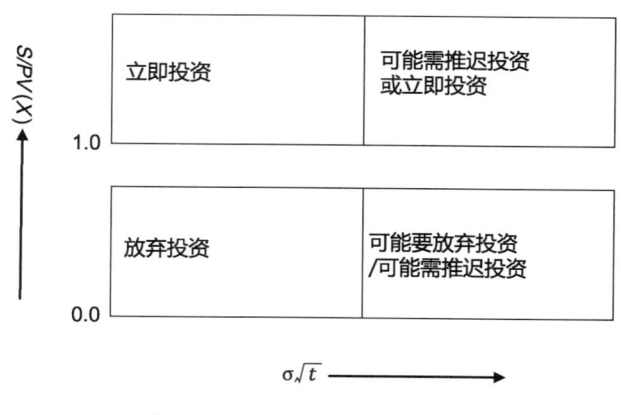

图 5.3 实物期权的战略分析

波动率低但 $S/PV(X)$ 高的项目应立即执行,即公司应立即投资。那些波动率

---

① 水晶球软件是一款蒙特卡洛仿真软件,是 Excel 的插件,可用于预测性建模、预测、仿真和优化,随机模拟仿真和不确定风险分析。——译者注

低、价值—成本比低的项目不应该执行。对于波动率较高和价值—成本比①中等偏高的项目,可以现在投资,对于 NPV 为负、价值—成本比为正、波动率中等偏高的项目,可以在状况改善后投资。综上所述,管理者需要积极地运营公司的项目,这意味着要持续监控和支持有前途的项目。假设公司有一个投资项目组合,其中一些项目的 NPV 为负,传统的资本预算建议应该放弃它们。这是不正确的。从实物期权分析中获得的主要观点是:如果这些项目累积波动率较大,管理者应该积极主动地管理运营项目。

实物期权在并购中的应用

实物期权框架在并购分析中具有不可估量的价值,它可以有效地应用于并购的各个阶段,如战略规划、交易设计和并购后整合。②

战略规划中的实物期权

当管理者从战略角度讨论并购计划时,他们倾向于使用"权利""灵活性"和"承诺"等术语。这些模糊的术语都表示可选择性。一些收购倾向于创造灵活性,而另一些则会破坏灵活性。灵活性是一种期权,在财务分析中也应如此对待。灵活的投资可以随着情况的变化而改变。灵活性期权的例子包括持有超额现金、库存或生产力。

一些并购涉及的战略行动可以对冲公司的风险敞口。保险就像一个看跌期权,因此应该包括在分析中。

一些战略收购的动机是为了创造战略能力。获得更多的专利技术可以创造战略能力,并产生更灵活的劳动力。这种灵活性构成了一种有价值的实物期权。

一些跨国公司在进入一个完全陌生的市场之前,很重视对市场的调研。因此,在完成全部收购之前,收购者通常会通过获得公司的权益和取得董事会席位,来获取有关公司的第一手资料。安海斯—布希公司(Anheuser-Busch)③在海外收购中便采用了这一战略。

平台收购战略包括一系列的收购,这些收购可以让公司扩展业务。这是一个分期投资的过程,允许买方在每个阶段决定是否继续扩张。

近年来,广受吹捧的"先入者优势"和"赢家通吃"策略已被更为冷静的"后发"策略所取代。"后发"策略观点的优势在于,你可以在其他人艰巨的市场开拓之后迅速跟

---

① 这里的价值—成本比,原文 value-to-cost,即期权定价中的 $S/PV(X)$。——译者注
② 这里我们不讨论并购后整合阶段中的实物期权方法。
③ 安海斯—布希公司于 1852 年创立,总部位于美国密苏里州圣路易斯市,旗下有世界最大的啤酒酿造公司、美国第二大铝制啤酒罐制造厂等。——译者注

进，最终获得领先地位。电脑办公软件 Excel 继 Lotus 和 Visicalc 之后，最终取得了市场领先地位。

一些并购交易涉及开发不确定资源的权利。实物期权在自然资源、人才和知识产权等方面尤为重要。例如，韦瑟福德和博迪利（Weatherford and Bodily，1988）、布鲁纳（Bruner，1988）等就利用实物期权的方法来评估天然气气田的开采权。对于识别被低估且有吸引力的目标公司，实物期权理论也可以提供一个有用的分析框架。拉帕波特和莫布森（Rappaport and Maubossin，2002）正是用这种方法来确定买卖策略。

交易设计中的实物期权

实物期权在并购交易设计中非常盛行。在许多情况下，正式合同是由一种或有权利构成的。如果合同中条款和条件得到满足，买方就可以收购目标公司。在许多情况下，买方通常会向目标公司的股东提供在规定期限内以规定价格购买股票的报价。买方实际上已经授予目标公司的股东一个看跌期权。

许多并购交易包含高额费用和未完成交易的罚款。这些是在一方或另一方不履行义务的情况下获得支付的权利。由于这些是或有支付，它们就像期权一样。

按需出售资产的能力就像看跌期权，控制权就像持有看涨期权。并购有时涉及或有支付，如赢取计划（earnout），这些或有支付是对未来业绩的看涨期权。

在并购交易中，买卖双方都面临交易风险。可以通过使用上限期权、上下限期权、保底期权和"或有价值权利"（contingent value rights）等来降低并购中的风险。

诸如毒丸计划（poison pills）、锁定期（lock-ups）和涉及控制权之类的其他收购防御也是期权。

流动性作为期权

流动性和控制权都是权利，其价值必须以期权价值来估计，可以利用期权定价理论建立流动性折扣模型。阿莱和汤姆森（Alli and Thomson，1991）用看跌期权的价值来计算流动性的价值，该看跌期权的执行价格等于发行日的股价。朗斯塔夫（Longstaff，1995）用回望期权（look back option）的价格来估计流动性价值的上界和下界。他的部分结果展示在表 5.4 中。

由此可见，流动性不足导致的股票价格折扣主要受两大因素的驱动：不确定性和时间。标的股票价值的不确定性越大，流动性不足的折扣就越大。此外，限制投资的时间越长，流动性不足的折扣就越大。

表 5.4　由于缺乏流动性而导致的股票价格百分比折扣的上界(按市场价值的百分比折扣)

市场限制期	波动率＝10%	波动率＝20%	波动率＝30%
180 天	5.768	11.793	18.082
1 年	8.232	16.984	26.276
2 年	11.793	24.643	38.605
3 年	19.128	40.979	65.772

资料来源：朗斯塔夫(1995)。

菲纳蒂(Finnerty，2002)将这种基于期权的观点应用于存信股票(letter stock)[①]折扣的横截面数据。他发现,折扣主要取决于波动率、限制期长度、无风险利率和股票的股息率。此外,他还记录了股息支付倾向于减小折扣的规模和波动性。当使用基于期权的模型来评估实际折扣时,他发现在 30%-70% 的波动率下,该模型表现良好。

控制权作为期权

控制权是对公司可选战略和政策的一种看涨期权。控制权是决定公司战略和活动的权利。此外,公司资源和财富分配的权利也来自控制权。我们应该强调控制权的两个类似于期权的关键特征：偶然性和波动性。控制权的价值取决于当前战略成功与否。如果当前的战略运行良好,那么转换策略的期权是虚值(out of the money)。如果现有的战略不能充分发挥作用,那么转换期权是实值(in the money)。此外,控制权的价值取决于公司现值的波动率和可选策略下公司价值的波动率。控制权的价值取决于这些变量的不确定性。在不确定性较大的情况下,控制权的价值将更高。

因此,在并购交易中经常提到的"控制权溢价"就是控制权的价格。这个术语不能与"收购溢价"混淆。这是因为收购溢价包含了控制权和预期协同效应的价值。在一个股东具有控制权而另一个股东没有的情况下,控股股东权益的价值将反映控制权溢价。因此,小股东的价值就会打折扣。

一种天真的观点认为,控制权就是能够控制至少 50.1% 的选票。但在大多数情况下,没有一个股东持有超过 50% 的股份。这是因为在大多数上市公司中,大部分的股权都是分散的。因此,一般只需 20% 的股份就可以实现有效的控制。另一种关于控制权的观点认为,投票权是具有偶然性的,即投票只在某些博弈的背景下才具有相

---

① letter stock,即私募发行的普通股,尚未在证券监管机构注册,不能在公开市场上销售。也翻译为信函股票、非注册股票等。因为美国证券交易委员会要求该类股票的购买方必须出具一封信,表明该股票不会被再出售。

关性。劳埃德·沙普利(Lloyd Shapley)在计算沙普利值的过程中①,取得了一个富有见地的突破。沙普利值是特定投资者 j 对结果起关键作用的投票组合的数目,除以所有可能组合数目的比值。关键的股东决定了竞争性投票的结果。很显然,投资者 j 的持股越多,其权力就越大,因为沙普利值越大。因此,我们能够看出,在大多数情况下,控制权来源于持有相对权力,而不是绝对权力。

考虑这样一种情况:两个相互竞争的敌意收购方正在为一个收购目标争夺代理投票权,这时各个像原子一样的分散小股东的权力取决于两个强大敌意收购方的相对权力。表5.5给出了一系列情形下小股东的沙普利值。由表5.5可见,在没有相对强大的投票群体的情况下,小股东具有相对强大的权力。随着两名代理投票权竞争者(也即敌意收购者)获得更多的选票,小股东的权力下降。一般而言,小股东的权力会随着他们集体投票的增加而增加。在表的右下角发现了一个例外,即使持有少量股份,小股东的权力也相当强大。②

表 5.5 假设的代理投票权竞争中小股东沙普利值的敏感性分析

2号收购方股东的投票	1号收购方股东的投票			
	10%	20%	30%	40%
10%	0.78	0.65	0.50	0.05
20%	0.65	0.56	0.48	0.06
30%	0.50	0.48	0.50	0.09
49%	0.05	0.06	0.09	0.50

对于控制权的潜在受益者,存在两种不同的观点。一个学派认为,控制权是有价值的,因为它提供了多数人剥夺少数人财富的机会。另一个学派认为,控制权赋予了企业以有利于所有股东的方式选择战略的期权。我们将进一步阐述这两种观点。

控股股东侵占小股东财富的现象称为"隧道效应"(tunneling effect)。迪克和津加莱斯(Dyck and Zingales, 2004)提供了关于股东私人利益学派的实证证据。他们对39个国家的并购交易进行了大量抽样调查,结果发现,在较少保护投资者并为获取股东私人利益提供便利的国家,在并购中为获取公司控制权支付的溢价更高。另一项研究证实,在对小股东保护不力的国家,交叉持股安排和金字塔结构普遍存在。巴布丘克、克拉克曼和特里安蒂斯(Bebchuk, Kraakman, and Triantis, 1998)的研究表

---

① 沙普利值是指所得收益与自己的贡献相等,是一种分配方式。具体来说是:通过各个代理人做出的贡献,公平地分配合作收益。代理人 j 的沙普利值是 j 对一个合作项目所期望的贡献量的平均值。——译者注

② 可以发现,在表格5.5中位于对角线上的值比较大,这时两个敌意收购方的股权比例相等,小股东的沙普利值较大,这也是符合直觉的。当两个大股东持股比例相等或接近时,小股东的投票成为决定胜负的力量。——译者注

明,对金字塔型企业进行相对较小的投资,控股股东获得的控制权远远大于现金流权。马尔科和门戈利(Marco and Mengoli,2001)发现,意大利的金字塔型企业与财富转移到控制者之间存在着关联。财富转移的接受者的CARs(累计平均超额收益率)显著为正,而小股东则面临亏损。在韩国和印度也发现了类似的证据。

控制者利益的另一种观点认为,控制权赋予企业选择正确战略方向的权利。马格里布(Magrabe,1978)探讨了在工业环境中转换期权的价值效应。迈尔斯(Myers,1984)和凯斯特(Kester,1984)研究了资源分配决策中控制权的价值。沃伦·巴菲特(Warren Buffet)和T.布恩·皮肯斯(T. Boone Pickens)等知名投资者能够利用他们的巨大影响力,以所有股东(包括小股东)都能受益的方式,重新调整公司战略。最近一个活跃投资者影响企业战略选择的例子是:卡尔·伊卡恩(Carl Icahn)虽然只持有韩国烟草人参公司(KT&G) 6.6%的股份,但伊卡恩利用自己的影响力,敦促KT&G的最高管理层放弃了房地产资产,分拆人参业务,并支付更多股息。

在双重股权溢价的研究中,控制权的价值得到了量化。双重股权结构是具有大股东基础的创始家族采用的一种常见的反收购防御形式。表5.6显示了当公司具有双重股权结构时,控制权溢价的实际数据。双重股权结构在瑞典、意大利和以色列等国普遍存在。豪瑟和劳特巴赫(Hauser and Lauterbach,2000)发现,当双重股权结构公司回归到一股一票结构时,股票产生正的超额收益。布鲁纳(1999)指出,在雷诺试图收购沃尔沃的案例中,当雷诺收购了沃尔沃的大量股份时,沃尔沃股票的投票权溢价从46.6%下降到2.3%。①

表5.6 双重股权结构中高表决权股份相对于低表决权股份的控制权溢价

研究	国家	平均溢价(%)
Rydqvist(1996)	瑞典	12.0
DeAngelo and DeAngelo(1985)	美国	5.0
Doidge(2003)	外国公司在美国交叉上市	8.0
Biger(1991)	以色列	74.0
Megginson(1990)	英国	13.3
Smith and Amoako-Adu(1995)	加拿大	10.4
Zingales(1994)	意大利	80.0
Kunz and Angel(1996)	瑞士	18.0

---

① 沃尔沃采取了双重股权结构,其股票投票权溢价的下降主要是与雷诺宣布增持沃尔沃的事件有关。按照布鲁纳(1999),收购事件的发生相当于对超额投票权的A股股东造成了26亿瑞典克朗的损失,价值损失了25%。当敌意收购事件发生时,原超额投票权股票的溢价丧失了控制权,从而股价下跌。——译者注

并购中的期权式或有支付

在许多并购交易中,或有支付经常出现。它有多种形式,其中一些如下所示:赢取计划、目标股票、股票期权、奖金支付、代管基金和保留津贴。

赢取计划:在赢取计划中,付款的触发因素可能由衡量进展的复杂公式和协议决定。赢取计划通常是具有法律约束力的合同。

目标股票:买方可以向目标公司股东发行股息与目标公司业绩挂钩的股票。埃斯蒂(Esty,2001)认为目标股票通过促进收购来创造价值。

股票期权:这是指购买买方股份的权利。执行价格通常高于买方的收盘价。

奖金支付:奖金支付给卖方管理层特别是销售公司的经理,如果他们同意留在目标公司。

代管基金:在某些交易中,总付款的一部分存在代管账户中,待卖方顺利地实现规定条件后,再将其发放给卖方。

保留津贴:这类似于托管资金,只是没有创建托管账户。

为了便于说明,我们将把前面列出的所有"或有支付"统称为"赢取计划"。赢取计划执行着一项非常重要的经济功能——它们解决了买卖双方关于公司未来的分歧,并为目标公司管理层创造了激励机制。

赢取计划的潜在效益

在并购交易中使用赢取计划有三个主要的优点:

(1)最常被提及的使用赢取计划的理由是缩小买卖双方对目标企业的估值差距。假设卖方持乐观态度,对目标公司的估值为 6 000 万美元。买方有点悲观,认为这笔交易价值 4 000 万美元。由于这种估值差距,是不可能达成交易的。现在双方可以同意立即支付 4 000 万美元,与此同时,如果未来达到某些事先约定的业绩目标,将获得 2 000 万美元的或有支付。因此,赢取计划有助于缩小估值差距,加速并购交易的完成。

(2)有助于为合并后的公司留住关键经理。如果收购价格的一部分取决于收购结束后的业绩目标,目标公司的经理就会有动力继续留在公司,以便参与未来潜在的支付。

(3)促使目标公司的经理和股东在完成交易后继续采取积极的增长战略。

尽管在理论上有很大的好处,但赢取计划并不常见。表 5.7 总结了在交易中使用赢取计划的交易数量的趋势。美国在 1985 年至 2002 年间的所有并购交易中,赢取计划只占 0.4%至 2.5%。多年以来,利用赢取计划交易的绝对数量一直在上升。在并购活动蓬勃发展的时期,利用赢取计划的交易数量会上升,而随着并购活动的减少,采取赢取计划的交易案例往往会下降。在使用赢取计划的交易中,其价值占交易对价的很大一部分,一般占到总对价的 19% 至 88%。

表 5.7　　按年度整理的美国并购交易中采用赢取计划的情况(1985-2002)

年份	赢取计划交易			
	总价值 (百万美元)	占所有交易 的百分比	数目	占所有交易 的百分比	赢取计划支付款项占 该交易金额的百分比
1985	447.4	0.4	8	1.3	51
1986	2 081.6	0.9	15	1.2	26
1987	1 697.3	0.9	15	1.1	44
1988	1 795.3	0.7	26	1.5	54
1989	2 774.9	0.9	52	2.4	24
1990	1 438.5	0.8	53	2.6	21
1991	2 254.4	1.8	55	2.8	30
1992	1 272.6	1.1	61	2.7	40
1993	4 332.0	2.5	89	3.4	21
1994	1 990.1	0.7	92	2.7	88
1995	7 150.4	1.8	86	2.3	27
1996	8 831.7	1.5	85	2.0	19
1997	11 711.1	1.7	144	3.1	29
1998	9 845.1	0.8	167	3.5	28
1999	13 562.4	0.9	163	1.7	21
2000	26 028.3	1.6	174	1.9	23
2001	15 644.7	2.2	151	2.4	27
2002	8 089.3	2.1	150	2.6	29

科赫斯和昂(Kohers and Ang,2000)对美国 938 项使用赢取计划的收购案例进行了全面的研究,他们的研究时间跨度为 1984-1996 年。得出的结论是:获利能力付款约定主要有两个优势。首先,帮助管理买方的风险。其次,有助于留住目标企业管理层。他们的一些主要发现总结如下:

(1)赢取计划主要用于两种交易情况:私人拥有的目标公司和大型企业子公司的剥离。

(2)小的买家更有可能利用。此外,来自普通法系国家的买家比来自大陆法系国家的买家更有可能使用。

(3)当买方和卖方来自不同的行业时,通常更有可能采用。

(4)在大约三分之二的赢取计划交易中,目标企业的经理继续与收购方合作。此外,管理层的保留与赢取计划的期限高度相关。

（5）在私有企业的并购交易中，赢取计划部分的平均规模约为交易总价值的45%，而在剥离子公司的交易中，占比为33%。

（6）对于收购溢价，相比只有现金或股票报价的交易而言，采用赢取计划的交易中溢价更高，私有目标公司的溢价再次高于剥离子公司的溢价。

（7）资本市场对赢取计划持正面看法，在宣布日，较其他同类交易股票的超额收益为1.4%。

（8）赢取计划的平均期限为2到5年。赢取计划大部分是基于目标公司的利润来构建的。

（9）目标公司很可能在赢取计划的时期内作为收购方的子公司单独存在。

（10）在几乎90%的案例中，部分款项是根据赢取计划安排支付的。在这些根据赢取计划安排或有支付的案例中，大约50%获得了全部的赢取计划支付金额。

历史上几笔著名的收购交易都将赢取计划作为对价的一部分。希捷公司在1998年收购昆塔公司时包括了一笔赢取计划交易。希捷公司在并购交易结束时支付了2.3亿美元，其中包括在未来三年额外的或有支付9 500万美元，但昆塔公司必须满足一些技术要求。1996年12月，加州联合石油公司将旗下76家产品公司出售给了多思科公司，交易涉及20.5亿美元的现金、普通股和获利能力付款约定。

尽管在收购交易中使用赢取计划有其优势，但它们相对较少出现，这需要得到合理的解释。基于对赢取计划缺点的认识，我们列出了一些可能的解释。

（1）定义的复杂性：有效的赢取计划公式很难建立。客观的数字定义有时可能变得过于复杂，从而导致各方都无法有效理解。

（2）过于激进的绩效目标：目标公司的管理层为了最大化自身的价值，他们可能会设置过于激进的目标。如果目标公司达不到业绩目标，那么目标公司的管理层很可能丧失工作动力。

（3）收购后的整合：如果目标公司被完全整合，赢取计划可能无法发挥效用。当收购的主要目标是在买卖双方之间产生协同效应时，就会产生这样的情况。这时，很难将目标公司的业绩与收购方的其他部门区分开来。

（4）管理层的所有权：如果目标公司的经理没有获得足够多获利能力付款约定的奖励，那么他们就不太可能有动力在未来实现高水平的业绩。

考虑到这些实际的困难，一些买方会选择不使用赢取计划。

构建和评估赢取计划

赢取计划的条款是对公司未来业绩的看涨期权，它们比金融期权更复杂，因为它们是非标准化的,并且不能在交易所交易。然而,在理解赢取计划的含义以及在对其进行构建和评估时,期权框架是较为有用的。即使相应的期权处于虚值状态,赢取计划可能还是有价值的,其价值取决于该期权在剩余期限中的某个时间变成实值现金的可能性。赢取计划对买方来说根本不是免费的,甚至是昂贵的。这不是为了讨好卖主而赠送的一件不值钱的小玩意。

在标的资产价值存在很大不确定性的情况下,赢取计划特别适用。它尤其适用于涉及高科技和快速增长的企业,以及动荡的经济环境。当买卖双方有着高度不同的观点时,赢取计划也是非常合适的,其将有助于弥合乐观的卖方和悲观的买方在观点上的分歧。构建获利能力付款约定时需要考虑的关键要素是计划的金额、期限、业绩目标、支付安排和经营整合。我们将进一步讨论这些要素。

赢取计划的金额:在任何与赢取计划相关的收购交易中,双方必须就总交易对价中在交易结束时立即支付的部分以及未来或有支付的部分达成一致。赢取计划的金额占比通常是双方协商后"价差"的函数。理想的情况是,双方公司应在结算时的支付和赢取计划的金额之间取得适当的平衡。适当的平衡取决于目标公司地位的强弱、赢取计划的总风险以及双方的目标。一方面,如果赢取计划占比过小,可能只有很小的激励作用。另一方面,如果赢取计划占比太大,目标公司本身可能会承受很大的风险。在现实中,大多数赢取计划是在总收购对价的20%到70%。

赢取计划的期限:一般情况下,大多数赢取计划持续1-5年,平均为3年。期限主要由计划支付的比例决定,计划支付的比例越大,则期限越长。那么卖方和买方决定最佳期限的动机是什么呢?与折现现金流的观点相反,期权的观点认为卖方应该希望有一个更长的期限,因为到期日越长,期权越有价值。相反,买方应该希望较短的期限。

业绩目标:为使赢取计划有效,支付应基于定义明确、相互理解、可实现和易于衡量的业绩目标。常用的一般业绩标准包括收入、毛利、税前利润、现金流、EBITDA或非财务指标类的业绩里程碑事件。在选择最适用的衡量标准之前,必须考虑各种常用业绩目标的优、缺点。有时在计划约定的公式中包含了多个业绩标准。与此同时,必须建立一个数学公式来确定分配给目标企业股东的现金或股票的确切数目。

支付安排:有多种方式可以构建赢取计划的支付安排。为了平衡风险和报酬,应该为部分完成的业绩目标提供显著的报酬。在一些情况下,目标公司可能超额完成了业绩目标。在这种情况下,可颁发额外奖金,也可以允许目标公司使用某一年的超额业绩来抵消未能达到业绩目标的其他时期。在另一些情况下,买方可能会在计划约定中限制总支付额。在这种情况下,目标公司要求最低支付是合理的。

经营整合:目标公司和收购方应在开始时就明确目标公司的业务是否与收购方的业务相整合。如果发生了整合,其他部门的收入是否包括在赢取计划规定的业绩目标计算中。此外，为了充分实现目标，还需要明确目标公司是否将有经营管理权。理想情况下，赢取计划的结构必须符合收购的战略和财务目标。

其他问题： 赢取计划应规定在衡量目标公司业绩时遵循的会计政策。买方要么向目标公司提供资金，以确保目标公司达到业绩目标，要么就应该允许其从外部来源获得资金。双方应就在交易完成后目标公司如何开展业务达成一致。赢取计划还应详细说明，在买方控制权发生变化的情况下，卖方所面临的风险。一些计划包含允许出售、过户或转让的条款。这些额外的条款赋予了赢取计划流动性，提高了它的价值。赢取计划通常像其他或有负债一样在财务报表的脚注中披露。赢取计划可能会增加买方的财务杠杆，在评估买方的债务评级和信誉时应考虑到这一点。

实物期权框架不仅适用于交易设计，也适用于并购中的风险管理。实物期权在反收购中也占有一席之地。

结论

在这一章中，我们考察了实物期权在并购中的应用。在任何赋予或剥夺灵活性的收购交易中，实物期权都可能潜藏在意想不到的角落。在这种情况下，决策者的正确做法是重视灵活性并在谈判中使用它。显然，折现现金流方法本身是不够的，因此，期权框架是一个有价值的工具，不仅对证券分析师，而且对公司最高层决策者更是如此。

复习题

1. 给定下列值，计算看涨期权的价值。可以利用常用的公司金融课本中的期权定价表。

$S = 300$ 万美元

$X = 350$ 万美元

$r = 5\%$

$T = 5$ 年

年波动率 $= 35\%$

2. 给定一次收购的现金流

单位：百万美元

年	0	1	2	3	4	5	6
现金流	(125)	9.0	10.0	11.0	11.6	12.1	12.7
终值						191.0	

预计此次收购将产生一个二代项目,其现金流如下:

单位:百万美元

年	0	1	2	3	4	5	6
现金流					(382)	23.1	25.4	28.0
终值							419.3

资本成本是12%,无风险利率是5%,计算收购的NPV。这次收购值得吗?假设年波动率为40%,将第二阶段项目视为期权,估计其价值。收购的真实NPV是多少?

3. 一家公司正在收购另一家公司。[①] 自由现金流量的预测是基于以下假设的:

- 目前销售额为5 000万美元。
- 预计未来10年的销售增长率为6%。
- 销售成本占销售额的65%。
- 销售、日常和行政费用占销售额的15%。
- 折旧占销售额的4%。
- 支持销售的资本投资占销售的8%。
- 所得税税率是35%。
- 公司的加权平均资本成本(WACC)是9.5%。
- 该公司债务的账面价值为1 000万美元。

目标公司拥有完善的分销体系,对收购者具有一定的价值。如果收购成功,收购者计划建立一家新工厂。新工厂在第0年需要600万美元的初始投资,一年后需要800万美元。如果工厂建设被推迟,预计建设成本每年将增长10%。投资一年后,销售预计将从5%增长到11%。由于效率的提高,销售商品的成本将从65%下降到60%。销售、日常和行政费用(SG & A)、折旧和资本投资保持不变。维护工厂所需的资本支出将等于工厂的折旧费用。新工厂和公司本身一样具有风险。

公司的管理层决定等3年再建工厂。换言之,管理层持有从现在开始3年的实物期权。项目收益的标准差为45%,无风险率为5%。

- 在没有新工厂的情况下,估计目标公司的股权价值。
- 假设管理层将工厂的建设推迟3年、4年和5年,估计实物期权的价值。

4. 讨论不同类型的实物期权,并给出估算择机期权和扩展期权价值的方法。

---

① 该案例是基于黛安·兰德(Diane Lander,2000)。

第六章 并购中对价的设计：现金和股票报价

维什瓦纳特·S. R. (Vishwanath S. R.)和
钱坦拉斯卡尔·克里希纳穆迪(Chandrasekhar Krishnamurti)

> **学习目标**
> - 强调在收购中支付方式选择的重要性
> - 提供现金支付和股票支付的选择分析框架
> - 强调支付方式对财务业绩的影响
> - 提出一种估计换股比率的方法

收购方可以向目标公司支付现金或股票，以此作为对价。1973年至1998年间在美国完成的4 256笔并购交易中约有45.6%是以现金支付的(Heron and Lie，2002)。

股票收购与现金收购的分析略有不同。分析涉及的步骤是：

- 估计收购方股权的价值。
- 估计目标公司股权的价值。
- 计算可以与目标公司股票交换的最大股票数量。
- 分析悲观和乐观情景。

换股比率是指收购公司为换取一股目标公司的股票所需要的股票数量。假设A公司试图以230美元/股的价格收购10万股B公司股票，那么收购成本就是2 300万美元。A公司估计其自身的股票价值为每股200美元。为了获得B公司的1股，A公司必须交换1.15股(230/200)的股票。

假设收购方(B)拥有1.15亿股，而目标公司(A)拥有1.75亿股。换股比率是0.6。并购后两家公司的相对所有权为：

	流通股 （百万）	换股比率	并购后公司的股份 （百万）	%
A	175	0.6	105	47
B	115		115	53

按照设计,收购公司的股东每持有原公司一股,就可在新成立的公司中获得一股。而目标公司的股东用他们的股份换取一定数量的新成立公司股份。这个比率叫作换股比率(exchange ratio),在上一个例子中是 0.6。目标公司的股东通常会获得收购溢价,即他们持有的股票以高于公告前的价格被收购。收购公司会支付溢价,因为收购将在节省成本和增加收入等方面产生协同效益。两家公司的股东在一定程度上分享了协同效应。

在上一个例子中,假设两家公司(收购公司和目标公司)公告前的价格分别为 13 美元和 23 美元。两家公司的市值分别为:

	股票数目(百万)	价格(美元)	市值(百万美元)
A	175	13	2 275
B	115	23	2 645
			4 920

由于协同效应的存在,并购后的市值大于双方独立存在时的市值之和。本例中,双方公司独立市值之和为 49.2 亿美元。两家公司并购后的股价估算如下:

没有协同效应的市值	49.2 亿美元
协同效应	5 亿美元
预期的市值	54.2 亿美元
并购后已发行股份的数目	2.2 亿
合并后收购公司的股价	5420/220=24.64 美元
目标公司获得的对价	24.64 美元×换股比率=14.78 美元

收购方 B 控制并购后公司 53% 的股权,也就是资本价值为 28.726 亿美元(0.53×54.2 亿)。目标公司的股东持有其余股份。

收购公司能够支付的最大溢价是预期的协同效应。如果没有协同效应呢?那么收购公司股东的情况是否会恶化将取决于收购溢价的支付。收购方股东的损失是目标方股东的收益。换股比率决定了两家公司并购后的持股比例,从而决定了收购溢价。

从目标公司股东的角度看,接受股票(而不是现金)能使他们在获得溢价的基础上参与并购后的实体经营。弊端是如果协同效应不能实现,他们将分担损失。

股票发行可以采取以下两种形式中的任何一种:固定股票数量或固定股票价值。如果是前者,报价的股票数量就是确定的,但是由于收购方的股票价格在报价日和交割日之间的变化,报价股票的价值可能会波动。换言之,如果收购方的股价下跌,但两家公司的股权比例保持不变,被收购公司的股东就会蒙受损失。

在固定价值交易中,发行的股票数量直到交割日才确定,这取决于当时的(交割日)股票价格。按照惯例,在进行固定价值交易时,两家公司的股权换股比例不是固定的。假设在报价日收购价格为20亿美元,收购方的股票价格为75美元。收购方必须发行2 667万股(2 000/75)。假设在交割日价格下跌到67美元,收购方必须发行2 980万股。向目标公司发行股票数量的增加,会导致收购方在合并公司中的股权比例降低。

低估与高估

到目前为止,我们都假设对收购公司和目标公司的估值是合理的。但是由于管理者和投资者之间存在信息不对称,所以股票有可能被高估或低估。假设收购方的股价为75美元,而股票的"内在价值"为100美元。如果目标公司有1亿股股票,股价为50美元,在不计溢价的情况下,则收购价格为50亿美元。如果采用市场价格,为了收购目标公司,收购方必须发行66.67百万股,而如果考虑股票的"内在价值",收购方必须发行50百万股。换言之,收购方必须让目标公司相信收购方的股票被低估了,否则就会面临稀释。同样,如果目标公司股价被低估,收购方可以通过在目标公司的股票市值中加入被低估的金额确定最终的收购价格。很明显,收购公司的股东希望尽可能减少溢价,而目标公司的股东则恰恰相反。总而言之,如果收购方股价被低估了,就应该避免采用股票报价。

管理者如何选择支付方式

信息不对称理论假设企业内部的管理层和投资者之间存在信息不对称,因此股票可能被高估或低估。如果股票估值过高,考虑现有股东利益的管理层就会选择采用股票支付。如果这个理论是正确的,我们会期望管理层一般采用股票而不是现金支付。

支付方式会产生税务问题。如果卖方公司的股东接受现金,他们将面临资本利得税。而股票支付的税收处理方式有利于卖方的股东,因为他们可以免税获得收购方的股票。换句话说,卖方的股东可以推迟纳税,直到他们卖出收购方的股票为止。由于税收处理方式的差异,因此在现金收购的情况下,收购方必须支付较高的收购价格,以抵消卖方股东的税收负担。

管理层持股是指两家公司管理层持有一定的股权比例。当管理层持股越多时,为防止稀释其股权,使用现金支付的可能性就越大。

支付方式对绩效的影响

对现金或股票收购的优缺点分析,应建立在适当考虑其对每股收益(EPS)、资本结构等影响的基础之上。假设两种情况,一种是目标公司股票市盈率(P/E)为20倍,另一种是目标公司股票市盈率为15倍。收购公司股票的市盈率为18倍。这里给出了简要的统计数据。

	收购前		
		目标公司	
	收购方	情形1	情形2
每股收益(EPS)	2.50	5.0	5.0
每股股价(美元)	45	100	75
市盈率(P/E)	18	20	15
净利润(百万美元)	25	10	10

情形1:收购方按22.5倍的市盈率支付

假设目标公司是在第一种情况下被收购的,市盈率为22.5。也就是说,协商的价格是2.25亿美元,相比目前股票价值的溢价为12.5%(目前公司的总市值为2亿美元)。收购方发行500万股(2.25亿/45)。

目标公司每股收益=1 000万美元/500万股=2美元/股

合并后每股收益=合并后收益/(收购方的股份+向A发行的新股)①

=(2 500万+1 000万)÷(1 000万+500万)=2.33美元

收购方股东每股收益的稀释=2.5-2.33=17美分。

情形2:收购方按15倍的市盈率支付(当前市盈率)

收购方支付1.5亿美元,相当于其收益的15倍。也就是说,收购方发行333.3万股(150/45)股票。

目标公司的每股收益=1 000万/333.3万=3美元/股

综合每股收益=3 500万美元/1 333.3万股=2.62美元/股

---

① 此处没有考虑并购产生的协同收益,假设合并后的企业净利润就是二者并购前利润的加总。——译者注

收购方股东的收益＝2.62－2.5＝12 美分

汇总统计如下：

	收购后	
	A	B
收购方支付	22.50 倍收益支付对价	15 倍收益支付对价
合并后每股收益	2.33	2.62
收益/损失	(0.17)	0.12

从前面的分析中得出的重要一点是，如果股票数量的增长比例大于年收益的增长，就会稀释每股收益。在第一种情形下，为了维持当前的市场价格，收购方的市盈率应提高至 19.3 倍。在第二种情形下，为了不影响收购方当前的价格，市盈率可以降至 17 倍。这里有一个便捷的方法检查是否会发生稀释：如果收购公司的股价大于或等于目标公司的股价，就不会发生稀释。

并购后公司的 P/E 为并购前市盈率的加权平均值：

$$P/E_{(A+B)} = \frac{N_A P_A + N_B P_B + \Delta V}{N_A EPS_A + N_B EPS_B}$$

其中，$N_{A,B}$＝收购公司和卖方公司各自的股票数。

$P_{A,B}$＝收购公司和卖方公司各自的股票价格。

EPS_A 和 EPS_B 是它们的每股收益。

ΔV 是并购后公司股权价值的增加（协同效应）。

选择换股比率的一种方法是要确认并购后公司的市场价值应等于下面三项的和：收购公司的独立价值、目标公司的独立价值、并购净收益的价值（即协同效应）。

一般来说，换股比率是并购双方协商的产物。资本更健康充足的公司或者是对并购贡献更大的公司，在谈判中处于更有利的地位。换股比率决定了双方股东之间如何分配并购的净收益（协同效应）。一种回答是，股东是否有权获得这些收益，取决于他们帮助创造了多少协同收益。因此，换股比率反映了一些因素，如规模、资产质量、成本节约的贡献和收益增长。因此，讨论换股比率应该基于并购中双方公司的相对规模和盈利能力。根据一些财务指标可以计算换股比率，比如下表列出的财务指标。

	收购公司	目标公司
规模		
资产		
股东权益（账面价值）		

续表

	收购公司	目标公司
股东权益(市场价值)		
市场评估		
市盈率(P/E)		
市销率(P/S)		
市净率(P/B)		
赢利能力		
资产回报率(ROA%)		
股权回报率(ROE%)		
资本化程度		
权益—资产比率(%)		

通常换股比率被设定为并购双方公司股票价格的比率。根据定义,并购完成后,所有已发行的目标公司股票(在并购后即告消失)的市值必须等于在换股中目标公司股东获得的新公司股票的市值。

$$P_{目标公司} \times N_{目标公司} = P_{收购方} \times \Delta N_{收购方}$$

整理可得:

$$\Delta N_{收购方} / N_{目标公司} = 换股比率 = P_{目标公司} / P_{收购方}$$

这里可以使用 3 个月、6 个月或 12 个月股票价格的平均值估计。

收购公司的最大换股比率

为了资产能够保值,收购公司的股票在并购后的价格至少应该与并购前的价格一样高,即 $P_{A+B} \geqslant P_A$。但是 P_{A+B} 是被并购后公司的总市值除以收购方所有已发行股票的数量。

$$P_{(A+B)} = \frac{N_A P_A + N_B P_B + \Delta V}{N_A + r \cdot N_B}$$

其中 r 为换股比率(A 的股票换 B 的股票)

$$\frac{N_A P_A + N_B P_B + \Delta V}{N_A + r \cdot N_B} \geqslant P_A$$

解出 r:

$$r \leqslant \frac{N_B P_B + \Delta V}{N_B P_A}$$

这是能够实现保值的最大换股比率。可见,r 是关于并购后公司股权价值增加(即协同效应)的函数。

如果 $\Delta V = 0$,

$$r \leqslant \frac{N_B P_B}{N_B P_A}$$

即:

$$r \leqslant P_B / P_A$$

换股比率也可以表示为:

$$r_{\max} = \frac{P/E_{(A+B)}(N_A EPS_A + N_B EPS_B) - N_A P_A}{N_B P_A}$$

最大换股比率是 P/E 倍数的函数,这是指并购合并后存续方的 P/E 倍数。

卖方公司的最低换股比率

从卖方公司股东的角度看,卖方股票的价格应该等于能维持其财富保值而获得的股票的价格。也就是说,$r \cdot P_{(A+B)} \geqslant P_B$

并购后的财富至少不小于并购前的财富

$$r_{\min} \geqslant \frac{N_A P_B}{N_A P_A + \Delta V} = \frac{N_A P_B}{P/E_{(A+B)}(N_A EPS_A + N_B EPS_B) - N_B P_B}$$

如果接受低于该值的换股比率,卖方公司股东的价值将会下降。

市场对并购公告的反应

为了评估并购的盈利能力,学术研究采用了两种方法(不包括对单个或小部分公司的具体案例研究)。事件研究法是考察交易公告期间股东获得的超额异常收益。一天的净收益是股价的变化(包括若有的股息支付)除以前一天的收盘价。超额收益是通过扣除投资者当日所需的理论基准收益[根据资本资产定价模型(CAPM)或任何基准指数收益(例如标准普尔500指数)的估计]得出的。会计研究法是考察收购方在收购前后的财务报表,以了解财务业绩如何变化。这些研究方法比较了同一行业中规模相似的收购方和非收购方,试图找出收购方是否优于非收购方。表6.1列出了目标公司和收购公司股票交换和非股票交换的事件研究法的结果。股市对收购公司的负面反应仅限于以股票为收购对价的公司。利用股票为收购对价的公司超额收益为 -1.5%，而不使用股票的收购公司超额收益为 -0.4%，接近于 0。我们如何解释这个结果？一种基于投资者和经理人之间信息不对称的解释是：当公司股票被高估时，经理人更有可能发行股票作为并购的支付对价。股票投资者认识到了这一点，并对股票的发行持消极态度。但对该公告的负面反应是对股票发行的反应，还是对并购本身的反应呢？换言之，要解释这一结果，需要将股票发行的影响与并购公告的影响区分开来。

表 6.1　　　公告期 1973-1998 年美国收购方公司样本的超额异常收益率

	使用股票为对价	不使用股票为对价
并购后的公司		
[-1, +1]	0.6%	3.6%
[-20, 交易完成]	-0.6%	5.3%
目标公司		
[-1, +1]	13.0%	20.1%
[-20, 交易完成]	13.0%	20.1%
收购公司		
[-1, +1]	-1.5%	0.4%
[-20, 交易完成]	-6.3%	-0.2%
样本数	2 194	1 494

资料来源：安德雷德等（Andrade et al., 2001）。

现金交易通常是通过债务融资的，因此往往会增加收购方的杠杆率。相反，股票交易往往会降低杠杆率。杠杆率的增加产生了税盾（除去破产成本），因此，现金交易会产生正的超额收益，而杠杆率的下降会产生负的超额收益。

一些研究考察了并购后 3-5 年的长期超额收益。洛克伦和维吉（Loughran and Vijh, 1997）发现，使用股票对价的公司在并购后 5 年时间内有 -24.2% 的超额收益，而现金并购的超额收益为 18.5%。

并购支付方式及经营业绩

企业财务总监在决定是用现金还是股票为收购支付对价时，可能会考虑所选形式对经营业绩的影响。在进行股票作为收购对价之前，经理人可能会通过大举增持公司股票、推高股价，从而提高股票的购买力。问题是这种操纵是否真的存在？如果存在，那么在交易完成后,这种方式是否会损害收购方的经营业绩?

这就可以解释与使用现金对价的公司相比,为什么选择股票支付的收购方股票在并购后通常表现不佳。

赫龙和李(Heron and Lie,2002)研究了 1985 年至 1997 年期间完成的 859 项收购,发现现金和股票的出资方在收购后的经营业绩上并没有差异。他们发现,收购方无论采用哪种支付形式,其在收购前后的表现均优于行业平均水平。业绩改善最大的公司包括那些已经收购同行业目标公司,以及那些收购了业绩不佳但管理良好的公司。

如果经营业绩与支付方式无关,为什么股票收购的公告收益和长期财务收益都较低? 一个解释是:在收购前,投资者对公司长期增长前景的预期过于乐观,到后来才会修正他们的预期。资本结构的改变也可能是原因之一。现金收购后大幅上升的债务比率可能有利于提高公告收益和收购后的财务收益。

股票收购时,公司将会面临股价波动的风险。股票收购的一般结构包括两种:固定价值收购和固定换股比率收购。在第二种结构下,每个目标公司股东将获得的收购方股票数量是通过并购协议中商议的固定换股比率计算出的。目标公司的股东承担收购方股价下跌的风险。在固定价值收购的结构下,并购协议首先会确定每个股东将获得的每股对价。然后,它通过收购方在一定时期内的平均股价计算出换股比率。按照这种原则,目标公司股东不会受到收购方股价下跌的影响,但是同样也不会从股价上涨中受益。

在固定换股比率收购中,并购协议可以为收购方的股票提供一个最小值,从而达到保护目标公司股东的目的。同样,并购协议也可以提供一个最大值,以防止收购方以较高市值发行股票。如果收购方的股价上涨或下跌太多,双方可以约定调整换股比率。固定价值并购协议也可以设定固定换股比率的最小值和最大值。如果收购方的股票低于可接受的水平,目标公司通常会通过谈判获得终止交易的权利。

目标公司的股东有时希望得到长期的价格保护。他们可能会通过购买场外衍生品来满足这些需求。金融机构已经开发出一种零成本的上下限期权[①],目标企业股东通过它买进了股票的看跌期权、卖出相应的看涨期权。如果价格下跌超过一定的幅度,就执行看跌期权,而如果价格上涨相同的比例,机构则可以赎回股票。因为这种看涨期权和看跌期权价值相等,所以不需要任何成本。

---

① 上下限期权,这里是指买入一个相对较低价格的看跌期权以锁定股票的下跌风险,同时卖出一个相对较高价格的看涨期权(call)以放弃股票价格上涨的收益,目标公司的股东持有:股票+put+call,在其收益图上形成两端平行线、两个股价(即两个期权的行权价)中间折线的形状,基本上股东可以回避股价波动的风险,此为上下限期权即两个期权的加总。——译者注

案例：印度信实工业有限公司和信实石油化工有限公司合并

2009年3月3日，信实工业（Reliance Industries Ltd，RIL）宣布与其子公司信实石化（Reliance Petrochemicals Ltd，RPL）合并。

RIL将为RPL的16股发行1股（即向RPL股东发行6 920万股新股）。RIL的权益资本将增至164.3亿卢比，创始人的持股将下降2%至47%。RIL并购RPL对两家公司来说都是税收中性的。因为并购简化了集团的公司结构，这使得RIL能够承担更大的项目，并能够从RPL获得额外30%的现金流。并购后企业每天的炼油总产量为124万桶原油，占世界炼油总产量的四分之一。

该公司CFO阿贾旺表示，此次并购将有助于为整合后的炼油厂采购原油，并在全球需求大幅下滑时促进汽油和柴油等燃料的销售。此次并购将使RIL成为全球第五大聚丙烯生产商，并成为全球最大的超清洁燃料生产商。位于古吉拉特邦的贾姆纳格尔每日炼油能力为124万桶，是世界上最大的炼油中心，超过了委内瑞拉的帕拉瓜纳炼油厂。

花旗集团印度公司就该交易向RPL提供了建议，安永会计师事务所和摩根士丹利印度公司就RIL估值给出了建议。

股票市场的反应

并购公告公布后的当日，RPL的股价一度下跌8.3%，但后来回升，收盘时下跌2.3%，至74.60卢比。RIL在孟买证券交易所的股价一度下跌4.2%，收盘时跌3.84%，至1 217.4卢比。当天市场（孟买证交所指数）下跌3.7%。市场观察人士认为，换股比率对RPL股东不利。

RIL和RPL并购公告前的股价分别为1 266卢比和74.6卢比。假设没有协同效应，根据这些价格，可计算出换股比率为1 225/95.6＝13.24[①]，即RPL的13.24股等于RIL的1股。

证券分析师预计，若以19.66%的混合权益成本折现永续年金，则计算的协同效应将等于2009年RIL和RPL总收益的1.66%，即为120.7亿卢比。该现值除以已发行股票总数，得到的每股协同价值为6.5卢比。换言之，公告的换股比率并不能以并购公告前的股价或预计的协同效应为依据直接得出。

石油和天然气价格波动很大，这使得它们非常适合实物期权分析。在上面的分析

---

① 这里是原书的数字，有误。作者意在表达的是换股比例是根据交易宣告前一段时间（并非公告前一天的股价）的股票平均价格和估计的协同收益分享，而计算出来的。——译者注

中，忽略了并购后公司持有的实物期权的价值。

结论

正如本章开头给出的交易表所示，大约8%-10%的交易涉及混合支付，即这些交易采取现金加股票的方式。股票的换股比率决定了所有权的比例。所有权的比例和支付的现金决定了溢价。如果是现金交易，目标公司的股东没有任何损失，因为他们不受收购方股票价格波动的影响。在全股票交易中，股东会受到价格波动的影响，并且没有下行保护。现金加股票的交易方式介于两者之间。

对价的设计是并购交易中最重要的部分之一。收购方应确定自己的股票是否被高估或低估，以及在设计要约内容时，应确定预期的协同效应不能实现的概率。同样，卖方应确定其公司作为一个独立实体的价值，并与收购方提供的价格比较。对股票或现金加股票的报价分析与买方的分析类似。

复习题

1. 以下是两家正在考虑合并公司的数据

	A	B
流通股的数量（百万）	50	70
公告前股价	120	45
换股比率（以A的角度）	0.45	

假设股价是对两家公司价值的最优估计
- B的溢价是多少？
- 并购后公司的价值是多少？
- 在并购后的公司中，A和B分别拥有多少股权？

2. 解释固定价值交易与固定价格交易的区别。
3. 支付方式如何影响并购后的经营业绩？
4. 仔细研究股票市场对并购中的现金和股票报价反应的事件研究法的结果。

第七章 并购中的会计与税务问题

维什瓦纳特·S. R. (Vishwanath S. R.)

> **学习目标**
> - 介绍并购的会计处理方法
> - 强调并购过程中的财务报表实务
> - 讨论并购中的税务问题

并购交易涉及两个重要问题：一是本国会计法对并购会计处理的规定；二是并购涉及的税务问题。虽然各国对并购的会计和税务处理规定日益趋同，但由于文化制度的因素，不同国家的法律规定还是有较大的差异。本章将对并购的会计处理方法和税收进行简要陈述。

并购的会计处理

当一家公司获得另一家公司大部分具有投票权的流通股时，收购方通常需要将目标企业的财务报表合并至母公司财务报表。大多数国家都要求提供合并财务报表，在没有合并报表的情况下，投资者无法准确掌握母公司的财务状况，他们不得不逐一分析各子公司的财务报表。此外提供合并财务报表可以降低报告成本，公司只需向公众公布一张合并的报表就可以了，无需具体报告各子公司的财务状况。合并财务报表的问题在于其只能提供关于公司业务的总体信息，投资者难以分析公司的具体业务运营情况。

也有一些国家不要求控股子公司（甚至全资子公司）并入母公司财务报表，比如20世纪90年代的印度和印度尼西亚。这种情况下，控股子公司的会计处理通常使用成本法或者是权益法。成本法要求收购方在资产负债表中以收购的成本价格报告目标企业的财务情况，该项目在收购方资产负债表中通常被记为诸如"在 ABC 公司的投资"科目。印度的会计准则要求收购方获得目标企业股权大于50%时，需采用权益法报告目标企业财务信息，权益法要求在资产负债表中单独报告对目标企业的投资账户（也就是"在 ABC 公司的投资"科目），但该项目需要根据目标企业的利润和损失不断增减，当收到目标企业股利时需对该项目做相应的减值处理。

如果需要对母公司和子公司的报表进行合并，则有两种方法：购买法（purchase accounting）和权益结合法（pooling-of-interests accounting）。购买法通常用于那些具有明显收购特征的重组交易，这些交易通常是以现金支付的方式获得被收购方的股份。购买法中被收购的资产（包括有形资产和无形资产）以公允价值计量，在合并报表前需要确定被收购方资产账户相关项目的公允价值。购买法的另一个特征还在于商誉的确定（即支付的金额超过被收购方净资产公允价值的部分）。商誉源于企业通过商标、品牌、位置、客户忠诚度、产品质量和管理能力等获得超额收益的能力。在美国，商誉必须作为资产记录，并在其使用寿命内或最长 40 年内摊销。

购买法方式下被收购方的债务以其净现值计量。

当收购主要是通过换股合并来完成时（如收购方以股票支付的方式购买被收购公司股权），可以使用权益结合法合并报表。在权益结合法方式下，被收购方以净资产账面价值计量，而不是以交换股权的价值计量。权益结合法下账面上不会确认商誉。在详细分析购买法和权益结合法之前，需要解释一下比例合并（partial consolidation）和完全合并（full consolidation）之间的差别。

比例合并和完全合并

大多数国家的会计准则规定，当企业获得另一家公司的控股权后，需要对这家公司合并财务报表。然而这一过程还涉及"比例合并"和"完全合并"两种不同的会计处理方法。当取得子公司 100% 的控股权时，比例合并和完全合并没有差别。然而当母公司持股比例小于 100% 时，两种方法会产生不同的结果。

"比例合并法"要求合并后的资产负债表仅反映母公司在被收购公司按比例持有的净资产权益。"完全合并法"假设母公司既然是子公司的控股股东，就能够有效控制子公司所有的净资产，即便在股权上不是 100% 控股。因此在完全合并法下，子公司的所有净资产都会合并至母公司财务报表，同时资产负债表中需要建立一个新的"少数股东权益"账户，以反映子公司净资产中不归母公司所有的部分。

商誉

并购的会计处理中还涉及商誉，购买法下投资成本（购买价格）超过被收购企业净资产公允价值的差额会被确认为商誉。但并不是在所有收购中都会确定商誉，在很多情况下收购方会通过股票交换的方式完成交易。当股票交换发生时，会计准则允许使用权益结合法合并报表。

权益结合法下,收购方获得的被收购方股权的价值不再以公允价值确认,而是以被收购方净资产的账面价值确认。权益结合法视企业合并为收购方与被收购方通过股权交换形成的所有者权益的联合,而非资产的交易,交易双方的资产和负债以账面价值合并。被收购方账面上原有的商誉仍以其历史成本合并,但不会再确认新的商誉,合并后的公司股东权益等于合并前两家公司股东权益的账面价值的加总。

1999年9月7日,美国财务会计准则委员会(FASB)对现有会计准则做出了4处重大变更:

（1）权益结合法被禁止使用;

（2）对商誉40年的最长摊销年限被缩短为20年;

（3）在利润表中需单独报告"商誉摊销及纳税前的利润"和"商誉摊销及纳税的利润"两项;

（4）除商誉外,企业购买的其他无形资产的假设使用寿命最长不超过20年(原来为40年)。

在多数国家,购买法下如果在资产负债表上确定了商誉,后续的商誉摊销需以费用项目反映在利润表上。各国对商誉摊销规定的年限各有不同,如加拿大通常为40年,印度一般为5年,也有国家规定每年对商誉进行减值测试以确定减值损失。但无论是哪种情况,合并报表中产生的商誉都会降低未来企业的净利润。

2001年美国财务会计准则委员会公布了第141号《企业合并》和第142号《商誉及其他无形资产》两项公告。其中第142号公告规定:自2002年1月1日起不再对商誉进行摊销,企业每年需要根据商誉的公允价值对商誉进行减值损失测试。

虽然商誉在资产负债表上通常确认为资产账户,但在某些情况下,收购方可能会发现其购买价格低于被收购方的净资产账面价值,这种情况下就会产生负商誉。负商誉的会计处理也相当多样化。在一些国家,负商誉作为贷方余额记在资产负债表上,可以随时间摊销计入企业收益。在另一些国家,负商誉可会出现在公司的资产负债表上,而会作为成本冲销被收购方的长期可折旧资产。此外,一些国家还允许负的商誉作为实收资本的扣减项直接加入权益项目中的资本公积项里。每一种方法都会对收购者的资产负债表和利益表产生不同的影响。但是具体的现金流效应还是取决于是否允许商誉抵税的有关税收规定。

印度标准会计师协会规定的会计准则第14条对关于企业财务报表合并的主要规定如下:

- 购买法适用于企业收购,而权益结合法适用于企业合并。
- 权益结合法中被收购企业的资产和负债以账面价值并入收购方企业的资产负债表。

- 需使用统一的会计准则,任何不同于准则的会计处理需要披露。
- 购买法中可以使用账面价值或公允价值。
- 商誉是购买价格与账面价值的差额。
- 商誉的摊销在 5 年内(或者更长时间,如果可以证明的话)完成。

说明

假设一家公司以 2 亿卢比的价格收购了另一家公司,并使用购买法进行报表合并。收购方在收购完成日对目标企业资产和负债的公允价值进行了评估,并确定了相应的无形资产。假设公允价值和账面价值如下表所示:

单位:百万卢比

	公允价值	账面价值
固定资产	50	35
无形资产(商标和专利)	40	—
流动资产		
现金	6	6
应收账款	8	8
存货	9	10
流动负债		
应付账款	(14)	(14)
应付票据	(12)	(15)
净资产公允价值	87	

交易中购买价格和公允价值之间的差额被记录为商誉,确定的商誉总额为 113 百万卢比(200-87)。

收购方合并报表前的资产负债表如下表所示[①]:

权益	460	固定资产	250
应付票据	170	现金	185
应付账款	90	应收账款	90
		应收票据	55
		存货	140
总计	720		720

---

① 印度会计准则(IGAAP)规定的资产负债表格式是权益和负债在左、资产在右,并且左方上是权益、下是负债,与我国和英美的企业资产负债表的格式相反。——译者注

合并后的资产负债表如下所示：

权益	660	固定资产	300
		商标和专利	40
		商誉	113
应付票据	182	现金	191
应付账款	104	应收账款	98
		应收票据	55
		存货	149
总计	946		946

商誉摊销期，根据会计的监管要求，可以为 5 年、15 年、20 年或 40 年。如果收购方使用权益结合法，合并后的公司资产和负债价值等于合并前两家公司资产和负债账面价值之和，同时不会产生合并的商誉。

如果商誉在未来时间内逐年摊销，则净利润会相应下降。如果每年对商誉进行减值测试，同时不发生减值损失，则不会影响净利润。因此，会计处理方法会对企业利润表产生重大影响。

并购中的税务问题

并购特别是在跨国并购中公司经常遇到复杂的税务问题。并购的目标是最大限度地减少税收——包括交易时的税收以及合并后公司的持续所得税。在本节中，我们将研究与并购相关的主要税务概念和问题。

购买目标公司资产或者股票的决定会产生两类不同的税收效果。根据以往的经验，购买股票的交易税低于购买资产的交易税。购买资产的一个优点是，收购方可以选择性地收购资产，而无须承担目标公司的实际负债和或有负债。但是并非所有国家/地区都允许这样做，在某些国家/地区，无论是收购资产还是购买股票，收购方均对现有的员工雇佣合同承担全部责任。

资产购买可以带来与所购资产相关的成本增加，资产的成本增加可用于抵消未来的资本利得税，也可以增加可用于抵税的折旧，这是资产购买的另一个税收好处。购买资产的主要缺点在于交易通常是目标公司及其股东的应税事件。在资产购买中，存在双重征税的可能性，一方面会对目标公司出售资产的资本利得征税，另一方面作为目标公司的股东，如果目标企业随后被清算，则对股东的收益分配将会再次被征税。

相反，股票购买可以构建一个"免税"的股票交换机制，但股东将来出售新获得的股票时必须缴税。此外，收购方可利用目标公司的累计税务亏损和经营亏损降低合并后企业的应税责任①,但具体如何避税必须符合税法的规定。

根据美国《国内税收法》第 368 条,必须满足以下四项条件,才能使交易符合免税待遇的要求:

(1) 所有者权益的连续性:至少 50% 的交易对价价值是收购方股票(一些符合税法 405 条规定的股票购买的并购交易也可以免税)

(2) 企业的连续性:收购方必须在交易后的 2 年内持续经营目标公司的原有业务,或在现有业务中使用目标公司的大部分资产。

(3) 有效的商业目的:并购交易必须服务于避税以外的有效商业目的。

(4) 交易整体性原则:交易不是一个目标计划的一部分,即该交易是一个应税收购的整体。

并购涉及的税赋种类

与并购交易相关的税收包括转让税、资本利得税和增值税。转让税或印花税是指将股份或资产从一个实体转移到另一个实体所产生的相关税收。公司必须要对某些资产的转移缴纳印花税,这些资产包括土地、建筑物和商誉等,如在印度,股份转让的印花税是转让股份价值的 0.25%。资本利得定义为资产销售价格与购置成本之间的差额,在许多国家,资本利得税可以推迟到交换的股票被处置时缴纳。在印度,如果资本性资产在转让之前被评估者持有不超过 3 年,则该资产将被视为短期资本性资产;如果资本性资产持有 3 年以上,那么其被视为一项长期资本性资产。这种区别很重要,因为短期和长期资本性资产的税率是不同的。

如果资产购买的目标是获得卖方的现有业务,在资产购买协议中可能有一项规定,即卖方将雇佣目标企业中接受收购方劳动合同的所有员工,这种情况下收购方付给卖方的部分费用取决于加入收购方的雇员人数。这种协议实际上属于卖方向收购方提供人力资源服务,产生的收入应按 15% 的税率征收服务税(包括附加费和教育税),可根据 2016 年的《金融法案》支付。

最后一个并购中产生的交易税是增值税。当企业全部业务被作为一个持续经营的主体被出售时,应该不需要缴纳增值税,只有卖方向收购方出售流动资产或产品时才会被征收增值税。近几年来印度各邦都用增值税替代了营业税,但具体的增值税缴纳规定,各邦存在差异。在某些国家,如果卖方向收购方出售了存货,则需缴纳增值税。

---

① 《印度所得税法》72A 规定,企业吸收合并另一家企业后,被合并企业的累计亏损以及未计提折旧可以作为收购企业(合并方)的亏损或者折旧准备金。合并方可以在未来的利润中扣除这部分亏损以及折旧准备金。

与购买股份相比,购买资产的交易成本通常较高。这主要是因为在购买股份时不会产生诸如销售税、增值税和服务税等费用,而这些税费会在购买资产的过程中被征收。资产购买中的印花税税率同样较高,当然这也取决于转移资产的性质。

复习题

1. 合并报表中的购买法和权益结合法有哪些差异?
2. 请列举资产购买和股份购买之间的差异。
3. 讨论收购中会计处理上的成本法和权益法之间的差别。
4. 讨论不同国家对商誉的处理差别。
5. 写一篇关于并购交易税收问题的小论文。

第八章 跨国并购

**维什瓦纳特·S. R.（Vishwanath S. R.）和
钱坦拉斯卡尔·克里希纳穆迪（Chandrasekhar Krishnamurti）**

> **学习目标**
> - 跨国并购的动机
> - 跨国并购发展趋势
> - 了解跨国并购的实证研究
> - 跨国并购估值的主要问题
> - 在东道国进行收购活动的决策准则

企业进入国外市场的方式主要有两种：一是通过绿地投资的方式在国外新建分支机构，二是通过跨国并购的方式收购东道国的本土企业从而进入该国市场，前者要创建新的资产，而后者主要涉及现有资产控制权的转移。具体而言，跨国兼并（cross-border merger）是指不同国家的两家公司的资产和业务经合并重组后形成一家新的法人实体，跨国收购（cross-border acquisition）是指外国公司获得本国企业的控制权，本国被收购企业成为外国母公司的附属机构。当收购方获得目标企业50%-99%的有投票表决权的股份时，收购方持有多数股东权益，为控股合并；当收购方获得目标企业10%-45%有投票表决权的股份时，收购方持有少数股东权益。跨境并购可分为横向并购、纵向并购和混合并购。横向并购是指收购方为实现协同效应收购行业内相互竞争的企业；纵向并购是指收购方为降低交易成本收购同一产业链上的上游或下游企业；混合并购是指目标企业与收购方业务无任何关联。

据汤森路透数据显示，2014年前三个季度全球并购交易总量达2.66万亿美元，较2013年同比上升60%，且2014年全球超大型并购[①]频发。表8.1显示了2004至2013年全球跨国并购的年度交易额，表8.2显示了2004至2013年跨国并购中的主

---

① 超大型并购（Mega Deals）：按照汤森路透标准，超大型并购一般是指交易金额大于50亿美元的并购。——译者注

要收购国和目标国相关数据。

表 8.1　　　　　　　2004—2013 年全球跨国并购交易年度发生额　　　　单位：十亿美元

年度	交易额	年度	交易额
2004	475	2009	347
2005	683	2010	627
2006	936	2011	610
2007	1 390	2012	599
2008	629	2013	408

数据来源：汤森路透数据库。

表 8.2　　　　2004—2013 年全球主要收购国和目标国的跨国并购交易情况统计

	目标国/东道国		收购国/母国	
	交易额（十亿美元）	占比(%)	交易额（十亿美元）	占比(%)
美国	1 529	23	1 322	20
英国	1 038	15	935	14
加拿大	398	6	370	6
德国	391	6	331	5
荷兰	361	5	336	5
澳大利亚	264	4	206	3
法国	214	3	508	8
西班牙	177	3	233	3
瑞士	113	2	253	4
中国	86	1	183	3
日本	74	1	269	4
其他	2 058	31	1 758	26
全球	6 704①	100	6 704	100

数据来源：汤森路透数据库。

根据交易达成方式的不同，并购又可分为善意收购和敌意收购，善意收购是指经目标企业董事会同意的并购交易，敌意收购是指目标企业董事会拒绝的并购交易，目标企业董事会为反对敌意收购，通常会采取反收购措施。在跨国并购当中，由于不熟悉东道国文化环境，收购方通常会采取善意收购的方式完成交易。

---

① 一项收购的金额从收购方看和从目标方看是一致的，所以从全球数据统计分析，一段时间全球的跨国并购金额，从收购方和从目标方看是一样的。所以表中最后一行的数据均为 67 040 亿美元。——译者注

跨国并购的动机

全球化进程的推进使国别差异对跨国商业活动的影响逐渐下降。跨国公司在人员雇用、融资等方面都已经执行全球化策略。当前并购交易的驱动因素在于汇率、利率和股票市场走势、税收、法律和技术变化等一系列因素,下面一些主要因素是跨国并购交易发生的原因,但不限于以下几点:

市场全球化:例如,欧盟的成立就加剧了收购方对目标企业的竞争。一项对于有过海外收购交易活动公司的高管进行的调查显示,大约3/5的受访者认为1992年欧共体向欧盟的转变推动了他们主动开展海外收购业务。但更多受访者认为产业全球化才是他们进行海外收购活动更加紧迫的原因,比如76%的受访者认为他们的公司需要进军海外以应对全球化;65%的受访者认为他们的公司尚未充分实现海外布局;只有8%的受访者认为他们的公司已完成海外布局,无需海外兼并或者合资活动。

创造价值的机遇:很多企业在国内已占据相当大的市场份额且其国内市场已经饱和,通过国内兼并已无法降低成本和提高效率。跨国并购给了企业再次获得规模经济的机遇,一方面企业进入海外市场后可分散经营风险,另一方面企业可以将生产转移至要素禀赋更具优势的国家,通过海外规模化生产可显著降低单位生产成本和总成本。

经济活动的复苏:2007-2008全球金融危机后,全球并购活动曾经低迷过一段时间。本次并购浪潮的出现也可部分归因为经济复苏带来的交易需求旺盛。对高增长的偏好、全球低廉的融资成本、缺少有效手段降低经营成本等都推动了企业主动寻找跨国并购的机遇,而这一趋势还将会持续。

其他推动跨国并购交易增长的原因还包括:各国管制的放松降低了交易成本和准入门槛,投资者资产配置的全球化为跨国并购提供了更多的资本,以及不同市场消费者行为的日益趋同化。

跨国并购的发展趋势

本书前面章节曾提到,最近几年全球并购活动交易量年度均值达到5万亿美元。如同IPO一样,全球并购浪潮皆兴起于美国。随着产业重组加快,美国在20世纪80年代末期和90年代后半段曾先后出现两次并购浪潮,同时过去的25年中大于10亿美元的大型并购交易成倍增加。

很多欧洲的企业也开始来到美国寻找机遇。经济增速的下降,迫使欧洲企业的发展逐步依赖于出口和全球化。2008年以来欧洲国家的公司开始以前所未有的速度收购美国企业。仅2014年的第三季度,欧洲各国对美国企业收购交易的公告金额已达870亿美元,超过2013年全年收购交易金额。而欧元的强势也方便了欧洲企业的海外收购活动。

一方面欧洲企业开始转向美国,另一方面欧洲企业开始受到新兴市场国家的热捧。特别是对于亚洲国家的企业,欧洲成为它们理想的"掘金"之地。通过收购具有成熟品牌和市场诀窍(know-how)的欧洲企业,亚洲的收购方可直接将目标企业的品牌、市场诀窍等整体运用于母国市场。例如,中国的私募股权基金弘毅投资以15亿美元收购英国连锁餐饮公司"快速比萨"(Pizza Express)正体现出这一趋势。

跨国并购的实证研究

关于并购绩效的实证研究可以分为两类:第一种为事件研究法,以公司股价的变动衡量并购事件对公司价值的影响;第二种方法主要比较企业在并购前后财务绩效的变化,评判依据是加入与企业特征相似但未发生并购行为的企业作为对照组。

事件研究法假设股票市场是有效的,在控制了市场收益率后的公司股价变化就代表并购事件的价值影响。对于公司并购绩效,通过与对照组公司在并购前后股价的变化比较来衡量。对美国和英国并购的研究发现,收购方企业股东在并购发生后通常会遭受损失或者仅为盈亏平衡[1](Jensen and Ruback,1983);而类似的研究发现企业跨国并购(从美国收购方企业的角度看)的市场绩效和经营绩效与国内并购相比有差异。穆勒和施林格曼(Moeller and Schlingemann,2002)利用对1985年至1995年美国4 430起并购交易进行的研究发现,跨国并购的收购方企业的市场绩效和经营绩效要明显低于国内并购的收购方企业。同时他们还发现,跨国并购中收购方企业的绩效与目标国的经济管制严格程度负相关。

波士顿咨询公司对欧洲1996年至2000年所有公开的并购案例进行分析后发现,以市场增加值衡量,跨国并购平均为收购方和目标企业都创造了价值,但收购方获得的收益十分有限(Boston Consulting Group,2000),他们的研究发现收购方股东价值仅上升了1%,而目标企业股东价值上升达30%。

跨国并购的估值

当使用现金流折现法对某个投资项目或并购项目进行估值时,主要涉及对项目未

---

[1] 原书此处为"目标企业股东",根据上下文和经典文献,应该为"收购方企业股东"。——译者注

来产生的现金流和折现率的估算。如果项目净现值（NPV）大于0，则收购是可以接受的，反之则拒绝该项目。对跨国并购现金流的估算仅仅是国内并购的一种扩展，其差异主要体现在境外企业产生的现金流波动性较大。具体而言，跨境并购估值主要涉及以下两个方面：(1)估算并购项目产生的现金流。(2)估算并购项目的折现率。

企业管理者在评估海外项目时还需要考虑两个问题：管理者是站在标的企业所在国的角度还是母国的角度对项目进行估值？是否要根据目标国的政治和经济风险对收购项目的现金流和折现率进行动态调整？

对跨国收购项目的评估主要包括两步：第一步，收购方将标的企业作为子公司，估算标的企业的现金流和折现率；第二步，收购方估算目标企业利润返回给母公司的数量和时间，需要对现金流或者折现率进行特别调整。例如，如果收购方国内收购时估算的折现率为15%，其在跨国并购中可能会将折现率上调为20%，但这种调整方法没有合理的依据。一些学者认为根据境外风险调整现金流，而无须调整折现率，因为境外风险属于非系统性风险且是可以被分散的。需提醒读者的是，资本资产定价模型（CAPM）只考虑系统性风险。境外收购项目是否需要调整折现率，取决于管理人员如何看待境外项目的风险。如果认为风险已经反映在项目的 β 系数中，则额外增加风险溢价就不合适了。

海外项目估值的方法有以下两种：

方法1：

(1) 以东道国的货币、税率和通货膨胀率估算项目的现金流；
(2) 使用项目的资本结构和 β 系数估算以东道国货币为基准的项目折现率；
(3) 以东道国货币计算项目的现值；
(4) 根据即期汇率将项目的外币计价现值转换为本币计价现值。

方法2：

(1) 以东道国的货币、税率和通货膨胀率估算项目的现金流；
(2) 利用平价关系预测远期汇率并将外币（东道国货币）计价的现金流调整为本币计价；
(3) 使用项目的资本结构和 β 系数估算以本币为基准的项目折现率；
(4) 计算项目的本币现值。

应用以上两种方法，通常会得到相同的结果。

调整现金流：从项目每年产生的预期现金流中扣除相应的东道国政治和经济风

险升水,可将境外风险因素加入跨国并购估值中。其中东道国的政治风险升水可以用向保险机构(如海外私人投资公司①和劳埃德保险②)购买海外投资险的费用衡量,经济风险可以用在外汇市场使用远期合约进行风险对冲的成本衡量。另一种方法是估计项目利润被征收的可能性以及能够返回国内的资金量。当完成对项目现金流的估算后,可根据分析师对未来汇率(在东道国货币和母国货币之间)的预测,将以东道国外币计价的现金流转换为本币计价。

调整折现率:是否需要调整境外项目的折现率取决于管理者如何看待境外风险。现代金融理论认为项目折现率仅需考虑系统性风险,非系统性风险是可以分散的。对于跨国公司来讲,其投资组合是全球性的,只要从各国获得的收益不是完全正相关的,针对单一目标国的境外风险就是可以分散的。衡量系统性风险的标准方法是 β 系数,但这里的问题是:在计算境外项目 β 系数时,如何选取市场基准组合?是选择东道国或是母公司所在国的市场组合,还是构建全球性的市场组合?

权益资本成本的计算依赖于公司的 β 系数,而 β 系数可通过本国的市场指数和某些全球指数计算出来,具体选择哪一类指数取决于公司投资者面临的投资机会集。如果公司的投资者被认为是进行全球配置资产,较好的方法是选择全球性的市场组合作为计算市场回报率的基准投资组合。只要全球资本市场不是一个整体,从全球资产配置的角度,单一国家具有的特质性风险都是可以分散的。如果各国市场是完全一致的,那么国际分散化投资是没有益处的。虽然近些年来各国资本市场表现出一体化的趋势,但其相关系数仍然是小于 1 的(如表 8.3 所示),因此仍然存在降低风险的机会。

表 8.3 各国资本市场的相关系数

美国/英国	0.508	法国/德国	0.620
英国/法国	0.499	加拿大/瑞士	0.59
英国/德国	0.429	日本/德国	0.34
美国/法国	0.414	意大利/法国	0.69
美国/德国	0.378		

注:Goetzmann,Li and Rouwenhorst,2005。

资本市场的全球化会对跨国公司资本成本的计算产生重要影响,过去仅使用国内市场组合的本土 CAPM 法,其重要假设是:本国市场与世界其他市场是分割的,而以全球市场组合为基准组合的全球 CAPM 法更加适合计算跨国公司的资本成本。

---

① 海外私人投资公司(Overseas Private Investment Corporation,OPIC)成立于 1971 年,是全球首家海外投资保险机构。——译者注
② 劳埃德保险(Lloyd's of London),是总部位于英国伦敦的全球著名保险机构。——译者注

以美元计价的全球CAPM法计算公式如下所示(O'Brien, 1999):

$$E(R_\$) = R_{f\$} + \beta_{g\$} [以美元计价的全球市场风险溢价]$$

其中$\beta_{g\$}$通过将目标企业的月度回报率与全球性市场指数(如MSCI新兴市场指数)进行回归得到。

$R_{f\$}$ = 以美元计价的无风险回报率

$$\begin{matrix}以美元计价的全球\\市场风险溢价\end{matrix} = \begin{bmatrix}以美元计价的全球\\市场组合回报率\end{bmatrix} - \begin{bmatrix}以美元计价的\\无风险回报率\end{bmatrix}$$

$$= 3\% \sim 5.4\% (比如 4\%)①$$

使用全球CAPM法计算出来的权益资本成本,用于现金流折现法以计算股权价值。

新兴市场的情况

新兴市场国家的股票市场往往缺乏深度,少数几只股票就占据了市场的大部分市值,这种情况下以股价指数作为市场组合就存在一定的问题,因为市场组合要代表对资本市场上所有风险资产的边际持有,由此计算出来的β系数就是有偏的。② 作为跨国公司的投资者,在没有合适的国际指数的情况下③,可以使用本国的股票指数作为市场组合。比如我们发现在智利的一个项目其系统性风险与在其他国家是相同的,剩余的问题就是计算该项目在本国市场的β系数。

境外项目的风险溢价可通过以下方式计算:

风险溢价 = 成熟资本市场的基准溢价 + 国别溢价

权益资本成本 = R_f + β(成熟市场如美国市场的基准溢价) + 国别溢价

其中无风险收益率R_f以国债收益率表示。基准溢价$R_m - R_f$为成熟股票市场几何平均收益率减去国债的收益率,如美国市场为6.1%。加上国别溢价的原因是,由于不同市场之间具有较强的相关性,国别风险是无法分散的。换句话讲,大部分的国别风险是系统性的。东道国权益风险溢价(即国别溢价)可表示为国家的违约风险、该

---

① 全球CAPM法计算出的以美元计价的资本成本如何折合成以印度卢比计价的权益资本成本,全球CAPM法计算出的权益资本成本如何在不同货币间转换?这些计算方法超出了本书的研究范围,如读者有兴趣,可参考汤姆·奥布莱恩(Tom O'Brien's, 1999)以及施拉姆和王(Schramm and Wang, 1990)的相关研究。

② CAPM模型的市场组合是对每一种资产的平均持有/边际持有,而股价指数一般是以个股的市值作为权重加权,受到大市值股票的影响。因此以股价指数作为市场组合的替代,存在有偏性。——译者注

③ 我们可以采用摩根士丹利国际指数作为最好的替代。

国权益市场波动相对于国债市场波动的函数。

$$东道国的权益风险溢价 = 东道国违约利差 \times [\sigma_{股票}/\sigma_{国债}]$$

东道国的违约风险可以用标准普尔和穆迪等国际信用评级机构给出的评级数据衡量。[①] 这些机构通常会公布东道国国债收益率与美国国债收益率的利差，或者是东道国公司债收益率与相同评级的美国公司债收益率的利差，国债利差和公司债利差都可以用来表示东道国违约利差，表 8.4 展示了穆迪的国家评级和违约利差数据。$\sigma_{股票}$ 表示东道国股票指数回报率的标准差，$\sigma_{国债}$ 表示东道国国债收益率的标准差。

表 8.4　　国家评级和违约利差

国家	长期债务评级*	国家风险溢价
阿根廷	Ba3	4%
澳大利亚	Aa2	0.65%
奥地利	Aaa	0.00
比利时	Aaa	0.00
巴西	B2	5.5%
加拿大	Aa2	0.65%
智利	Baa1	1.2%
中国	A3	0.95%
印度	Ba2	3%
印度尼西亚	B3	6.5%
日本	Aa1	0.60%
巴基斯坦	Ca	7.5%
瑞典	Aa	0.65%
瑞士	a	0.00

* 这里利差指的是东道国货币代表的公司债权与相同评级的美元公司债券之间的利差。
资料来源：达摩达兰（Damodaran）。

假设以下的数据：

$$R_f = 美国国债收益率 = 5.1\%$$
$$\beta = 0.7$$
$$基准溢价 = 6.1\%$$

[①] 参见 www.moodys.com。

东道国违约利差＝1.75%

$\sigma_{股票}/\sigma_{国债}=3.2$

东道国权益风险溢价＝1.75%×3.2＝5.6%

项目的权益资本成本＝5.1%＋4.27%＋5.6%＝14.97%

GTE是一家在很多国家运营的跨国电信公司，为了对其在类似委内瑞拉这样的国家的投资项目进行估值，需要计算不同的折现率。为计算海外的折现率，GTE在本国资本成本的基础上加入了反映不同东道国国别风险的溢价，或者加入东道国布雷迪债券(Brady bonds)收益率①，即东道国主权债券收益率(GTE前总裁丹·科尔斯在美国银行1996年对外直接投资评估圆桌论坛上的讲话)。GTE公司使用前文中提到的第二种方法计算海外投资项目的净现值。

美国的雅芳公司为投资回收期大于3年的项目额外加上3%的风险溢价，同时对海外投资项目也会加上项目风险溢价和主权风险溢价。

折现率的转换

一些学者认为海外投资的折现率可以先以母公司本币计算，然后再转换为东道国外币，这种转换方式涉及利率平价条件(interest rate parity condition)的应用。利率平价是指即期汇率的预期变化率等于当前两国利率水平的比值，可用下式表示：

$$(1+\Delta s)=\frac{1+R_1}{1+R_2}$$

Δs＝即期汇率的预期变化率。

R_1和R_2分别是指本国国债收益率和东道国国债收益率。将以本币计算的加权平均资本成本乘以即期汇率的预期变化率，就可以得到以外币计算的加权平均资本成本。虽然长期看，汇率的变化反映了两国的相对通货膨胀率，但短期内这种平价关系的偏差较大，比如新兴市场国家的通货膨胀率要远高于发达经济体。因此将东道国项目产生的现金率直接用东道国利率折现是不合适的，同样，如对于在日本等低利率国

---

① 布雷迪债券：以美国财政部部长尼古拉斯·布雷迪(Nicholas Brady)的名字命名的一种债券，通常由债务国政府发行美元债券，然后将其与国际商业银行持有的美元贷款交换，国际商业银行将换回的美元债券在市场出售给投资者，收回贷款。

布雷迪债券每年支付的利息由美国货币市场证券担保，到期支付的本金由美国无息国债担保，投资者购买布雷迪债券实际上拥有三种金融工具：一是高信用评级的货币市场工具；二是零息美国国债；三是债券发行主权国支付的利息和本金(实际上为债券发行国主权债务)。剥离-布雷迪债券(Stripped-Brady)收益率定义为除去债券中担保工具后剩余部分的收益率，即上述第三类金融工具的收益率，实际上等同于债券发行国主权债券的收益率。——译者注

家的海外投资,也不能使用日元的利率折现,因为这样会增加项目的净现值①。

还有一些企业管理层计算境外项目折现率时采用了以下方法:

东道国项目的折现率＝本国政府在东道国的借款利率＋该公司国内融资利率相对于本国国债的溢价

上述折现率的计算方法考虑了一个经济周期内的平均利率水平,值得注意的是计算折现率时使用的利率水平,需要区别于项目融资时的利率水平,以便区分项目的投资与融资②。

比如,一家墨西哥公司在国内融资,需要支付相对于该国国债收益率3%的风险溢价,当它投资一个在英国的项目时,其折现率＝墨西哥政府在英国的借款利率＋3%的风险溢价。

结论

与国内并购类似,跨国并购通常不能创造价值。但这并不能阻止企业进行海外扩张。企业高管在海外收购决策中,往往会过度担心两国的文化差异。高管可通过以下方式提高海外项目的价值:(1)为母公司和海外子公司明确发展战略,同时设定一个共同目标;(2)进行自上而下的企业文化改革;(3)雇用外籍的董事会成员;(4)将国内并购的可行性改革措施,应用到境外并购当中。

案例分析

巴蒂电信收购扎因电信

2010年2月15日印度巴蒂电信公司(Bharti Airtel)宣告收购扎因电信(Zain)的非洲子公司,通过接管扎因电信除苏丹和摩洛哥以外的所有非洲业务,进军非洲市场。起初巴蒂电信是希望收购另一家非洲电信运营商——南非MTN,从而进入非洲市场的,但在两轮艰苦谈判后,交易宣告失败。这次为成功收购扎因电信,巴蒂电信做了更加充分的准备,其收购报价高达107亿美元,对于这个价格,扎因电信是无法拒绝的,况且对于扎因电信这种陷入经营困境的企业,107亿美元的价格明显过高,但巴蒂电信希望通过输出其在印度的商业模式,来改变扎因电信。

2010年3月30日,巴蒂电信CEO苏尼尔·巴蒂·米塔(Sunil Bharti Mitta)与扎

---

① 作者的意思即海外投资项目的折现率应该以母国的加权资本成本作为基础,然后用即期汇率的预期变化率进行调整。——译者注

② 这里是为了计算项目的净现值,所以折现率反映的是企业的加权资本成本。某些项目的融资成本因享有政府优惠等支持政策,可能更低。在计算项目净现值时,折现率不能采用项目的融资成本。——译者注

因电信CEO阿萨德·艾尔·班万(Asaad Al Banwan)在荷兰达成收购协议,巴蒂电信走向海外,成为新兴市场的跨国运营商。该交易是印度公司的第二大海外收购交易,仅次于2007年印度塔塔钢铁(Tata Steel)以120亿美元收购英国康力斯(Corus group)钢铁,同时也是印度电信业的第二大收购交易,仅次于2007年英国沃达丰(Vodafone)电信集团以112亿美元收购印度第四大电信运营商和记伊沙(Hutchison Essar)。

并购交易完全以现金支付,巴蒂电信同意支付以下条款:
1. 协议达成日后3个月内支付83亿美元;
2. 协议达成日1年后支付7亿美元;
3. 偿付扎因电信17亿美元的账面债务。

由渣打银行和巴克莱银行领头的银行财团负责为并购提供75亿美元的融资,印度国家银行(State Bank of India)提供了总计10亿美元的印度卢比贷款。为方便收购,巴蒂电信在新加坡和荷兰成立了两家境外子公司,由在荷兰的子公司负责收购扎因电信的非洲子公司。

公司背景

巴蒂电信是一家印度的电信运营商,业务涉及南亚和非洲的19个国家,主要通过运营GSM电信网络,为这些国家的客户提供3G和2G无线通信服务。巴蒂电信是印度最大的移动通信服务提供商,在印度有1.43亿用户,并占据了印度29%的GSM网络通信市场,公司还在印度超过96个城市提供有线电话和宽带服务。2010年1月,巴蒂电信支付3亿美元收购了沃瑞德(Warid)电信,沃瑞德电信在孟加拉国拥有超过300万用户。

扎因电信于1983年在科威特成立,在科威特以及其他21个中东和北非国家提供移动通信和数据服务。交易标的扎因非洲子公司是扎因电信的独资公司,公司注册地在荷兰,公司起初用名为Celtel,2005年被扎因电信收购后改名为扎因国际。

交易价格

巴蒂电信为收购支付了107亿美元,该价格10倍于扎因非洲子公司的息税折旧摊销前利润(EBITDA)。更直观地看,巴蒂电信当时的股价只有7.2倍的EBITDA,即使未来两年公司EBITDA出现20%-22%的大幅增长,企业价值(Enterprise Value,EV)与EBITDA的倍数也只能达到6到6.5倍。该并购交易成为新兴市场最为昂贵的一笔交易。

并购交易使巴蒂电信面临巨大的商业、利率和汇率风险。为了拯救扎因电信这家已经陷入财务困境的公司,巴蒂电信以高于伦敦银行间同业拆借利率(Libor)195个基点的成本借入了83亿美元,贷款产生的利息费用严重拉低了巴蒂电信的净利润,而以浮动利率借款提高了公司面临的利率风险。收购中巴蒂电信以美元付款,但收购以后目标企业扎因非洲的利润是以具体经营国家的货币返还给母公司,因此该交易也具有很大的汇率风险。

但是,电信行业的并购估值通常是以企业价值(EV)除以企业用户数量来衡量,日本 DOCOMO 电信集团收购塔塔集团电信公司 26% 的股权和英国沃达丰电信集团收购印度电信运营商和记伊沙 68% 的股权的两个案例都是以该方式估值。

融资

收购的交易涉及采用杠杆交易的形式,融资主要通过巴蒂电信在荷兰和新加坡设立的两个特殊目的实体(SPV)完成。两家 SPV 账面共借入 83 亿美元,其中巴蒂电信荷兰 SPV 借入了 55 亿美元,新加坡 SPV 借入了剩余 28 亿美元。

SPV 属于海外独立的运营实体,与巴蒂电信几乎完全隔离,其账面债务不会计入巴蒂电信的资产负债表。巴蒂电信收购之前的负债权益比为 0.4,收购完成后如计入 SPV 的债务,巴蒂电信负债权益比上升至 1.2。该并购交易限制了巴蒂电信对第三代通信技术的研发。即使 SPV 与母公司实现了隔离,巴蒂电信也不能免除借款人的责任,它需要向 SPV 的借款提供连带担保。

收购的逻辑

印度电信市场目前已经基本饱和,除部分偏远地区还存在机遇外,国内市场的扩张已无法实现规模效应。电信公司也很难通过经营其他业务来分散投资组合,因此进入海外市场,成为印度电信企业的唯一选择。

收购完成后,巴蒂电信成为全球第五大电信运营商,用户数目超过 2 亿。收购使巴蒂电信的资产更加多元化,可对冲印度本土市场的风险,同时巴蒂电信对上游供应商的议价能力也会增强。非洲市场与印度市场有很多相似之处,如低收入、低关税、大量农村人口等。由于市场尚未充分开发,非洲市场拥有极大的增长潜力,据统计每两个非洲人中只有一人拥有手机。而扎因电信在非洲市场具有重大影响力,其在 7 个非洲国家拥有 50%-75% 的市场份额,在 6 个非洲国家拥有 25%-50% 的市场份额,这为巴蒂电信提供了业务扩张的良好平台。即使目前扎因电信亏损经营,巴蒂电信仍然可以使用其已建成的基站、网络等通信设施开发非洲市场。扎因非洲的单位用户收入实际上是很高的,足以支撑当前估值。

非洲市场的每用户月度平均收入 ARPU[①] 为 7.5 美元,而印度市场的每用户月度平均收入 ARPU 仅为 5 美元。同时非洲用户每月平均通话时长为 100 分钟,而印

---

① ARPU:每用户平均收入(ARPU, Average Revenue Per User),一个时间段内运营商从每个用户所得到的收入,月度 ARPU=月销售总收入/月用户总数。——译者注

度用户每月平均通话时长高达450分钟。这表明虽然扎因电信的单位用户收入更高，但扎因非洲的盈利能力要低于巴蒂电信。

巴蒂电信的战略是通过降低话费来提高用户的通话时长，同时专注于农村用户开发。非洲为巴蒂电信复制这一印度模式提供了更大的市场。非洲各国移动通信需求的年度增长率高达25%，如果移动通信服务需求是价格弹性的，巴蒂电信的这一战略将会取得成功。

但同时也需注意到，巴蒂电信在非洲的经营需要面对基础设施不完善、法律环境、语言障碍、政治不稳定等一系列挑战。并购也很难产生协同效应，巴蒂电信上一财年的收入为80亿美元，净利润为20亿美元，但扎因非洲同期的收入只有1亿美元，且亏损1.12亿美元。

股票市场反应

并购公告后，巴蒂电信股票价格由2010年2月11日的317卢比下降至2010年2月16日的289.9卢比。公告后的第二个月，巴蒂电信股价又逐步回弹至317卢比的水平，图8.1报告了公司股价的变化。

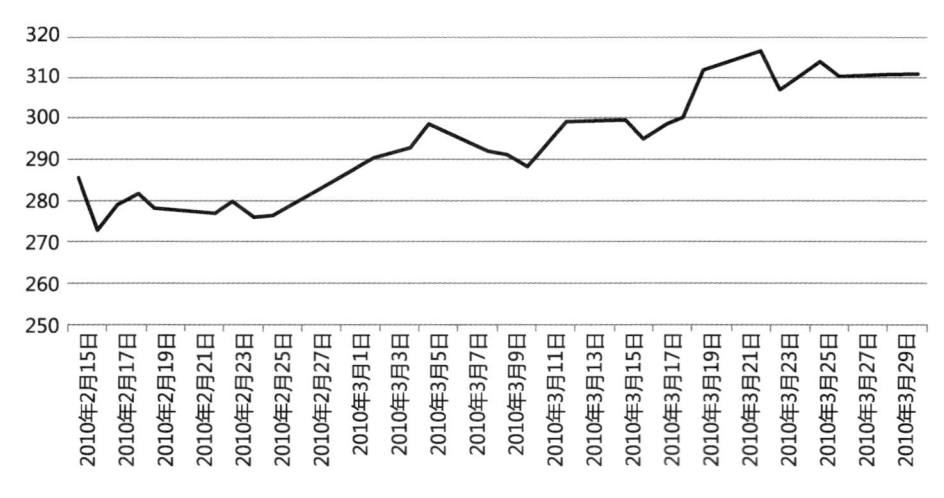

图8.1　巴蒂公司股价变化

SPV的功能

得益于高效的税收体制和良好的营商环境，荷兰成为跨国公司离岸投资实体的重要注册地。同时荷兰的税收体制还提供了很多税收优惠政策，比如股息和资本利得的参与者免税制度。荷兰与很多非洲国家签订了避免双重征税的合作条款，而目标企业扎因非洲的收入来源恰好就是非洲国家。

荷兰是全球签订双边投资协定最多的国家之一，与其他国家共签订了约100项投资协定。双边投资协定能够为外国投资者的投资安全提供有力的保障。

从税收的角度看,巴蒂电信的交易合约设计无疑是有效的,特别是当利润需要从扎因非洲汇回巴蒂电信时,母公司可获得较大的税收便利。荷兰的税法规定,荷兰本国注册的法人之间输送股利,可适用于参与免税制度而无须缴税,而扎因非洲和巴蒂电信的荷兰 SPV 的注册地都在荷兰,其利润传递也无须缴税。此外,根据荷兰和新加坡之间的税收协定,巴蒂电信荷兰 SPV 向新加坡 SPV 支付股利,在荷兰也无须缴税,因为新加坡 SPV 持有了目标企业扎因非洲 25% 的股权。

而新加坡税法规定,只要在股利来源国缴税且法定税率不低于 15%,对于这些境外股利,在新加坡就无须缴纳公司所得税,由于荷兰的法定公司税率为 25.5%,新加坡 SPV 收到巴蒂电信荷兰 SPV 的股利,也无须缴税,即使巴蒂电信荷兰 SPV 实际上是免税的。

股利从新加坡汇出时也是不收税的。因此从新加坡 SPV 支付给巴蒂电信母公司的股利,只需在印度按照其 1961 年收入税法缴纳赋税(当支付这些股利时)。

并购的后续

收购扎因非洲后的五年里,巴蒂电信遇到了一系列的困难。扎因非洲由于资产和设备投资不足,没有实现既定增长目标,巴蒂电信不得不额外增加 50 亿美元升级设备网络。2013 年 3 月,巴蒂电信非洲公司共在 17 个国家拥有 6 340 万用户,营业收入 37.6 亿美元,亏损 3.45 亿美元;2015 年 3 月,巴蒂电信非洲公司用户数目达到了 7 620 万,营业收入 42 亿美元,亏损 5.85 亿美元。与此同时,非洲各国汇率出现了大幅波动,巴蒂电信遭受了巨大的汇率损失。

复习题

1. 2007 年,一家美国跨国公司向华尔街的大型投资银行寻求业务支持,要求对其在阿根廷和巴西的两家分公司进行评估。史密斯先生是这家投资银行的分析师,收到了预测这两家分公司现金流以及估算相应折现率的任务,表 8.5 报告了史密斯先生对自由现金流的预测情况:

表 8.5 阿根廷和巴西分公司的现金流预测 单位:千美元

	2008	2009	2010	2011	2012
阿根廷	6 930	7 117	7 331	7 617	7 990
巴西	10 920	11 215	11 551	12 002	12 591

2012 年后,现金流将保持 6% 的年度增长率不变。以东道国货币计价的现金流已根据对未来的汇率预测转换成美元计价。剩下的任务就是计算折现率,史密斯发现公司在拉丁美洲从事商业活动,无法找到代表性的可比公司,竞争对手都是一些跨国公

司的分公司或分支机构,因此如何决定两家分公司的 β 系数成了困难,此外,由于两国的股票市场有效性存在问题,也无法计算出相应的市场风险溢价。

分析师史密斯找到了阿根廷和巴西的借款利率、税率以及目标资本结构等相关数据,具体信息如表 8.6 所示:

表 8.6 阿根廷和巴西市场的借款利率、税率和目标资本结构

附属分公司	借款利率(%)	税率(%)	目标的资产负债率(D/V)
阿根廷	8	35	20
巴西	12	35	20

为计算权益资本成本,分析师史密斯选择了两种 CAPM 方法。第一种方法使用了东道国(巴西和阿根廷)的相关参数,第二种方法首先估算了美国的相关参数,然后根据东道国的国别风险分别对两家分公司的折现率进行了调整,相关数据如下表所示:

东道国债务的信用评级:

	穆迪	标准普尔
阿根廷	B1	BB—
巴西	B1	B+

美国国债收益率:

	到期收益率(%)
1 年期国债	5.92
10 年期国债	6.80
30 年期国债	7.0

美国可比行业的 β 值的中位数以及资本结构的均值:

	1	2	3	4
无债务公司 β 系数中位数	0.86	0.79	0.74	0.76
债务—市值比的均值	0.2	0.18	0.17	0.19

注:表中 β 系数是无杠杆下的值。有关杠杆 β 值的关系式是:$\beta_A = \beta_E \times E/V$。

请根据以上数据,计算每家分公司对应的折现率和市场价值。

2. 跨国并购的驱动因素有哪些?

3. 介绍跨国并购估值的两种方法。

4. 写一个估算新兴市场权益资本成本的小文案。

第九章 并购中的实证研究

P. 拉汉文·劳（P. Raghavendra Rau）

学习目标

- 收购公司和被收购公司收益的实证研究结果
- 事件研究法——一种实证研究方法
- 总结所有关于并购的研究

在过去40年里，合并与收购一直是被广泛研究的主题，每十年都会有大量综述文献。这些代表性的综述文献包括詹森和鲁巴克(1983)，杰瑞、布雷克利和奈特(1988)，阿格拉沃尔和杰夫(1999)，以及布鲁纳(2002)等。随着并购研究越来越广泛，后来的综述文献集中在具体的领域。例如，阿格拉沃尔和杰夫(1999)专注于合并后收购者的长期股票表现。布鲁纳(2002)关注的是并购活动是否创造了价值，尤其是对于竞标公司而言。然而，几乎毫无例外地，综述文献的研究结果回应了詹森和鲁巴克(1983)的结论，即"对收购收益来源的了解仍然无从所知"。经过40年的研究，今天我们对合并有何了解？有一些众所周知的关于并购的典型陈述经常出现在财经媒体上，诸如，合并为目标公司创造了价值，合并通常会破坏收购方公司的价值，多元化并购破坏价值比其他类型并购更多，合并的发生是波浪式的，等等。这些陈述基于什么证据？另外过去十年来，发生了历史上最大的并购潮和一些最为失败的并购，上述这些典型的陈述是否依然适用于最近的合并？本章将讨论在并购实证研究中使用的方法。本章将主要关注最近十年的研究，并努力对该领域的未来发展方向做出推断。不幸的是，在确立已久的传统中，我们依然不清楚为什么并购会发生以及为什么它们能创造价值。

并购研究方法

研究并购的原因和后果有四种主要方法。最简单的方法是调查管理层。这些主要是实务界从业者的研究，其中许多是由麦肯锡、普华永道等咨询公司进行的。布鲁纳(2002)提供了此类调查的概述和示例。这种调查的问题在于它们不是作为严格的学术研究进行的。这些调查通常是与高级管理人员面谈，他们对收购成功和失败决定因素的看法可能与收购产生的经济价值无关。此外，由于没有试图控制已经证明能够影响收购成功或失败的客观因素，因此很难从这些调查研究中得出任何结论。例如，以永道(Coopers & Lybrand)的一项典型调查为例，该调查于1996年对各行各业的124家美国公司进行了调查。每家公司的平均收入为14亿美元、员工人数为6 400人，在过去三年里进行了合并或收购。永道调查的结论是，完成交易的速度直接影响其成功。根据该报告，"公认的看法是，收购因行业和参与者的不同而有很大差异，以至于它们无法接受任何共同的分析。但所有交易都有一个共同的变量——收购方与目标方整合的速度很重要"。

调查中最令人信服的一项发现是，收购方希望自己能更快地度过过渡期。遵循快速发展战略的公司宣告实现了80%以上的目标，采用慢速方法的公司宣告其失败率接近50%。

在这项研究中，没有一个被审视的参数是客观的，甚至很难确定因果关系的方向。或许一个结论是：那些整合较慢的公司是在整合上存在更大困难的公司，因此一个推论就是这些企业可能会有更大的失败概率。

研究并购的第二种方法是临床案例研究。这些研究深入探讨特定的合并案例，通常是通过对相关高管进行广泛的实地采访。许多这样的研究经常产生新见解。例如，1996年美国国民经济研究局(NBER)委托对少数几宗并购进行深入的案例研究(Kaplan, 2000)。这些研究表明，围绕并购的经济环境十分重要，大样本研究往往被忽略了。不过临床案例研究也有与上述访谈和综述研究相同的缺陷，尽管它们比访谈更客观，但总体而言，要深入了解并购过程的成本和收益仍然很困难。

第三和第四种方法是相关的。第三种方法是事件研究法，也是迄今为止最常见的方法。一项事件研究衡量了一些公司的特定信息对公司证券价格或经营业绩的影响。事件研究法一直被用来研究收购方和目标方在合并公告后5年内的股价表现。它们还被用来研究合并后公司在收购前后的会计绩效和运营业绩。既然这种方法很常用，花点时间考虑一下它的优缺点是值得的。使用事件研究方法发表的第一篇论文可能是多利(Dolley, 1933)，其以1921年至1931年的95次股票分割为样本，研究了股票分割的价格效应。

在接下来的20年里，这种方法变得越来越复杂，直到第一个现代事件研究法出现在巴尔和布朗(Ball and Brown, 1968)以及法玛、费雪、詹森和劳尔(Fama, Fisher, Jensen and Roll, 1969)等论文中。巴尔和布朗研究了企业利润中包含的信息内容，法玛等则研究了在剔除股息影响后股票分割的效应。自此之后，基本的事件研究方法便没再改变过[1]。

在一项标准事件研究中,样本公司都应经历过相同事件(如合并)。事件日期定义为在华尔街日报(WSJ)或道琼斯新闻检索指数(Dow Jones News Retrieval index)等广泛传播的出版物上宣布(或完成)事件的日期或月份。事件时期定义为事件日期之前的$-t$时期到事件日期之后的$+t$时间。计算出在$-t$到$+t$的事件时期内每天或每月的股票收益,以事件没有发生时的收益率作为计算的基准,然后计算出事件公司假设没有发生该事件的股票回报("正常收益")会是多少。然后,通过从公司真实的股票收益中减去这些"正常收益",计算出"异常收益"(也称为超额收益或剩余收益)。计算这些所有样本公司的异常收益的平均值,最后加总得出$-t$到$+t$期间的累积超额收益(CAR)。

在事件研究中做出的主要假设之一是计算正常股票回报率的基准模型。该模型的参数估计通常是使用事件时期($-t$,$+t$)以外的数据。因此,需要选择正确的估值模型和相关的估计周期来估计模型的参数。目前文献中估计事前的预期收益率(即"正常收益")最常用的方法包括均值调整收益率法、市场调整收益率法、市场模型残差法、资本资产定价模型(CAPM)残差法、经验市场线法和比较投资组合法。

均值调整收益率法假设证券i的预期收益率是持有期证券的平均收益率。该方法假设预期收益率不随时间的变化,从而忽略当时的市场信息。市场调整收益率法认为证券的预期收益率就是市场收益率,所以以市场回报率R_{mt}为基准,异常收益E_{it}就等于$R_{it}-R_{mt}$。这种方法忽略了不同证券之间的差异,但考虑了当时的市场波动。不过这种方法也增加了如何选择市场指数的问题。

市场模型残差法假设股票收益率是由市场模型产生的

$$R_{it}=\alpha_i+\beta_i R_{mt}+e_{it}$$

其中α_i和β_i是在估计期间内被估计的,所以

$$e_{it}=R_{it}-\alpha_i-\beta_i R_{mt}$$

这种方法能够识别证券之间的差异,并包含同期的市场信息。CAPM残差法也非常类似。它假设股票的预期回报率是由$R_{ft}+\beta_i(R_{mt}-R_{ft})$决定的,其中$\beta_i$在估计期间内估计,所以有

$$e_{it}=R_{it}-[R_{ft}+\beta_i(R_{mt}-R_{ft})]$$

它包含了证券之间的差异、即时市场信息和即时利率信息等。它的假设是CAPM成立——这一假设在文献中受到了越来越多的质疑。

---

[1] 一个更详尽的事件研究法的综述文献是麦金莱(MacKinlay,1997)。

实证市场线模型[亦称 Fama-Macbeth 残差模型,取自法玛和麦克白(Fama and Macbeth,1973)]使用 5 年的月度数据估计市场上所有证券的 β。然后,将这些证券按 β 系数的顺序分为 20 个投资组合。接下来的 5 年重新计算这 20 个投资组合的 β 系数。从第 11 年开始,在每个月对每个投资组合的回报进行横截面回归。

$$R_p = \alpha_{0t} + \alpha_{it}\beta_p + n_p$$

异常收益 e_{it} 便等于 $R_{it} - \alpha_{0t} - \alpha_{it}\beta_{it}$,其中 β_{it} 是根据过去的数据估值得到的。这个过程就是每年重复,直到样本期结束。曼德尔克(Mandelker,1974)可能是第一次使用事件研究方法来研究并购,他采用了这种方法。曼德尔克用 Fama-Macbeth 残差模型分析了 1941-1962 年期间的 241 起收购方和目标公司均为纽约证券交易所上市公司的并购交易。

最后,比较投资组合方法是根据 β 值对所有股票排序,并形成 20 个投资组合。超额回报是个股的回报与具有相同 β 的投资组合回报的差值。该做法的一个变化是将股票按大小(市值规模)划分为 5 个分类的投资组合,在每个投资组合中再按照账面市值比(B/M)分类,从而得到 25 个分类的"规模—B/M"投资组合。根据预期收益模型,其他条件变量(如行业)也可以被用来形成比较的投资组合。另外的变化是,选择单个匹配公司而不是匹配投资组合也可以计算超额收益,不过这种匹配方法带来了伴随的问题,比如如何处理匹配公司的退市等。

需要注意的是上述所有方法都假设确定预期收益的参数不受事件影响。在许多情况下,我们有理由相信这个假设不成立。例如,收购报价中的目标公司可能在宣告并购后风险降低(β 下降),因为在并购公告宣布后,公司的股价在很大程度上是由对收购结果的猜测驱动的,而这与资本市场基本无关,尤其是在现金报价中。

事件研究方法在概念上很简单,在理论上有很好的基础,并且易于执行。这也就难怪事件研究法从一开始就主导着这个领域。使用适当的基准,事件研究法已经被用来衡量收购者、目标企业以及合并后实体的短期和长期股票价格和经营业绩。

事件研究方法的主要弱点在于,从事件研究中得出的推论总是联合假设,即事件获得了异常回报,同时所使用的基准提供了正确的"正常"回报衡量标准。事件研究需要对市场效率、市场参与者的理性以及对无限制套利的假设。有理由认为,这些假设对大多数股票来说都是成立的,尤其是在短期内。长期事件研究——在事件发生后的几年里测量异常表现——更容易受到这些批评。布朗和沃纳(Brown and Warner,1980,1985)讨论了分别利用月数据和日数据估算短期事件异常收益的问题。巴伯和莱昂(Barber and Lyon,1997),科塔里和沃纳(Kothari and Warner,1997),莱昂、巴伯和蔡(Lyon,Barber and Tsai,1999)讨论了长期事件研究涉及的问题。最后,巴伯和莱昂(Barber and Lyon, 1996)讨论了评估超额运营绩效的问题。

最后一种方法是事件研究方法的变体。在这里，发生事件的公司按日历年度时间排好队。每一个时期都有一个发生事件的企业组合，包括了所有在前 n 个时期事件结束的公司。然后，相对于一个确定的资产定价模型或其他基准，对事件组合的超额收益进行跟踪。杰夫(Jaffe, 1974)和曼德尔克(Mandelker, 1974)首次使用了这种方法。该方法的优点是，在每个时间点的投资组合方差中考虑了各个公司收益的横截面相关性。

总结到目前为止的讨论，计算并购经济效应的典型方法是计算异常收益（短期或长期），形成解释这些异常收益的因素的假设，并使用这些因素对异常收益进行回归。此外，一些研究还利用盈利预测或管理层预测来研究并购后的公司业绩。本章的其余部分将以上述各种方法为基础，总结并购的实证研究结果。正如引言中提到的，重点将放在过去十年的研究上。

并购的实证研究

在过去的 40 年里，可以看出以下几个主要的并购研究方向。在这一节中，我将关注最近的关于以下问题的研究：

1. 并购中谁赢谁输？
2. 在计算竞标公司和目标公司的收益时，以下各因素对收益的影响是什么？
（1）收购的方式：合并或要约收购
（2）付款方式：股票或现金
（3）交易态度：敌对或友好
（4）监管
（5）所有权与治理结构：管理层所有权、机构持股、竞标方少量预先持股
（6）行业性质
3. 收购者为什么要收购？
4. 潜在收购目标的特征是什么？

注意上述并非一个完整的清单。我没有包括的话题有：并购中金融中介的作用、并购浪潮的决定因素、并购防御的有效性、公司投票权的价值，等等。大部分并购实证研究聚焦于并购参与各方的收益来源，所以下面一节从研究并购收益来源开始。

并购中谁赢谁输

存在多个方面受到并购的影响。除竞标方和目标股东外，还包括管理者、竞标方和目标债券持有人、优先股股东以及同行业其他公司。在过去 30 年里，对并购收益的

实证研究往往聚焦于竞标企业和目标企业的股东。几乎一致的结论是，目标股东获得了正回报。相比之下，竞标股东的回报率更具争议性。一些研究表明，竞标股东的回报率为零，甚至可能为负。另有一些研究认为结果对采用的方法十分敏感。由于在本书引用的综述中对竞标企业和目标企业股东的收益进行了详尽的回顾，因此我将不在这里再次讨论，而是更关注收益的来源。

目标企业的收益

在截至1983年的一项综述研究中，詹森和鲁巴克(1983)指出，在成功的收购中，目标企业股东在合并中获得了约20%的超额回报，在收购要约中获得了30%的超额回报。在不成功的收购中，平均来说也不会亏损。布鲁纳(2002)总结了1978年至2001年期间21项研究的证据，发现目标企业股东在收购公告前120天至收购完成后最多5年的收益为7%至126.9%。因此，目标企业股东从收购中获益。

收购方的收益

正如前面所说，收购方股东的回报更具争议性。这些研究通常可以分为短期和长期研究。短期研究通常考察的是在宣布收购日期前后不到一年的时间，而长期研究则考察收购完成后最多5年的时间。

詹森和鲁巴克(1983)报告了在公告日期前后的短期内，收购方公司股东在要约收购中获得了4%的超额收益，而在直接购买中的超额收益为0%。在接下来的20年里，投标者获得低回报的结论没有发生太大变化。布鲁纳(2002)报告了1978—2001年间20项短期研究的结果，这些研究发现收购方公司的股票回报率为负，从−1%到−3%不等，其中13个研究显著为负。不过，他同时还报告了这一时期的另外24项研究结果，这些研究发现，收购方公司的股票回报为正，其中17家公司的回报显著为正。因此，总体而言，在短期内收购方企业似乎既不会从收购中获利也不会损失。

阿格拉沃尔和杰夫(1999)回顾了22项研究，这些研究考察的是收购完成后最多5年内收购方企业的长期回报。他们指出，收购方股东在要约收购中没有亏损（其中两项研究显示，异常回报显著为正），但收购方股东在一般的合并(merger)中的异常回报显著为负。这一结论适用于各种各样的统计技术，在美国和英国都有很长一段时间的记录。

正如"并购研究方法"一节所提到的，这些长期研究的结果对所采用的方法十分敏感，比短期研究更具争议性。虽然人们很容易认为研究文献的并购收益长期异常性仅仅是操纵研究方法的产物，但是从各种各样的统计测试、各种时期和各个国家中获得的类似研究结果来看，人们很难否定并购收益的长期异常性。

这些回报可能持续存在的一个原因是套利的现实限制。贝克和萨瓦索格鲁

（Baker and Savasoglu，2002）对 1981-1996 年期间的 1901 笔现金和股票的并购交易建立了风险套利头寸。如果交易按照最初的条款成功完成，每个头寸都会提供固定的既定套利收益。他们认为，这些头寸每月 0.6%-0.9% 的超额回报的存在是由于风险套利存在现实限制。套利者的风险承受能力受到交易是否能完成的风险和所持头寸规模的限制，如果没有限制，套利会使得股票价格回到正确的价值。

收购公司和目标公司的联合收益

第三个研究是研究并购是否能创造任何经济价值。由于收购公司通常比目标公司大得多，本文所记录的目标公司的巨额股票回报很容易被收购方股东的少量损失所抵消，合并作为一个整体可能会破坏经济价值。布鲁纳（2002）对 20 项研究进行了综述分析，这些研究或者通过构建收购公司和目标公司的价值加权的投资组合，或者研究回报的绝对美元价值（即将收购方股东和目标方股东的绝对收益加总）。几乎所有这些研究都报告了收购方股东和目标方股东加总的正回报，但只有一半的案例发现正回报显著。

因此，总的来说，并购活动在经济上是有价值的。然而，大部分收益似乎都流向了目标方股东。为什么收购方的收益如此之小？有几种解释。布拉德利、德塞和金姆（Bradley，Desai and Kim，1988）认为竞标者市场竞争激烈，这种需求单方面的竞争抹杀了竞标者的收益。布鲁纳（2002）得出的结论是，收购方获得的零异常回报意味着收购方股东确实获得了正常的经风险调整后的回报。其他研究人员（如 Asquith, Bruner and Mullins，1983）认为这只是收购方和目标方企业相对规模的人为结果。还有一个不对称的信息效应——如果投资者将并购解释为公司内部缺乏增长机会，他们会理性地降低宣布收购的公司股票价格。收购方公司经理可能受到非价值最大化目标的驱动，例如企业多样化的需求。莫克、施莱弗和维什尼（Morck，Shleifer and Vishny，1990）发现当收购方公司进行多样化、当它收购一个快速增长的目标企业、当它的经理在收购前表现不佳时，收购方股东的回报更低。最后，市场效率不足可能意味着，在并购的影响被完全纳入收购方的股票回报之前，我们不要急于下结论。

竞争对手的收益

许多作者（如 Eckbo，1983；Mitchell and Mulherin，1996）发现一项收购中目标企业的竞争对手获得了显著为正的超额收益。一种解释是，横向合并增加了竞争对手之间成功合谋的可能性。在这种合谋假设下，合并企业的竞争对手将从合并中获益，因为成功的合谋限制了产出、提高了产品价格并/或降低了要素价格。然而，这种解释从未找到任何实证依据。

宋和沃克林（Song and Walkling，2000）在 1982—1991 年的收购样本中验证了另一种解释，即认为竞争对手获得异常回报的原因是他们自身成为收购目标的可能性增加了。他们发现,不管一项收购的形式和结果如何,作为目标方竞争对手的公司平均都能获得正的超额收益。随着对最初收购的未有预期程度增加,这些收益显著增加。公告期内竞争对手超额收益的横截面变化与收购概率等一系列变量相关。

另一种可能性是,宣布合并意味着有关资本创新使用或生产率提高的信息,这些信息可以被竞争对手利用,而不管它们是否参与了合并。阿克海伯、博尔德和怀特(Akhigbe, Borde and Whyte, 2000)通过检查被宣告中止的并购,将这一假设与宋和沃克林(2000)提出的收购概率增加假设区分开来。收购概率增加假设认为,终止并购将导致竞争对手获得收购要约的可能性增加,而生产率增长假设则认为,终止并购后,投标者不会获得额外的异常回报。与宋和沃克林的结论一致,阿克海伯、博尔德和怀特(2000)发现终止并购对目标企业产生了显著的负回报,对竞争对手产生了显著的正回报,这与宋和沃克林提出的竞争对手可能成为收购目标的假设相一致。

债券持有人和优先股股东的回报

假设收购公司的资产与目标公司的资产不完全相关。金姆和麦康内尔(Kim and McConnell, 1977)认为,当两家公司合并时,合并引起的资产方差的减少将导致目标方债务价值的增加(因为违约概率得以降低)。如果在目标公司和收购方的债券持有人之间的财富转移过大,两家公司的股东可能不愿意完成收购。

然而,金姆和麦康内尔以及其他研究者(如 Dennis and McConnell, 1986; Maquieira、Megginson and Nail, 1998; Travlos, 1987 等)发现收购方公司的非可转换债券持有者既不会从合并中获利,也不会损失。丹尼斯和麦康内尔(Dennis and McConnell, 1986)还分析了各类参与合并公司证券的回报率和美元价值回报率,发现目标方的可转换和不可转换优先股股东、可转换债券持有人以及收购方的可转换优先股股东在合并中获益。马凯拉、梅吉森和尼尔(Maquieira、Megginson and Nail, 1998)研究了 1963-1996 年间 260 家纯股票交换的合并公司的 1 283 只公开交易债券和股票的财富变化。他们没有发现任何证据表明,以股票换股的混合并购会产生财务协同效应,或者以损害股东的利益为代价让债券持有人受益。混合并购中,收购方公司的股东利益损失,其他所有的证券持有者至少都做到了收支平衡。可转换证券持有者的收益最大,这主要是由于他们持有的附加期权价值。某些债券契约提高了价值,而财务杠杆的增加则降低了债券价值。

影响收购收益的因素

收购方式:合并(merger)或要约收购(tender offer)

研究似乎表明,在合并中,目标企业的收益规模要小于要约收购。其中一个原因可能是合并往往是友好的。由于合并后的剧烈重组和潜在价值创造的空间较小,我们可以预期合并中目标企业的回报率会较低。范胡勒、韦尔马伦和德·沃特斯(Van Hulle、Vermaelen and de Wouters,1991)发现,在比利时合并的一个样本中,目标企业董事会成员在合并一年后仍然拥有33%的董事会席位。相比之下,在要约收购中,这个数字是13%。

另一种解释是,由于合并主要是以股票支付,合并与要约收购的收益不同可能只是支付手段不同的一种结果。要约收购报价以现金出价为主的一个原因是,在美国以现金出价的要约投标仅受1968年《威廉姆斯法案》的约束。在向美国证券交易委员会(SEC)提交适当的文件,并在符合要求的等待期结束后,要约即可生效。而以股票出价的要约必须符合1933年的《证券法》,这可能会导致相当大的延迟。弗兰克斯和哈里斯(Franks and Harris,1989)研究了1955-1985年间英国1 800多起收购。他们发现,1968年之后英国的目标企业收益更高,这表明同时期美国目标企业收益的增加可能不是由于《威廉姆斯法案》造成的。

最后,尽管学者们已经假设了合并与要约收购不同的各种原因(支付方式、敌意程度等),但合并与要约收购之间存在巨大差异的原因仍不清楚。最后的答案可能是所有这些因素的综合。正如阿格拉沃尔和杰夫(1999)所述,学者们越来越多地认为这两种交易形式不同并分别进行分析。

付款方式:股票或现金

选择股票或现金支付可能影响并购收益的原因有几个。第一个原因是税收。与现金支付相比,用股票支付是节税的。因此,现金竞标者[①]可能不得不为更高的税负补偿目标企业股东。海因(Hayn,1989)发现,甚至在控制了目标企业的竞争程度、管理者对交易的反对、收购方式和收购企业/目标企业的相对规模等之后,目标公司的税务属性仍然能解释并购公告后的双方企业股东的异常收益。免税收购中最突出的税收属性是目标方的净营运亏损结转额和到期税收抵免额。在应税收购中,最重要的税收属性是被收购资产价值基础的提升。海因(1989)还发现了一些证据,表明税收考虑促成了收购,若拟议中的收购获得了免税地位,则增加了收购完成的可能性。

股票融资收购比现金融资收购表现差的第二个原因是信息不对称效应。在迈尔斯和迈基里夫(Myers and Majluf,1984)类型的分析框架中,理性的投资者将股票支付解释为公司股票估值过高的证据。因此,相对于现金融资的收购,宣布股票融资收购的收购方公司的股价会降低。或者,用现金支付可能会增加收购方的杠杆,用股票收购表明经理人的可用自由现金流较低。特拉维斯(Travlos,1987)分析了一个样

---

① 这里原书是"股票竞标者",根据上下文和常识,应该为"现金竞标者"。——译者注

本：在 1972-1981 年发生的 167 次成功的合并和要约收购，付款方式或者纯粹是股票、现金，或者是二者的混合。他发现，在控制了收购类型后，纯股票收购的收购方股东在公告日获得了显著为负的异常回报，而现金收购的收购方股东则没有损失。

股票和现金融资收购之间表现差异的第三个原因集中在关于收购方或目标方价值不对称信息的作用上。汉森（Hansen，1987）推导了一个理论模型，在这个模型中，收购方不确定目标企业的价值，从而使用股票支付形式来分担收购方可能支付过高的风险。菲什曼（Fishman，1989）在这个模型中加入了投标人竞争，并证明了现金支付方式不仅对目标公司来说是一个高价值的信号，而且也会发挥先发制人的作用，使其他竞标者放弃竞标。崔、马苏里斯和南达（Choe、Masulis, and Nanda, 1993）表明，总体经济活动的增加有利于采取股票对价，因为企业面临更低的逆向选择成本、更多有前途的投资机会以及更少对企业现有资产价值的不确定性。马丁（Martin，1996）利用"规模"和"增长机会"表示收购方和目标企业价值的不确定性，发现收购方和目标企业的增长机会/投资机会是支付方式的重要决定因素，但规模与支付方式无关。

交易态度

在学术文献中，许多研究者区分了敌意收购和友好收购，因为敌意收购的收益来自更换现任管理者，而友好收购的收益来自战略协同效应。施韦特（Schwert，2000）以会计绩效和股票表现数据为基础，对 1975-1996 年期间 2 346 个收购竞标的样本进行了研究，考察敌意收购与善意收购之间的区别。施韦特（2000）使用几种不同定义的方式来定义"敌意"——如果交易在《华尔街日报》指数或证券数据公司（SDC）的数据中被列为敌意；如果交易是一个非协商型的收购要约；如果一个 13 D 声明是在初始出价前一年就备案并信息披露，买家透露寻求控制权的意图；或上述这些方法的组合。他发现大多数被新闻媒体描述为敌意的交易，实际上在经济意义上与友好交易没有区别。糟糕的目标企业管理层、股本回报率（ROE）和账面市值比（M/B）等变量较低等，均无法预测敌意收购的可能性。有证据表明，根据投标前事件被认定为怀有敌意的收购方获得的股票回报率较低，尽管其他定义为敌意并购的交易并没有显示出这种关系。

监管

在美国，支配并购形式选择的主要法律是 1968 年的《威廉姆斯法案》。《威廉姆斯法案》及其修正案规定，收购方公司必须向美国证券交易委员会提交报告，说明它们此项收购目标公司相关的商业计划和融资方式。该法案还规定，目标管理层可以通过向法院提起诉讼，阻止或推迟要约收购。关于《威廉姆斯法案》对接管活动的影响，已经推衍出数个学术研究的假设。首先，如果该法案减少了收购活动，就会有要约收购的替代品出现,《威廉姆斯法案》将不会对收购市场产生任何重要影响。第二个假设是关于《威廉姆斯法案》增加的信息披露要求。公开披露信息可能会将盈利机会告知其他竞争者,并让他们有时间进行竞争性投标。这种竞争给收购溢价带来了上行压力,并将部分收益从收购者转移到目标方股东手中。然而,如果这种监管仅仅通过取消利润较低的收购,从而中止了收购的实际发生,那么这将降低没能成为收购目标企业的回报率,并将提高已经完成收购的目标企业的平均异常回报率。[①]

马拉泰斯诺和汤姆森(Malatesta and Thompson,1993)建立了理论模型,分析收购过程和《威廉姆斯法案》对一项收购尝试的预期总收益现值和边际成本的影响。他们拒绝了替代假设,因为模型中的参数在《威廉姆斯法案》通过前后发生了显著变化。根据《威廉姆斯法案》,现金对价的收购比股票对价的收购更少被中止。与此相一致的是,马丁(1996)发现收购方更有可能使用现金对价的要约收购,在存在并购的实际或潜在竞争时,以取得先发制人效应。

其他研究监管对收购活动影响的论文都集中在州反收购立法的影响上,比如1990年宾夕法尼亚州参议院第1310号法案。该法案包含五项条款,旨在使收购成本高得令人望而却步,但却允许公司选择不遵守部分或全部的法律条款。一些作者研究了在不同国家信息披露要求的影响。

股权与治理结构:管理层持股、机构持股、竞标者少量持股、董事会结构

这是一个复杂的问题。管理层所有权可以影响谈判权力,使管理层的利益和股东利益相一致。机构投资者的所有权会影响边际投资者的税收状况——对资本利得征税较低的养老基金可能愿意以较低的成本出售股票。它还会影响对企业管理者的监督程度以及由此产生的对股东价值关注,这可能会影响最终收购投标的股票价格——养老基金必须平衡其受托责任和对企业管理层的忠诚[②]。最后,机构投资者的所有权也有助于克服"搭便车"问题。收购方事先少量持股(toehold)[③]会影响双方的谈判能力,影响对目标公司经理的监督程度,影响政策变化的程度,也有助于克服"搭便车"问题。

许多研究探讨了上述问题。管理层的持股与目标方/收购方股东收益之间通常存在正相关关系。例如,阿米胡德、列夫和特拉维斯(Amihud, Lev and Travlos,1990)

---

① 这里实际上提出了两种假说,替代假说和中止假说(truncation),即认为《威廉姆斯法案》颁布后,一些并购不以要约收购的方式出现,以规避监管,此为替代假说;法律加强监管后,一些并购就不发生,只有高利润回报的才会发生,此为中止假说。下面的马拉泰斯诺和汤姆森(1993)的文献就是验证这两种假说。——译者注

② 这里的意思是养老基金要考虑基金的收益(受托责任),就会要求收购股价越高越好;但为了目标企业管理层的稳定,就不能一味要求目标公司被收购。——译者注

③ 收购方事先少量持股(bidder toehold),是并购中的一种策略,指收购方在正式发出收购要约前,就少量购入目标企业股票,从而取得一系列优势。——译者注

报告了股票对价收购的收购方股东回报率显著为负,但只针对那些管理层持股较低的收购方。马丁(1996)发现股票支付的使用与收购方管理层所有权之间存在非线性关系。在存在较高机构投资者持有的情况下,股票支付的可能性降低。贝通和埃克博(Betton and Eckbo, 2000)发现,在一次竞标成功的并购中,收购方事先持有少量目标公司股票(toehold)的情况最大,而在多次竞标的并购中,收购方少量持股的情况最小。当竞标者已经事先拥有大量股份时,他们支付的溢价也更低。对此的一种解释是,他们更容易让小股东相信,他们已经支付足够高的对价。在其他条件相同的情况下,如果收购方有很大的事先持股(toehold),则报价成功的可能性更高。随着初始竞标人的事先持股规模的增大,目标股东的收益减小,因为收购方持股量越大,单次投标结果中目标股东获得的收益越低。有趣的是,正如贝通和埃克博(2000)的论文所示,尽管收购方事先持股有好处,但在1971—1990年期间的1 353份要约收购样本中,约有47%的最初竞标收购方没有事先持有目标企业少量股份。

行业性质

有几项研究考察了特定行业的收购方和目标方的股东回报率。受监管的行业收购通常需要获得监管部门的批准。然而,事先很难预测这些规定对竞购者或目标方的股东回报意味着什么。要求监管部门批准的这一要求,提高了收购的成本,因此收购方可能只会追求利润更高的收购。由于管理改进是收购的动机之一,我们可以预期受监管行业的目标企业在收购前表现会比其他行业更差。另外,在受监管的行业中,管理层的自由裁量权可能较低。这意味着,在受监管行业,收购前的目标企业业绩表现较差。

例如,针对银行的收购监管程序与非银行的收购非常不同。在发生银行接管之前,必须事先得到三个联邦层面的银行监管机构(联邦储备委员会、联邦存款保险公司和货币监理署)之一的批准。此外,还需要得到州一级的批准。最后,在获得批准后,将有30天的等待时间,以便司法部可以对收购进行审查。

休斯敦和赖尼吉尔特(Houston and Ryngaert, 1994)发现,在银行合并的样本中,总体收益(收购方和目标方股东获得的收益的加权平均值)略微为正,但在统计上与零没有显著区别。从长期来看,马杜拉和瓦恩特(Madura and Wiant, 1994)衡量了银行在收购其他银行后的异常表现,发现收购后的股价出现了强烈的负面反应,通常会持续36个月。对于在现有市场内收购、收购前业绩相对较差、收购前增长相对较低的银行而言,收购方银行的长期估值效应更高。德龙(DeLong, 2001)根据银行的业务活动和地理相似性(聚焦)或差异性(分散化)对银行业的合并进行了分类,并考察合并公告后各类型的异常收益。她发现,既聚焦于业务活动又聚焦于地域的银行合并会使股东价值增加3.0%,而其他类型的银行合并不会创造价值。科尼特、霍瓦克米安、帕利亚和德黑兰尼安(Cornett，Hovakimian，Palia and Tehranian，2003)扩展了德龙的研究，考察了聚焦型收购银行的异常回报是否与公司治理机制(如 CEO 股份和期权所有权，以及较小的董事会规模)有关。他们发现，与分散化收购相比，收购方银行中的这些变量在解释聚焦型银行收购中的异常回报方面效果较好[①]。这些结果与一般工业企业的研究结论基本一致。

收购者为什么要收购？收购的动机

收购者选择收购目标的原因有很多。从经济效率的角度来看，竞标者通过并购来创造价值。价值可以通过多种方式创造。好的管理者可能会收购业绩不佳的公司，通过解雇目标企业管理人员和提高运营绩效来创造价值。收购公司和目标公司之间可能存在财务协同效应。如果资本市场效率低下，低估了目标企业价值，那么正确评估价值的收购方就能以较低的成本获得目标企业并创造价值。如果收购方企业股票价格被市场高估，收购方可以用高估的股票支付收购费用。横向合并可能增加合并公司的市场力量，使其能够获得垄断租金。

或者，管理层可能会关注自己的个人利益。他们对合并感兴趣，目的是使公司规模最大化，而不是股东价值最大化。最大限度地扩大公司规模会增加就业保障，因为在一个快速发展的大公司中，被敌意收购的可能性较小。增加收购方经理的权力、地位和薪酬，为收购方公司的中低层管理人员创造更多的机会。

最后，管理者可能会犯错误。例如，即使收购方管理层关注的是股东价值最大化，经理人可能会高估管理收购的能力，从而狂妄地提出收购。或者，他们可能把注意力集中在短视的每股收益(EPS)等比率上。下面对其中一些原因做进一步讨论。

创造价值：提高管理效率

大众传媒和学术文献都将改善表现不佳企业的愿望作为推动收购的一个主要因素。许多论文都检验了目标公司业绩不佳的假设。他们通过多种方式做到这一点。一些作者研究了收购前被收购公司的托宾 Q 比率。第二种方法是评估收购前目标公司或收购方的异常表现，并将其与收购后的异常表现比较。第三种方法是根据目标公司的业绩来预测被收购的可能性，方法是利用过去的收益、财务比率(如市盈率、托宾 Q 比率或市值账面价值比)或经营业绩。由于第三种方法是在目标企业特性一节中已经分析过，因此我将不在这里讨论它。最后一个方法是检查目标公司的营业额。如果目标公司的经理很糟糕，那么我们就会发现收购后目标公司的营业额会增加。但结果

[①] 这里的意思是"聚焦型银行并购"的较好绩效，可能并非银行业务和区域聚焦所带来的，而是由一些公司治理因素(董事会结构、CEO 持股)所带来。——译者注

是模棱两可的,有一些证据表明合并确实会导致经营绩效提高,但也有证据提出相反的结论。

朗、史图斯和沃克林(Lang、Stulz and Walkling,1989)与瑟韦斯(Servaes,1991)发现低 Q 值的目标企业股东比高 Q 值的目标企业股东从收购中获益更多。目标企业的 Q 比率在被收购前 5 年里显著下降。当目标企业的 Q 值较低、收购方企业 Q 值较高时,目标企业、收购方以及二者的总回报率都较高,这为"目标企业管理低效"假设提供了支持。与此相一致的是,米歇尔和莱恩(Mitchell and Lehn,1990)表明,那些进行了糟糕的收购、显著降低了自身股权价值的公司,随后自己将成为被收购目标。另一方面,优秀的收购者会进行增值性的收购,而且成为目标的可能性大大降低。

与此相反,克拉克和欧菲克(Clark and Ofek,1994)研究了一组陷入困境的被收购公司。为找到陷入困境的公司,他们检查了 1981 年和 1988 年之间所有被列入《并购统计回顾》(*Mergerstat Review*)杂志的样本,找到收购前一年经市场调整后股票收益率为-15%或更少的公司,或收购前 3 年经市场调整后股票收益率为-45%或更少的样本公司。然后,检查这些公司的新闻报道,以发现曾经有重组尝试的迹象(如管理层更替、股息减少、裁员、资产重组、债务降级等)。他们使用不同的指标[如息税折旧前收益(EBITD)/销售收入、超额市场回报率、行业调整回报率等]衡量合并后的收购方和目标公司的综合业绩,但无法发现收购方能够成功重组目标企业的证据。

林和斯维泽(Linn and Switzer,2001)研究了合并后公司经营绩效的变化与收购公司采用现金或股票作为支付手段之间的关系。他们发现,在收购公司使用现金对价的情况下,与股票对价相比,合并公司的业绩改善要大得多。合并是否涉及要约收购或谈判合并、报价规模、收购方和目标企业之间的行业关系或收购方的财务杠杆等,对合并后公司的经营业绩没有影响。

巴伯和莱昂(Barber and Lyon,1996)建议对并购经营绩效的实证研究需要根据规模、行业和过去业绩表现调整。这对于并购来说很重要,因为收购方公司一般在经历了一段时间的卓越表现后才收购,而且它们通常比行业中值公司规模要大。高希(Ghosh,2001)以业绩和规模相匹配的公司为基准,发现没有任何证据表明收购后企业经营业绩会有所改善。与林和斯维泽一致,他还发现,在采用现金对价的收购之后,现金流显著增加,但股票对价收购的现金流有所下降。

最后,阿格拉沃尔和杰夫(2002)检验了 1926-1996 年间超过 2 083 家目标公司的经营绩效和股票表现,以检验目标企业管理低效假说。他们没有发现目标公司在收购前表现不佳的证据,无论是使用经营绩效还是股票回报。这一结果也适用于那些更有可能因严格监管约束而发生的收购子样本(如要约收购、恶意收购和多家竞标者竞争的收购)。

然而，收购的报价或许能够创造价值，只是因为它给糟糕的目标企业经理敲响了警钟。与此一致的是，萨菲丁和蒂特曼（Safieddine and Titman，1999）发现最终终止收购的目标企业会成为更好的公司。它们显著提高了平均的财务杠杆率。增加杠杆率最大的目标企业，还减少了资本支出、出售资产、减少就业、增加业务聚焦、实现更多现金流，股价收益率在收购失败后的 5 年里超过了它们的基准。换句话说，财务杠杆率的增加是一个信号，表明目标公司已经致力于做出潜在袭击者可能做出的改进。

如果收购方经理是优秀的企业经理，合并也可能创造价值。赫伦和李（Heron and Lie，2000）研究了 1985—1997 年进行收购的一个大样本。他们分析了样本中收购方的收购支付方式、盈余管理和收购方经营业绩等之间的关系。在收购之前，收购方表现出的经营业绩超过了同行业企业。在收购之后，相对于行业其他企业，收购者继续有优秀的业绩表现，并且其经营业绩明显高于在并购发生前具有类似经营业绩的控制组样本公司。他们没有发现证据表明支付方式传达了收购方未来经营业绩的信息。

马丁和麦康内尔（Martin and McConnell，1991）研究了收购发生后目标公司管理层会发生什么变化。如果企业收购约束了表现不佳的目标公司高管，那么收购后其离职率应该会上升。他们发现高层管理者的流动率在要约收购完成后显著增加，在收购之前，这些公司与同行业其他公司相比均有显著的不佳业绩表现，也落后于其他并购后没有高层管理者被解聘的目标公司。相反，弗兰克斯和迈尔斯（Franks and Mayer，1996）研究了 1985 年和 1986 年英国恶意收购中董事会的更替，发现董事会的高流动率和并购后重组显著提高的证据。然而，他们没有发现在并购前目标企业表现不佳的证据，这表明董事会的高离职率并非源自以往的管理失误。他们得出的结论是，敌意收购不会起到约束管理层的作用。相反，目标方拒绝收购似乎源自对收购后资产重新配置的反对，以及要求对收购条款的重新谈判。

总的来说，我们不能明确地得出这样的结论：并购通过改善目标公司的管理或提高经营绩效来创造价值。

创造价值：财务协同效应

协同效应可能是并购的一个重要动机。企业之间的经营协同效应包括增强产品线的互补，通过合并人事部门和会计部门来降低经营管理费用，或实现规模经济和改善产品线。当一家高增长、现金不足的公司被现金充裕的竞标者收购时，就会产生财务协同效应。利用会计数据，史密斯和金姆（Smith and Kim，1994）将收购双方企业归类为"高自由现金流"或"资金匮乏"。与财务协同假说一致的是，他们发现，当合并双方分属于资金匮乏和自由现金流充足的不同公司时，收购方、目标方及其总回报最高。他们还发现，收购方的负回报集中在收购方和目标企业处于相似分类的组合中。当收购后企业的资本结构和流动性资产发生变化时，收购方企业的股东回报更为积极正面，因为这些变化可以缓解收购双方的资金匮乏或自由现金流问题。

创造价值：多元化

乍一看，多元化似乎不会为股东创造任何价值，因为股东可以更低的成本自行实现多元化。但是，多元化可能仍然是有益的，因为企业雇员和管理人员不能使其人力资本多元化。当公司多元化后，员工和管理层承担的风险降低，他们可能愿意接受较低的薪水或者给予公司更大的承诺。因此，多元化最终可能会让股东受益。

与这一假设相反，莫克、施莱弗和维什尼（1990）对1975年至1987年间的326宗美国企业收购进行了研究，发现当公司多元化时，收购方股东的回报会系统性地降低。瑟韦斯（Servaes，1996）研究了20世纪60年代和70年代的企业多元化浪潮。如果多元化经营对股东有利，那么在许多公司开始多元化经营的这段时期，多元化公司的估值应该高于其他公司。然而，他没有发现任何证据表明这一点。相反，在20世纪60年代企业估值存在一个很大的多元化折扣，这个折扣在70年代下降到零。从另一方面，科门特和贾雷尔（Comment and Jarrell，1994）指出，在20世纪80年代，企业更加聚焦经营与股东财富最大化是一致的，大型聚焦的企业比其他企业更不容易受到恶意收购的威胁。

创造价值：择时

如果经理们代表股东行事，那么认为公司股票估值过高的经理们就应该发行股票，要么是股票增发，要么是用股票作为对价收购。若效率低下的投资者对股票发行公告中的信息反应不足，公司经理就能够利用股票估值过高为股东创造价值。有一些证据表明，公司经理们在发行股票时是在把握市场时机。例如，贝克和沃格勒（Baker and Wurgler，2000）发现，在市场回报率较低的时期之前，公司发行的股票相对多于债券。

与此一致，洛克伦和维吉（Loughran and Vijh，1997）研究了1970—1989年的947项收购，并报告了收购后的股东回报与收购方式和支付方式之间的关系。在收购后的5年期间，平均而言，完成股票并购的公司获得－25.0%的显著负超额收益，而完成现金要约收购的公司获得61.7%的显著正超额收益。在收购前和收购后的期间，在换股合并中获得收购方股票并一直持有的目标企业股东不会获得显著的正超额回报。在目标企业/收购方资产规模比例最高的四分之一类企业，它们获得的超额回报为负。

董、赫舒拉发、理查德森和特奥（Dong, Hirshleifer, Richardson and Teoh, 2002）研究不合理的资本市场估值、收购数量和参与竞标者的行为之间的关系。如前所述，并购事件后的股东异常回报问题是有争议的，因此他们使用账面－价格比率（B/P）和剩余收益估值与价格的比率（V/P）衡量收购方和目标公司的错误估值。他们发现，收购方、目标公司和总股票市场的错误估值会影响收购总数量、选择的支付方式和支付的溢价。估值过高的收购者更有可能以股票作为对价，并且愿意在此类交易中支付更高的价格。

对上述这个观点一个有趣的转折性的研究中，章（Chang，1998）研究了在目标公司为私有企业时收购方股票在公告期的收益。在收购中提供股票对价的收购方公司可能会面临如迈尔斯和迈基里夫（1984）提出的信息不对称问题。在合并中支付股票对价将导致负异常回报。但是如果收购方的股票估值是正确的（而不是被高估），收购方会向目标公司的管理人员发出这一信息，这一任务对于私有的目标企业来说可能更容易完成。章（1998）发现，支付股票对价的收购方在收购公开交易的目标企业时通常发现的负异常回报相反，在竞购私有公司时却获得了正的异常回报。在对私有目标的现金报价收购中，收购方不会获得异常回报。

其他创造价值的方法：价值低估和市场力量

这些问题在本章的其他部分已经被讨论过，所以我在这里只简单地讨论一下。与择时假设相反，价值低估假设认为低效率的资本市场可能低估目标公司价值，特别是对那些不被分析师或大众媒体关注的小公司。在这种情况下，收购者可以通过收购被低估的公司，并在市场意识到它们的正确价值时将其出售，从而创造价值。然而，如果这是主要的解释，未能成功被并购的目标公司股价将上涨并维持在较高的水平，但是经验证据与此不一致。

横向合并可能增加竞争厂商之间成功勾结的可能性。这限制了产出、提高了商品价格和/或降低了要素价格，增加了合并公司的垄断租金。然而，正如在"竞争对手的收益"一节中所讨论的那样，这种解释从未找到任何实证支持。

管理层利己行为：自由现金流

詹森（1986）认为，在存在自由现金流也即企业的现金流高于支付给利益相关者所需及为正净现值（NPV）项目提供资金的情况下，所有者和管理者之间的代理冲突最为严重。经理人出于自身利益考虑，可能会选择将这些现金花掉，而不是返还给股东。对外收购是他们利用自由现金流的一种方式。

拥有自由现金流的一类竞标企业包括现金充裕的公司。哈福德（Harford，1999）研究了企业中存在现金过剩是否会导致管理者进行价值损毁的收购。他考察了1950年至1994年之间的一份并购尝试样本，发现现金充裕的公司比其他公司更有可能尝试发起并购。现金充裕公司的收购是价值损毁的——现金充裕的竞标者每持有1美元的过量现金储备，就会通过并购损失7美分。而且他们更有可能进行多元化收购，选择的目标企业也不太可能吸引其他竞标者。现金充裕收购方的合并交易完成之后，经营业绩也会异常下滑。

管理层错误：狂妄自大

罗尔（Roll，1986）认为在收购中成功的竞标者会受到赢家诅咒的影响。出价方的估值将掩盖目标企业的真实价值，我们不会看到目标方认为自己的价值高于出价方给出价格的收购。因此，平均而言，竞标者将为他们的收购支付过高的价格。

劳和韦尔马伦（Rau and Vermaelen，1997）认为，必须批准收购的管理层和其他决策者（如企业的大股东和董事会）间接地从资本市场上得到关于投标方的管理质量的反馈。在账面价值/市场价格（B/M 比率）比率较低的公司（"魅力型"公司）中，经理们更有可能高估自己管理收购的能力，即他们将被企业的高市值所感染。这些有魅力的公司是过去股票回报率高、现金流和盈利增长快的公司，这会提高管理层对自己行为的信心。此时，在这些公司中，董事会和大股东等其他利益相关者更有可能给予管理层处置的权力，并批准其收购计划。另一方面，在管理层业绩不佳的公司，如账面价值/股票价格（B/M 比率）较高的公司（"价值型"股票），经理、董事和大股东在批准重大交易前会更加谨慎，因为这很可能会决定公司的生存。由于这些收购并非出于狂妄自大的原因，它们应该是能够创造股东价值，而不是摧毁价值。根据上述假设，只有随着一项收购结果逐渐变得清晰，资本市场才会重新评估收购方的质量。换句话说，当出价方的经理评估收购价值时，市场（以及管理层、董事会和大股东）过多地从过去的表现中推断。因此，在短期内即围绕收购公告的宣布，"魅力型"投标企业的异常回报将高于"价值型"投标企业，但从长远来看，这种情况将会逆转。

劳和韦尔马伦（1997）发现，在合并或要约收购完成后的 3 年时间里，价值型竞标者的表现远远好于魅力型竞标者。价值型竞标者的收益规模具有统计学意义，经过 B/M 调整后的并购正异常回报率分别为 8%（合并）和 16%（要约收购）。另一方面，魅力型收购者获得统计上显著为负的经 B/M 调整的－17%的股票异常收益（合并）和不显著的 4%异常收益（要约收购）。这一发现表明，价值型投标者比魅力型投标者表现更好。在排除了小型收购、排除了纳斯达克的收购者，或者排除了并购事件集中的时间段后，上述结论没有变化。

海沃德和汉布里克（Hayward and Hambrick，1997）直接考察了首席执行官的傲慢自大在解释收购所支付的高额溢价的影响。在 106 宗大型收购交易的样本中，他们发现，首席执行官傲慢自大的四个指标与并购支付的溢价规模高度相关：收购公司最近的表现、最近媒体对 CEO 的赞扬、衡量 CEO 的自我重要性指标以及上述三个变量的综合。当董事会内部董事比例高、CEO 兼任董事会主席时，CEO 傲慢自大与并购溢价之间的关系进一步加强。

管理者的失误：EPS 短视

劳和韦尔马伦的研究假设收购方公司的经理只关注每股收益。与低于买方市盈率的公司合并并以股份支付收购对价，会提高买方的每股收益。如果收购伴随着每股收益的增加而不是减少，经理们会发现更容易证明收购的合理性。事实上，人们普遍认为，公司不应该收购市盈率高于自己的目标公司（Brealey and Myers，1996）。因此，如果收购导致每股收益增加，经理人可能愿意为目标公司支付更高的价格（可能是过高的价格）。对于他们样本中的每一次并购，劳和韦尔马伦计算了合并后收购方的每股盈利的实际增长与未发生合并的估计增长之间的差额。他们发现，合并对每股收益与收购方随后的长期表现，均没有显著影响。

获得什么样的目标企业：目标特征

什么样的公司是收购的潜在目标？试图回答这个问题的论文通常使用逻辑概率模型来检验企业成为收购目标的概率。回归模型就是下面这种类型：

$$P_{it} = 1/[1 + e^{-\beta x(i,t)}]$$

其中，P_{it} 是公司 i 在 t 时期被收购的目标的概率，$x(i,t)$ 是公司 i 在 t 时期的解释变量向量（即公司的一系列特征变量），β 是未知参数向量。

目标的规模

帕利普（Palepu，1986）假设业绩表现较差的公司更有可能成为收购目标，因为潜在的竞标者可以收购这些公司，并且很容易增加其价值。他分析了收购完成的概率，使用了几个财务业绩比率，包括 M/B、P/E、股本回报率和销售增长率等，还分析了财务杠杆和规模的影响。低杠杆率的公司可能拥有潜在的债务融资能力，收购者可以利用这些能力来为收购融资。大公司不太可能被收购，因为收购大公司的融资成本过高。此外，将一个规模大的目标企业整合到收购方中的成本，随着目标规模的增加而增加。与假设一致的是，帕利普发现小公司、低杠杆的公司更有可能成为并购的目标。有趣的是，他还发现，行业内发生的收购活动与并购可能性之间存在负相关关系。

与之相反的是，米克尔森和帕奇（Mikkelson and Partch，1989）发现，虽然大公司不太可能成为收购目标，但公司的财务杠杆对被收购的可能性没有影响。安布罗斯和梅吉森（Ambrose and Megginson，1992）扩展了帕利普（1986）的模型，增加了企业内部人持股和机构持股、公司总资产结构中固定资产（有形资产）的比例等因素，选择一个随机样本，即 1981 年 1 月 1 日在纽约证券交易所、美国证券交易所上市的非监管行业的上市公司。与帕利普（1986）的结论一致的是，他们发现小公司更有可能收到收购要约。然而，帕利普（1986）模型在样本期内的解释力有所降低。此外，收到收购要约的概率与企业的有形资产正相关，与机构持股的净变动负相关。

科门特和施沃特（Comment and Schwert，1995）研究了 1975-1991 年间在证券交易所上市的目标公司样本。他们发现，目标公司的销售增长率低于平均水平、现金头寸更高、M/B 更低、债务——股本比率更低，这表明目标公司表现不佳，无法有效利用资本。较低的 M/B 可能是目标公司拥有更少的增长机会和更多资产的证据，但也可能他们仅仅只是被价值低估的公司。

总体而言，"规模"似乎是所有研究中最成功的预测收购概率的因子。其他变量如销售增长率、财务杠杆、M/B 和 Q 比率等，结果都不确定。

目标公司的杠杆

实际上，杠杆与被收购可能性之间关系的混合不确定结果，可能部分是由于前面讨论的共同保险效应。比利特（Billett，1996）利用证券价格研究中心（CRSP）和 Compustat 数据库的上市企业信用评级数据，对 448 家非金融和非受监管的公司进行了共同保险效应的研究。他发现，当一家公司债务（用风险债务的余额衡量）数量增加而提高共同保险潜力时，其被收购的可能性就会降低。这种共同保险对收购的威慑是特定时期的，它在 1985-1990 年期间最为强劲，对于拥有未偿还公共债务的公司来说也是最强的。

目标企业的所有权结构

詹森和鲁巴克（1983）将收购市场描述为各个管理团队竞争企业资源管理权的市场。根据这种观点，公司的股东并没有积极地控制公司，相反，管理层是积极的参与者，股东扮演相对被动的角色。投资银行、收购专家和套利者作为金融中介为收购市场提供运行机制。

因此，决定一家公司是否为潜在收购目标的另一个重要因素可能是管理层持股。然而，管理层持股对收购活动的影响尚不清楚。管理层持股的增加使经理人的动机与股东利益一致。莫克、施莱弗和维什尼（1988）以及麦康内尔和瑟韦斯（McConnell and Servaes，1990）的文献表明，管理层持股比例高的公司也有较高的托宾 Q 值，这可能会降低这些公司被收购的可能性，因为很少有证据表明新的管理团队可以为公司再增加新的价值。然而，两篇文献也记录了托宾 Q 值与管理层所有权之间的非线性关系。在管理层持股比例较高的情况下，随着管理层越来越可能产生盘踞效应，这种关系变得消极起来。某种程度的固守盘踞效应，可能会让糟糕的经理人更有能力抵制收购。最后，管理层持股增加也可能导致更高的收购溢价，因为管理者可以更有效地与潜在收购者进行讨价还价。

米克尔森和帕奇（Mikkelson and Partch，1989）对 240 家工业企业的随机样本中管理者的持股情况进行了检验，并测试管理层持股大小是否会影响企业被收购的可能性。虽然他们发现成功收购公司的可能性与目标企业的管理层持股无关,但这种缺乏关联是由两种相反的效应造成的。当管理层持股比例越低时,一方面,公司获得收购要约的可能性越大;另一方面,收购企图导致控制权变更的可能性越低。宋和沃金(Song and Walking,1993)研究了1977年至1986年《华尔街日报》上公布的153家收购案例。他们将这个样本的管理层所有权与另外两个对照组(分别来自153家行业匹配公司或随机选择的非收购的公司样本)进行了对比。他们发现,与非目标公司相比,目标公司的管理层所有权明显较低。在目标公司的样本中,管理层的持股在有竞价的要约中较无竞价的要约中更低,在不成功的要约中较成功的要约中更低。施瓦达萨尼(Shivdasani,1993)发现,公司规模、管理层持股和下属公司交叉持股与敌意收购的可能性呈负相关。

反收购防御

除了管理层持股,另一种保持公司控制权的方式可能是目标企业经理求助于反收购法律。安布罗斯和梅吉森(1992)还研究了各种收购防御措施的威慑作用,例如存在错层董事会、公平的公司章程条款、双重资本、毒丸计划或空白支票优先股授权等。他们发现空白支票优先股授权是唯一与收购可能性显著(负)相关的通用的收购防御措施。

从存在反收购的事实中推论出一些关联关系,可能存在的问题是,管理层只在可能发生收购的情况下才选择实施反收购措施。这将混淆收购防御的有效性和收购可能性之间的关系。在极端的情况下,我们可能会观察到收购防御措施的存在与公司被收购的可能性之间存在正相关关系,比如毒丸计划导致了收购。科门特和施沃特(1995)使用两阶段的计量方法来缓解这个问题。在第一阶段,他们利用反收购法律、公司规模、销售增长率和流动性等变量,估算出一个公司采取毒丸计划可能性的模型。令人意外的因素可能是,当管理层掌握了一项即将进行的收购企图的信息时,他们将采取毒丸措施。第二阶段应用收购虚拟变量和第一阶段估计出的毒丸采用虚拟变量进行probit回归。他们发现,采用毒丸计划与出售股东的更高收购溢价呈正相关,无论并购最终是否成功。他们得出结论,反收购措施增加了目标公司的议价地位,但并没有阻止许多交易。因此,毒丸计划的股份发行以及其他的控制股份法、商业合并法等都没有系统性地阻止收购。

一种不同寻常的反收购防御是在员工中成立工会。具有不同员工工会组织的公司可能不愿合并,因为它们担心合并中的非工会企业可能最终也会成立工会。沃克和史蒂芬斯(Wruck and Stephens,1992)指出,当西夫韦(Safeway)出售其达拉斯分部时,未建立工会的买家往往不想雇佣西夫韦的员工,因为他们不愿意自己的运营企业工会化。有工会组织的目标公司的管理层可以利用与无工会组织的公司合并的威胁,从工会那里获得让步。法利克和哈西特(Fallick and Hassett，1996)探讨了工会化是否会影响一家公司与另一家公司合并的决定。他们发现，建立工会组织增加了公司进入收购市场的可能性，而工会组织地位相似的公司易于相互合并。

结论

本章试图对过去 30 年并购的实证研究提供一个广泛的概述。它绝不是全面的。有些结论是可以得出的——目标公司股东看上去获得了显著的正回报，收购方股东获得零或负的回报，债券持有人看上去没有受到伤害，竞争对手可能从中受益等。公司收购的原因多种多样——为了提高目标企业管理效率、收购方管理层狂妄自大、利用自身估值过高、实现多元化等。许多研究结果都存在争议。在不同时期、不同国家或使用不同统计方法的研究得出的结果相互矛盾，还需要更多的后续研究。

复习题

1. 就事件研究法写一个简短的学习心得。
2. 回顾关于以下几个问题的实证研究证据：
    a. 并购方法：合并或要约收购
    b. 付款方式：股票或现金
    c. 交易态度：敌对或友好
3. 收购的傲慢自大假说是指什么？

第十章 接管防御

沙伦·汉尼斯(Sharon Hannes)

学习目标
- 不同的并购防御措施
- 并购防御对股东价值影响的实证研究

介绍

不请自来的控制权交易,又称敌意收购,在20世纪80年代开始盛行。敌意收购的独特和定义性的特征使被收购公司的董事会反对该项交易。因此,为了克服这种反对意见,收购方必须向目标公司的股东发出呼吁。虽然20世纪80年代的收购浪潮并不是美国的第一波收购浪潮,"公司控制权市场"一词早在亨利·曼恩(Henry Manne,1965)的开创性著作中就有过著名的描述,但它无疑是最猛烈的一波收购浪潮。20世纪80年代,《财富》500强企业中令人难以置信的30%的企业都遭到了收购。

根据法律规定,董事是由股东投票选举产生,也由股东投票罢免。因此,只要收购方能够成功收购目标公司的多数股份,那么他或她使用股东的投票机制取代反对的董事,只是一个时间的问题。所以,在实际并购操作中,当一次敌意收购成功之后,目标企业现任的董事不用等待那不可避免的投票流程,就直接递交辞呈(Coates,1999)。出于这个原因,在20世纪80年代初的敌意收购之前,股东投票机制几乎没有被启用过。

之后,具有里程碑意义的司法判例支持创新法律手段,最终永久地改变了敌意收购战场的格局。[①] 为了阻止敌意收购的市场交易,目标企业采取了各种各样的反收购策略。在这类行动的高峰期,公司律师制定了一种股东的权利计划,这就是臭名昭著的"毒丸计划"。根据这种计划的条款,在未经董事会批准的情况下,给予现有股东购

[①] 参见莫兰诉居民国际公司(Moran V. Household Int'l, Inc.)案,500A. 2d 1346(特拉华州,1985)。(由于美国实施判例法,因此前期的法院案例判决,就对后续的并购实践和诉讼判决具有指导意义,也是标准。——译者注)

买相当大一部分公司股票的特殊权利(Gilson and Black，1998)。因此，敌意收购可能有的价值将被严重稀释，以致无法从收购中再获益(Wachtell，Lipton，Rosen and Katz，1998)。此外，由于这些保护股东权利的计划，是依照董事会的自由裁量权，因此不需要股东的批准，结果自然而然就能被实施。特拉华州法院在莫兰(Moran)案的重大判决和随后的诉讼判决中，使毒丸计划的使用合法化，尽管毒丸可能会在股东和董事之间产生利益冲突，但这一诉讼判决案标志着可以通过单纯的市场交易手段来实现敌意收购的终结。

然而，毒丸计划的发展和司法批准有效并不能阻止活跃的控制权交易市场，因为它并没有削弱目标公司的投票机制或代理投票机制。因此，即使目标公司存在毒丸计划，收购方也可以争取股东的投票，以取代现任董事会。新董事可以移除毒丸，因为"毒丸可以由董事会轻易地移除，就像安置毒丸一样方便"(Coates，1999)，从而允许收购方继续购买股票。因此，如果没有任何其他防御机制的配合，毒丸计划的效应可能被股东投票过程所规避。有趣的是，股东投票机制的设计初衷是为了改变公司的控制权，在毒丸计划时代，投票机制又恢复了主导地位。①

尽管毒丸计划无疑使敌意收购的成本提高了许多，但征求股东投票的付现成本并不是恶意收购的主要威慑因素。毒丸计划的威力在于它所造成的极其昂贵的延迟。由于股票市场价格波动迅速，可以毫不拖延地达成并购交易比不能按时达成交易的价值大得多。此外，由于收购活动涉及收购方管理层的大量投入，创造了重大的机会成本。最后，交易完成的时间越长，其他潜在竞标者的竞争风险就越大。因此，如果更换目标公司董事会的过程所需的时间超过了单纯要约收购所需的时间，毒丸效应就会变得十分突出。

然而，令人惊讶的是，事实并非如此。例如，假设大多数股东可以无理由地迅速解雇现任董事会，并通过书面同意(不需要开会)提名一个新的董事会，那么这个过程不应比一个普通报价的要约收购消耗更多的时间。令人惊讶的是，这恰恰是默认的标准，因为代理投票权竞争可能在45天内结束。因此，毒丸计划本身并不能让防守的目标公司管理层有太多时间来挽救他们正在下降的地位(Comment and Schwert，1995)。

不过，为了加强毒丸计划的力量，可以采取拖延战术。与毒丸计划不同(毒丸计划的通过完全取决于董事会的自由裁量权)，在不违反法律的情况下推迟股东投票通常必须得到股东的批准。在20世纪80年代后半期，正如卡尔波夫和丹尼尔森(Karpoff and Danielson，1998)的研究工作所示，经理们很容易就获得股东对各种延迟投票机

---

① 允许这种做法的市场机制是一种或有投标报价，即与董事会的代理权争夺同时进行。简而言之，这是一个同时提出取代目标公司管理层、购买其股份的要约。参见马尔赫恩和波尔森(Mulherin and Poulsen，1998)。

制的同意。

在上面对反收购策略的简短回顾中,我们从毒丸的发明及其合法化开始。然后,将进一步讨论阻碍股东投票机制效力的收购防御,因为在毒丸时代,股东投票机制是对恶意收购者最有吸引力的选择。此后,我们将讨论在收购要约发出后或在要约正在进行时部署的防御措施。讨论还包括法院在审查各类反收购措施时使用的各种法律标准。最后,我们将以关于收购防御的新数据结束讨论,并提出未来的研究路径。

使收购目标企业的股份吸引力降低的防御措施

防御性交易和重组

虽然本章强调的是旨在避免收购的法律策略,但许多防御性措施实际上是商业操作,而非法律操作。其中一些策略至少在短期内对股东非常有利。收购的威胁可能导致管理层削减成本、出售不需要的资产,并更有效地运营公司。这些措施可能会推高企业的价值,使收购企图对竞标方的吸引力降低。即使在发起收购尝试后,目标公司的管理层可能会模仿收购方采取的措施,从而向股东证明不用接受要约,价值已经被创造。

另一类型的交易或重组可能对股东有害。例如,管理层可能会让资产负债表过度负债,从而降低公司未来支付股息的潜力。或者,管理层可以以低于市场价格将公司的主要资产甚至公司"皇冠上的明珠"资产出售给第三方。公司价值的降低和有吸引力资产的损失将导致竞标者失去兴趣。价值毁灭策略的一种变体(甚至更有效)是毁灭掉对收购成功至关重要的资产。例如,现任管理层可能会说服客户或供应商,声明他们不会与投标方合作,因为他们对现任经理层是忠诚的。

另一个常用的策略是防御性的收购。目标公司收购其他实体或与它们合并的事实可能会使目标公司更难被收购,但通常不会阻碍收购。毕竟在收购之后,敌意收购方可以将资产从目标公司中剥离。然而,一些收购可能会引发监管障碍,比如对竞标者的反垄断担忧,不过,剥离某些资产的承诺可能也会克服这一障碍。

反噬防御[①]

这种不常用的防御是一种特殊的防御手段。目标企业所考虑的收购是对投标方本身的收购,必须在投标方完成对目标企业的收购之前完成。因此,只有当投标者本身是一家被广泛持有的公司时,这种策略才有可能实现。在一个著名的例子中,马丁·玛丽埃塔(Martin Marietta)以对本迪克斯(Bendix)股票的出价要约迎击了本迪克斯的出价要约(DeMott,1983)。而且,由于这两项投标都成功了,很难弄清楚哪个

[①] 英文原文 The "Pac-Man" Defense。——译者注

实体控制着另一个。在双方达成的一项协议中，混乱终于得到了解决。

白衣骑士和友好的机构股东

经验证据表明，只有少数目标公司能够击退收购要约并保持独立。然而，从收购方的角度看，并非所有收购尝试都是成功的。通常情况下，目标公司的管理层能够招引一个第三方——一名"白衣骑士"，来进行竞价，并击败敌对的竞标者。这种做法的不利之处在于，该公司被卖给了这样的第三方，放弃了独立。对"白衣骑士"的偏好可能是出于管理层个人对恶意竞标者的不满，或者是"白衣骑士"提供给管理层各种福利的结果，无论是在雇用还是在遣散费方面。

另一种可能是将公司相当大一部分股票交到一个友好的股东手中。这样的股东可以帮助管理层避免被敌意收购，同时保持目标公司的独立性。最后，在某些情况下，面对敌意收购，管理层向员工持股信托发行目标公司的股票，这些信托计划的受托人将支持现任经理。如果是在收购爆发的前夕或者在收购战中，进行员工持股计划的股票发行，法院对这种做法持高度怀疑态度。

对第二阶段交易构筑障碍：绝对多数和公允价格

在多数敌意收购中，投标人拟进行的是两阶段交易。在第二阶段交易中，收购方与目标公司合并，并将在第一阶段未接受要约的少数股东"排挤"出去。收购方与目标公司合并了两家实体的资产，使收购方可以用被收购公司的资产为收购融资的贷款提供抵押。

因此，对第二步交易的阻击（无论是"排挤"性的合并还是类似交易）可能成为收购障碍。由于所有州都要求股东投票批准合并，因此，阻击此类交易所需要的只是增加一项特许条款，即一项"驱鲨剂（Shark Repellent）"的公司章程修正条款，该修正条款要求，只有获得绝对多数票，才能获得批准。通常绝对多数的通过率要求高达95%的股东投票同意。由于公司的现任管理人员通常持有部分股份，这种绝对多数要求，可能成为一个重大的障碍。《驱鲨剂修正案》通常附带另一项公司章程条款，其中规定，《驱鲨剂修正案》只能以绝对多数票从公司章程中被删除。否则，在收购的第一阶段之后，收购方很容易就会删除《驱鲨剂修正案》。这种策略以及任何其他公司章程修正案的缺点，是基于这样一个事实：对公司章程的修正案需要获得董事会和股东大会的批准。

另一个常见的、旨在阻碍第二阶段交易的驱鲨剂公司章程条款是公允价格条款。这种条款规定了第二步"排挤"交易的最低价格要求（用数字或公式表示）。在某些情况下，规定的公允价格高于第一阶段的投标报价。在这种情况下，股东可以持有股份并避免接受敌意收购方第一阶段的投标，从而完全阻止收购。

强制赎回条款

另一个不太常见的驱鲨剂公司章程条款是强制赎回条款。强制赎回条款在某种意义上是对阻击第二步交易的驱鲨剂条款的补充。有时,投标人对购买整个目标企业不感兴趣,而仅仅是要获得控制权,将收购成本降至最低。强制赎回章程规定,在收购后,任何少数股东都可以通过看跌期权(即赎回条款),将其持有的股份出售给公司,从而消除了竞标者只持有目标企业部分股权的可能。此外,强制性赎回条款可以规定赎回价格。在赎回价格高于投标报价的情况下,股东在要约收购中会再次坚持并避免向投标方出售股份。

双重资本重组

证券交易所监管机构现在禁止的一种强有力的收购防御是双重资本重组。其理念是改变公司的资本结构,使公众股东拥有较低的控制权。为了实现这一目标,有一些方法可以操纵。例如,管理层可以宣布一种新类型的股票,这种股票具有多重投票权,但每次股票发生交易时,其投票权将被暂停数年。由于公众股东交易频繁,而通常管理团队坚持持股不变,则管理层加强了对公司的控制。由于市场专业人士纷纷买进股票,一旦发起收购,交易频率通常会达到峰值,这一事实突显了这种控制效应。另一个旨在达到同样目标的策略是修改公司章程,减少公司普通股在交易发生时的投票权。[1]

无论如何,这种收购防御战术目前是被证券交易所规则禁止的。在公司上市时一开始就采用双重股权结构,仍然有可能完全阻止收购。然而研究表明,上市时持有双重股权结构的公司在市场上会遭受大幅折价,因此,只有少数公司选择了这种做法。

有毒债务和控制性条款

公司一些合同中的控制性条款,包括与其供应商首先也是最重要的是与债权人(毒药债务)的合同条款,可以作为反收购的障碍。例如,合同条款中可以规定,贷款人可以在企业变更控制权后加快贷款收回,或者提高贷款的利息。与其他供应商和主要客户的协议中也可能会出现类似的规定。即使没有这样的控制条款,一个负债累累的企业也可能会变得难以被收购,因为公司的债务融资能力是有限的,收购方可能需要目标企业的融资能力来为收购提供融资。

股票回购以加强管理层地位

当目标公司拥有大量忠于管理层的内部人股东时,管理层的地位可以通过回购目标公司的股票来增强。这样的策略通常是,通过要约收购一定比例的目标公司的股

---

[1] 即比如在公司章程中写道"持股时间不到一年的股东不得召集股东大会、持股时间不到6个月的股东没有表决权等",依据股东持股时间限制其投票表决权。——译者注

票,并以高于待定或预期的敌意收购方报价的价格完成。理想的情况是,忠诚的股东不会出售自己的股票,从而增强了管理层的权力。如果支持性内部股东最初持有的股票数量可观,那么在进行防御性股票回购之后,管理层或许能够阻止敌意收购,或者至少在这种交易需要绝对多数投票的情况下,阻止竞标者的交易成功。如果管理层一开始就没有足够的忠诚股东,那么自我要约的效果就会大打折扣。然而,即使在这种情况下,自我要约也可以导致恶意投标人提高报价。

金色降落伞

另一种通常被认为是收购防御的做法是给予目标企业的现任管理层"金色降落伞"。"金色降落伞"只是一种慷慨的遣散费,是在管理层被解聘时发放。发放的金额通常不会超过有关人员年薪的三倍。超过这个限额,美国《国内税收法》不允许公司扣除遣散费作为费用,而公司必须支付20%的执行税收。

无论如何,人们怀疑广受欢迎的"金色降落伞"是否会成为收购的障碍。首先,公司"金色降落伞"条款下的总支付很少会超过公司市值的几个百分点(Lambert and Larker, 1985)。其次,据说"金色降落伞"能使经理和股东的利益保持一致,并能说服经理支持收购,本来他们会反对(Kroeber, 1986)。

向外翻转毒丸(Filp-over pill)(非歧视性)

机构投资者的声音在20世纪80年代逐渐显现,他们反对一些管理层的防御性策略。因此,潜在目标企业的管理者开始寻求一种不需要股东批准的有效反收购技术。不需要股东批准的防御性措施,往往对公司来说代价高昂、耗费管理时间,并可能中断公司的日常运营。作为股东的一项权利计划,毒丸计划的发明,其唯一的操作目的就是阻止敌意投标,满足了需求,它是在不影响公司正常运营的情况下阻止敌意收购,并完全由董事会决定。

第一代毒丸被称为"翻转毒丸"。它与旨在阻止第二步并购交易的特许条款类似,这种"翻转毒丸计划"并没有针对敌意收购方购买股票,而是针对收购方在第二阶段操作中与目标企业合并的能力。如前所述,无法与目标企业合并的潜在竞标者可能会对目标企业失去兴趣。当已经购买了目标企业股票相当大一部分的投标人与目标公司合并(或者以其他方式合并两家公司的业务)时,就会触发股东权利变更计划(即毒丸计划)。如果投标者出售了两家公司中相当大一部分资产,也有可能触发毒丸。

一旦触发,股东就拥有权利以折扣价(通常是市场价的一半)购买竞标者的普通股。向外翻转的毒丸是一种非歧视性毒丸,在某种意义上,投标人自己也有权折价购买自己的股票,就像目标公司的其他股东一样。然而,一旦目标公司的股东行使其权利,投标方就将遭受重大的股份稀释。

虽然这种翻转毒丸策略有很多优势，但作为一种反收购机制，它还远远不够完美。在某些情况下，投标人可能在不将其业务与目标公司合并的情况下做得同样好，因此永远不会触发毒丸。在其他情况下，如 1985 年詹姆斯·戈德史密斯（James Goldsmith）爵士收购皇冠泽勒巴赫（Crown Zellerbach）企业，收购方启动了要约，然后在第二步交易中，与管理层进行协商谈判。现任的董事会总是保留了撤回毒丸的权力，因为它们希望友好的交易进行下去。

向内翻转毒丸（filp-in pill）（歧视性）

向外翻转"毒丸计划"的缺陷促使律师们创造了更致命的反收购武器。此外，毒丸计划在法庭审查中获得通过的事实，鼓励了律师们发明新的"歧视性毒丸"以碰碰运气。这种歧视性毒丸将投标人与目标公司其他股东的权利分开。一旦投标人收购了目标公司股票的相当一部分（无须等待第二步交易），目标方股东的权利就会被触发，但投标人是没有这种权利的。

与获得竞标者普通股的权利（如向外翻转毒丸的情况）不同，向内翻转毒丸授予每名毒丸持有人以大幅折扣价格购买目标企业股票的权利。因此，重要的是权利是歧视性的，结果就是投标人在目标企业的持股份额会被大幅度稀释。为了获得额外的接管保护，在向内翻转毒丸中添加向外翻转毒丸也是很常见的。第二代毒丸无疑是一种激烈的收购防御措施。首先，阻碍了竞标，因为它能成功地将收购方的持股大幅稀释。其次，由于每位股东都知道，如果收购方成功持股到一定比例，而他（她）本人并不接受要约，那么他（她）的毒丸权利将变得有价值，这样的结果就是没有人会把他（她）的股份在第一阶段卖给出价的收购方。

最后，就像向外翻转毒丸一样，目标公司的董事会可以撤销向内翻转毒丸，以协商完成友好的并购交易。正如我们之前所提到的，这种毒丸的特性使它容易被规避。如果竞标者通过代理投票竞争获得了对公司董事会的控制权，他新任命的董事将能够赎回毒丸。这种可能性使得目标公司试图影响董事会投票机制，同时也发明了新型药丸。然而在大多数情况下，法院不愿意批准使用这种毒丸。例如，"死手毒丸"（the dead hand poison pill）要求撤销毒丸的权力只能保留在发行毒丸的董事手中，无论他们是否在职。"无手毒丸"（no hand poison pill）规定，一旦更换董事，就不允许撤销任何毒丸。法院通常以董事会不被允许限制其未来的自由裁量权为由，拒绝了这两种新型毒丸。下面进一步讨论其他阻击代理投票机制的收购防御策略。

阻碍代理投票竞争的常见公司章程规定

虽然法院一般不会使"死手毒丸计划"合法化，但它们确实批准了一些妨碍代理投票机制易用性的公司章程条款。原因是，大多数州的立法明确允许此类规定，尽管它们损害了代理投票程序的有效性和可用性，而代理投票是实现公司控制权主动改变的一种手段。总的来说，这些导致公司拖延和阻碍代理投票机制的章程（或章程细则）条款，可以分为禁止股东表达意见机会的条款和限制股东从现任董事会手中夺取控制权的条款。由于每个州都有不同的相关标准，以下集中分析作为主要的公司注册地的特拉华州的做法(Kaouris，1995；Romano，1985)。

限制股东发表意见机会的条款

与能够轻松召集和维持其意志的董事会不同，大多数的股东群体受到约束，无法以确定的方式达成决策。股东可以通过股东大会、特别股东大会或者书面同意的方式提名或者更换董事。设计良好的反收购条款可能会妨碍这些方式的有效性。

书面同意代替出席会议

股东发表意见和更换董事会最迅速、最简单的方式是通过书面同意程序。因此，即使目标公司受到毒丸保护，它也可能在联邦法律关于代理投票规定的最短45天内被收购成功（假设股东有权无理由罢免董事）。书面同意的投票权可以代替投票的股东会议，是在1974年通过的特拉华州公司法的修正案①中规定的。由于当时公司控制权市场还没有爆发性增长，没有人认为这将增强股东代理投票机制的效能，并使其成为公司控制权市场上的主要工具。事实上，将书面同意方案写入特拉华州公司法，仅仅是为了在所有权相当集中的情况下取代昂贵的股东会议，以节省成本(Gordon，1549，1564)。然而，接下来的十年里，公司控制权市场进入全盛时期，股东的书面同意程序在控制权争夺中发挥了意想不到的作用。②

一个简单的反收购措施可以阻碍股东书面同意机制的重要作用。由于特拉华州公司法允许公司通过章程规定将股东书面同意的默认条款择出，那么公司可以禁止股东使用书面同意来代替现场会议。③ 这样公司的经理通过这一公司章程的补充条款获得了安全保证，使他们不会被股东以书面同意的方式轻易、迅速地解除职务。此外，利用这一收购防御措施为管理者提供了另一个优势，因为董事会不能严密监视股东大会的同意过程，而给予管理层操纵股东大会议程的条件。

特别股东大会

特别股东大会是在年度股东大会之外安排的会议，因此，即使没有股东的书面同

---

① 参见特拉华州公司法条款：DEL. CODE ANN., tit. 8, §228 (1991)。
② 一般情况下可以参见阿吉拉尔(Aguilar, 1984, 27)，有一个轶闻事例参见 A. 斯隆(A. Sloan, 1983, 146-147)。
③ 参见特拉华州公司法条款：DEL. CODE ANN., tit. 8, §228 (1991)。

意程序，也能通过特别股东大会促使管理层迅速更换。特拉华州公司法中相关的默认标准不包括股东召集特别会议的直接权利。① 有趣的是，对于默认的州来说，除非章程中另有规定，公司章程的管理条款②可以授权召开特别股东大会。由于公司章程的管理条款是由股东制定的，股东可以修改管理条款以包括召集特别股东会议的权利（Brannigan，2001，A-4）。然而，管理层可能仍占上风。因此，人们常常会发现，公司设立章程中的条款排除或限制了召开特别股东大会的权利，从而使股东无法通过修改公司管理章程来规避这种默认的标准（即不能召集特别股东大会）。一旦章程明确阻碍了股东召开特别会议的权利，股东就会失去对这个问题的控制。另一种方法是在公司管理章程中设置关于修改特别股东大会条款的绝对多数要求，这样股东就很难改变它。

这种复杂类型的反收购条款用于防止召开特别股东会议，将股东发表意见的机会推迟到下一次年会。有了召集特别会议的权利，委托投票征集可以在60-90天内完成，但没有特别会议，股东必须等待公司的年度例会。董事会有权安排年度会议，两次定期会议之间的时间最长可达360至540天，具体时间视公司注册的州而定。③ 毫无疑问，这将是一个很大的延误。④

普通股东大会和交错董事会条款

显然，未经请求的控制权交易经常会被推迟，推迟的时间甚至超过了年度股东大会。最有效的反收购条款——构成交错董事会的公司章程条款——应该为这种拖延负责。⑤ 根据特拉华州公司法规，所有董事会的成员必须每年被选举。⑥ 然而，一项公司章程的条款可以要求组成一个交错（或称分类）的董事会，每年只更换三分之一的董事。因此，要想控制一家交错董事会的公司，就必须连续赢得两场股东代理投票权之争，在某些情况下，甚至是三场代理权之争（如果公司有累积投票程序的话）。

交错董事会使整个代理投票机制复杂化，它使控制权转让变得冗长和昂贵。在一些行业，等待两年、实现收购要约是不切实际的。从臭名昭著的摩尔—瓦拉斯代理投票之战的逸闻中，我们可以观察到交错董事会的不利影响。摩尔公司（Moore Corp.）向华莱士计算机服务公司（Wallace Computer Services Inc.）发出了每股60美元的收

---

① 参见特拉华州公司法条款：DEL. CODE ANN., tit. 8, §211(d) (1991)。
② 公司章程，也称设立条款，是对公司设立、注册资本、经营范围等的规定，管理条款（bylaw）是对公司具体经营的规定，如股东大会、董事会、管理层等，一份完整的公司章程内含设立条款和管理条款两者。如我国就是这样。——译者注
③ 在50个州的年度股东大会之间的最长时间，参见约翰·C·科茨（John C. Coates，2001）。
④ 关于延迟股东会议时间的具体讨论，参见约翰·C·科茨（1999）。
⑤ 一般的背景情况可参见"交错董事会背景报告"（1994），参见安布罗斯和麦金森（Ambrose & Megginson, 1992）。
⑥ 参见特拉华州公司法条款：DEL. CODE ANN., tit. 8, §141(d) (1991)。

购要约,比目标企业市场价格高出了50%以上。这个出价取决于目标企业的董事会是否同意撤销毒丸,尽管73.5%的股权接受了投标,但董事会还是拒绝撤销毒丸。接下来,摩尔在针对董事会成员的代理投票权竞争中获胜,但由于华莱士的董事会是交错的,摩尔公司只能在8人的董事会中提名3人。

因此,尽管赢得了华莱士股东们的压倒性支持,摩尔公司还是决定退出这场控制权之争,不再等下一年的股东年会了。事后看来,在摩尔公司发出收购要约一年后,华莱士的股价没有达到摩尔提出的价格,而同期标准普尔500指数上涨了20%(Abelson, 1996; Greenberg, 1995; Lipkin, 1995; Miller, 1995)。这则奇闻轶事是一个罕见的例子:收购者既赢得了敌意收购要约,也赢得了交错董事会的第一次年度股东会议,但仍不得不放弃。更常见的情况是,对交错董事会造成的获得控制权延迟成本的预期,导致竞标者最初不愿参与此类目标企业的收购,除非等待赢家的回报极其丰厚。

对一些公司来说,这种反收购措施可以拖延收购时间长达2年甚至3年(感谢累积投票制度),显然变得非常有吸引力。从20世纪80年代初开始,超过60%的上市公司董事会每年都没有完全更换(Monaco, 1999)。毫无疑问,这是一种非常致命且经常使用的反收购措施。

限制股东权利的条款意味着扭曲了控制权

即使股东有机会表达自己的观点,他们也不可能轻易地改变董事会的权力结构。要完成收购,投标方的支持者必须占据董事会多数席位。要达到这一比例,可以通过更换任期已满的董事、在董事任职期间撤换董事或扩大董事会人数并以多数新董事组成董事会来实现。设计良好的反收购条款可以限制股东解雇董事或扩大董事会人数的权利,只留下更换已满任期的董事。

取消无"理由"解雇董事的权利

若股东可以通过书面同意或者召开特别股东大会表达意见,股东们就可以不经年度股东大会表决而罢免董事、接受收购要约。然而,这种可能性不应被视为理所当然。大多数州的法律默认条款确实允许股东在没有任何理由的情况下解雇董事,但是公司可以选择择出(opt out)条款的安排。[①] 如果公司章程中加入了设计良好的反收购条款,股东在董事任期届满前就不得将其免职。

剥夺股东扩大董事会能力的条款

即使股东不得无故解聘董事,股东也可以在年度股东大会召开前采取行动。当股

[①] 在特拉华州,与其他州不同的是,只有组成交错董事会的章程条款才能废除股东罢免董事的权利。参见特拉华州公司法条款:DEL. CODE ANN., tit. 8, §141。

东可以采取书面同意或召开特别股东大会的方式行事时，股东可以扩大董事会、占据新席位，直至现任董事成为少数。因此，股东可以在不解雇任何董事的情况下转移对公司的控制权。

特拉华州的默认法律要求董事的人数必须在公司的设立章程或管理章程中规定。当管理章程中规定了董事人数时，股东可以使用其权力修改管理章程以扩大董事会并从现任董事手中夺取控制权。举例说明，在最近的一场收购大战中，竞标者太阳信托（Suntrust）试图说服目标企业美联（Wachovia）银行的股东修改公司管理章程，以扩大董事会规模，使支持太阳信托的董事能够影响美联。然而，如果公司设立章程中规定了董事的数量，股东就不能干预董事会人数了，让新董事加入董事会，因为董事会对设立章程修正案拥有否决权。因此，这种公司设立章程条款是一种隐含的反收购条款。其他的方法包括在设立章程中明确禁止股东进行填补董事职位空缺的权利。

收购要约发出后的措施

绿票讹诈

即使在已经发起要约或者敌意收购者积累了大量目标股票之后，一些反防御策略仍然可用。其中一个花招，也许是最臭名昭著的反收购防御，就是绿票讹诈。绿票讹诈是指目标公司回购敌意收购方持有的股份。掠袭者从战斗中撤退，但享受着溢价回购的利润，这是和目标公司管理层谈判得到的。虽然管理层在敌意投标开始后或在投标进行时选择了绿票讹诈回购股票，但是提供绿票讹诈的可能性本身就会吸引掠袭者。因此，一些公司在公司章程中规定条款，取消了公司支付绿票讹诈的能力（Gilson，1988）。

20 世纪 60 年代，绿票讹诈回购股票的做法开始出现，并在著名的马西斯（Mathes）案中受到了法院的制裁，20 世纪 80 年代的绿票讹诈的巨额付款引发了许多批评。这种批评最终减少了绿票讹诈事件，并且使一些州包括纽约州立法禁止绿票讹诈。联邦的《国内税收法》也进行了修订，纳入对绿票讹诈利润的 50% 不可扣除的特许权税[①]。

诉讼

另一种非常流行的事后防御策略是法院诉讼。即使诉讼，目标公司成功的概率很低，但目标公司也会进行防御性诉讼。对于一个被意外的要约收购击中的目标公司来说，管理层没有办法，诉讼是反击的第一步。在诉讼中，目标公司通常会要求法院发出

---

① 特许税收（Excise tax），指对货物或服务征收的特许税收，是间接税，即由生产商纳税而非消费者。往往带有惩罚性质，比如对香烟、酒水征收的间接税。这里意思是将由支付绿票讹诈的目标企业对溢价回购差价支付一笔高达 50% 的税收。——译者注

禁令，阻止投标。即使是延长收购要约期限的初审法庭的命令，也可能有助于目标公司重新组织起来，寻找一个替代敌意收购的有效方案。

通常情况下，诉讼的理由往往是不可靠的，而目标企业的法律顾问只是在任何可能的诉讼理由中碰碰运气。反垄断指控总是被提起，但最终很少被法院接受。其他可能的诉讼理由是基于证券法的信息披露等。目标公司的律师辩称，竞标者遗漏了有关投标的重要事实或进行了一些虚假陈述。然而，由于法院允许投标人在必要时及时修改投标文件，这些诉讼理由通常不会为目标公司赢得太多时间。

法院审查反收购防御的法律标准

在20世纪80年代的收购浪潮和管理层采取各种防御性反应之前，美国法院通常对公司的行为采用两种审查标准。大多数企业决策都受到"商业判断规则"（business judgment rule）的广泛保护。一旦董事会表明它已经做出了明智的决定，并且在这个决定中没有相互冲突的私利，法院就不会再考虑董事们的结论。然而，当公司行为可能由于自身利益而产生偏见时，比如公司与控股股东或董事进行自我交易时，法院会适用"整体公平"（entire fairness）标准。一旦整体公平标准得到应用，法院就会考虑反收购防御措施的所有方面，以确保它有合理的商业理由。

涉及反收购防御的公司行为可能不符合上述标准。一方面，董事会可能存在偏见，因为如果收购成功，董事会成员最有可能被罢免。另一方面，与常规的自我交易设置不同，收购事件对于目标股东来说是一项重要的交易，管理层的判断可能对股东有利。因此，特拉华州最高法院在加州联合石油公司（Unocal）的开创性案件中，制定了一种新的标准——合理性检验（proportionality test）——来检验反收购的步骤。合理性检验的第一个方面是，董事会必须"以合理的理由证明，敌意收购存在着对公司政策的威胁"。第二个方面是，反收购的防御措施是否"相对于威胁而言，是合理的"。

第一个方面从来都不是采取收购防御措施的真正障碍。法院的解释是，要求董事会在其行为中指明出于保护公司的目的，而不是出于董事的个人利益。[①] 由于每次敌意收购都会干扰公司的政策，合理性检验的第一个要求很容易实现。

至于合理性检验的第二个方面，就比较复杂了。最初法官们争论的是，董事会采用毒丸事件或其他防御性策略而拒绝并购交易的决定，是否应该受到法庭的深入审查。一方面，在早期法庭判决的鼓舞下，学者吉尔森和克拉克曼（Gilson and Kraakman）主张由法院对董事会关于未经请求的收购要约的任何决定进行实质性审

---

① 参见 AC Acquisitions v. Anderson, Clayton & Co, 特拉华州衡平法院，1986，519 A. 2d 103。

查。具体地说，他们强调了一种中间的审查标准，这种标准不是太苛刻，但却不会把无条件的决定权留给董事会(Gilson and Kraakman，1989)。几年后，另一位学者卡汉(Kahan)解释说，特拉华法庭从来没有打算也永远不会进行这样的实质性审查。董事会在收购公司时必须满足的审查，现实中主要是程序性和技术性的要求(Kahan，1994)。

最终，特拉华最高法院明确表示，只有当管理层的收购防御策略是强制性的或排他性的，它才会援引联合石油公司案例合理性检验的第二项步骤①。这种管理层反收购防御行为的松懈的处理方式有一个例外，就是当董事会开始将公司出售给第三方时。在这种情况下，法院限制了董事会为其出售计划辩护的能力，该出售计划的目的是使其不受另一位潜在买家的敌意收购。② 同样重要的是，必须指出，合理性检验只适用于董事会单方面采取的防御行为。一旦股东机构(如股东大会)批准了一项收购防御性措施，比如批准了一项反收购的公司章程修正条款，法院就不会再用合理性检验来审查反收购措施，收购防御措施实际上得到了豁免③。

最后，一旦管理者试图以一种排除性的方式操纵公司的股东投票机制时，法院对大多数反收购策略相对宽松的反应态度就会消失。由于在存在毒丸计划的情况下，公司投票机制是敌意收购方的唯一选择，因此法院的这种回应态度至关重要。因此，根据白思豪(Blasius)原则，任何管理层提出的、以干涉公司股东选举为主要目的的交易或单边的反收购措施，除非董事会提出令人信服的理由，否则不会被批准④。这一审查标准对企业管理层的要求是如此之高，以致法院在援引这一标准时十分谨慎，但一旦适用，就几乎不可能被准许⑤。

采用反收购措施的趋势和未来的研究途径

在20世纪80年代后半期，许多公司采用了前面讨论过的各种形式反收购公司章程条款，但这种现象不如毒丸计划那样普遍。人们还应该记住，与20世纪80年代前闻所未闻的毒丸计划不同，一些反收购章程条款在控制权争夺浪潮之前就已出台。毒丸的发明放大了这些公司章程条款的巨大阻击敌意收购的潜力。对大约400家大型样本企业(主要是标准普尔500指数)的研究发现，限制股东行动能力如书面同意或召

---

① 参见 Unitrim, Inc. v. American General Corp. 案例，特拉华州高等法院，1995,651 A. 2d 1361。
② 参见 Revlon Inc. v. MacAndrews and Forbes Holdings, Inc., 506 A. 2d 173, 181（Del. 1986); Paramount Communications,Inc. v. QVC Network, Inc 等案例. 特拉华州高等法院，1994,637 A. 2d 34。
③ 参见 Williams v. Grier 案例，特拉华州高等法院，1994,671 A. 2d 1368。
④ 参见 Blasius Industries, Inc. v. Atlas Corp. 特拉华州衡平法院，1988,564 A. 2d 651。
⑤ 参见 Chesapeake Corporation v. Shore 案例，特拉华州衡平法院，2000,Del. Ch. Lexis 20。

开特别股东大会权利的公司章程条款，在 1984 年有 66 家公司，在 1989 年有 178 家公司（Karpoff and Danielson，1998）。在相同的样本中，对于错层董事会，在 1984 年有 143 家公司，在 1989 年有 253 家公司。虽然这一比例在整个随后的 90 年代基本保持不变，但从 20 世纪 80 年代初大约 20％的比例增加来看，还是令人震惊的变化。

一般代理理论认为这些公司章程修正条款是次优的。为了支持这一理论，学者的实证研究发现反收购章程条款的采用与公司股价的小幅但统计上显著的下跌有关（Bhaghat 和 Jefferis，1991；Jarrell 等人，1984）。此外，有直接证据表明，这些章程条款实际上阻碍了收购。交错董事会和公司章程中合并的绝对多数条款的组合要求，显著降低了敌意收购的发生（Pond，1987）。[①] 如前所述，所有实证研究结论并没有导致股东在 20 世纪 80 年代拒绝批准并阻止企业管理层采用反收购防御条款（Danielson and Karpoff，1998；Mikkelson and Partch，1989）。

然而，到 20 世纪 90 年代，采用反收购防御措施的便利性几乎消失了。机构股东的权力和活动增加，实际上阻止了经理们在上市企业中实施反收购防御措施。令人惊讶的是，虽然机构投资者经常阻止管理层采用反收购防御措施的提议，但他们并没有强迫已经拥有反收购防御措施的公司撤销，也没有强迫首次公开募股（IPO）阶段的公司推迟执行反收购防御措施。因此，反收购防御措施可能在 IPO 阶段被采用，也可能就永远不会被采用。正如一位评论员所言：“在 IPO 完成、公司所有权分散后，美国上市公司在 20 世纪 90 年代的收购防御措施通常是固定不变的”（Coates，2001）。

学者们认识到，在企业 IPO 阶段之后，反收购防御措施就是固定不变的。在首次公开募股之前，股东和管理者之间是激励相容、利益一致的，因此，公司在这个阶段被假定为达到一个最佳的治理结构。而且，由于这种治理结构是固定的，IPO 阶段公司的研究结果有望最终揭示出反收购防御措施是有害的还是有益的。然而，最近关于 IPO 阶段公司反收购章程条款的实证研究结果，令公司法学者困惑不解，也没有让辩论的任何一方满意（Coates，2001；Daines and Klausner，2001；Field and Karpoff，将发表）。一些公司采取严厉和有效的收购防御措施，但其他公司却没有这样的规定。[②] 为了理解企业行为差异的原因，研究人员考察了采用和不采用反收购防御措施的企业之间的相关差异。令人惊讶的是，那些选择收购防御的公司并没有像经典文献中所指出的那样，采取收购防御措施对公司具有特殊价值，并且企业具有特定特征。

研究人员提出了一系列市场失灵的理论，来为采用反收购防御措施的经典文献提

---

① 关于 ATPs（反收购章程条款）的负面效应的实证研究综述，可参见 Romano。
② 一位评论人员对传统的公司法进行评论："单独而言，利普顿（Lipton）的立场是所有的公司都应该在 IPO 之前采用反收购防御措施；伊斯特布鲁克（Easterbrook）和菲谢尔（Fischel）的立场是没有企业应该采用这样的收购防御措施。现实中，企业一半对一半"。（Coates，2001）（Lipton 是著名的公司法律师，毒丸计划的发明者。——译者注）

供另外的解释。所有这些理论的共同特点是，它们都摒弃了 IPO 公司的治理结构实现了全体股东利益最大化的经典观点。[①] 一项研究认为，市场不会为反收购防御措施的成本定价，因此，IPO 阶段的公司往往可以通过采取有害的收购防御措施来保护企业管理者免受敌意收购，而牺牲公众股东的利益。第二项研究表明，律师并不总是在反收购防御措施方面给客户提供好的建议，因此，公司无法选择最佳策略。最后，第三项研究表明，一些上市前的公司若拥有主要的管理者，他们会选择采用收购防御措施，而牺牲了上市前非管理层股东的利益。这一理论与第一种理论的不同之处在于，它假设资本市场能够对收购防御措施进行充分定价，并且知道它们对股东有害，而前一种理论不接受这一经典命题。因此，公众股东对具有收购防御条款的公司会支付较低的股票价格，使得上市前非管理层股东承担了采取收购防御措施的全部成本，而只有上市前的管理层才享受了利益。

在回答这一论点时，我曾在其他地方提出我的观点，所有这些解释都是过度的。IPO 阶段的公司会选择最优治理结构条款的开创性观点可能仍然存在。经典文献未能为这些公司的行为提供完整理论依据的原因是，它们集中于我所说的供给方面的解释。我认为，毫无防护地公开上市的决定，制造了一个未被保护的目标企业，经典文献关注的是制造这样一个目标企业的成本。经典文献因此解释说，某些公司具有一些特性，使得收购防御对他们来说特别有价值，因此，不采取收购防御的成本很高。这种观点认为，这些公司最有可能采取收购防御措施。然而，我认为实证研究未能揭示出这种理论的原因是，经典文献从未考虑过需求方面的因素（即敌意收购方的需求）。

经典文献中隐含的假设是拒绝收购防御的好处不会随着市场上采用收购防御的公司数量而波动。但是我认为，当采用防御措施的公司越多时，未采取防御措施的公司所获得的利益就越大。原因是，收购防御不仅会阻止收购，还会将收购活动转移到没有受到保护的目标企业（即未采取收购防御措施的企业）。这个论点可以作为需求方面的解释。没有采用防御措施的公司越多（也即采用防御措施的公司越少），资本市场愿意为没有防御措施的目标企业支付的收购价格就越低。相反，未采取防御措施的目标公司数量越少，资本市场对每个未防御目标的定价就越高。

公司采用收购防御措施使其未受保护的同行受益的原因是，购买者在他们的决策过程中货比三家（Akhigbe et al.，2000）。一项实证研究很容易地证明了这一点，该研究发现，终止收购计划会为行业竞争对手带来巨大的股票收益，表明行业竞争对手是收购的替代对象，一旦合并失败，它们就可能会被收购。除了查看不同潜在目标企业的特征外，敌意收购方还必须比较收购每个目标企业的容易程度。因此，要全面描

---

① 这个典型的观点来自詹森和麦克林（1976）的开创性文献。

绘一个公司的收购前景,不仅要考虑该公司的防御措施,还要考虑同行的防御措施。从某种意义上说,这种外部性的论证与肖维尔(Shavell)的犯罪转移的论证很相似。例如,在一户人家的窗户上安装铁栅栏会导致邻居家更大的入室盗窃风险(Shavell,1991)。

换句话说,某个公司的收购风险并不是由其采取的反收购措施所内生决定的。每个潜在的收购者自然会面临一个有限的合适目标企业池,并从中选择目标。因此,每个潜在的目标都必须考虑其他潜在目标企业采取的防御措施。一家公司的防御性措施可能会将收购活动转移给另一家公司,从而影响后者在收购事件中合理预期的平均收购溢价。

综上所述,我在此提出需求方面的解释,以及先前文献中提出供应方面的解释,二者一起可能有助于解释 IPO 阶段企业行为多样性的难题。与其他公司相比,一些公司可能拥有一些特征,使得它们从采取收购防御措施中获得更大的收益。然而,采用防御措施的公司越多,未采取防御措施的同行就能期望获得更高的并购溢价。当一家边际的公司对采取收购防御措施漠不关心时,市场就会稳定下来,因为这两种策略(采取或不采取)都提供了同样的好处。

在实证研究中,没有发现可以证明采取收购防御措施的企业具有特殊性,防御措施对这些企业具有特殊利益,这不能作为防御措施是无用的证据。供给方面的影响可能是温和的,或者理论上不存在,但无论如何,现实中只有部分公司会选择不受保护(即不采取防御)。换句话说,即使所有公司在所有相关特征上都相似,它们在反收购决策上也可能存在分歧。原因是,即使收购防御为所有公司提供了类似的利益,采用防御的趋势将提高未受保护公司的收益。最终,在某种程度上,这两种策略的好处对所有公司都是平等的,资本市场会维持这一比例。综上所述,IPO 阶段的公司对于收购防御措施的不同行为,并不一定意味着市场的失灵。

另一个有前途的研究途径是把反收购防御实际上理解为网络产品。与 IPO 阶段的主流观点相反,研究人员在公司法产品领域引用了网络产品理论(Klausner,1995)。网络产品如录像机和计算机,对其他的产品用户具有明显的外部性(Katz and Shapiro,1985)①。虽然强调这一现象在公司法产品(例如契约或章程)中也可能存在的实证工作仍处于初级阶段,但这种观点完全有可能成为 IPO 阶段低效率的有力论据(Katz and Shapiro,1985)。如果将其与网络产品市场类比是恰当的,那么在解释收购防御处于低效标准(或无法达到高效标准)方面,也就不足为奇了。

正如我们前面所讨论的,关于公司章程的经验证据表明,虽然公司通常遵守州公

---

① 作者的意思是类似计算机产品,随着联网的计算机越多,网络就越有价值。此为所谓的网络产品理论。对于收购防御措施,可能也存在使用者越多越有价值、越容易被认同的道理。——译者注

司法所提供的默认安排,但对于可能阻碍敌意收购企图的章程条款,情况恰恰相反。对于最先采用反收购条款的已上市公司来说,采用这种机制可以用管理层扭曲的激励机制来解释。然而,如果收购防御是一种网络产品,许多 IPO 阶段的公司可能会遵循经验丰富的已上市公司所采用的标准选择采取防御措施。例如,当大多数公司被防御保护时,一个未被保护的目标企业很可能会被接管,即使其业绩表现很好。因为这种没有收购防御保护的目标很容易购买。因此,尽管一些公司不愿受到防御保护,但在其他条件相同的情况下,它们可能会选择在大多数市场参与者都受到保护时也采取防御措施。如果这是真的,那么导致已上市企业采取防御措施的代理问题,可能已经传染到一些 IPO 阶段的公司。

结论

反收购措施可以分为不同的类别,如公司章程防御、毒丸防御、法律防御、资产和资本结构防御等。公司章程防御是在公司章程中设置妨碍收购的条款。例如,"超级多数"条款要求达到一定数量的赞成票才能使决议得以通过。公司的管理层可以通过持有一定数量的股份比例来控制任何决定,从而限制其他股东可能获得超级多数股价。例如,假设公司章程或法律要求持有 60% 的选票才能通过一项提案,那么管理层可以通过持有超过 40% 的选票来阻止提案通过。公司可以通过改变资产和负债来阻止收购。例如,杠杆资本重组会使目标公司失去吸引力,原因是其沉重的债务负担和较高的破产概率。最后,反收购的立法可能会阻碍收购。对反收购措施的学术研究表明,大多数收购防御措施是以牺牲股东利益为代价来为公司管理层服务的。许多国家正在取消反收购立法,这是一个积极的举动。

复习题

1. 对以下名词进行简要的解释:

a. 帕克曼防御(互噬策略)

b. 白衣骑士

c. 双层资本结构

d. 毒丸计划

e. 金色降落伞

2. 回顾反收购措施对于股东财富影响的经验研究证据。

3. 收购防御措施是否有利于股东利益?为什么?

第十一章 并购后整合

维什瓦纳特·S. R. (Vishwanath S. R.)

> **学习目标**
> - 并购后整合的核心组成部分
> - 如何规划和实施并购后的整合策略

近年来,全球并购量平均达到 4 万亿美元。以几十亿美元为规模的交易并非罕见。例如,2006 年,英国米塔尔钢铁公司以 230 亿美元收购法国阿塞洛,成为世界上最大的钢铁公司,占世界钢铁生产量的 10%。交易量和交易规模的上升增加了对于健全交易分析和构建交易框架的现实需求。大量证据表明,大多数收购未能产生预期的结果,主要原因是收购价格过高或整合不利。因此,需要一个连贯性的框架来思考并购后的问题。例如,惠普公司首席执行官卡尔顿卡莉·菲奥莉娜(Carleton "Carly" Fiorina)于 2001 年 9 月提议收购竞争对手计算机公司康柏公司。在 2002 年 5 月并购完成后,最初惠普和康柏的组织整合被认为是成功的。然而,到 2004 年年底,惠普显然未能实现并购的长期收入和利润目标。目前尚不清楚失败的原因是由于组织和文化整合困难,或者最初的战略假设是错误的,又或是二者兼而有之。

整合的道路

随着并购成为大公司的常态,高级管理人员正努力维持对各种不同类型和分散化收购活动的控制。公司必须在集中监控和管理不断增长的收购组合企业的需求之间取得平衡,对各个并购活动,分散和适应性地进行尽职调查、设计交易结构和整合,以适应每笔交易的战略驱动因素和规模。为提高收购成功率,财务总监更加需要关注于选择正确的收购目标和设计最佳交易结构。然而研究表明,财务总监关注的主要领域是交易结构和购买价格,这对长期交易成功的影响非常小。

本章重点介绍并购后的企业资源、流程和公司责任的整合。并购后整合(Postmerger integration,PMI)是合并和重新组织两个业务实体的复杂过程,以实现兼并收购动机——协同效应。将两个组织合并的过程对资产、资源、人员和角色具有重要意义。因此，整合计划是在交易之前就需要解决的兼并收购的最重要问题之一。

对工商业高管的调查表明，领先的收购整合企业的总股东回报率（total stock return，TSR）往往高于同行，而落后的收购整合企业的表现滞后于同行。领先的收购者超越于同行的3年平均TSR为50%，而落后的收购者则为－26%。与运营或员工整合相比，客户的整合对TSR绩效的影响更大。

最成功实现并购预期收益的机构高度重视项目管理和绩效评估。表现出色的企业懂得速度对于并购后整合是至关重要的，且认识到长期在内部聚焦于整合问题的危险。大而复杂的整合，需要详细周密的分析和计划。

进展顺利的整合企业对所需达到的目标有详细的了解，例如组织结构、分销渠道、产品范围和相关必须完成的里程碑事件。目标的设置必须由监控进度的绩效评估系统所提供。典型的活动时间表见图11.1。

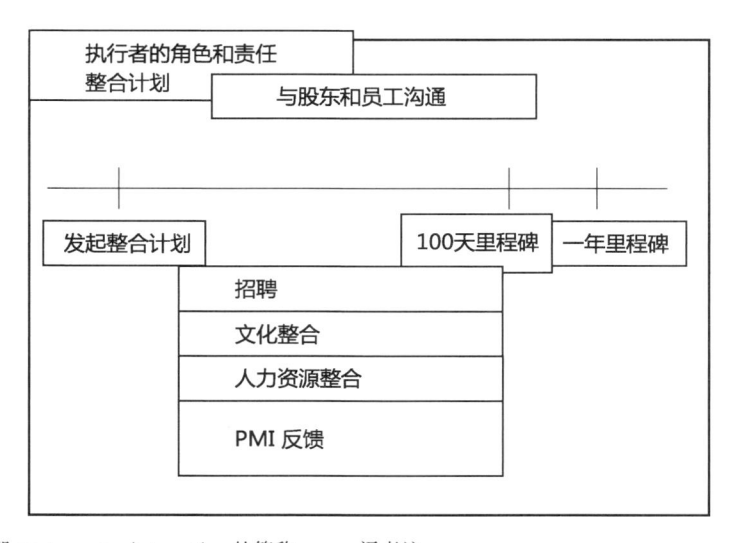

注：PMI即post merger integration的简称。——译者注

图11.1　并购后整合时间表

识别并购中的关键问题

我们需要认识到，并非所有的并购都有同样的目标。因此，有必要对每例并购分别分析。若以并购来解决行业产能过剩问题，公司经理必须决定如何合理化分配资源包括人力资本，以提高效率。若以并购来实现地域扩张，公司经理必须了解需要有多少当地的业务单位以及对应的管理人员。在这里，保留关键的管理人员将是核心问题。类似地，产品或市场扩张的并购和产能过剩的并购，将会产生不同的整合问题。

采用一刀切的方法，将是灾难性的。

整合经理的角色

大多数公司都会指定一名整合经理来监督 PMI 流程。这是一个副总裁级别的职位，负责"并购整合项目管理办公室"（Merger Integration Project Management Office，PMO）的执行管理，该办公室负责公司的价值观和业务目标执行。PMO 向收购的业务主管报告，并对整合新收购的公司和保证业务部门的连续性负全部责任。

整合经理负责大型和复杂企业级别的多个项目的规划和整合，包括全公司范围内的资源需求和向高管执行层报告业绩。整合经理与更高级的管理层、指导委员会、审计委员会、项目和规划管理办公室、业务和技术部门经理以及各具体的项目经理密切合作，以指导项目实现预期的结果。整合领导者是跨职能部门的尽职调查团队的成员。在尽职调查期间，必须确定潜在的整合风险，并在交易公告之前起草整合计划。

整合经理作为执行人员，负责监督和交付为完成整合规划所必需的程序和项目基础设施的开发、实施和执行；制定基准的项目计划；建立项目预算；跟踪、监控和报告计划和项目进度。该职位确保建立和执行流程、问题识别和解决、持续风险管理以及质量和审计保证。

例如，化学品制造商——杜邦公司，在尽职调查阶段就开始计划收购后整合，在此期间，它选择并指派整合经理们进入尽职调查团队，评估和筹划解决整合的障碍。在交易过程的早期，投入整合资源有助于快速利用尽职调查期间收集的信息，并在交易完成前化解潜在的整合"地雷"。

交易风险

典型的并购有几个风险来源，可能会导致交易失败。这些风险源需要高层管理人员关注，如业务绩效、员工认知和期望以及其他人力资源问题等关键领域。下面我们讨论一些主要风险：

- **文化相容**：这是整合成功的最重要因素。只有两家公司的文化兼容，整合才有可能取得成功。每家公司都有自己的一套实践、信念和价值观。由于企业组织是人员、技术和流程的复杂系统，如果两个组织的管理人员在系统和流程上产生冲突，则不可能取得真正的进展。
- **市场吸引力**：并购通常旨在解决公司未能充分利用的市场机遇。如果市场在并购后丧失了吸引力（例如，由于政府监管的变化或相关高管的误判），该交易不太可能产生显著的协同效应。

- **目标公司管理团队的质量**：2002年，在互联网泡沫之后，摩根大通银行的首席执行官杰米·戴蒙（Jamie Dimon）认为："我宁愿拥有一流的执行和二流的策略，而不是一个出色的想法和平庸的管理。"现在有充分证据表明，策略经常失败的原因是它们没有被很好地执行。
- **人才保留**：只有当组织能够留住最有才能的员工时，才能实现大部分预测的协同效应。
- **客户保留**：留住现有客户比找到新客户更为容易。整合计划必须解决新组织如何为其客户提供服务。
- **收入协同假设**：在本书前面关于价值驱动因素和目标估值的章节中，我们演示了如何通过贴现现金流量（DCF）方法估算协同效应。所有估计都基于假设，但假设可能出错。因此，所有的职能部门高管都必须参与估算过程。更重要的是，每个人都必须知道所做的假设。"下行意外"（downside surprise，即未实现预计）可能代价高昂。
- **供应链管理**：合理的PMI计划必须解决供应链问题。例如，塔塔钢铁公司收购克鲁斯集团的目的是在英国和荷兰生产钢铁，并在全球销售。显然，这为塔塔钢铁公司带来了若干供应链问题，塔塔钢铁公司通过设立航运公司解决了这些问题。

保留和整合人力资源

通常收购者几乎完全关注于财务和运营数据，而对交易中的人员问题很少关注。交易公告后不执行人力资源尽职调查，可能导致高管人员流失。研究表明，在整合后的几年里，公司会持续发生高管不成比例的流失（Krug，2003）。通过将人力资源尽职调查作为并购执行的一部分，收购者可以识别决策过程和文化中的差异，解决问题并避免摩擦。

收购的执行者应在交易结束前确定关键的管理人才，并在交易结束后立即锁定针对相应人员的货币激励措施。在完成交易之前，职能整合团队（财务、营销、研发等）致力于识别关键人才，并与人力资源部门合作，以重新构造保留人才的财务和非财务激励机制。

加拿大北电公司是一家拥有303亿美元收入的电信设备制造商，它设计了一种整合方法，可以识别并保留被收购公司的关键人才和业务实践，以促进北电的实质性变革。这种方法通过与员工进行早期和持续的沟通，积极主动地识别和复制针对保留关键人才的财务和非财务激励因素。

辉瑞制药公司要求其整合团队在并购交易完成前进行详细的业务审查，以确定其自身内部的运营和员工的相对优势与劣势。通过这些详细的自我评估，辉瑞可以对目标公司的运营进行快速的能力评估，并确定并购后员工和组织结构的最佳组合。

整合财务和有形资源

PMI 的关键步骤之一是整合财务和有形资源。在尽职调查阶段，高管们花费时间去了解目标企业的资产和负债结构，因为在并购完成后必须立即与收购者整合。这包括物理性地整合设施、工厂、仓库和分销设施，也包括整合银行关系。人们普遍认为，整合后的实体可以以更好的利率借入更多资金，但贷款方希望减少接触较大的实体企业，银行可能会向整合后的公司提供较少的贷款。

整合信誉和无形资源

由于整合准备不足，企业品牌的价值往往下降。交易结束后，公司往往很难确定收购后的品牌价值变化。相反，公司必须明确所收购的品牌战略目标，并努力实现这些目标。具体而言，消费品公司通常将其收购策略建立在目标企业的品牌价值上。他们可能购买具有强烈知名度、但未充分利用其进行营销的品牌，并提供开发其产品形象的资源。该策略将品牌视为收购决策的主要驱动因素，需要尽早准备以促进品牌整合。

在整合品牌时，以下观察将有所帮助：

使品牌规划成为尽职调查的一部分：缺乏正式协议或者品牌评估方法的不足，会使企业高管们无法进行正式的品牌估值活动。尽管如此，将品牌规划作为尽职调查的一部分，有助于公司在整合中的准确定位。

对品牌进行正式分析：进行正式分析有助于为品牌制定"定位"（positioning）策略。

建立品牌监督委员会：通常在整合期间，概念化的品牌预期定位与品牌的战术修订之间存在差距，因为这些是由组织内不同管理团队负责的。为缩小差距，有必要设立一个监督委员会以确保协调一致，该委员会可由来自不同职能部门的高管组成。

在并购期间和并购后不久，在内部和外部进行品牌规划的准备、传播和沟通。

整合 IT 系统

重要的是要理解，整合后通常不能简单地添加 IT 系统（即将其规模化）。收购方和目标公司可能使用不同的系统运行，因此很难将不同的 IT 系统放在一起构建统一的架构。经理应该在整合之前就解决这个问题。在合并或收购期间，75%的整合工作是确定要保留哪些系统、哪些数据很重要，以及在技术上合并之前需要完成哪些整合。

整合薪酬方案

两家公司必须决定如何整合两个实体的薪酬战略。公司和行业的薪酬计划经常变化很大。一些公司可能有股票期权或经济增加值（EVA）薪酬计划，而其他公司可能有固定工资并根据预设公式支付年度奖金计划等。有时公司可能需要从头开始设计统一的薪酬计划。一旦建立了共同的薪酬计划，就必须将其传达给员工。

解决利益相关方的期望

品牌资产和商誉价值通常占公司市值的很大一部分。收购方通常会支付超过现行股权公允价值的溢价，这部分溢价被归类为商誉。商誉往往是很重要的。负面的消息可能导致股价下跌。例如，2015 年 5 月，印度食品安全部门禁止生产和销售受欢迎的方便面品牌 Maggi，声称该产品含铅量很高。雀巢不得不销毁 4 亿件 Maggi 产品，并停止生产该类新产品，产品召回使公司损失 6 700 万美元。

因此，公司应积极主动地管理利益相关者关系和声誉风险。这种积极主动的管理包括评估公司在各个类别关键利益相关者中的声誉，例如产品质量、环境问题和财务绩效等，并弥合预期绩效与实际绩效之间的差距。

上例中的雀巢还被批评为应对危机缓慢。为了解决雀巢在菲律宾的危机，一位新的首席执行官被引进。印度法院强制要求的现场测试发现，Maggi 面条中的铅含量处于安全水平。正如雀巢经验所表明的那样，公司应该跟踪社会期望、政府法规、股东和债券持有人的期望，并与利益相关方合作，确保在不利条件下将损害降至最低。在合并和收购时尤其如此，因为利益相关者担心整合后的企业实体正处于动荡之中。

结论

在尽职调查过程中通常会播下整合失败的种子。公司经常依赖缺乏运营专业知识或整合责任的孤立的尽职调查团队来评价和估值收购，导致忽视整合"地雷"和出现不切实际的估值与整合时间表。此外，从尽职调查团队到整合团队的信息传递，远非无缝衔接，从而可能减缓整合过程。

精心布局的整合计划包括以下内容：
- 一位全心投入、专职的整合经理
- 详尽全面的整合计划
- 经验丰富的高管负责整合
- 高级管理人员包括首席执行官对整合的承诺
- 关键价值驱动因素达成共识
- 跟踪进度和里程碑事件完成的机制
- 整合活动的充足财务预算
- 激励员工超越绩效目标

复习题

1. 为什么并购后的整合很重要？
2. 解释高层管理人员在并购后整合中的作用。
3. 绘制典型的并购后整合的时间线路图。
4. 准备一份并购后整合的项目清单。

第十二章　分拆、剥离与目标企业股票发行

维什瓦纳特·S. R. (Vishwanath S. R.)和
钱坦拉斯卡尔·克里希纳穆迪(Chandrasekhar Krishnamurti)

> **学习目标**
> - 推动全球公司重组发生的力量
> - 不同类型的重组
> - 有关不同类型重组的经验研究结果
> - 目标股票——一种创新型的重组
> - 新兴市场中的公司重组概况

近年来,我们目睹了大量公司资产剥离、分立、分拆和其他形式的重组活动改变了公司的资产和负债结构。几十年前,"多元化的企业集团"就是其中之一。如今,在不相关领域经营的企业已经不再被人们认同。那些曾经制造从头发夹到飞机等一切产品的公司,已经剥离了许多它们没有竞争优势的业务。例如,通用磨坊公司的使命是作为一家"全天候成长型公司",在三十年的时间里,它已经成为拥有家用电器、军用电子产品、化学品和消费食品等的多元化企业集团,最终导致组织结构效率低下、资本分配制度不当,以及经营管理者之间分歧重重(Donaldson,1990,1991)。

多元化作为一种策略是基于这样一个前提,即一家公司的收益下滑将被另一家公司的收益好转所抵消。现代金融理论假设非系统性风险不会在资本市场中被定价,因此无关紧要。所以,多元化的公司只有提供更好的风险回报平衡才能创造价值,这不是通过简单的投资组合多元化能够实现的。多元化可以有六种方式创造价值。

- 将一家公司关于行业的知识和技能应用于另一个行业的竞争性问题和机遇。
- 投资相关的业务以降低长期平均成本。
- 在能力范围内达到临界的最高质量。
- 通过多元化进入相关的产品领域,以降低系统性风险。
- 根据盈利能力分配资金,以最大限度地提高资金效率。
- 由于风险共担,降低了债务成本和加权平均资本成本。由于"共同保险"作用,合并后公司的负债能力可能会增加。

多元化公司的缺点之一是,当盈利能力较高的子公司获得补贴时,利润较低的子公司负担加重甚至出现管理缺陷。

金融经济学家的一般结论是,不相关的多元化并没有增加回报,尽管相关的多元化可能在某种程度上有所帮助。一项研究表明,由于多元化导致的平均股东价值损失约为总市值的13%-15%,主要是过度投资和交叉补贴的结果(Berger and Ofek 1995)。为什么多元化效果不好?成功多元化的秘诀是什么(例如3M公司)?在公司多元化之前,应该多问自己一些常识性的问题:

- 我们的公司在哪些方面能比竞争对手做得更好?
- 我们可以赶上或者"蛙跳式"地超越竞争对手吗?
- 通过多元化,公司可以学到什么,是否能有效地组织起来学习这些经验?

资产重组的推动力量

公司的状况恶化到无法履行其债务的程度时,我们称该公司陷入财务困境。通常,财务困境的最初信号是违反债务契约、停止股利发放等。破产包括财务重组和清算。财务重组涉及重新分配公司的现金流(例如,将债务转为股权),而清算则结束了公司的运营。它包括出售有形资产和在最大程度上支付相关的求偿权。一些陷入财务困境的公司例子是LA齿轮、安然、铱星、克莱斯勒、梅西弗格森、漫威娱乐等。其中一些公司曾经被认为是投资界的宠儿,但它们的证券已经给数百万投资者留下了毫无价值的白纸。为什么一些曾经表现良好的公司会陷入财务困境?可以从公司的事前特征推断出陷入困境的原因,从公司利益相关者的事后影响上推断陷入困境的后果。发生重组的一般原因是:

活跃股东的压力

益格鲁—撒克逊的模型认为公司的主要目标是股东财富最大化。进行有损股东价值投资活动的公司通常会受到活跃股东的约束。这种趋势也正在蔓延到世界其他地区。例如,在荷兰,一批领先的养老基金已开始增加在所投资的公司董事会中的影响力,迫使企业改变战略并创造价值。

直到最近,日本公司的主要关注点还是销售量、资产和市场份额的增长,而没有关注资本成本。竞争挑战迫使他们认识到资本不是免费资源这一事实。大多数日本公司存在多年的年功序列体制现在正在被绩效薪酬的激励计划所取代。在印度,印度单位信托基金(Unit Trust of India,UTI)是一个政府拥有的大型共同基金,其与公司董事会的所有被提名人沟通,要求他们了解在担任董事的公司里的职责。在UTI发起的公司治理动议计划清单中包括：设立董事会级的委员会、董事会中大多数应该为非执行董事、合格外部董事的任命，以及对高层的继任计划进行适当规范的披露，包括首席执行官的选择流程等。

内部控制系统的失效

通过兼并收购改变企业所有权，通常会导致股东价值增加。美国的许多学术研究发现了目标公司的股东回报增加。合并和收购使资产能够转移给最能实现资产价值的所有者。在精心策划的收购中，收益主要归功于更好的公司治理和更高的效率。在像美国这样的市场导向型经济体中，破坏价值的公司将受到资本市场的约束。20世纪80年代美国的收购浪潮主要是企业的去集团化。也就是说，公司出售不相关的业务并收购相关的业务。在许多国家，公司控制权的市场要么薄弱，要么根本不存在。在一些亚洲和欧洲国家，由于复杂的交叉控股、金字塔结构和反收购立法，控制权市场受到限制。在缺乏有效的公司控制权市场情况下，公司并不愿意主动遵守股票市场的纪律。即使存在活跃的公司控制权市场，公司仍可能逃脱任何约束。本质上，组织缺乏控制系统和无效的治理，才是许多陷入财务困境公司的主要问题。通用汽车公司（GM），作为世界上高成本的生产商之一，在一个产能严重过剩的市场中，十多年来一直避免对其战略做出重大调整（Jensen，1993）。然而直到1992年，公司报告1990年和1991年亏损65亿美元、1980年至1990研发和资本支出计划的机会损失超过1 000亿美元之后，董事会才决定撤换首席执行官罗伯特·斯坦普尔。通用汽车不是唯一的例子。IBM、伊士曼柯达和铱星等都是在遭受严重损失后，才改变了战略或首席执行官或者申请破产。

资本结构

根据现代金融理论，拥有大量投资机会的公司可以通过发行短期债券，以保持融资的连续性，并保护贷款人免受公司未来更大不确定性的影响。[①] 此外，成长型企业应该使用相对较少的债务来防止投资不足的问题。对于企业价值主要来自现有资产的成熟公司而言，破产成本很低。这些公司可以负担得起高财务杠杆率，并通过高负债以防止经理人浪费自由现金流。

传统智慧认为，企业应避免将高经营杠杆（将导致高业务风险）和高财务杠杆（将导致高财务风险）结合起来。由于固定成本和债务的存在，净利润将在经济良好的时期得到增加，在经济不景气时期由于同样的原因而减少。农业机械、工业机械和柴油

---

① 长期债务融资对于高度增长的企业来说并不合适，因为企业未来的不确定性很大。

发动机的跨国生产商梅西·弗格森(Massey Ferguson)试图通过转向第三世界来增加其市场份额。梅西在英国和加拿大生产其产品,并在 20 世纪 70 年代后期将产品出售给欠发达国家。这种策略在最初几年运作良好。与竞争对手相比,梅西拥有积极的债务策略和积极的产品市场策略。但是,将周期性行业的风险策略与高(短期)债务联系起来,是不明智的。当短期利率急剧上升,同时由于各种原因导致其产品需求枯竭时[1],梅西陷入了困境。然而,其主要竞争对手约翰·迪尔(John Deere)的债务比率适中,因此它具有财务灵活性,从而可以进行资本投资。当梅西和另一位行业竞争对手国际收割机公司忙于解决财务困境时,迪尔公司采取了激进的策略,锁定了市场份额。

在 20 世纪 80 年代,许多美国公司进行了杠杆资本重组和利用杠杆收购来提高股权价值和运营效率。许多在 20 世纪 80 年代末期进行管理层收购的公司由于交易结构不良以及不利的管制和经济环境,而陷入了困境。基于美国情况的一些学术研究发现,遇到困境的公司财务杠杆率显著高于其他公司,后来由于行业的普遍问题,这些企业的后期绩效表现也更差。

管理层短视

现代金融理论假设公司的目标是股东价值最大化。由于代理冲突,管理层可能会以牺牲股东的利益来获取个人的利益。控制此类代理冲突的一种方法是授予管理层基于股票的薪酬计划,因为股票所有权会激励管理者像股东一样思考和行动。这种逻辑是基于这样一个前提,即其他成本比如管理层的行为成本等也可以通过激励相容性解决。但是,当管理者对他们的策略过于自信,或者对项目的收益存在估计偏差,或者对符合他们自身利益的事情有一种扭曲的看法时,仅靠激励措施无济于事。例如,在索尼创始人之一井深大(Ibuka)的要求下[2],索尼公司在 20 世纪 60 年代花费了大量时间和金钱用于彩色电视接收机的开发。尽管该公司尚未实现商业上可行的制造工艺,但 Ibuka 仍坚持以负毛利率销售该产品。直到管理人员宣布索尼接近破产时,Ibuka 才放弃了这个项目。Ibuka 本人就是公司的一个主要股东,因此并不存在代理冲突。然而,他不会放弃亏损的项目,直到因为这种损失厌恶几乎毁掉了公司。换句话说,即使在存在高效激励的情况下,"过度自信"和"损失厌恶"[3]也会导致企业陷入财务困境。

---

[1] 欠发达国家的客户相比发达国家,风险更高。
[2] 盛田昭夫(Akio Morita)的索尼公司的另外一位创始人,显然并不支持该项目。
[3] "过度自信"和"损失厌恶"都是行为经济学上的概念。损失厌恶是指管理层拒绝承认项目是损失的,而继续对亏损项目进行投入。——译者注

货币和利率冲击

亚洲许多钢铁公司都具有很高的杠杆率,并依靠大规模生产生存。当亚洲经济体萎缩时,这些公司受到严重影响。这一情形并非仅针对钢铁行业。对东亚金融危机中影响最严重的五个国家——印度尼西亚、韩国、马来西亚、菲律宾和泰国的一项调查发现,63%的公司流动性不足(利润低于偿债要求),31%的公司在技术上已经破产(即债务超过其权益)。在整个 1988-1996 年期间,韩国和泰国的平均债务比率远远高于德国和美国。东亚公司不仅债务过多,而且还拥有错误的债务类型即短期债务。马来西亚和泰国的短期债务在总债务中的平均比例约为 66%,而美国为 25%,德国为 45%。短期债务的份额逐渐增加,正是陷入困境的原因之一。此外,韩国和马来西亚公司拥有大量外币短期债务。当本国货币贬值时,外币债务的价值将增加。政府可能会提高利率来稳定货币,但这会对企业盈利能力产生负面影响。这是东亚公司业绩表现不佳的另一个原因。

价值低估和绩效不佳

对许多公司而言,重组是对财务状况和竞争力恶化的一种反应。当公司的市值因为战略的失误或资本市场的失灵而低于其内在价值时,往往需要重组。"价值差距"(当前股票市价与股票潜在价值之间的差异)有时可能会高达 60%(Fruhan,1988)。公司可以通过改善运营减少价值差距,利用杠杆并将部分资产剥离出售给其他最合适的所有者,从而释放价值。

例如,在过去 10 年中,全球钢铁行业的资产回报率仅约为 4%,原因是来自拥有更先进设备的新进入者的竞争激烈,以及由于技术变革而降低了进入壁垒。开工率为产能的 70%-80%,这对资产回报施加了压力。企业管理者通过与竞争对手合并来应对这种情况,从而产生规模经济、削减管理费用、裁员、鼓励提前退休、谈判减薪以及降低采购成本等。在某些情况下,如果法律允许,大多数公司将不得不考虑裁员。① 1987 年至 1991 年间,超过 85%的《财富》1000 强公司缩减了白领劳动力,超过 500 万个工作岗位受到影响。1991 年,大约有 2 500 万人——每五名美国工人中就有一名失业,将近 100 万工资为 4 万美元或以上的美国经理人被解聘(Heckscher and Applegate,1994)。

紧缩开支经常在法庭和街头受到质疑。韩国的现代公司计划解雇 1 600 名工人,FAG 计划裁减 15 000 名员工,而斯科特纸业公司决定解雇 23 000 名员工,这些都引

---
① 例如,日本就不允许解聘员工。

发了骚乱。缩小规模是否可以获取收益？在美国管理协会1994年的研究报告中发现，虽然企业缩减规模很普遍，但不到35%的缩小规模样本公司显著提高了生产率，只有44%的公司报告了营业利润的显著改善(Lewin and Johnston，2000)。相比之下，同一项研究发现，近三分之一的缩小规模的公司实际上在同一时期经历了生产率下降。此外，在1989年至1994年间进行两次或更多次缩减规模的公司，营业利润平均增长约58%，生产率平均增长44%。

两项学术研究审查了裁员公告对股东价值的影响。华瑞尔、戴维森和沙玛的一项研究发现，在1979年至1987年的194次裁员公告中，在宣告的10天时间内股票超额收益为-1%，在90天内为-3%。另一项研究发现，宣布裁员的22家样本公司中有17家的股票价格在裁员宣布之日上涨或保持不变。[1] 一家公司应该仔细审查其成本结构和对标的竞争者。降低企业销售成本的一些通用策略是：

- 改善与供应商的关系；
- 降低产品复杂性和范围；
- 使得采购成为一项战略性问题；
- 提高制造效率。

新兴市场的重组

在印度和韩国等新兴市场国家中，企业集团占据主导地位，其中一些企业集团控制着多达90家公司。韩国的大企业，被称为"财阀"(chaebol)，在所有关键的商业领域中拥有30-50家公司，而五大企业——大宇、三星、现代、LG和SK——占据所有银行借款的20%，拥有韩国GDP近50%的份额。前30大财阀的债务比率通常在500%到800%。西方提出业务收缩的方式，是否同样适用于这些公司？[2] 在这些国家，成为商业集团的一部分，似乎有一些重要的好处，这是其他独立公司所无法获得的(Khanna and Palepu，1997)。新兴市场的特点是资本市场流动性不足、管理人才稀缺、司法制度不健全。这些企业集团经常履行该国无法提供的数种制度职能。例如，企业集团可以充当风险投资人，在集团内部开展创业投资；通过将集团的品牌名称附加到集团公司生产的产品(即保证一定的质量水平)来解决客户的信息问题；集团作为商学院为管理人员提供高质量的管理教育等。换句话说，作为替代市场的企业集团可以为股东创造更高的价值，高于更专注、更独立运作的公司。鉴于这种好处，拆除企业集团可能并不是谨慎的做法。尽管有这样的好处，但是确有一些商业团体几乎没有创

---

[1] 参见 www.corpowatch.org。
[2] 韩国的财阀已经被迫收缩规模、提高绩效、创造可持续的业务。

造价值。表12.1显示了印度一些大型企业集团的股东总回报(股息＋资本收益)。股东总回报率基于集团内主要公司的复合年回报率的平均值。

表 12.1　　　　一些印度大型企业集团的股东回报率

业务组	1994-1998	1995-1998	1996-1998	1997-1998
Tata	(2.6)	0.4	0.8	21.8
TVS	(1.9)	(7.7)	(18.1)	(10.6)
Reliance	(8.1)	(10.5)	9.0	(7.4)
Aditya Birla	(18.5)	(21.8)	(18.4)	(13.1)
RP Goenka	(21.7)	(28.2)	(30)	(5.5)
Modi	(23.4)	(24)	(11.4)	(9.8)
Essar	(31.7)	(30.1)	(13.5)	(3.4)
BK Birla	(30.7)	(31.7)	(33)	(23.2)
LM Thapar	(24.4)	(33.3)	(30.9)	16.80
CK Birla	(21.7)	(34.90)	(37.5)	(16.0)
UB	(11.9)	(10.6)	(2.90)	13.0

股东回报是经指数调整(孟买证券交易所30股指数)后的回报。印度的集团公司由于家族矛盾、企业衰退以及依赖政府管制等导致盈利能力低下,许多企业并没有表现出良好的业绩,与表12.2所示的一些跨国公司的股东回报形成鲜明的对比。尽管有一些熊市状况,但许多跨国公司的股票表现良好。当资本市场指数下跌了31%,跨国公司的股票平均升值22%。

表 12.2　　　　一些跨国企业的股东回报率

公司	股东回报率(%)			
	1994-1998	1995-1998	1996-1998	1997-1998
HLL	34.2	43.5	45.8	42.1
巴塔	(2.5)	40.8	69.2	77.0
宝洁	19.9	38.3	47.7	62.8
ITC	17.8	34.7	45.6	32.8
辉瑞公司	16.4	33.9	34.8	112.0
雀巢	23.2	31.3	31.8	85.9
葛兰素	23.1	30.7	32.2	17.4
吉百利	23.9	30.2	22.7	36.8
史克	10.6	23.7	14.6	9.3

一项 1995 年对七个新兴市场(中国香港、印度、印度尼西亚、马来西亚、新加坡、韩国和泰国)1 000 多家公司的调查研究发现,多元化公司的股价交易价格比单一业务公司存在 7% 的折扣(Lins and Servaes,2002)。此外,他们发现多元化公司的盈利能力也低于单一业务公司,而且这种折扣只存在于属于企业集团的公司和管理层持股集中在 10%-30% 的多元化公司之中。

重组的类型

公司是权利人之间的各种合同关系的一个集合。这些合同代表了对公司资产产生的现金流量的索取权。重组是公司改变合同条款的过程。所以重组(restructuring)就是重建(reconstructing)。① 在本章中,我打算解决以下问题:
- 管理层如何确定哪种重组最适合解决公司面临的特殊问题?
- 股票市场对不同类型的重组做出怎样的反应?
- 如何估算特定类型重组的潜在价值?
- 重组后,管理层的所有权、薪酬和责任有何改变?

资产出售

出售或剥离涉及子公司、分公司或产品线的出售,以获得现金或证券或某种组合。买家可以是另一家公司,公司的管理层(在这种情况下称为"管理层收购"),也可以是另一家公司管理层团队(在这种情况下,它被称为"杠杆收购")。出售所得的现金可能被用作偿债或者给股东发放股利。

通常情况下,被剥离的部门是之前另一个收购计划下被收购的资产。如果该被剥离的部门是为了创造价值而被收购,那么当初的收购和随后的剥离又如何能同时具有合理性呢?只有当销售价格大于该部门/公司的预期现金流量现值时,出售该部门资产的股东才会获利,也就是说,资产对买方而言应该比卖方更有价值。如果该部门资产可以与买方而非卖方产生协同效应,就可以实现这一点。如果买方可以从业务中产生更高的现金流量或降低资本成本,该部门的价值就会增加。剥离的另一个可能原因是使得出售方可以借此纠正过去的错误。那些不再适合公司投资组合的资产可能会被剥离,从而释放出股东价值。

剥离那些收益率低于资本成本的部门是合乎逻辑的。为了决定公司是否应该继续保留现有的部门、清算或出售给其他人,经理们应该估计该部门资产不仅对公司而

---

① 吉尔森(Gilson,1998)也提到了这一观点。

且对其他潜在收购者的价值。有三种衡量标准：第一个是资产的持续价值，即一直持有该项资产的预期现金流量的现值；第二个是清算价值，即假设公司今天终止该部门时将获得的现金流量；第三个是剥离出售的价值，即最高出价者支付的价格。紧接着，保留、清算或出售的决定取决于三个价值中何者最高。如果保留的价值最高，那么即使该部门今天没有赚取资本成本，公司也应该继续持有。如果剥离的价值最高，那么应该将该部门出售给出价最高者，才会创造价值。

决定出售公司/部门的决定与购买公司/部门同样重要。但出售资产时普遍缺乏购买资产时那样的计划。通常，对资产买方的选择是比较任意的，导致对出售方公司的股东可能不公平。要了解资产出售与资产购买需要相同的技能是十分重要的。在某个时间点，公司的高管可能不得不决定剥离部门资产。如果一个部门资产对其他人有更多的价值，那么出售就没有错。出售部门资产的决定可能是由于该业务增长前景不佳或者与主体业务不相融合，也就是说，生产率较低的部门更有可能被出售。鉴于可能随时出现出售资产的需求，因此高管们必须做好准备。更具体地说，管理者需要知道公司的价值所在，必须清楚自己企业在生产、营销、对潜在买家的协同价值、品牌资产价值等方面的优势和劣势。

品牌资产是通过品牌忠诚度、消费者认知、默认产品质量和品牌联想等的结合而创造的。虽然公司早已意识到品牌的价值，但对品牌进行估值最近才开始。品牌价值评估是将品牌资产给品牌所有者带来的利益量化。附录12A描述了评估品牌价值的方法。

正如前面所指出的，资产剥离应该成为公司战略的一部分。为了实施积极的计划：

（1）通过向员工解释剥离的原理以及为什么需要剥离，为组织做好准备。分析业务和业务需求的特定内容。在资产出售前必须进行必要的组织结构调整，以使得业务对买家更具吸引力。

（2）建立客观标准，以识别剥离资产的潜在买家。该标准可能纯粹是财务方面或其他方面的。在确定候选人的时候，必须考虑法律、税收和其他方面的条件。设定最低的销售价格。

（3）一旦出售完成，及时将出售决定传达给员工。

（4）评估各个报价并将资产出售给最合适的收购方。

（5）不要浪费时间，将资产出售的收益及时投资于具有吸引力的商业机会，创建一个新的业务组合。

资产出售的经验证据

对资产剥离的学术研究发现，平均而言，股票市场对资产剥离做出了积极反应，股东获取了正的异常收益。林和罗泽夫（Linn and Rozeff，1984）研究了公司资产剥离公告的股价反应，并报告 1977 年至 1982 年间 77 次剥离的平均超额收益率为 1.45%。[①] 表 12.3 显示了其他资产剥离研究的结果。对剥离后的母公司经营业绩的研究表明，资产剥离后公司的经营利润率、资本回报率以及股票价格回报率等都有所改善，表现往往优于市场指数。当公司处置资产时，不仅传递了有关资产价值的信息，还传递了有关资产使用和卖方财务状况等信息。

表 12.3　　关于资产出售的经验证据

作者	研究期间	样本量	公告日的股票价格异常收益	自公告日到完成出售期间的股票异常收益
Hite，Owers 和 Rogers	1963—1978	55	1.50%	2.30%
Klein	1970—1979	202	1.10%	2.40%

一个例证

西尔斯（Sears）于 1981 年收购了添惠证券公司（Dean Witter）和科德韦尔（Coldwell）银行房地产业务，从而实现了多元化的金融服务。尽管这些子公司表现良好，但这些业务的资本密集性和债务负担迫使西尔斯公司重组。在整个 20 世纪 80 年代，西尔斯公司的股本回报率（ROE）从未达到 15% 的标准，零售目录业务[②]每年损失 1.6 亿美元，其百货公司的数量正在被沃尔玛和凯马特超过，西尔斯的股价也并未反映金融服务子公司的价值。此外，股东维权人士罗伯特·蒙克斯（Robert Monks）选择了将西尔斯作为其股东积极运动的目标之一。

多数公司可能会出售不赢利的部门，将所得投资于盈利更高的部门。西尔斯却恰恰相反。1993 年，西尔斯将添惠证券的 20% 股份出售，然后将其余部分分拆给股东，将好事达（Allstate）保险 20% 的股份进行了美国历史上规模最大的首次公开发行（IPO），又将西尔斯旗下科德韦尔银行住宅房地产业务和其房屋抵押公司出售。此外，该公司还取消了已有 97 年历史的商品目录业务，关闭了一些无利可图的商店，从而简化了商品销售流程。公司增加了 40 亿美元的收入，并将负债从 370 亿美元降低到 170 亿美元。在 1993 年末，西尔斯的股价从 1990 年的最低 25 美元左右，攀升到接近 60 美元，涨幅高达 140%，公司的总市值从 120 亿美元上升到 280 亿美元。

---

① 一些近期的研究得出不同的结论。
② 零售目录业务（catalogue business），即商业企业将杂志、宣传页等邮寄给居民，上面有商品的介绍、图片和价格等，居民可以通过网络或实体店购买。——译者注

分立

近年来，我们见证了大量的公司分立（spin off）。例如仅在美国，2015 年就已经完成了 2 570 亿美元的公司分立①。AbbVie 作为雅培实验室（Abbott Laboratories）公司从雅培母公司中分立出来，交易价值 550 亿美元。在分立中，上市公司的一个或多个部门从母公司中分离，母公司将控股子公司的股份如同股息分配一样按比例分配给股东。这些分立出来的实体继续为母公司的原股东所有。分立出来的公司成为一家独立公司，并在证券交易所上市。宣布分立，通常会增加原公司业务的价值，因为投资者认为企业各个零部件的单独出售价格高于作为一个整体的价格。对于这种资本市场的积极反应，人们提出了许多解释。

集团折扣

大型多元化集团往往失去经营的焦点，难以评估各部门的绩效或设定切合实际的财务目标，而将集团公司分拆，可以纠正这种情况。人们普遍认为，企业集团以低于其内在价值的价格交易，因为投资者和分析师发现难以理解集团的复杂业务组合，将公司的市盈率（P/E）定得低于潜在的应有水平。例如，杜邦公司的市盈率一直在 18 倍左右波动，这样的估值更符合杜邦公司是一个基础的化学业务企业，而不是从事生命科学业务的企业，后者的资本市值一般是其收益的 30-50 倍（即市盈率为 30-50 倍）。分立的前提是投资者可以更好地理解和评估纯粹的业务（单一业务）。在分立子公司的股票上市交易后，向投资者传递的有关产品市场战略、业务和管理等信息质量也有所提高。由于剥离后信息披露质量提高，股票市场的估值折扣消失。西屋电气——一家多领域经营的公司，没有跑赢资本市场的原因在于它的资本结构与资本需求都不符合公司的任何一项业务的特点：它拥有的媒体业务，具有高现金流、低资本投资、高利润率和市盈率；它拥有的电力业务增长速度越来越慢、需要大量劳动力资本。由于电力行业股票的市盈率较低，导致电力业务拖累了媒体业务。因此公司分立的目的是，提供一个纯粹单一的哥伦比亚广播公司（CBS）的估值②。

改善分析师覆盖范围

一家公司的股票表现至少在一定程度上受到证券分析师推荐的影响。通常，证券分析师需要跟踪 25-30 家公司。这使得分析师很少有时间了解大公司的一个小部门

---

① 参见 https://corpgov.law.harvard.edu/2016/03/26/2016-spin-off-guide（在 2017 年 8 月 30 日可登录）。
② 当时 CBS（哥伦比亚广播公司）是西屋公司的一个子公司，分拆以后独立运营。——译者注

的复杂性，因此该小部门的增长前景可能无法完全反映在公司股票价格中。也就是说，分析师不太可能全面分析企业集团。当公司分拆业务部门时，新分立出来的公司可能会吸引新的分析师，这就会修正股票价格的折扣。一项研究报告称，分立后企业的分析师覆盖率确实有所增加（Gilson，Healy，Noe and Palepu，1998）。在分立后的两个会计年度中，样本公司的平均分析师覆盖率从大约17位分析师增加到24位分析师。吉尔森等（1998）也发现了分析师盈利预测错误率的显著下降。他们的研究结果表明，公司在分立、股权分割（carve out）和定向股票发行（targeted stock offerings）等方面的分析师覆盖质量，有积极改善。

吸引新投资者

投资者对所希望投资的公司和行业有偏好。假设公司有药品和软件两个部门，那么该公司将会吸引那些既想要投资药品又想要投资软件的两个行业的投资者。但是，这是一个缺陷，多元化公司不会像两家分开的只专注于某一领域的公司那样吸引一样多的投资者。分立正是通过创建单一业务的公司来纠正这种情况。分立也确实吸引了更多新的投资者（Subramaniam，Anslinger and Klepper，1999）。

一些分立的常见理由如下：
- 创建单一业务的公司来修正股票市场的价值低估
- 分立出没有协同效应的部门
- 降低风险

如前面所指出的那样，分立产生了投资者能够更好理解的单一业务公司。因此，被分立出来的各个实体的权益价值的总和，通常大于过去作为一个企业集团的价值。

有时，一家公司会因为经营上的协同作用而被收购。但是随着时间的推移，公司战略或商业环境发生变化，在同一屋檐下运营两个部门可能不再具有吸引力，尤其是当其中一个部门业绩表现不佳的情况下，分立是可取的。

假设公司的一个分支部门因为业务属性问题（例如化学行业），招致了大量的环境问责，那么将其剥离出来，从而避免整个公司受到影响，将会更好。20世纪90年代，美国氰胺（Cyanamid）公司面临着要求其专注于核心业务和提高经营业绩的压力（Wruck和Roper 1997）。化学公司经营得并不好，也与公司整体定位为一家生命科学公司的使命与职责不一致。结果，化学业务被剥离出来，成立了一家名为赛铁克工业（Cytec Industries）的独立实体。新成立的公司承担了大量的环境和退休人员的责任。或有负债必须在分离时被考虑。否则，母公司或子公司的股东可以在后期以分立造成的损害为由，相互提起诉讼。

两个例子

美国热电（Thermo）公司是一家全球领先的技术仪器、元器件和系统供应商，为生命科学、电信、药物和饮料生产等各个市场提供全面的解决方案。2001年10月，美国热电公司宣布其董事会已批准将其全资子公司伟亚（Viasys）医疗子公司分立出来，作为对美国热电公司的股东分红。伟亚医疗的股票分立发行后，美国热电不再拥有伟亚医疗的股份。伟亚医疗公司的业务为设计、制造和销售各种医疗设备、仪器和用于医疗服务的特殊产品。根据分立计划，美国热电公司的股东将按每股美国热电股份获得1 428股伟亚医疗普通股。

荷兰的综合企业凡登克斯（Vendex）将其招聘和零售业务分立为两个新公司：凡登迪昂（Vendior）和劳拉斯（Laurus）。留下的凡登克斯母体作为一家百货公司。

交易如下图所示。

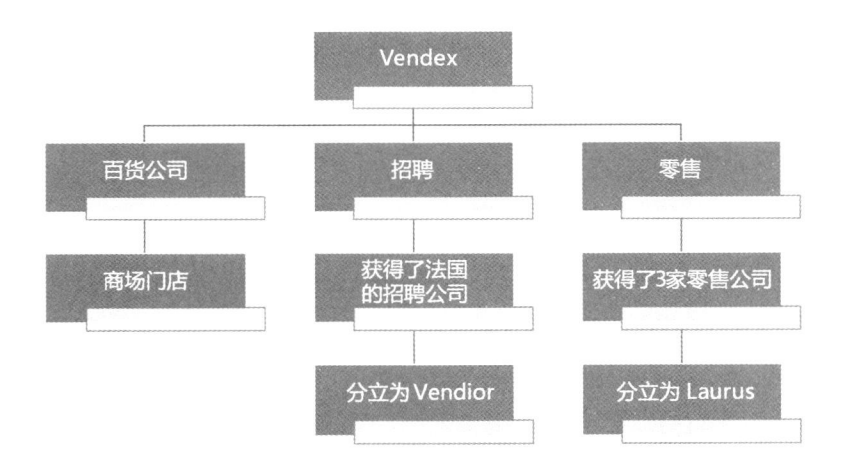

重申一次，在分立中，
- 母公司放弃了对分立子公司的所有权和控制权；
- 现有的股东保留了对母公司的股份；
- 不涉及现金交易；
- 部门的现任经理通常被要求管理分立出来的新公司，并通常被给予新公司的大量股权激励。

子公司通常具有制造和销售经验，但不具备财务或战略规划技能。通过分立带来的独立性也匹配了额外责任。因此，在最初几年，留住有才能的经理对于分立出来的实体至关重要。实现这一目标的一种方法是精心设计针对管理层的激励计划。例如，美国热电公司在分立后，为分立的业务部门（即伟亚医疗）的经理提供股票期权，允许他们分享公司价值上涨部分的1%-7%。

关于公司分立的经验证据

一些学术文献记录了分立对母公司股票的影响。施佩尔和史密斯(Schipper and Smith,1983)研究了93家在1963年至1981年间宣布分立的公司,发现在公告的两天内平均股票超额回报率为2.84%。这些研究还发现,大型的分立产生的超额回报超过小型的分立,而那些明确表示具有专业化经营目的的分立比其他原因做出的分立,将产生更大的超额回报。表12.4提供了有关分立的经验证据。在分立时,公司管理层必须决定公司的资产和负债在母公司和子公司之间的分配。

表 12.4　　　　关于分立的经验证据

作者	研究期间	样本量	股票价格在公告日的异常收益	正面反应的百分比
Hite 和 Owers	1962-1981	123	3.30%	69%
Schipper 和 Smith	1963-1981	93	2.80%	67%

2年后的股东总回报,复合年增长率

分立公司	26.9%
标准普尔500指数	17.2%
罗素2000	14.1%

资料来源:麦肯锡咨询。

通过重组创造的市盈率提升

	分立子公司发行股票时的市盈率	市盈率相对于市场的变化
母公司	12.2	7%
子公司	14	15%

假设一家公司有两个分支部门:A 和 B。相关财务数据细节见表12.5。该公司认为市场正在低估其价值,因为产生利润较少的 A 部门拖累了 B 部门。公司决定进行分立。具体分立计划见表12.6。

表 12.5　　　　　　　　　　分立前

负债和权益		(百万美元)
银行贷款(利率7%)	300	
债券(利率10%)	700	
所有者权益	<u>1 200</u>	2 200
收入		
EBIT:		
A 部门	87	
B 部门	<u>104</u>	191

续表

负债和权益		（百万美元）
利息		
贷款利息	21	
债券利息	70	91
税前利润	100	
税收（34%税率）	34	
税后利润	66	
持股数量（百万股）	120	
市盈率	23.60X	
市值（百万美元）	1 560	
利息保障倍数	2.09X	

表 12.6　　　　　　　　　　分立计划

负债和权益	A 部门	B 部门（百万美元）
债券（利率10%）	700	
所有者权益	600	600
银行贷款（利率7%）		300
收入	1 300	900
EBIT：		
A 部门	87	
B 部门		104
利息		
贷款/债券利息	70	21
税前利润	17	83
税收（34%税率）	5.78	28.22
税后利润	11.22	54.78
市盈率	15X	30X
市值（百万美元）	168.3	1 769
利息保障倍数	1.24	4.95

市场赋予 B 公司比分立前更高的市盈率，而 A 公司的市盈率比分立前更低。

分立产生的价值＝分立后市值－分立前市值＝(168.3+1 769)－1 560
＝377.3(百万美元)①

---

① 原书表 12.6 的数据有误，因此译者进行了数据修改。——译者注

各部门的理论市值可以通过将各行业内可比公司的平均市盈率和两部门的理论每股收益相乘得到。也就是说：

A 公司的市值＝A 公司的每股收益×市盈率(行业平均)

B 公司的市值＝B 公司的每股收益×市盈率(行业平均)

为了估计各部门的每股收益，必须将债务(及其利息)和各种管理费用分配到两个部门。分配给特定部门的管理费用明显会影响其收益。这是分立中一个备受争议的问题。请注意，A 公司的利息保障比率只有 1.24，而 B 公司的利息保障比率为 4.95。这说明了什么？假设债务没有以公平的方式分配给分拆后的实体，分立中的潜在收益(在这种情况下约为 3.77 亿)来源之一就是债权人向股东转移财富。而在公平的分配方式下，债券持有人既不变好也不变差。对分立实体的负债分配应考虑到各个划分部门的盈利潜力。由于显而易见的原因，一个在背负债务、没有足够增长前景的部门，价值将会下降。债券持有人遭受损失是因为抵押品的基数已经缩减，该部门的偿债能力变得有限。财富转移的可能性可能会使债券持有人向股东发起法律诉讼。一般债券契约禁止某些行为如并购和出售资产，因为这些行为会改变抵押资产的基础，并导致债权人利益损失。

1992 年，由于行业经济衰退和财务状况恶化，美国万豪(Marriott)公司宣布决定将其酒店管理、食品服务及分销业务分拆进入一个名为万豪国际(Marriott International)的新实体，它的另一些业务则为拥有酒店和其他地产的母体，被称为万豪酒店(Host Marriott)。换句话说，万豪将分立为两家公司。根据分立计划，万豪国际集团将以合约形式管理万豪酒店的物业，而大部分债务将集中在万豪酒店。万豪国际集团和万豪酒店的备考资产负债表见表 12.7。股市对分立做出了积极反应，但由于债券评级机构关注到利息覆盖倍数恶化，将债券评级下调，债券价格下跌。不幸的是，债务契约并未涵盖像分立这样的"事件风险"，而公司除了遵守契约的规定外，并没有责任保护债券持有人的利益。这就是财富从债券持有人转移到股东的明显案例。

表 12.7　　　　　　　　　　　万豪公司的初步分立计划　　　　　　　　　　单位：百万美元

	万豪公司	万豪国际	万豪酒店
资产			
流动资产	1 230	1 130	250
固定资产	3 672	360	3 310
其他资产	1 431	870	1 060
总和	6 333	2 360	4 620
负债和权益			
流动负债	1 189	1 130	210

续表

	万豪公司	万豪国际	万豪酒店
长期债务	2 891	20	2 870
其他负债	1 500	690	1 310
股东权益	753	520	230
利润报表			
收入	8 331	7 426	1 656
营业利润	478	314	148
净利润	82	145	−66
EBITDA/利息	2.6	20.3	1.3

在一个月内，万豪遭到了数起法律诉讼，债券持有人成立了委员会，试图阻止这笔交易。万豪集团与债券持有人委员会的谈判使计划发生了重大变化。万豪集团同意：

- 将4.5亿美元的债务和资产从万豪酒店转移到万豪国际。
- 将现有债券转换成利率更高、期限更长的新债券。
- 支付由债券持有人发生的法律诉讼费用。

表12.8介绍了最终的分立计划。

表 12.8　　　　　　　　　万豪公司分立计划　　　　　　　　单位：百万美元

	万豪公司	万豪国际	万豪酒店
资产			
流动资产	1 496	1 250	301
固定资产	3 461	772	2 689
其他资产	1 453	995	898
总和	6 410	3 017	3 888
负债和权益			
流动负债	1 496	1 280	394
长期债务	2 732	899	2 313
其他负债	1 397	400	794
股东权益	785	438	387
利润报表			
收入	8 722	7 787	1 691
营业利润	483	331	152
净利润	85	136	−44
EBITDA/利息	2.8	6.5	1.8

资料来源：帕里诺(Parrino, 1997)。

公司分立的长期业绩

一些人认为，分立带来公司价值的增加，主要是由于分立解决了信息问题，而不是带来了实际运营的改善。由于股票市场对公司分立做出了积极反应，如果股票市场有效，我们预计分立后的实体长期业绩表现良好。实证研究发现，分立确实伴随着经营业绩和盈利能力的显著改善。这些研究记录了会计指标的增长率，如净销售额、营业利润、总资产和资本支出等，从分立前3年到分立后3年（Cusatis、Miles and Woolridge，1994）。结果显示如下。

会计指标	增长率	调整后的增长率①
净销售额	55%	15%
营业利润	72%	24%
资本支出	61%	39%
总资产	53%	20%

1965-1991年期间企业有关财务指标的变化——原始数据和行业调整后数据

变量	−3到−1	−2到−1	−1到+1	−1到+2	−1至+3
净销售收入额：中位数变化	21.88	7.36	23.03	37.08	54.89
行业调整后中位数变化	5.31	−0.14	5.70	2.37	15.25
折旧前营业利润：中位数变化	22.36	17.00	35.16	42.80	72.09
行业调整后中位数变化	0.86	8.11	8.71	15.47	23.70

麦肯锡咨询公司的另一项研究表明，分立出来的子公司成立后的两年内，投资资本回报率和收入增长都有了显著提高（Subramaniam、Anslinger and Klepper，1999）。经营业绩的改善可能是由于分立使公司能够区分赢家和输家，并为成功的管理人员提供更好的激励。分立的另一个好处是它们有助于将资产转让给最重视这些资产价值的人。相关研究还发现，母公司和分立单位的股东在分立后都经历了正的异常收益。下表为1995-1996年期间199家分立公司的普通股收益（Miles and Rosenfeld，1983；Schipper and Smith，1983；Hite and Owers，1983）。股东的持有期收益率是分立后的6、12、18、24、36个月等的收益率。

持有期	1-6	1-12	1-18	1-24	1-36
平均回报率	9.2%	19.6%	31.4%	53.8%	73.7%
匹配公司调整后收益率	2.8%	6.8%	14.6%	24.7%	29.5%

---

① 分立企业的增长率减去美国Compustat数据库中12 000家上市公司的中位数值。

资产出售与公司分立的选择

公司对于出售和分立的选择,依以下的条件而定:

- 如果买方愿意支付超过资产单独计量价值的出价金额,那么资产出售是一个很理想的选择。但如果没有买家,分立是唯一的选择。
- 分立在美国、英国和许多其他国家都受到青睐。如果公司满足美国《国内税收法》以下的要求,则可以避免征税:
  - 母公司必须拥有该子公司至少 80% 已发行股份,并且至少达 5 年。
  - 母公司必须至少分配其子公司 80% 的股份。
  - 该项交易必须具有明确有效的商业目的。
  - 母公司和子公司在分立后必须继续经营至少 5 年。

在资产出售的情况下,母公司确认的收益或损失等于出售子公司的收入和子公司税基价值之间的差额。除非出售的收益作为股息分配,否则母公司的股东不会确认收入或亏损。在美国,任何使用其部分资产出售收益的公司,该部分收益达到净资产或总收入的 2%,或按特定的比例分配给股东,可以将资产出售作为"部分清算"处理。通过这种方式,股东不仅可以按资本利得税率而不是股息税率进行纳税,而且即使没有交换股票,也可以将资产出售的收益分配看作是股票出售的结果。

- 当公司的不同业务之间不存在协同作用时,分立是理想的选择。
- 资产出售会产生现金,而公司分立不产生现金。因此,需要现金的公司更喜欢资产出售。

就两项业务的财务会计而言,母公司将分立交易作为股票股息进行会计处理,但在资产出售的情况下,母公司则需要确认销售收入与资产账面价值之间的差额作为收益或损失。1934 年的《证券交易法》要求母公司向美国证券交易委员会(SEC)提交 F-10 表格。公司还必须提供历史财务报表,显示分立对母公司和子公司的影响。公司经常就分立的税务安排寻求法律咨询。与 IPO 一样,母公司必须提交申请,使子公司在证券交易所上市。

股权分割

在股权分割(equity carve-out)中,一家上市公司将其子公司进行首次公开募股,将子公司的部分股份出售给一般公众。分割出的子公司成为一家独立的上市公司,拥有自己的董事会和管理层。母公司继续提供管理支持。分立与分割至少有两点不同:首先,分立导致子公司的股份被分配给现有的股东,而分割是指向一般投资公众出售子公司的股票,并带来新的资本。其次,在分立中,母公司放弃了对子公司的控制权(两家公司成为并列的实体),而分割则产生少数的公众股权,通常情况下,母公司继续持有该子公司的大部分股份,维持对子公司的多数股权有助于保持控制权。实际上,分割的子公司与母公司在会计和税务合并问题上取决于母公司保留的所有权的程度。下面给出了所有权股份和相应的处理方法。

所有权百分比	会计和税收合并方法
≥80%	用于税收和会计目的 扣除100%股息后纳税
50%-80%	用于会计目的 扣除80%股息后纳税

由于股权分割涉及向一般投资公众出售证券,公司必须向有关当局(在美国就是证券交易委员会)提交登记声明。股票发行所得款项由子公司保留。

简而言之,分割为子公司的股票创造了公开交易市场。热电电子、安然公司、健赞等公司近年来已经进行了股票分割。1998年,杜邦公司将其石油子公司康菲公司(Conoco Inc.)大约30%的股份进行分割后公开募股,筹资44亿美元,这是美国有史以来最大的股票分割之一。

分割的理由

分割有几个好处。首先,分割为子公司带来了新资金。因此,当子公司具有高速的增长机会和投资需求时,股权分割就是一种较好的选择。其次,分割如同分立一样,为子公司的股票创造了公开交易市场,因此,可以让子公司对外部投资者负责,这通常会提高子公司的绩效。再次,分割通常也与绩效薪酬激励计划相关联,其中被分割实体的管理者被授予其所在的子公司而非母公司的股权,这有助于留住管理人才。这可能是分割的子公司业绩表现优异的原因。事实上,有证据证明不改变管理层薪酬制度的分割子公司业绩表现不佳。像分立一样,分割也吸引了新的投资者。

关于分割的经验证据

与上市公司的股票增发不同,分割引起了股市的积极反应。施佩尔和史密斯(1986)的一项研究表明,平均而言,母公司的股价在宣布分割时增加了2%。他们还报告说,在76家进行了分割子公司的样本中,26个分割的单位之后被母公司重新收购,7个被彻底分立,15个被完全剥离。麦肯锡研究了1985年至1995年的分割子公司的业绩。在分割后3年期间,样本中的分割子公司的年平均复合回报率为20.3%。他们还发现那些反复出售股份的子公司做得更好。这些样本在分割三年后,子公司的年回报率为36.8%,而母公司的年回报率为31.1%。表12.9展示了关于分割的实证研究结果,记录了原始和经行业调整后所有分割公司的会计指标的增长率中位数。结果如下:

表12.9　　　　　　　　　　　　　　股权分割的经验证据

	相对于分割发生年份		
	−2到−1	−1到1	−1到3
净销售(百万美元)			
原始增长率中位数	11.63%	41.30%	59.39%
经行业调整增长率	3.18%	20.66%	29.79%
折旧前的营业利润			
原始增长率中位数	15.57%	52.72%	67.99%
经行业调整增长率	−2.11%	27.84%	35.58%

作者	研究期间	样本容量	公告日的股票价格反应
施佩尔和史密斯	1963—1983	76	1.8%

平均的股东回报率(%)

	一年	两年	三年
子公司分割样本	34.2	25.2	20.3
罗素2000指数	11.2	11.4	10.7
差异	23	13.8	9.6
样本容量	119	105	76

分割和分立之间的选择

分割和分立之间的比较如下:

● 分割和分立,都可以解决母公司价值低估的问题。但是预计那些对其子公司价值更加充满信心的公司会做一次分割。因为分割的子公司公开发行股票,需要金融中介机构的审查,因此成本更高。换句话说,低质量的公司更有可能采用公司分立。

● 如前所述,分割涉及公开出售股票,从而导致资本流入。因此,进行一项公司分割的成本远远高于一项公司分立的成本。

- 学术研究发现,分割子公司的绩效表现优于分立子公司。

目标股票

目标股票(targeted share),也称为跟踪股票(tracking share),是母公司发行的一类股票,但此类股票跟踪特定的部门、业务线、地理区域或产品线的绩效表现。这些部门的控制权仍然掌握在公司的管理层手中,而不像分割和分立会创建新的董事会和管理团队。此外,该部门的资产与母公司的资产并没有分开,在分立中二者则会完全分开。各部门的收入和利润是单独报告的,而目标股票的股息是根据目标部门的利润计算的。在公司分立中,资产和负债被真实地分配给两个不同子公司。但在目标股票中,资产和负债的分配仅仅是发生在财务报告中。资产的合法所有权和负债的真实责任都不受目标股票的影响。重要的是,虽然跟踪股票跟踪一个部门的表现,但该股票本质上是对整个公司的法律索取权,而不是对该部门的法律索取权。总而言之,在公司分立中,有两种(或更多)股票和两个(或更多)公司,而在目标股票中,有两种(或更多)股票和一个公司。表 12.10 显示了集团型结构和目标股票结构之间的差异。跟踪股票通常按比例分配给现有股东作为特别股息,也有可能公司会专门向外部投资者发行跟踪股票。

表 12.10 集团型股票结构与跟踪型股票结构

普通股票结构(即集团型)	跟踪型股票结构
● 根据所有子部门的绩效估值	基于被跟踪的单位/部门估值
● 共同的投票权	不同的投票权利
● 一致的股息权利	不同类型的股息权利

发行目标股票的目的是实现各个部门"纯粹游戏"(pure plays)[①]的一些好处,同时保留联合的一些优点。换句话说,目标股票结构是集团型结构和子公司分立之间的折中[②]。发行目标股票后,公司继续提供合并的财务报表,同时为每个创建的类别股票(目标股票)提供单独的报表。USX、健赞、凯玛特(Kmart)、普瑞纳(Ralston Purina)和雄狮林业(Fletcher Challenge)等公司都已发行了追踪股票。

USX 公司起初是作为一家钢铁制造商,通过收购马拉松石油公司(Marathon

---

① 所谓纯粹游戏,即各个子公司独立运作,避免相互交叉补贴等混合多元化企业的弊端,从而实现各子公司的利润最大化。——译者注

② 所谓集团型企业的联合/整合的好处与子公司独立运作/分立的好处之间的折中,类似于美国联邦政府和州政府之间的关系。美国各州享有高度的自治权力,但统一在一个联邦国家内。——译者注

Oil),进入了能源业务领域。在 20 世纪 80 年代和 90 年代,该公司既收购也出售钢铁和能源资产。1991 年,公司决定发行两种新的普通股:USX-US Steel 股票(该类股票旨在反映公司钢铁业务的业绩表现),以及 USX-Marathon 股票(该类股票反映公司能源业务的业绩表现)。1992 年,该公司又创建了第三类普通股——USX-Delhi 股票,该类股票旨在反映德里燃气管道公司和某些相关业务公司的业绩表现。由于 1997 年 USX 将燃气管道业务出售给科氏(Koch)实业公司,德里(Delhi)股票于 1998 年被赎回。USX 公司解释说,跟踪股票的结构将使得公司能够保留整合的好处,即"共同保险"效应,并同时可以保留单一业务。

设定目标股票的投票权、股息和清算权

由于目标股票结构创造了不同类别的股票,不同类别股东的股息、投票权和清算权利各不相同。发行人必须在发行时设计好这些功能,一个典型的例子如下:

目标股票的投票权取决于该子公司的相对市场价值。例如,如果 A 部门的资本市场价值是 B 部门的两倍,那么 A 的股东将获得两倍于 B 股东的投票数。

在公司被清算的情况下,股东按照目标股票的相对市场价值分配收益。

目标股票的股息是根据该部门的长期收益前景和现金流量需求以及其他可比公司的股息政策确定。股息要么设定在固定水平,然后允许随收入浮动,或者设定为净利润的固定百分比。附录 12B 介绍了目标股票的主要特征。

目标股票的优势和劣势

由于目标股票创造了类似公司分立一样的"纯粹游戏",投资者发现很容易对各个公司业务(即各个目标股票)进行估值,这有助于消除公司股票的估值折扣。由于一类股票的股息是根据该部门的业绩表现设定的,因此该结构允许不同目标股东之间存在差别股息政策,这在集团型结构下是不可能的。此外,管理人员可以获得与该部门绩效挂钩的激励薪酬。跟踪股票也使公司能够通过相关部门进行收购。[①] 由于这些部门在实体上统一于一家公司,一个部门的损失可以抵消其他部门的利润,从而节省总公司的税收。跟踪股票结构保留了多元化的"共同保险"效应,可以降低债务成本,因为用整个公司(不仅仅是部门)的资产继续支持负债。如果目标股票的上述陈述均正

[①] 例如,南方贝尔公司正在考虑为其无线部门发行跟踪股票,以便作为一种支付手段,去收购如音流无线公司等同行企业。

确，那我们为什么看不到更多目标股票的发行？[①] 与分立创建两个法律实体企业不同，目标股票结构下只有一个单独的董事会负责所有的业务单元。由于董事会对各单位之间的成本分配具有自由裁量权，因此管理层至少在理论上可能会支持一个部门而不利于其他部门。这种成本分配会减少利润，从而减少各个股票能获得的红利，这可能会导致管理人员（和股东）之间出现代价高昂的冲突。同样，管理层可以自行决定利润的再投资。如果将利润投资于赢利能力更高的部门，该部门的股东将来会获得更高的股息，其他部门的股东就不能从中获利。同样，如果将赢利单位的利润再投资于无利可图的单位，前者的股东就会受到负面影响。这样，跟踪股票就可能导致股东之间相互竞争甚至导致诉讼。通用汽车已向其下属的休斯电子部门发行了H股的跟踪股票。如果通用汽车决定出售其休斯电子子公司，这些H股股东将获得通用汽车的普通股，其市场价值相当于H类股票之前市值的1.2倍。当通用汽车出售其休斯子公司时，H股股东起诉了通用汽车董事会，抱怨这是不公平的待遇。

许多采用跟踪股票结构的公司随后将其取消，跟踪股票可以通过将子公司进行资产出售、分立或到期结束等来消除。2001年10月，USX推翻了先前发行跟踪股票的决定，并宣布将钢铁业务进行免税分立，分立为一家名为美国钢铁公司的上市公司。该公司董事长解释说，将两家公司彻底分立，将有利于每家公司通过股票收购扩大业务，从而具有更大的灵活性，并使新公司专注于其核心业务。本质上，这与创建跟踪股票的原因完全相同！

跟踪股票的长期表现

如果认为目标股票保留了混合多元化集团的利益，同时提高了透明度，我们预计发行目标股票的公司长期来看会有更高的股东回报。相反的是，比利特和维吉（Billett and Vijh, 2001）发现目标股票在发行日期后的3年内获得了显著的负买入持有超额回报。他们还发现在此期间公司进行业绩公告的回报显著为负。这一证据与已知为正面的公司分立后的股票回报以及并不显著的股票分割结果，形成鲜明对比。其次，与采用目标股票的常见理由相悖，他们发现目标股票不会增加公司收益的透明度。

总结性评述

人们通常认为重组的压力来自外部的竞争压力，这个过程在很大程度上是非自愿的。正如戈登·唐纳森（Gordon Donaldson）在对通用磨坊（General Mills）的案例研

[①] 直到1997年大约18家公司发行了24只跟踪股票。

究中指出的那样，重组也可能是自愿的，尽管这个过程可能需要几年甚至几十年才能完成。事实上，由于目标公司所采取的防御策略，敌意收购所带来的非自愿重组使得公司的价值可能会被破坏，因此自愿重组效果更好。重组是一个漫长的过程。一家公司平均需要1年甚至更长时间才能完成重组。最初的公告之后还可能出现其他一系列行动，因此，资本市场对初始公告的反应并不能完全反映出重组的全部财富效应。

下面给出了不同类型重组的特征摘要：

	分立	分割	目标/跟踪股票
所有权变更	是	没有	通常没有
筹集资金	没有	是	通常没有
股市反应	正面	正面	正面
保持协同效应	没有	是	是
改善价值低估	是	是	是
吸引新投资者	是	是	是/否
改善分析师覆盖率	是	是	是

案例分析

印度钢铁管理公司收缩规模

通过企业重组创造价值

2000年2月，印度钢铁管理公司（SAIL[①]）主席阿尔温德·潘德（Arvind Pande）获得政府批准，开始进行SAIL的重组计划。根据该计划，公司将降低其债务/股权比率，减少其在非核心业务中的投资，并专注于其核心业务领域。印度政府提供了845.4亿卢比的重组计划，以帮助SAIL恢复盈利。SAIL是印度最大的钢铁生产商，也是政府根据规模、业绩、业务性质、未来前景和潜力确定的公共部门单位（public sector units，PSU）中将成为全球性企业的九个"宝石"之一。SAIL曾经是国有企业的典范。然而多年来，它的盈利能力受到侵蚀，并且持续成为损失最大的企业之一。钢铁是一个周期性的行业，其财富在很大程度上取决于印度和世界的经济状况。20世纪90年代末出现了严重的经济衰退，导致利润和需求急剧下降。来自日本和韩国的竞争进一步压低了印度钢铁公司的利润，尤其是SAIL不是一家低成本的生产商。

---

① 该公司全称是Steel Authority of India，简称SAIL。直接翻译为印度钢铁管理局，但根据案例的介绍，其为一家企业，所以译为"印度钢铁管理公司"。——译者注

此外，行业产能过剩的事实导致价格触及新的底部。政府没有其他选择，只能开展重组 SAIL 以提高其竞争力。SAIL 寻求了国际咨询企业——麦肯锡公司提供建议。

印度钢铁管理公司

1947 年印度独立后，印度政府承担了发展钢铁等核心产业的责任。政府在 20 世纪 50 年代建立了三家钢铁厂，在 60 年代建立了一家钢铁厂。SAIL 是一家政府全资所有的国有企业，成立于 1973 年 1 月，是一家生产钢铁及相关产品的公司。印度政府将其在印地斯坦钢铁、伯卡罗钢铁、印地斯坦钢铁结构工程、萨勒姆钢铁和国家采矿发展公司等多家钢铁及相关行业公司持有的股份转移到 SAIL 旗下。在 1976 年 10 月，杜加普、柔克拉和辛莱三家钢铁厂从印地斯坦钢铁被转移到 SAIL，成为其全资子公司。SAIL 经营四家综合钢铁厂（辛莱，柔克拉，伯卡罗和杜加普）、一家合金钢厂（位于杜加普）和一家不锈钢厂（位于萨勒姆）。SAIL 是世界第 11 大钢铁公司。表 12.11 和图 12.1 展示了 SAIL 的财务细节和股票历史价格。

表 12.11　　　　　　　　　SAIL 的财务状况　　　　单位（除比率外）：千万卢比

	1996	1997	1998	1999	2000
销售收入	15 784	15 362	15 694	16 000	17 178
毛利贡献	3 683	3 178	3 275	2 334	2 014
盈亏平衡销售量	11 212	11 869	12 767	20 475	2 800
经营杠杆	1.77	1.83	2.11	5.84	25.77
每卢比销售的成本					
原料	49.86	56.56	55.05	51.24	45.78
工资和奖金	10.56	11.05	11.19	11.85	12.59
EBDIT	2 711	2 461	2 607	1 547	1 201
PAT（税后利润）	1 318	515	133	−1 574	−1 720
流动比率			1.18	1.07	0.96
杠杆率（D/E）			2.34	3.03	3.16
总流动资本周转期（天）			313	298	237
净资产价值	8 109	8 469	8 557	6 988	5 264

在 20 世纪 80 年代初期，公司面临着亏损。当时担任 SAIL 主席的克里希纳穆尔蒂（Krishnamurthy）在 1985 年至 1990 年期间通过大规模的现代化计划将公司进行了转型。现代化计划的目的是通过更有效率的氧气吹炉方法而不是传统的平炉方法来提高炼钢的效率。SAIL 在 1988 年至 1992 年期间因现代化计划而花费了 985 亿卢

比。在推广现代化计划的最初几年,公司表现得非常好,经常被作为现代化后表现良好的国有企业的一个例子。

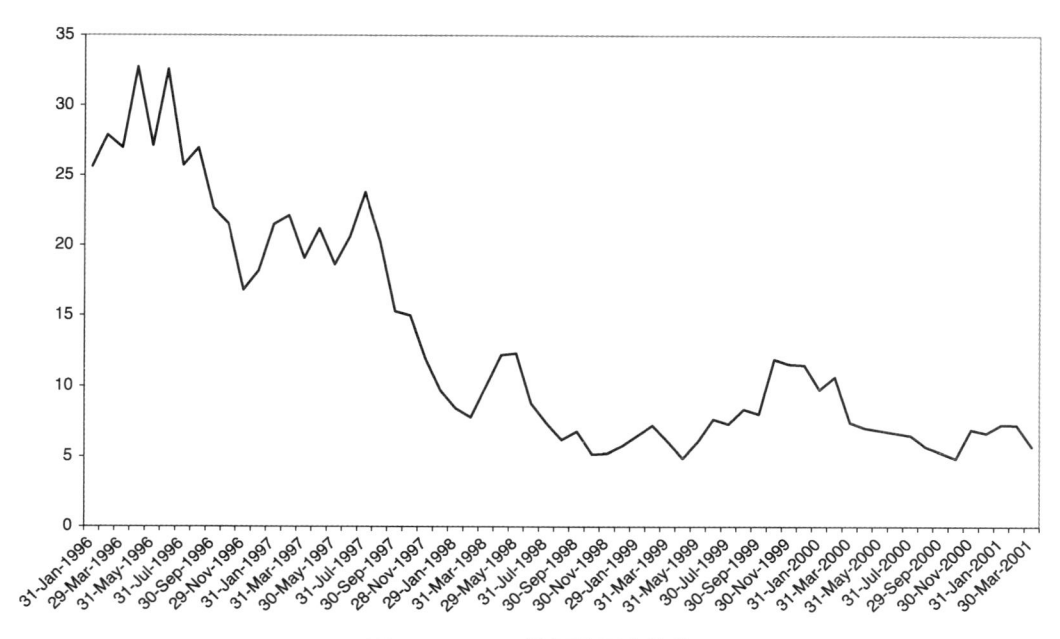

图 12.1　SAIL 股票的历史价格

然而这并没有持续很长时间。在 1997-1998 年,SAIL 公司出现了赤字,并且是所有 PSU 中业绩表现最差的公司之一。表 12.12 显示了所有主要国有企业的资本回报率和增量市场增值(MVA)(1997 年至 1998 年)。

表 12.12　　　　　　　　　　国有企业(PSU)的业绩表现

公司	增量 MVA(千万卢比)	资本回报率(%)
ONGC	−214.09	7.53
印度石油	−2 948.53	8.34
MTNL	−1 547.48	8.95
GAIL	−1 261.37	18.12
HPCL	559.5	12.39
BHEL	−40.84	11.97
Bharat 石化	−592.47	14.30
VSNL	−3 176.56	20.27
Container	−132.1	17.34
IPCL	−2 134.46	6.02
NLC	−4 905.98	5.69
SAIL	−4 835.93	2.97

具有讽刺意味的是,其两个工厂的现代化计划成为掏空 SAIL 的关键。最重要的是 4 至 6 年的项目实施延迟,产生巨额成本超支并导致高利息和折旧成本。Durgapur 和 Rourkela 工厂的支出增加了 100% 以上,每个项目成本约为 10 亿美元。这迫使 SAIL 通过市场借贷筹集资金。因此,它的债务从 1989 年至 1990 年的 10 亿美元(当两个项目最终确定时),在十年后达到 40 亿美元,利息成本上升 7 倍,超过 5 亿美元。现代化计划成为掏空 SAIL 的第二个原因是它们是基于错误的假设。一份报告显示,后现代化期间的铁水需求量为 200 万吨/年,但没有尝试增加吹风炉的年产能,吹风炉的年产能只有 135 万吨/年。因此,整个下游的投资被证明是徒劳的。

为了提高对客户的服务水平并提高整体组织绩效,公司自 1995 年以来一直遵循塔塔商业卓越模式管理。塔塔质量管理服务公司是塔塔有限公司的一个部门[1],对其进行了评估。塔塔集团的所有公司都基于这种模式。由于这种做法,公司的业绩稳步提升。

SAIL 在 1996 年成功地发行了全球存托凭证(GDR)。全球存托凭证的发行对于公司是一个打击,但当时正迫切需要为其正在进行的现代化计划第二阶段筹集资金。这次发行发生在政府停止资助 SAIL 的时候,它必须筹集资金,发行了利率高达 16%-18% 的债券。

在第一轮针对国有企业的撤资中,印度政府剥离了公司股权的一小部分。截至 1998 年 3 月 31 日,印度政府持有公司 85.82% 的股权,金融机构持有 8.86%。公司全球存托凭证 GDR 的持有人持有股权的 3.10%,个人投资者持有 0.75%,共同基金和银行持有 0.41%,外国机构投资者持有 0.98%,余额由少数国内公司持有。政府已表示在适当的时候打算将其股权进一步减少至 26%。

全球钢铁工业现状[2]

印度是世界上最大的钢铁制造国之一。前三大钢铁生产商 SAIL、塔塔铁和钢公司(TISCO,现名塔塔钢铁公司)与 RINL 公司占该国钢铁产量约 50%。钢铁工业可以根据制造工艺大致分类,包括初级生产商、综合钢铁厂以及包括小型钢铁厂和感应炉装置的二级钢铁生产商。

钢可以通过两种工艺中的任何一种制造:高炉工艺或电弧炉工艺。大型综合企业使用前一种方法。在该方法中,铁矿石还原为焦炭以获得进一步精炼,并获得液态钢水。液态钢采用连续铸造法直接铸造成初轧坯、板坯和钢坯。小型钢铁厂使用电弧炉制造钢水。在电弧炉工艺中,废料和海绵铁的混合物在电炉中熔化,然后精炼以生产钢水。使用连续铸造或铸锭铸造方法进一步加工熔融钢。半成品钢在不同的轧机

---

[1] 塔塔集团是印度最大的企业集团之一。
[2] 参见 www.nic.com。

中加工以生产扁钢或长钢。在20世纪90年代,高炉法主导了全球的钢铁生产。由于较低的资本成本和产品组合的灵活性,预计电弧炉方法将在未来变得更重要。在表12.13中,我们提供了一小部分知名钢铁公司的详细信息。

新钢铁产能的创造是高度资本密集型的,这对小型和中型钢铁公司产生了限制。通过高炉工艺年生产100万吨钢的经济产能要花费300亿卢比,基于电弧炉工艺形成年产能20万吨,预计成本约50亿卢比。由于形成产能的时间较长,进一步提高了成本。除了铁路运输等基础设施支持外,该行业还依赖政府提供煤炭和电力等主要投入。

钢铁厂的位置在确定其竞争力方面具有重要意义。综合大型钢铁厂需要大量的铁矿石和炼焦煤,而基于电弧炉的设施需要废钢和海绵铁以生产液体钢。大量原材料到工厂的运输导致高昂的运费,工厂必须靠近其输入源。此外,它们必须位于终端用户附近,以最大限度地降低运输成本。

在印度,钢铁主要用于工程应用,其次是汽车和建筑。随着工业投资在20世纪90年代末的繁荣后逐渐减少和汽车工业进入衰退期,钢铁业遭受了困难。该行业受到需求停滞以及国内供过于求和国际市场钢材价格下跌的打击。国内供过于求的局面是由于工业集团热衷于建设非常大的项目而且对预期投资回报缺乏关注。大多数项目(主要是热轧卷)的设计按照债务/股权比例(D/E)为200%或更高,债务融资的卢比债务利率为18%-20%,热轧卷的价格假设为350美元/吨或以上。大多数生产商预计需求增长率平均为10%-13%,而实际上增长率从未达到10%。供过于求的情况预计将持续数年。由于价格低廉且需求停滞不前,大部分新的钢铁投资变得不可行。那些管理不善的项目发起人抽走了资金并启动了其他雄心勃勃的项目,这使问题更加复杂化。最终结果是大量的时间和成本被浪费。如果长期贷款人注销了大部分债务,这些项目中的大多数只能争取重组转型。

高债务权益比率、低营业利润率以及国内市场供过于求的情况,继续困扰着钢铁公司的股价。钢铁行业的增长取决于整体经济的增长以及工业生产和基础设施部门的增长。前几年钢铁行业增长缓慢的主要原因包括:

- 钢铁用户行业需求低迷
- 印度整体经济增长放缓
- 政府以及私营部门在主要基础设施项目中缺乏投资
- 钢铁输入材料的成本上升
- 钢铁持续降低的进口关税
- 钢铁增值税持续增加
- 来自进口的竞争加剧
- 在印度倾销成品钢

- 钢铁出口市场的不利条件

表 12.13　　　　　　　　　SAIL 与其他主要竞争对手的对比

	SAIL	TISCO	RINL
工厂所在地	Bhilai, Bokaro Rourkela, Durgapur	Jamshedpur	Vishakapatnam
制造过程	鼓风炉	鼓风炉	鼓风炉
原材料来源	人工开采的铁矿石以及部分进口铁矿石	人工开采铁矿石和煤矿	铁矿石原料煤是进口的
技术	有一些相对老的工厂	现代化,旧设备	最新的
市场	已经建立线上销售	已经建立线上销售	主要出口
劳动力	雇用大量人员	雇用大量人员	自动化的
生产力	低	低	低

来源:CRISIL。

在全球范围内,钢铁行业受到产能过剩的困扰。从1991年到2001年,世界钢铁需求仅增长2.1%。亚洲在世界钢铁消费中的份额从1985年不到20%增加到1995年约35%,预计到2010年将达到45%。钢铁消费的增长率很低,尽管汽车、建筑和家电等大多数行业依赖钢材,但钢材正被其他材料所取代,钢材本身机械性能的提高降低了消耗量。随着亚洲经济体国民生产总值增长率的下降,它们的钢铁消费量下降。亚洲的很大一部分钢铁产能是在20世纪90年代建立的。这些高度财务杠杆化的公司依靠高吨位生存。钢铁生产设备一旦安装,由于退出成本高,产能很难退出。通常情况下,综合型工厂避免临时停工是成本较低的,由于一次空转的成本很高,然后将引

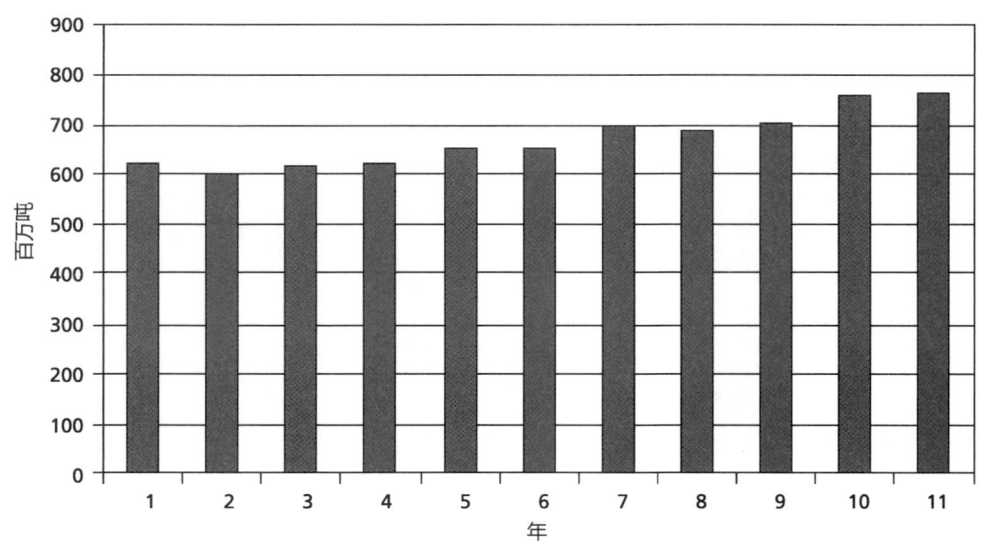

图 12.2　全球的钢铁需求(1991—2001)

发一系列综合设施(如高炉、钢厂和轧钢厂)的停产。到1998年,大多数国家的钢铁工业都在流血,各国通过配额限制或提高进口关税来限制贸易,许多公司进行合并。例如,蒂森和克虏伯、英国钢铁和霍戈文(Hoogovens)合并,以创造规模经济。虽然全球钢铁行业分散,但整合正在进行。

虽然全球钢铁行业分散,但世界上几个地区正在整合,尤其是西欧。预计欧洲五大钢铁公司的市场份额将达到全球的80%。合并本身并不能创造价值,除非合并后的所有企业整体上更具有盈利能力。

由于以下原因,预计未来合并将增加:
- 收购的经济效益优于建设新工厂。
- 整合提高了与主要客户的讨价还价能力。
- 数量较少的公司可以更好地控制产能和价格。

除了合并外,许多国家还在计划减少员工。例如,中国钢铁业计划到2002年将员工人数从100多万人减少到80万人,以提高效率。

加入WTO是中国政府加快钢铁业重组的原因之一。中国的钢铁部门于1996年开始重组。在该国69家最大的钢铁生产企业中,员工人数已从1996年的113万人减少到2000年的89万人。这些公司现在的人均产量为122.8吨,而在1996年为40吨。中国经济的增长导致钢材进口量增加。

绩效比较

如前所述,印度的钢铁工业由三家公司主导:SAIL、TISCO和RINL。TISCO成立于1907年,生产钢铁及其相关产品。它拥有270万吨可售钢材的生产能力,并生产各种钢铁产品包括棒材、板材、热轧带材、热轧卷材和其他半成品。1999年,产能提升至320万吨,转向更多增值产品,例如用于汽车、炼油厂、高端公寓等。该公司经营矿山、煤矿和采石场,为其钢铁工厂供应原材料。

RINL成立于1982年,是一家国有公司,负责接管SAIL的Vizag钢厂项目。该项目自成立以来面临许多障碍,并遇到延误和成本上升。该项目投入运营有20多年的时间。反常的拖延、经销商抗议、合同工罢工以及资源调动不足,不断在项目的各个阶段发生。该项目于1992年投入生产,于1994-1995年全面投入运营。在此期间,项目成本从250亿卢比增加到850亿卢比。通过金融机构和政府的贷款来满足大部分增加的成本需求。由于巨额债务负担,该公司的利息支出几乎占销售收入的15%。尽管实现了营业利润(息税前),但仍形成巨大的亏损。该公司几乎在1997年申请破产。为了让公司继续生存,政府允许RINL将近140亿卢比的债务转换为优先股。这就中止了利息支出,于1998年终于首次盈利。表12.14比较了三家公司的主要财务状况。

表 12.14　业绩比较(1999 年, 2000 年和 2001 年)

单位：千万卢比(比率除外)

公司	SAIL			TISCO			RINL		
年	1998—1999	1999—2000	2000—2001	1998—1999	1999—2000	2000—2001	1998—1999	1999—2000	2000—2001
销售	16 002.3	17 257.1	17 320.4	6 885.1	7 015.2	7 845.2	2 627.5	2 714.0	3 596.2
生产成本	11 564.7	11 821.7	12 368.3	4 733.1	4 179.8	4 375.1	2 647.3	2 595.5	2 716.2
固定资产总额	30 771.5	28 307.9	28 129.6	10 032.2	10 668.3	11 258.2	8 615.5	8 635.3	8 649.1
流动比率	1.07	0.83	0.79	1.05	0.94	0.92	0.11	0.77	0.89
付息债务占总资产比率%	61.1%	57.2%	54.9%	50.6%	43.8%	40.2%	26.8%	29.9%	34.4%
短期债务占债务总额比例	20.4%	24.2%	25.5%	6.3%	8.4%	8.9%	34.6%	31.4%	28.4%
净营运资金周期(天)	257	200	162	113	117	95	172	132	136
应收账款周期(天)	46	42	39	74	70	62	15	17	17
应付账款周期(天)	42	36	43	91	100	104	73	77	76
库存	6 832	460	4 519	1 017	945	922	1 009	1 111	1 207
原材料	689	720	650	173	160	179	189	176	192
半成品	0	0	0	25	28	29	398	0	0
产成品	4 782	2 819	2 939	564	527	474	0	494	597
存货周转率(次)									
原料周转	6.43	7.21	7.93	7.04	6.62	6.65	5.96	7.7	8.08
商店营业额周转	1.41	1.59	1.73	1.44	1.34	1.55	0.66	0.69	0.66
半成品周转				207.59	155.84	151.99	13.29	13.03	
产成品周转	2.56	3.81	4.53	9.95	9	10.18	7.95	11.11	5.32
债务—权益比率	3.03	3.12	3.34	1.81	1.33	1.18	0.78	0.63	0.78
速动比率	0.18	0.19	0.19	0.44	0.38	0.37	−0.52	0.14	0.16
利息覆盖率	0.18	0.04	0.56	1.29	1.64	2.11	−0.25	−0.44	0.18
应收账款周转率	7.9	8.77	9.34	4.94	5.22	5.85	24.29	22.02	21.15
应付账款周转率	8.61	10.13	8.57	4.02	3.66	3.5	5.01	4.74	4.78
员工成本(工资)	2 393.9	2 772.4	3 134.8	1 065.4	957.1	922.4	255.2	272.5	407.7
在职员工人数	NA	NA	NA	NA	NA	NA	NA	NA	NA

2001年SAIL的负债—权益比为3.34,而TISCO的负债—权益比为1.18。SAIL的年员工成本为313.48亿卢比,而TISCO为92.24亿卢比。如果SAIL将员工成本降低到竞争对手的水平,那么每年可以节省200亿卢比。如果我们假设这种节省是永久性的,那么可以通过应用适合的贴现率来估算成本节约的现值。此外,SAIL的短期债务比例相对较高(25%),这使它很容易受到利率波动的影响。要完成重组的分析,可以估算竞争对手的销售—员工比(每个员工的销售收入),并通过降低员工数量或增加销售额或两者均做来作为最佳的基准。

预测财务困境

贷款人借钱并预期在既定的时间内获取利息和本金。信用风险是指不能满足这种期望的可能性。估算违约风险的一种方法是根据阿特曼(Altman,1968)提出的基于公司财务指标计算的综合风险度量值。他的Z值模型结合了挑选的财务指标,得出如下公式:

$$Z = 0.012 \times \frac{\text{净营运资本}}{\text{总资产}} + 0.014 \times \frac{\text{留存盈余}}{\text{总资产}} + 0.033 \times \frac{\text{息税前利润}}{\text{总资产}} + 0.006 \times \frac{\text{权益市场价值}}{\text{负债账面价值}} + 0.999 \times \frac{\text{销售收入}}{\text{总资产}}$$

较高的Z分数表示较低的违约概率,较低的Z分数表示较高的违约概率。该模型的预测准确率在破产前一年为95%,前两年为72%。随着时间的延长,模型的准确性会降低(在预测能力方面也可能不可靠)。根据这项研究,Z分数小于1.81的公司都进入破产组,而Z分数大于2.99的公司则属于非破产组。那些落入1.81-2.99区域的企业,需要更多的分析来确定其偿付能力状态。一般而言,非流动资产比率例如总债务与总资产比率以及现金流量与总债务比率等,是破产的更好预测因素,而不是流动资产比率例如速动比率或净营运资本与总资产比率。

管理者可以使用财务困境预测模型作为了解公司偿付能力状况的第一步。较低的Z分数(低于1.81)本身并不表示企业一定会发生破产,可以通过注入现金和/或贷款人放弃贷款契约来避免破产。

管理或有事件

阿特曼的Z值模型可作为一个警示信号。该过程的下一步是为或有的突发事件进行计划。公司采用以下一些通用的策略来应对困境:

- 通过谈判重新安排其银行和私人的债务

- 用证券和现金交换公共的债务
- 获得新的资本
- 出售主要资产
- 减少资本支出
- 加强控制并降低成本

为了测试公司的生存能力,可以根据历史的资产负债表和利润表编制备考的财务报表。为了使公司保持活力,管理人员必须努力使销售恢复到经济好时期的状态,并将成本降低到正常水平。可以使用"正常"年份或"好"年份的数据来估算利润率、销售增长率等,以输入备考报表。此分析的目的是了解公司的未来。该分析的最终结果是关于库存、就业、资本支出、管理费用、营销支出、产品组合、定价、销售量变化等的结果方案。现金流量表是回溯性的。为了规划未来,需要的是现金预算和规划工具。财务人员通常会尝试平衡现金流入和流出。意外事件影响资金流入。为了制定合适的行动方案,必须确定可用的资源清单,以满足不可预见的流入量减少,并拥有适当地减少流出的策略。在指定时间段(例如,1-3年)的典型备考财务分析如下所示:

A. 未运用的储备资金	
现金	XX
未使用的信用额度	XX
额外银行贷款	XX
额外的长期债务	XX
发行新股权	XX
B. 减少计划的资金外流量	
生产计划变更	XX
研发预算	XX
行政管理费用	XX
资本支出	XX
股息支付	XX
C. 清算资产	
出售资产	XX
关闭企业	XX
总计	XX

重组计划

1999年9月,SAIL公布了1998-1999年度的损失,这是在过去15年中印度国有企业损失最大的一次亏损。SAIL聘请了国际咨询顾问麦肯锡公司为重组提出建议。但是,当麦肯锡提出建议时,印度钢铁执行联合会(SEFI)拒绝接受这些建议,批评麦肯锡没有提出任何影响深远的建议。经过协商,SEFI同意改革中央营销组织,它还对麦肯锡能使公司扭亏为盈的转型能力表示怀疑。麦肯锡因未能准确预测SAIL的损失而受到批评。麦肯锡曾预测SAIL在1998年11月将损失126亿卢比,但实际数字为157.3亿卢比,整整少了30亿卢比。SEFI还声称,如果获得敏感和机密信息,麦肯锡可能会为钢铁行业的潜在买家提供建议。

此外,麦肯锡提议关闭SAIL在杜加普的合金钢厂(ASP),原因是其持续的亏损运营。鉴于SEFI的不满,SAIL管理层未决定是否接受麦肯锡的提议。尽管如此,还是从Ispat集团和许多国际钢铁公司收到了许多购买ASP的投标。

由于麦肯锡的争议,人们期待已久的工资协议最终确定被推迟。SAIL已同意自1999年6月起以每月临时调整预付款的方式向其168 000名雇员支付临时救济金,预计总支出为14亿卢比。然而,当管理层宣布在目前财务状况下不会支付预付款时,劳资关系变得更糟了。尽管做出了这一决定,但唯一盈利的Bhilai工厂向员工支付了特惠金额。其他工厂发现自己处于这样一种境地,即使处于赤字状态,他们也要求支付同样的特惠金。

到1999年9月,政府没有出台针对SAIL的任何救助计划,拟议的重组计划已等待批准10个月。该公司在1998-1999财年遭受了157.3亿卢比的巨大损失。公司董事长宣布,如果不采取严厉措施,公司可能不得不被提交印度工业和金融重建委员会申请破产保护。在此公告之后,CRISIL(印度信用评级和信息服务有限公司)将SAIL债务降为风险级。ICRA(印度投资信息和信用评级机构)将SAIL的债务评级降至LBBB+(长期),Ma(中期)和A3+(短期),预示企业中度安全。

经过漫长的等待,印度政府终于批准了SAIL的重组计划。该计划的突出特点包括将部分债务转换为股权,能够将债务—股权比率从3∶1降至1.5∶1。政府提供了价值845.4亿卢比的重组计划,包括一系列让SAIL重新获利的让步措施。它还包括豁免钢铁发展基金(SDF)提供的75%的贷款。在1999年3月31日,钢铁发展基金的贷款额达到528亿卢比,75%的豁免将使债务减少396亿卢比,并将SAIL的贷款利息负担每年减少38亿-40亿卢比。最初,政府曾打算将钢铁发展基金的贷款转换为股权。然而,SAIL的一些竞争对手提出了异议,印度高等法院判决阻止了贷款转为股权的做法。因为竞争对手声称政府仅仅因为是SAIL的大股东而支持SAIL。

在公司计划的各种转型措施中,最重要的是通过自愿退休计划将其员工人数从175 000减少到105 000。1999年,当SAIL向其员工提供自愿退休计划时,响应人数高于8 000的预测人数,达到10 000人。因此SAIL将目标修改为裁减15 000名员工。由于拥有大约 170 000 名员工，导致 SAIL 处于不利地位。人力成本约占销售收入的 15%，将员工人数减少到大约 100 000 人可以减轻公司的负担。

同样根据该计划，SAIL 将减少其在非核心业务中的股份，并专注于核心业务领域。针对 Bhilai 的氧气工厂进行了全球招标，该工厂将成为一家合资公司。SAIL 还将剥离 Rourkela 工厂的三个业务单元，即自备电厂、化肥厂和中央电力培训学院。三个剥离单位预计将获得 90 亿卢比资金；一家子公司印度钢铁公司，预计将以 50 亿卢比的价格出售；预计出售 Salem 的钢铁部门，将获得另外 50 亿卢比的资金。德国的 Mannesman Demag 和英国的 Evesta Sheffield 表示有兴趣购买 Salem 钢铁部门。此外，政府还为 250 亿卢比的市场借款提供了担保，其中 150 亿卢比将用于员工自愿退休计划。

SAIL 是否会成为一个能活下去的公司取决于政治意愿、工会成熟度以及公司实施重组方案的速度。通常，重组需要大量注入资本。大多数陷入困境公司面临的挑战是以可接受的成本筹集资金。SAIL 面临的挑战是在 2004 年前筹集 80 亿卢比以实施重组计划。预计很大一部分资金将从资产出售中筹集。如果处于危难中的其他国有钢铁公司有任何迹象，也值得关注。另一家亏损的国有钢铁公司 RINL 已任命科尔尼咨询公司为其提供建议。尽管有一位国际咨询顾问的帮助，RINL 已经亏损了几年。

1991 年，美国的通用动力公司处于类似印度 SAIL 公司的状况，也是一个受产能过剩困扰的公司（Dial and Murphy，1994）。当其他国防承包商通过多元化进入非国防领域时，通用动力公司采取了通过缩小规模、重组和部分清算来创造股东价值的做法。为实现这一目标，该公司聘请了一个新的管理团队和采取一个将高管薪酬与股票价格表现挂钩的激励薪酬计划。作为转型战略的一部分，该公司首席执行官兼董事长威廉·安德斯实施了下面的计划：

- 前 25 名高管的利润分享奖金计划。
- 一个加速行权的股票期权和限制性股票计划授予 150 名高级别经理和高管。
- 1 150 名管理人员的期权交换计划，其中管理人员可以按较低的价格获得新的期权（代替旧的期权）。

1991 年至 1993 年间，通用动力公司将数据系统部门出售给了计算机科学公司，将塞斯纳飞机子公司出售给了德事隆公司，将其导弹业务出售给了通用汽车的休斯电子公司，将其电子部门出售给了凯雷集团，将其空间系统出售给了马丁玛丽埃塔公司，等等。在同一时期，该公司的员工人数从 98 150 减少到 26 800。该公司的股价在 1992 年至 1993 年间从 55 美元上涨至 92 美元以上，股票回报率为 426%。

复习题

1. 哪些因素推动了企业的重组计划？
2. 新兴市场国家的企业集团应该被解散吗？为什么或者为什么不？
3. 比较和对比公司分立、股票分割和目标股票。
4. 公司分立和目标股票各有哪些优、缺点？
5. 回顾关于公司分立、股票分割和目标股票各自的经验研究证据。

附录 12A：品牌评估

品牌的价值评估有多种方法。在基于成本的方法下，品牌的价值是在创造时所花费的资金。替代成本方法表明，品牌价值是创造具有类似营业额、盈利能力的品牌所必需的资金成本。国际品牌咨询公司（Interbrand）方法是估算品牌价值的最流行的方法。

一个品牌的价值是以下的产物：

- 根据同等无品牌产品调整后该品牌的平均年度税后利润
- 一个反映品牌强度的倍数。

国际品牌方法将以下 7 个因素考虑在内，以计算"品牌强度倍数"。它们是：

领导力：能够在定价和营销方面影响市场的品牌得分更高（最大值：25）

稳定性：那些享有强大消费者特许经营权的品牌被认为是稳定的，并获得更高的分数（最大值：15）

市场：品牌不易受时尚和技术变化的影响（最大值：15）

地理分布：具有国际吸引力的品牌比区域品牌更强（最大值：25）

趋势：对消费者的长期吸引力（最大值：10）

支持：一致性和沟通的强度（最大值：10）

保护：品牌所有者可以获得法律保护

为了评估品牌强度，国际品牌咨询公司对贸易和零售店进行了详细的审计。分配给品牌的最终倍数取决于品牌强度得分。比如，假设品牌得分为 56，国际品牌咨询公司可以应用 8.42 的倍数。品牌估值涉及以下步骤：

- 收集最近的利润数据（3 年）
- 通过适当的通货膨胀率，重新评估前一个时期（前二年，前一年）的利润调整到现在的价值。
- 在重新评估的利润数据上加一个加权系数，通常，一个简单的权重是采用当前年份给予 3 倍、前一年给予 2 倍和再之前给予 1 倍。
- 扣除等值的无品牌产品的营业利润。
- 扣除有效税率中位数水平的税收。
- 将利润数据乘以一个与品牌强度相匹配的倍数。

附录 12B：目标股票的特点

公司	投票权	清算价值的依据标准	股利政策与跟踪的目标企业业务是否一致	管理层薪酬与跟踪的目标企业业务是否一致
GM(EDS)①	固定	投票权	是	是
GM(HUGHES)	固定	投票权	是	是
usx corp1	可变	相对价值	是	是
RALSTON PURINA	可变	相对价值	是	是
KmART	可变	相对价值	是	是
GENZYME 1	可变	相对的股数②	是	是

来源：Billet and Mauer(1998)③。

---

① E类和H类股票被称为"字母股票"(letter stocks)。字母股票和目标股票的细微差别在于股东权利的不同。
② 根据每张股票拥有固定的清算数额。
③ 该文献已经公开发表。Billett, Matthew T., and David C. Mauer. "Diversification and the value of internal capital markets: The case of tracking stock." *Journal of Banking & Finance* 24.9 (2000): 1457-1490. 译者根据论文数据进行了有关补充。——译者注

第十三章 破产和重组[①]

维什瓦纳特·S. R.（Vishwanath S. R.）和钱坦拉斯卡尔·克里希纳穆迪（Chandrasekhar Krishnamurti）

学习目标
- 陷入财务困境的原因
- 美国、英国、印度和其他国家的破产法
- 破产公司的估值方法
- 破产的学术研究成果

当公司的情况恶化到无法履行其负债义务的程度时，即陷入财务困境。通常困境的第一个信号是违反债务条款和停止支付利息。破产包括财务重组和清算。财务重组涉及重新安排公司的现金流（例如债转股），而清算则是终止公司的运营。破产涉及出售有形资产并尽可能地偿还索赔人。最近陷入困境的公司包括拉盖尔、安然、铱星、克莱斯勒、福格森和漫威娱乐等公司，其中一些公司曾被认为是投资界的宠儿。由于破产的发生，已经让数百万投资者手中的股票成为废纸。为什么一些看起来经营很好的公司陷入了财务困境？其中的原因可以从陷入困境公司的事前特征推断出来。我们通过使用一些陷入高度财务困境公司的事前和事后信息来分析困境问题，并试图做出一些概括。

财务困境的原因

公司可能由于多种原因而破产，但存在一些普遍的原因，例如内部控制系统失效、管理层损失厌恶和过度自信、宏观经济环境的变化以及高额债务等。

管理短视： 现代金融理论认为，公司的目标是最大化股东价值。由于代理冲突，管理者可能牺牲股东的利益来使自己获利。控制代理冲突的一种方法是授予股权激励的薪酬计划，因为股权会促使管理者像股东一样思考和行动。对管理层的其他代理

[①] 我们感谢纽约佩斯大学卢宾商学院 P. V. 维斯瓦纳（P. V. Viswanath）教授的有益评论。

成本如行为成本,也可以通过激励相容来解决。当管理者过于自信时,或对项目的收益有偏见时,或对自己的利益有一种扭曲的看法时,单靠激励就无济于事了。行为金融理论家认为,某些金融现象可以利用某些代理人不完全理性的模型来解释。行为金融学来自心理学,它描述了与理性的偏差。无论是经理人还是投资者,都可能是非理性的。例如,索尼公司在创始人之一的井深大的要求下,在20世纪60年代花费了大量时间和金钱用于彩色电视接收机的开发。① 虽然公司没有实现商业上可行的制造工艺,但井深大坚持以负利润率的条件出售产品。当经理们认为索尼将接近毁灭的时候,井深大终于放弃了该项目。在这种情况下,就井深大本身作为一个公司主要股东的情形来看,并没有代理冲突。然而,由于存在过度自信和损失厌恶,即使在管理层拥有高度股权激励的情况下也会导致财务困境。索尼的案例可以被解释为管理者而非投资者的非理性。索尼经理们认为他们正在最大化公司价值,而实际上并非如此。

内部控制系统的失效: 通过合并和收购改变所有权通常会导致股东价值的增加。许多学术研究文献中称被并购的目标公司股东回报增加。合并和收购使资产能转移给最重视资产的所有者。在精心策划的收购中,收益主要归功于更好的治理和更高的效率。在像美国的市场导向型经济体中,进行价值毁损型投资的公司受到资本市场的约束。20世纪80年代美国的收购浪潮主要起因于公司的过度集团化,通过并购,使得公司可以出售无关业务和聚焦于主要业务。在许多国家,公司控制权市场要么很脆弱,要么根本不存在。在一些亚洲和欧洲国家,由于复杂的交叉持股、金字塔结构和反收购法的存在,控制权市场受到限制。在没有有效公司控制权市场的情况下,公司不受股票市场的约束。

即使控制权市场活跃,公司仍可能逃避任何纪律的约束。本质上,抵制外部的控制系统和无效治理是许多陷入困境公司存在的主要问题。例如,通用汽车(GM)是全球高产能行业中的高成本生产商之一,十年来规避对其战略进行重大改变(Jensen,1993)。该公司在1990年和1991年报告了65亿美元的损失以及1980年至1990年的投资计划损失超过1 000亿美元之后,董事会仅在1992年撤销了首席执行官罗伯特·斯坦佩尔的职务。通用汽车不是唯一的例子。IBM、伊士曼柯达和铱星都只是在遭遇严重损失后才改变了公司战略,或更换首席执行官,或者申请破产。

衍生工具的价值取决于一个或多个潜在变量如股票或商品的价格。衍生品在有组织的市场(如专门的衍生工具交易所)和场外(OTC)市场上交易。场外交易市场比有组织市场大数倍。安然于1985年开始成为一家能源公司,作为其企业战略的一部分,它决定通过向客户提供衍生工具解决方案来与竞争对手区分开来。由于天然气价

---

① 另一位创始人盛田昭夫显然不赞成这个项目。

格波动很大,安然的客户通过衍生工具把价值固定。安然以长期合同中不变的价格供应天然气,并对冲衍生品市场价格波动的风险。场外衍生品市场基本上不受监管,安然的交易也是如此。安然公司失败的原因与安然公司和资产负债表外子公司之间的衍生品交易有关。[①] 安然利用衍生工具掩盖其投机性投资以及无利可图业务所产生的债务,并夸大这些无利可图业务的价值。

资本结构:根据现代金融理论,具有大量投资机会的公司可以发行短期债务以保持财务灵活性,并保护债权人免受公司未来更大不确定性的影响。[②] 此外,成长型公司应该使用相对较少的债务来防止投资不足的问题。相反,对于价值主要来自表内流动资产和长期资产的成熟公司而言,破产成本会很低,这类公司可以负担得起高杠杆率,以防止管理者浪费自由现金流。

传统观点认为,企业应避免将高经营杠杆(导致高经营风险)和高财务杠杆(导致高财务风险)结合起来。由于固定成本和债务的存在,盈利在经济繁荣时期迅速上升,但在不景气时期则急剧跌落,即表现在债务和其他固定成本的利息支付易发生危机。农业机械、工业机械和柴油发动机的跨国生产商——梅西·福格森试图通过把业务转向第三世界国家来增加市场份额。梅西·福格森在英国和加拿大生产其产品,并在20世纪70年代后期将产品出售给发展中国家。这种策略在最初几年运作良好。与竞争对手相比,梅西·福格森拥有积极的债务政策和积极的产品市场策略。将周期性行业的风险策略与高(短期)债务联系起来是不明智的。[③] 当短期利率由于各种原因而急剧上升时,恰好其产品需求面临枯竭,梅西·福格森陷入了财务困境。然而,主要竞争对手约翰·迪尔公司的债务比率适中,具有进行资本投资的财务灵活性。当梅西·福格森和另一家主要竞争对手——国际收割机公司——忙于解决财务困境时,约翰·迪尔公司采取了激进的扩张策略,进而锁定其市场份额。

在20世纪80年代,许多美国公司进行杠杆资本重组并利用收购来提高公司价值和运营效率(见前一章)。许多在20世纪80年代后期进行管理层收购的公司由于交易结构不合理(比如收购价格过高)以及不利的监管变化而遇到了困境。美国的学术研究发现遇到财务困境的公司比其他公司的杠杆率更高,并且表现出较差的收购后经营业绩。

货币和利率冲击:亚洲的钢铁公司高度杠杆化,在破产前依靠高吨位生存。当亚洲经济体萎缩时,这些公司必然受到严重影响。这一情形并非专门针对钢铁行业。对

---

① 2002年6月至7月期的"金融工程新闻"刊登了两篇关于安然的优秀文章。它们可在 www.fenews.com 上获得。
② 由于未来的不确定性,成长型企业的长期债务成本将高得令人无法接受。
③ 与发达国家的客户相比,最不发达国家的客户风险更大。

受东亚金融危机影响最严重的五个国家——印度尼西亚、韩国、马来西亚、菲律宾和泰国——的调查发现,63%的公司流动性不足(净利润低于还本付息),31%的公司技术性破产。在整个1988-1996年期间,韩国和泰国的平均债务比率远远高于德国和美国。东亚公司不仅债务过多,而且还存在错误的结构性问题,即短期债务过高。马来西亚和泰国的短期债务在总债务中的平均比例约为66%,而美国为25%,德国为45%。短期债务的份额逐渐增加,是企业陷入困境的原因之一。此外,韩国和马来西亚公司拥有大量外币短期债务。当本国货币贬值时,外币债务(以美元计价)的价值会增加。主权政府可能会提高利率以稳定其货币,但这会对企业盈利能力产生负面影响。

破产成本多高?

　　破产成本有两种:直接成本和间接成本。直接成本包括律师和会计师费用,以及其他专业机构的费用和破产管理所花费的时间价值。间接成本包括销售收入损失(以及利润损失),公司无法获得额外信贷或发行证券融资,除非满足苛刻的条款。如果公司是需要持续维修或更换零件的耐用产品制造商,可能会迅速损失销售收入,因为公司的客户会根据其对公司财务状况的看法做出购买决策。例如,计算机的价值不仅取决于其硬件,还取决于制造商继续提供的硬件和软件支持,过时的软件或硬件毫无价值。因此,基于对该公司存在风险的看法,客户可能会选择其他具有较低破产概率的公司。软件公司可能拒绝支持破产概率很高的计算机硬件公司,因为这些公司不太可能长期存在,从而加速了危机。同样,航空公司依靠频繁的飞行计划来吸引商务旅客,任何数量的广告可信度都会被针对这些航空公司提出的债务索赔而损失殆尽。同样,零售公司可能无法从批发商那里获得商品或信贷,由于无法获得上游公司的商业信贷,零售公司的竞争力将会丧失。破产的间接成本还来自破产程序本身。破产受托人作为法院的代理人,可能不会以公司价值最大化的方式经营公司,因为没有动力这样做。由于代理人的次优决策,公司遭受机会损失。破产的另一个间接成本可能是,由于高杠杆公司的经理可能面临更高的失业概率,他们要求获得更高的薪酬。总体上看,间接成本主要是失去了机会,因此很难对其进行衡量。

　　基于前面的讨论,我们预计拥有大量无形资产的公司应该保持较低的杠杆率,以降低未来破产的可能性。比如微软公司从增长机会中获取大部分价值,应该保持较低的债务水平。从企业选择资本结构的角度来看,重要的是决策时预期的破产成本。

　　预期的破产成本=破产的可能性×破产损失价值。举例来说,如果概率为0.3且破产损失价值是公司当前市场价值的20%(公司市值假定为1亿美元),则

$$E(破产成本)=0.3\times0.2\times10\,000$$
$$E=600\,万美元$$

如前所述,破产成本包括行政和法律费用等直接成本以及销售收入损失、投资机会损失、紧急贷款利息(如有)、首席执行官等管理层工资增加等间接成本等。没有完美的公式估算破产成本。在公司评级中,破产公司的比例可以作为破产概率的代理变量。一般来说,预期的破产成本占公司价值的20%-30%。一种现实的用于调整项目中断风险、影响资本配置和投资项目效率、估算破产成本的方法是:

- 以银行信贷协议的成本作为业务中断的代理成本。
- 被迫取消的项目净现值(NPV)作为资本配置损失的代理变量。
- 对效率损失的总和进行主观假设,例如每年500万美元。
- 主观设定销售损失的价值。

美国的一项研究调查了行业经历经济衰退时经行业调整后的销售收入、营业收入和高杠杆公司市场价值的变化(Opler and Titman, 1994)。[1] 行业低迷被定义为销售下降和市场价值下降30%或者更高。该研究发现,相对于行业中的平均企业而言,高杠杆企业的销售额、营业收入和市场价值分别损失了14%、12%和7%,在控制了行业表现之后,最高杠杆公司比最低杠杆公司的损失分别多了26%、27%和15%。该研究提供了财务困境成本的预计指标。

美国破产法典

破产是债务人和债权人之间解决债权的法律程序。美国破产程序有两种类型,分别对应的是《破产法》第7章和第11章,这些法律是通过破产法院执行的,破产法院是地区法院的分支。破产法官主持判决破产案件。第7章规定了公司的清算破产。债务人(公司)或债权人可以启动破产程序。一旦破产申请被提交,"自动免责"(automatic stay)生效就会阻止债权人收回债务,并且在破产案件审理结束之前一直有效。提交申请后不久,破产法官任命受托人(律师、会计师或商务人士)监督破产程序。然后,债权人召开会议来评估问题,并确定债务类型和债务人资产的数量(可能还有质量)。受托人可以寻求外部专业人士(法律/税务/会计)来协助处理案件。然后受托人聚集债务人的资产并通过拍卖或私人出售等来清算它们。清算收益按优先顺序支付:有担保的求偿权、管理求偿权、雇员补偿、客户索赔、税收、一般无担保的求偿权

---

[1] 另一项关于高杠杆交易的研究表明,财务困境的成本是公司价值的10%。见安德拉德和卡普兰(Andrade and Kaplan, 1998)。另见卡普兰(1994)对联邦百货(Federated)的研究。

和股权求偿权。

相比之下,第 11 章允许公司在制订重组计划时继续运营。与第 7 章不同,公司的管理层仍然控制着公司,此时称为"债务人持有"(debtor-in-possession)。虽然公司的管理层仍然负责,但就资产出售或新信贷等某些行为而言,他们需要向法院寻求批准。在提交第 11 章后的 120 天内,债务人享有制订重组计划的专有权。在同一期间,债务人可以邀请债权人参加会议以协商计划。当一定比例的股东和债权人(求偿权的 2/3 以上金额和 1/2 以上的债权人数)投票支持时,该计划付诸实施。法院只有在所有层级投票赞成或者该计划被认为对未投票赞成的人公平公正的情况下,才接受该计划。

美国《破产法》第 11 章的规定为破产企业的资产提供了最大程度的保护,并且使成功重组的可能性大大高于其他国家,更有可能为债权人的利益而清算和出售资产。但是,美国破产法典的程序通常很长[平均接近 2 年,除非是"预先包装"(pre-package)第 11 章],并且成本高昂。此外,重组后的公司经常根据第 11 章重新提交申请(Altman,1998),即再次进行破产重组。第 11 章的破产保护案例也可以转换成第 7 章破产清算。泛美航空公司和东方航空公司最初申请的是进入第 11 章破产重组。然而,破产重组期间的重大经营亏损和无法吸引新资金,迫使公司转入第 7 章破产清算。

国际比较

一些人认为,美国《破产法》偏向债务人,因为它允许企业的原管理人员在重组谈判时继续管理公司,并赋予他们提出重组计划的专有权。寻求对债权人的保护并不意味着法律是偏袒债务人,因为保留企业的持续经营价值将使其他索赔人受益。有些人提出的另一个重要问题是:是否需要《破产法》?因为《破产法》限制了可以在债权人和债务人之间达成新合同,而重新签订合同本身并不需要《破产法》。当存在多个索赔人时会出现问题。如果破产,合同本身可能不会规定索赔人的优先劣后顺序(pecking order,即索赔将被解决的顺序),而且索赔人可以坚持一项符合所有相关方利益的集体协议,该协议规定了各个索赔人不成比例的利益。《破产法》则消除了这些问题。

世界上许多国家都没有专门的《破产法》。这些国家通过选择法律来规范破产。如果出现以下情况,破产法规将被视为有效:

- 保留了有前景的公司,同时清算了不赢利的公司。
- 允许以最低成本重组或清算。
- 促使所有利益相关方提供信息。[①]

---

① 完美的信息生产通常会带来有效的解决方法。否则,任何一个债权人可以利用私人信息来获取其优势。

- 应该有助于发现公司的最佳选择包括保护资产的价值。
- 应保留索赔的绝对优先权,即高级债权人应在初级债权人之前得到支付。

股东提供股权以换取股息和投票权。同样,债权人借钱换取利息和本金,以及在公司拖欠款时拥有对抵押品的求偿权利。世界上不同地区公司治理差异的部分原因是股东和债权人的权利不同(LaPorta,Lopez-de-Silanes and Shleifer 1998;Shleifer and Vishny 1997)。[①]

世界范围内有两大法律体系:民法(civil law,也称大陆法系)和普通法(common law,也称海洋法系)。根据杜汉姆法律词典(Duhaime)[②],普通法和民法的主要特征如下:

- 民法受古罗马法律的启发,其主要特征是法律被汇集成一个集合,编纂成法,而不是像普通法那样由法官决定。民法原则上是为所有公民提供适用的法律信息,而法官必须遵守。
- 普通法系下,法官制定的法律是基于数百年来发展起来的历史先例而存在并适用于群体的法律。因为它是由法官而不是政治家制定,所以它也被称为"不成文的法律"。在审理案件时,法官会找寻这些原则,并将先例应用于事实来进行判决。
- 普通法经常与要求所有法律都写在法典或书面文集中的民法体系形成对比。普通法被称为"社区的常识,由我们的祖先的历史经验结晶而制定"。衡平法(Equity)[③]是根据普通法制定的,以抵消中世纪英国法官赋予普通法生硬的解释。数百年来,英格兰有独立的法院及其体系——一个是普通法、另一个是衡平法,后者在二者发生冲突的情况下往往占了上风。现在,普通法和衡平法是否"融合"是法律争论的问题。提及"普通法",是引用包括普通法和衡平法的整个英国法律体系。

根据拉波达等(LaPorta et al.,1998,2000)的说法,全世界划分为一些主要的法律体系——英国法律(普通法),主要在英格兰及其前殖民地包括美国、加拿大、澳大利亚和新西兰;法国法律,在法国及其前殖民地以及前荷兰、比利时和西班牙殖民地包括拉丁美洲;德国法律,在德国和欧洲的日耳曼国家;斯堪的纳维亚法律。

作为剩余索取人的股东有权参加年度股东大会,并就资产出售、并购、董事选举等各种公司事务投票。通常,广泛分散的股东不积极地参与公司治理过程。在那些不允

---

① 见 http://lawinfo.com/lawdictionary。
② 杜汉姆法律词典是一本类似维基百科的在线词典,其法律词汇的定义皆原创,一般由律师(该网站的志愿者)撰写,参考资料来源于案件,每个引用的案件都会在定义后列出,并给出超链接,供读者进一步查阅。每年吸引了几百万读者访问,相继被剑桥与牛津大学推荐使用。网址:http://www.duhaime.org。——译者注
③ 衡平法是英国自14世纪末开始与普通法平行发展的、适用于民事案件的一种法律。它以"正义、良心和公正"为基本原则,以实现和体现自然正义为主要任务。衡平法像普通法一样,主要是判例法,是大法官的过往判例形成的调整商品经济下财产关系的规范。但是,衡平法的形式更加灵活,在审判中更加注重实际,而不固守僵化的形式。——译者注

许通过邮件投票的国家,公司的管理层可以轻易地逃脱股东的监督。在一些国家如意大利和比利时,其法律制度以法国民法为基础,股东不得通过邮件投票。一般而言,遵循普通法传统的国家(美国、英国、澳大利亚、加拿大等)提供最好的投资者保护。同样,债权人权利因国家而异。有些国家允许债权人拥有抵押品,而有些国家则没有。同样,普通法传统提供了最好的债权人保护,而法国大陆法系国家对债权人的保护最为薄弱。德国民法与斯堪的纳维亚系国家的法律介于两者之间。违约公司的债权人可以采取两种策略之一:清算或重组。由于公司清算具有不良的社会后果,通常首选重组。拉波达等(1998)记录了全世界债权人的权利状况,如表13.1所示。

表 13.1　　　　　　　　　世界各地的债权人权利情形

国家	无自动免责权①	担保债权人优先支付	进入重组的限制	管理层不会留在重组中	债权人权利
债权人权利(1=法律对债权人进行保护)					
澳大利亚	0	1	0	0	1
加拿大	0	1	0	0	1
印度	1	1	1	1	4
英国	1	1	1	1	4
美国	0	1	0	0	1
阿根廷	0	1	0	0	1
巴西	0	0	1	0	1
智利	0	1	1	0	2
印度尼西亚	1	1	1	1	4
奥地利	1	1	1	0	3
德国	1	1	1	0	3
日本	0	1	0	1	2
瑞士	0	1	0	0	1
丹麦	1	1	1	0	3
芬兰	0	1	0	0	1
挪威	0	1	1	0	2

资料来源:拉波达等(1998)。

此外在许多国家,公司可以发行具有不同投票权的股票。在美国、英国和许多其他国家主要采用一股一票的规则。但在巴西和智利等国家,发行具有不同投票权的股

---

① 表中第一列"无自动免责权"(no automatic stay on assets)是相对"自动免责权"(automatic stay on assets)而言的,自动免责权是指当企业进入重组后,债权人不得对企业资产提出要求。而没有设定自动免责权,自然更有利于保护债权人利益。——译者注

票是很常见的。一些公司限制外国投资者的投票权。例如，一些来自拉丁美洲和欧洲的公司已发行具有差别投票权的股票。挪威公司 Saga 石化公司的 B 类股份的股东没有投票权，但 A 类股份的持有人拥有完全投票权。墨西哥的一些公司发行 L 股，此类股份提供了有限的选举董事和其他事项的权利。两家瑞典公司阿斯特拉和斯堪尼亚发行了两类股票：A 股和 B 股。A 类股票一股有一票，B 类股票一股有 1/10 票。瑞典的 ABB 公司拥有两类股票：一类每股 0.1 票，票面价值为 5 瑞典克朗，共 24 345 619 股股票；另一类每股一票，票面价值亦为 5 瑞典克朗，共 66 819 757 股。一般而言，投资者在执行一股一票规则的国家受到更好的保护。在没有一股一票法律规则的情况下，超级投票股东可以对公司行使不成比例的控制权力。

英国的《破产法》

英国有三种可能的重组途径：清算、接管（receivership）、自愿安排（voluntary arrangements）。1986 年的英国《破产法》与美国《破产法》第 11 章的程序有几点不同：
- 债权人大体上运营整个过程。
- 在许多情况下，税收索赔是第一位的（这减少了债权人同意重组计划的动机）。
- 浮动收费协议，允许银行充当破产重组管理员（英国独有）。
- 鼓励清算而不是重组。
- 保持就业不是政策的目标（但这可能会改变）。
- 更加关注破产前董事的行为，看他们是否做出了合理的商业判断。

清算涉及出售公司资产以偿还债权人。接管包括由特定的债权人指定接管人（receiver），该债权人对公司资产具有特定留置权并且不从属于其他债权人。接管人有权代表债权人经营公司。在美国，由于存在自动免责规定，美国的第 11 章不允许这样做。自愿安排由公司与其债权人之间形成一个正式协议，法院参与程度极低，类似于美国《破产法》第 11 章。

附录 13A 列出了部分国家破产法的比较。

印度的企业债务重组[①]

为了保护贷方对陷入困境公司的利益，印度储备银行（中央银行）于 2001 年 8 月 23 日发布了"关于公司债务重组（corporate debt restructuring，CDR）的指导方针"文

---

① 见 http://www.cdrindia.org。

件,供金融机构和银行遵照实施。CDR 机制是基于"债务人—债权人协议"(debtor-creditor agreement,DCA)和"债权人间协议"(inter-creditor agreement,ICA)的自愿、非法定的制度。按债权金额价值超过 75% 的债权人获得批准,可以使其对剩余的 25% 债权具有约束力,以符合多数决定。该机制仅涉及多个银行账户、银团或联合账户,所有银行和机构共同拥有 1 亿卢比或以上的未偿还总额。

可以通过以下方式触发对 CDR 机制的引用:
- 任何债权人在营运资本或定期融资中拥有至少 20% 的份额;
- 相关公司由具有上述至少 20% 份额的银行/金融机构提供支持。

债权人可以要求执行 DCA,一般在原始贷款文件中,有可执行 DCA 的规定。DCA 有一项具有法律约束力的"中止"协议,债务人和债权人同意"中止"协议并承诺在此期间不采取任何法律行动。CDR 系统能够进行必要的债务重组而无需任何外部干预,无论是司法还是其他方式。但是,该协议仅适用于借款人或任何贷方对另一方的任何民事诉讼,不包括任何刑事诉讼。

印度的公司债务重组制度有三层系统,包括一个常设论坛、一个授权组(empowered group,EG)和一个 CDR 单元(CDR cell)。CDR 常设论坛是该制度的最高层,是由预定的商业银行和金融机构的首席执行官组成的代表性机构。它制定了授权执行机构和债务重组的小组要遵循的政策和指导方针。债务重组的个体案例由 EG 决定,EG 是债务重组机制的第二层。EG 审议了债务重组小组向其提交的所有重组请求案例的初步报告。在 EG 决定公司债务重组初步可行并且有关企业在常设论坛的政策和指导方面具有可行性之后,中介机构与 CDR 单元一起制定重组方案。EG 被授权调查每个债务重组案例,检查公司的可行性和复兴潜力,并在 90 天的指定时间范围内批准重组方案,或最多在提交方案后的 180 天内批准。

为了规定条件,借款人被分为四类:A 类借款人由受经济和工业相关外部因素影响的公司组成。B 类借款人是除受外部因素影响外,资源薄弱、视野不足、没有专业管理经验支持的借款人。C 类借款人是指在有或没有贷款人许可的情况下进入多元化各类领域的借款人,而被归类为 D 级的借款人则是财务上无纪律的借款人。

一旦最终的重组计划得到 EG 的批准和确认,CDR 单元就向所有相关贷方发布重组计划的批准函(letter of approval,LOA)。各个贷款人必须在发出 LOA 之日起 45 天内批准重组计划,在批准之后的 45 天内全面实施。

在 EG 会议上经常审查制裁和实施重组方案的情况。但是,为了更加重视已核准的一揽子计划的实施,一般由 EG 核心小组成员银行组成常务委员会进行监督,以确保迅速实施一揽子计划。

预测困境

贷款人在指定的时间内借钱换取利息和本金。信用风险是指不能满足期望的可能性。估算违约风险的一种方法是根据阿特曼（Altman，1968，2000）倡导的公司财务比率计算综合风险。他的模型基于统计技术的多重判别分析（MDA）。根据观察者的个体特征将观察样本分类，分为几个先验性的小组。这基于对因变量以定性形式（破产或非破产）出现的问题进行的分类和预测。建立小组后，将为组中的对象收集数据。多重判别分析试图推导出这些特征的线性组合，最终形成的判别函数如下：

$$Z = 0.012 \times \frac{\text{净营运资本}}{\text{总资产}} + 0.014 \times \frac{\text{留存收益}}{\text{总资产}} + 0.033 \times \frac{\text{息税前利润}}{\text{总资产}} + 0.006 \times \frac{\text{权益市场价值}}{\text{负债账面价值}} + 0.999 \times \frac{\text{销售收入}}{\text{总资产}}$$

Z 值模型取决于五个变量。净营运资本与总资产比率是公司流动性的度量，持续亏损的公司将会缩减流动资产。以留存收益与总资产的比率衡量公司的杠杆率。那些留存收益在总资产中占比较高的公司用留存收益而不是债务为其业务提供资金。第三个比率，即息税前利润和总资产的比率，是衡量公司资产效率的指标。第四个比率为股权市场价值与总负债价值的比例，衡量资本市场对公司权益价值的估值水平。第五个比率即总资产的销售额，衡量公司资产的销售能力。

高的 Z 值分数表示违约概率较低，而低的 Z 值分数表示违约概率较高。该模型的分类准确率在企业实际破产前一年为 95%，前两年为 72%。随着时间的延长，模型的准确性会降低（在预测能力方面也不太可靠）。根据该研究得出的结论是，Z 值分数小于 1.81 的公司都将会破产，而 Z 值分数大于 2.99 的公司属于非破产组。那些落入 1.81 和 2.99 区域的企业，需要更多的分析来确定其偿付能力。一般来说，非流动资产比率以及现金流量与总债务，是破产的更好预测因素，而不是流动资产比率或净营运资本与总资产的比率。

管理者可以使用财务困境预测模型作为了解其公司偿付能力的第一步。较低的 Z 值分数（低于 1.81）本身并不表示企业马上会破产，公司可以通过现金注入和/或放弃贷款合同中的约束条款来避免破产。

收购困境公司

由于陷入困境的公司可能存在代理成本的利益冲突，一些人认为《破产法》应鼓励通过拍卖出售公司资产。陷入困境的公司通常履行竞争性的招标拍卖，收购方一般是相互竞争的企业，目标方是以相对正常公司资产折价的价格被购买。

资产出售可以通过美国《破产法》第363条或作为重组计划的一部分进行。根据第363条的出售，公司必须首先获得要约，然后通知法院。法院反过来告知股东和债权人，债权人可以聘请顾问寻求其他买家。任何出售必须获得法庭听证会的法官批准。

出售也可以通过重组计划进行，要求债权人和股东对计划进行投票并表明他们的出价偏好。公司管理层必须评估竞标出价，以便选择最佳出价。如果每个投标人的拟议投资等于或超过根据拟议重组计划中的新证券预期市场价值，则投标可被视为公平。通常，投标人的投资出价可以是新的债务、股权、优先股和认股权证的组合。可以估算重组后的股权价值，并将其与投标人的购买价格进行比较，两者之间的差异意味着剩余权益的价值。[1]

破产公司的估值

在自由现金流量估值中，加权平均资本成本（WACC）用于贴现现金流量。资本现金流（capital cash flow，CCF）估值法（Ruback，2000）是一种代数上等价且优越的方法。自由现金流量估值不包括利息税盾，因为贴现率WACC已经包含了债务的税收优惠。在资本现金流估值中，自由现金流加利息税盾并用税前WACC贴现。由于资本结构发生变化时资产收益率不会发生变化，因此实施资本现金流估值更容易。下面是资本现金流的估值方法：

资本现金流＝净利润＋折旧－资本支出－营运资金的变化量＋现金利息

或者

＝息税前利润(1－税率)＋折旧－资本支出－营运资本＋利息税盾

实施前一种方法更容易，因为它反映了公司面临特殊情况下的税收估算，而不是机械地应用公司税率和应税收入相乘。[2]

适当的贴现率是税前利率，因为债务的税收优惠已经包括在资本现金流量（CCF）中。正确的贴现率是税前的加权平均资本成本（pre-tax WACC）。

税前加权平均资本成本＝债务和权益的加权平均成本＝$(D/V)K_D+(E/V)K_E$

D/V 和 E/V 分别是债务与企业价值的比率和股本与企业价值的比率；K_D 和 K_E

---

[1] 通常很难估计权证和新债等其他证券的价值。
[2] 换句话说，在许多情况下，这并不反映实际缴纳的税款。

是债务和股权的成本。

$$债务成本 = K_D = R_f + \beta_D \times (市场风险溢价)$$

$$权益成本 = K_E = R_f + \beta_E \times (市场风险溢价)$$

$$税前加权平均资本成本 = \frac{D}{V}(R_f + \beta_D \times R_p) + \frac{E}{V}(R_f + \beta_E \times R_p)$$

$$= R_f + \left(\frac{D}{V}\beta_D + \frac{E}{V}\beta_E\right)R_p = R_f + \beta_A(R_p)$$

$$\beta_A V = \beta_D D + \beta_E E$$

或者

$$\beta_A = \beta_D \frac{D}{V} + \beta_E \frac{E}{V}$$

请注意,贴现率取决于 R_f、β_A 和资本市场风险溢价,并且不包含 D/V 或 E/V,即税前加权平均资本成本独立于资本结构,因此不管现有的资本结构如何,均可适用于各种现金流量。换句话说,作为资产 β 函数的税前 WACC 是不变的。自由现金流估值和资本现金流估值都提供了相同的答案。但是,资本现金流估值更容易实施。当重组后的公司具有高杠杆率和由净经营亏损(NOLs)导致的复杂税务状况时,资本现金流估值方法尤其适用,这通常更适用于破产公司。

在重组情况下,所有利益相关方都极欲知悉在交易后估算其索取权的价值。通常,债权人获得股权以换取债务;发起人(大股东)投资获得新股权以保持公司的持续经营。因此,他们有兴趣估计交易后的股权价值。为了得到估计的股权价值,应该预测资本现金流并使用税前 WACC 对其进行贴现。假设资本现金流以永久的恒定速率增长,从预测期的最后一年开始永续增长。许多破产公司将在预测期结束时将未使用的净经营亏损(NOL)结转掉,预计这些 NOL 不会永久性地继续存在(Gilson et al.,2000)。因此,终值分两部分估算。第一部分扩展了财务预测并模拟了公司对 NOL 的使用,直到 NOL 用完。在此延长的预测期内,资本现金流(CCF)计算如下:

(EBIT-利息)×税率+现金流量调整+NOL 导致的税盾=资本现金流量

在计算第二部分终值时,按预测期后 CCF 是永续增长现金流计算。此现金流量不包括任何 NOL 收益。在扩展预测的期间,将该部分终值的现值加到 CCF 的当前价值,以估计总的价值。

这项工作的结果是获得企业的总价值,减去交易后债务的价值,得到权益价值。①

---

① 也可以使用调整后的现值方法(APV)评估公司。

兀鹫投资者的角色

任何大公司都依赖于大量的小投资者来获取资本，因为任何单一投资者或一小群投资者都不可能提供足够的资本。此外，一些国家的法律禁止金融机构（例如银行）持有股权或超过某个门槛的股权比例（例如，共同基金被禁止持有任何一家公司超过一定比例的股份）。由于股权分布广泛，没有一个投资者会有动力监督公司。由于可以通过持有十几只股票来实现多元化，因此机构投资者可以持有少量股票并积极监控投资组合公司。

股东积极行动主义者有两个来源：机构股东和富有的个人。积极行动主义者可能采取两种方法：

- 在股东大会上提出议案
- 促使公司管理层改变战略和/或更换 CEO。

对于陷入困境的公司而言，代理成本更为严重，公司管理层可能会采用第 11 章作为掘壕自守、保护自身的手段。在过去 20 年中，出现了一个活跃的陷入财务困境公司的金融债权交易市场。兀鹫投资者（vulture investors）购买公司债务的很大一部分，目的是影响最终的重组条款。例如，当漫威娱乐申请破产时，它成了卡尔·伊坎（Carl Icahn）的目标。一些兀鹫投资者为了获利而购买被低估的金融债权，也有一些人加入董事会并成为首席执行官或董事长。拥有兀鹫投资者积极参与重组的公司的绩效往往比预期好一些（Hotchkiss and Mooradian, 1997）。股票和债券市场都对兀鹫投资者的购买行为做出积极反应。对积极反应的一个合理解释是，兀鹫投资者会加速解决重组的痛苦过程，导致更高的公司价值。

财务困境公司的首席执行官薪酬对业绩的敏感性

股票期权的广泛使用和管理层薪酬持续上升，引起了媒体的广泛关注。批评人士抱怨说，高管薪酬过高，股票薪酬不会激励普通员工。关于管理层薪酬与公司绩效之间关系的学术研究，试图解决以下问题：

- 薪酬的哪些因素可以带来卓越的企业绩效？获得固定工资的高管是否比获得可变薪酬的高管做得更好？
- CEO 薪酬应如何与绩效挂钩？
- CEO 的直接股权持有如何随时间而变化？
- 绩效薪酬的敏感程度如何？

大多数 CEO 薪酬中都含有工资、奖金、股票期权和长期激励计划。要检验薪酬与绩效之间的关联,有必要正确定义薪酬和绩效。学术研究广泛检验了薪酬(按工资和奖金衡量)与公司市场价值变化之间的相关性。关于高管薪酬,被引用得最广泛的研究之一是詹森和墨菲(Jensen and Murphy,1990a,1990b)。他们使用最小二乘回归法来计算管理层工资和奖金的美元变化与公司的股东财富之间的关系,样本是从1975年到1988年至少有7年薪酬变化数据的所有公司。除了使用当年的股东财富变化,还使用前一年的数据。回归结果如下:

$$\text{CEO 薪资和奖金的变化} = 32\,300\text{ 美元} + 0.000\,986 \times \text{本年度股东财富的变化} - 0.000\,219 \times \text{上一年度股东财富的变化}$$

对于250家大型公司中的CEO中位数,公司股东价值发生1 000美元变化时,CEO 3年内工资和奖金增加了6.7美分。CEO们也持有股票期权。詹森和墨菲还估计了企业股票市场价值的变化和CEO股票期权持有的价值关系。如果考虑所有的货币利益——现金、奖金、股票期权和持有股份,公司价值的1 000美元变化相当于CEO薪酬变化了2.59美元。

然而,财务困境后的CEO财富对企业股价表现的敏感度要高得多(Gilson and Vetsuypens,1993)。两位学者的研究发现,在违约年份几乎有三分之一的CEO会被取代;那些保住工作职位的CEO的工资和奖金大幅下降;来自组织外部空降的CEO通常会获得股票期权的报酬。他们还发现,当股东财富在破产或重组后的几年内增加1 000美元时,新的外部空降的CEO们的个人财富平均增加了49.10美元。

破产后公司的资本结构和绩效

在出现公司破产时,必须谨慎设计公司的资本结构,特别是存在行业波动时。作为一个首要的规则,人们可以对非破产企业或行业平均水平进行基准测试。如果公司出现高额债务,它可能不得不发行股权以降低未来的杠杆率。当公司需要进行大量资本投资时,这一点尤其重要,债务沉重的公司可能不得不放弃宝贵的投资机会。破产后企业的资本结构取决于发给投标人/收购方的证券类型和结构。

一些研究记录了破产重组完成后公司的股票表现。这些研究发现,这些重组后的公司股票产生了异常正的长期回报(重组后的200天,股票异常回报率约为25%)。此外,当机构投资者仅接受了重组后公司的股权时,长期回报率更高。其他关于破产后企业绩效的研究发现,从《破产法》第11章中走出(即经历了破产保护)的公司有超过40%在破产重组后3年内继续发生经营亏损,32%的样本企业重新进入破产重组或私下债务重组。

结论

大多数的破产制度都有两个主要目标,即以公平和透明的方式分配各方利益相关者的风险,并使破产企业的价值最大化,以造福所有相关方。争议通常集中在是清算还是重组,是否允许现有管理层继续留任,以及谁应获得补偿、支付多少、何时支付等。总之,在债务人和债权人的权利和利益之间取得平衡,是一项具有政治性色彩的决定。

复习题

1. 财务困境的原因是什么?
2. 在财务困境背景下写下关于估值的要点。
3. 比较和对比美国和英国的《破产法》。
4. 解释印度的债务重组机制。
5. 描述阿特曼的困境预测模型。

附录13A:破产法的比较

特征	英国	美国	德国	法国
直接成本	低	高	中等	/
是否自动免责担保债务	是	是	否	是
控制权	债权人掌握	债务人掌握	债权人委员会掌握	/
重组中获得新融资	受限制	容易进行	可以进行	/

资料来源:弗兰克斯·朱莉安等(Franks, Julian R. et al., 1996),弗拉斯基和海科(Fialski and Heiko, 1994),希尔和斯蒂夫(Hill and Steve, 1994)。

第十四章 员工持股计划

科雷·罗森（Corey Rosen）

学习目标

- 国际背景下的法定模式的员工持股
- 各种非法定模式的员工持股
- 美国员工持股计划（ESOP）的经验
- 员工持股与公司绩效之间关系的经验证据

在全球背景下的员工持股

全球许多国家的员工持股增长迅速，在很大程度上是由于明确的政府政策、工作的变化，以及在某些情况下紧缩的劳动力市场所引致的。通过员工持股计划（ESOPs）、员工股票购买计划（ESPPs）以及为大部分员工提供可选择的股票期权计划，美国一直是员工持股的领导者。美国约有11 500个员工持股计划，包括850万名员工，现在还有700万到1 000万员工持有各类的股票期权计划。员工持股计划主要存在于私有公司，期权在上市公司和快速发展的知识密集型公司中更为常见。据估计，美国现在所有上市公司中约有20%为大多数员工提供股票期权，至少是十年前数量的五倍。此外，数百万员工通过ESPPs购买公司股票（相比较之下，ESOPs和股票期权是由公司支付成本）。虽然没有确切估计有多少员工购买了股票，但肯定超过了1 000万员工。

员工持股不仅仅在美国增长，其他一些国家已通过法律以鼓励基础广泛的员工持股。现在，很多跨国公司也为分布在世界各地的员工提供公司股权。本章介绍了各种形式的基础广泛的员工持股。第二部分详细介绍了美国的经验，因为这是员工持股起源的地方。第一部分介绍了其他国家立法支持的员工持股模式，以及简要介绍其他没有具体立法支持的员工持股方案。

英国和爱尔兰的立法与美国类似，两国都有员工持股计划，并且股票期权计划越来越多地被提供给普通员工，以及拥有投资雇主股票的储蓄计划。英国的布莱尔政府已经确立在未来几年内使员工持股变得更为常见。至少有500家英国和爱尔兰数百万员工的公司拥有员工股权计划。在欧洲大陆，法国要求较大的公司为员工提供利润分享计划，其中可以用分享的利润投资于本公司股票。加拿大的一些省份现在也鼓励员工购买公司的股份。

此外，许多东欧国家以及中国都将雇员持股作为其私有化改革计划的主要内容，通常这些计划以非常有利的条件为员工提供购买公司股票的机会。在波兰，员工持股比任何其他改革方法都更加激进，而匈牙利的具体做法类似于美国和英国的ESOP模式，大约有150家匈牙利公司使用这种模式进行了私有化。斯洛文尼亚非常成功地将员工持股用于私有化其许多行业。在西方国家的许多私有化中，员工持股也发挥了更为公正的作用。此外，西班牙和意大利还存在大型的工人合作社。然而，发展中国家的员工持股并不常见，只在少数几个国家如埃及、牙买加和津巴布韦等明确鼓励员工股权的发展。埃及的进展最为迅猛，立法要求所有民营化都要通过类似信托的安排来覆盖广泛的员工持股，员工必须拥有民营化公司的至少10%的股权。牙买加拥有全面的法规来保证员工成为股东，并提供多种可选择模式，但该国严重的经济问题阻碍了员工持股的发展。

员工持股的立法模式

在发达国家，美国、英国、爱尔兰和加拿大等拥有全面的员工持股立法，波兰、匈牙利、斯洛文尼亚和俄罗斯等拥有发达的员工持股框架，在发展中国家，埃及和牙买加的政府在员工持股中扮演强大的角色。员工持股实际上可能在中国发展得最快，虽然它缺乏立法模式，但地方政府似乎广泛使用员工持股作为将国有企业民营化的手段，特别是在蓬勃发展的西南部地区[①]。

美国/英国模式有三个基本组成部分。首先，员工持股计划规定：公司可以建立非纳税型的雇员福利信托，以便员工持有股份。公司通过以下方式为这些信托提供资金：(a)直接提供新股发行；(b)通过现金购买股票；或(c)通过信托计划借钱购买股票，公司偿还贷款。在一般情况下，公司为员工持股计划的缴款都可以抵税。员工不需要直接或间接地购买股票。在非上市公司中，将股份出售给员工持股计划的卖方，有资格获得其资本收益的特殊税收待遇。员工在从信托中实际取出股份之前，不会就其获得的利益纳税。作为税收优惠的回报，公司必须以明确的方式推行员工持股计划，不得为迎合高薪雇员利益而发生歧视。公司有权决定该计划的受托人是谁，但受

---

① 应该为东南部地区。——译者注

托人必须遵守法律规定,运营信托计划的目的是"为计划参与者的专属利益行事"。员工在离开公司之前不会获得他们的股份,可以通过将股票纳入退休金账户来避免对持有的股票征税。在上市公司和非上市公司都有员工持股计划。

其次,立法鼓励员工购买股票。在美国,这是通过两种方法完成的。一种方法允许公司为员工提供使用税后工资额来购买股票的机会,无论以当前价格还是以承诺购买股票时确定的价格,都可以享受15%的折扣(大多数计划都提供这种"回溯"的功能,回溯期一般为6个月或12个月)。例如,员工可能会在6月1日申请加入该购股计划,并承诺在接下来的26周内每周投入50美元。在该6个月期限结束时,员工可以将累积的1300美元以6月1日(期初)股票价格的85%购买股票,或者是以12月1日股票价格的85%(二者取较小值)购买股票。公司可以提供更长的购买期,而一些公司可以选择提供更短的时间、更低的折扣等。对于公司或员工而言,这些计划没有特殊的税收优惠政策。

第二种方法允许员工通过特殊储蓄计划用其税前收入购买股票。公司通常也以公司股份作为投入纳入这些计划。例如,员工可能会同意将每周50美元(税前)收入投入公司赞助的储蓄计划,他可以将部分或全部资金用于购买公司股票,公司也可以投入相应资金进行匹配。对于投资在该类计划中的资金不征税。

在英国,员工持股计划非常相似。"随收随储计划"(Save-as-You-Earn)允许员工将税前资金放入赚取利息的账户,并在规定期限内选择以储蓄期开始时提供的股票价格购买公司股票。如果员工选择不购买股票,他可以把钱放入计划以获取利息。

在英国,根据新颁布的计划,即所谓的"股票投资计划"(share investment plan,SIP,以前称为 all-employee share ownership plan,AESOP,即全员雇员股权计划),公司将获得一系列选择:

(1)员工每年可以用税前工资购买高达3 000英镑的股票。

(2)雇主可以提供与雇员购买的股票相匹配的股票,这些股票是免税的,最高可达2:1的匹配比例。

(3)雇主可以在不匹配的基础上每年为每位员工提供高达3 000英镑的免税股份。

(4)股票股息可以再投资于股份。

AESOP信托中持有5年的股份将不受工资所得税或社会保险税的限制。匹配的股票或免费获得的股票需要持有3至5年。员工按当前市场价格或授予价格的较低者对股票的差价所得缴纳资本利得税。如果这些股票的持有时间少于3年,则应在其出售之日对其股票的市场价值征税。购买股票的员工根据股票收益缴纳所得税和社会保险税。

最后，英美两国的公司以及越来越多的其他国家不仅向高管提供股票期权，而且向大多数甚至所有员工提供股票期权。期权允许员工以固定的价格购买股票，如果股票价格没有超过行权价，则员工一般不会行使期权；如果股票市价超过了行权价，员工可以对期权进行行权，员工通常实现了可观的收益。这些计划的具体税务和会计处理方法各不相同，但一般而言，在行使期权并收到实际收益之前，员工不支付任何税款。一般而言，如果股票持有满足一个最低期限，则股票收益被作为资本利得征税（通常是较低的税率），否则，它们被作为工资薪酬征税（税率较高）。当期权被作为普通收入纳税时，公司通常可以税前扣除提供期权的成本；当期权被作为一项资本利得纳税时，公司的处理情况各不相同。

公司为了吸引和留住优秀人才，正在给予员工广泛的股票期权，这不是因为任何具体的立法策略。相对于其他形式的收入，员工期权具有潜在的优惠税收待遇，使期权成为一种有吸引力的薪酬工具。但是，对期权的税收政策并不总是有利的。一些国家如法国，对期权提供惩罚性的税收。其他一些北欧国家的税收政策规定，员工必须在获得期权时就缴纳税款。但是如果股价下跌，员工可能永远不会真正使用此权利。

越来越多的跨国公司特别是英美两国的公司，正在向其全球所有员工提供各种期权或分享购买计划。尽管在存在很大法律差异的多个国家，跨国公司实施和管理这些股权计划存在多方面的困难，但这种情况正在发生。

加拿大的一些省份已经为员工持股制定了一种不同的方法。不列颠哥伦比亚省拥有先进的法律支持体系。在那里，政府为购买不列颠哥伦比亚省公司股票的员工提供高达购买成本40%的税收抵免，该立法要求公司所有员工都必须能够参与股票购买计划。员工还可以通过持有的私人免税储蓄计划（称为"皇家储蓄计划"）购买股票，从而进一步提高税收优惠。此外，政府资助了一个省级组织机构来推广这一做法。由于这些努力，该计划在该省取得了相当大的成功。

在苏联地区和东欧国家，员工持股在国有企业私有化方面发挥着不同的作用。例如在俄罗斯，大多数大型企业（超过200名员工）允许员工以高折扣价格购买企业大部分股份而实现了私有化。员工最终将获得这些公司的大部分股份，并可以随时自由出售，因此，俄罗斯的员工持股逐渐减少，尽管一些公司多年来仍将由其工人大量拥有股权。在波兰，大多数的员工持股计划是通过雇员直接购买的，这也是企业私有化最流行的方式，尽管最大型的公司都以其他方式出售。然而与俄罗斯不同，波兰企业的员工在更长的时间内持有股票。匈牙利的法律与美国员工持股计划有些相似，约有150家公司以这种方式出售给了员工，这些公司中的大多数将在一段时间内仍然是员工集体持有，因为股票是以信托方式持有，而不是员工单独持有。其他东欧国家和苏联加盟共和国也在不同程度上使用了员工持股。然而，只有在波兰、斯洛文尼亚和匈牙利，员工持股似乎才有机会长期存在。

在埃及,法律要求私有化的公司中员工至少拥有10%的股份。埃及的大多数大型企业曾一度全部归政府所有,现在它们逐渐被卖掉,通常是由出价最高者获取。然而,员工通过所谓的"员工股东协会"(employee stockholder association,ESA)进行贷款,获得这些公司的部分股份。ESA通常以低于市场价值的价格获得股票,并且购买资金是从股票获得的股息中支付。员工也可以在公司获得更多的股份,一些公司已经全部卖给了员工。员工通过ESA协会获得股票份额,在他们离开公司的时候真正获得股份,但必须把股份卖回给ESA协会以便重新分配给新的员工。埃及法律的困难在于它不允许通过股息以外的方式购买股权,因此当公司不赚钱、没有股息支付时,必须重新协商安排ESA购买股票的贷款。目前埃及正在重新审查法律,以寻找更有效的方法。

斯洛文尼亚法律规定:国有公司20%的股份转让给特殊养老金和社会基金,以造福普通民众;20%转入特殊投资基金,以便日后分配给所有斯洛文尼亚公民;20%可免费分发给员工;40%以优惠条件出售给企业内部人员,或按市场条款出售给私有企业。如果将40%的股权出售给内部人员,员工可以按25%的折扣价格购买股票,其中现金首付至少占成本的20%。其他按市场条款出售的股票是以固定价格购买的,该价格是经通货膨胀指数调整在4年内以2%的利率分期付款进行确定。在某些情况下,整个公司股权可以通过类似匈牙利员工持股计划(ESOP)的方式出售给员工。

中国提出了一个最有趣但难以记录的案例。中央政府已经下令,员工持股是中国特色社会主义的重要组成部分。在过去的几年里,它已成为民营化的首选方式。通常,员工可以购买民营化公司的股票,然后只能将其出售给其他员工(即在公司员工内部转让)。一些省和/或公司为员工持股提供融资。不幸的是,很难获得详细信息。美国的国家员工持股中心(The National Center for Employee Ownership,NCEO)在中国召开了两次会议,并会见了原国家经济体制改革委员会的代表团成员。其官员表示,正在通过这种方式改造数百或数千家企业。然而NCEO并不知道这种情况如何发生或频率如何,但以这种方式出售股权的企业数量可能达到数千家。

牙买加的员工持股计划可能是世界上最激进的法律设计之一。员工股权的各种形式包括员工股份购买安排、雇主股份授予计划和股票期权计划。其法律允许与雇主有"重大经济关系"的实体接受ESOP的持股,这也是世界上唯一有类似规定的国家。股份的收购可以通过以下机制完成:

- 员工购买:工资延期支付、公司贷款或者从雇主以外的其他来源通过储蓄或借入资金购买。
- 雇主补助金:直接股份补助金或拨款用于偿还银行贷款。

● 期权奖励：员工通过在一段时间内以固定价格购买股票的期权来获取股票增值的收益。

但是，许多因素阻碍了牙买加员工持股计划的实施，包含以下方面：

（1）长期的经济衰退导致股价大幅下挫、利率高企、汇率下滑、金融部门危机、政府撤资以及投资者信心脆弱；

（2）对抗性的劳资关系导致双方不信任、敌对性谈判和高水平员工的离职；

（3）对 ESOP 法律本身的结构性担忧，包括对员工参与要求的限制性规定、高层和底层员工可以购买的股份数量比例以及股份估值问题；

（4）持股的历史狭隘概念导致当前股东不遵守法律规定，坚持要求股权的转换必须由员工通过购买股票完成；

（5）基于实施员工福利成本的历史经验，设计和管理新的员工持股计划的成本很高。

国企私有化中员工持股的使用主要是通过为员工提供一些利益，来赢得政治支持。同样的想法在西方一些国家特别是英国、某种程度上也是法国的私有化上得以体现。员工可以以较低的价格购买股票，通常折扣高达发行价格的 90%，并且通常会在股票价格上涨后立即出售股票。

在埃及之外，津巴布韦是迄今为止在全国范围内认真对待员工持股的唯一发展中国家。现在正处于评估如何进展的阶段。

评估员工持股模型

在评估立法对员工持股的推动作用时，最显著的特征之一是，即使有完善的立法，员工持股计划的使用和接受也很缓慢，一般在几年或几十年内逐渐发生。最初的立法几乎经常被修改，因为立法者遭遇了未预料的障碍。例如在美国，自法律生效以来，每年约有 400-800 个新的员工持股计划成立，约有 25 万家公司成为实施 ESOP 计划的候选公司。目前，员工持股计划覆盖了私营部门约 7% 的劳动力。在英国，ESOP 立法实际上并没有被广泛使用。相反，类似于法律设想的 ESOP 计划，逐个通过个案形式提交政府予以批准。

同样，员工持股中一些最引人注目的发展却发生在专门用于鼓励员工持股立法确定的模式之外，这在股票期权方面最为显著。最初，期权被设想为奖励高管的手段，并没有特别的规则鼓励公司广泛地授予员工股票期权。但是从 20 世纪 80 年代末开始，许多美国和英国公司给大多数甚至所有员工授予期权。这可能会引发一些如何重新考虑股票期权计划的法律监管和立法的问题，以使它们适应新兴的背景。

值得注意的是，在员工持股已成为经济中永久和成功实践的一部分国家，成立了一些私人组织，其职能是促进对员工持股概念的更好理解和认识，例如美国的国家员工持股中心（NCEO）和 ESOP 协会（美国的几个地方组织、伦敦的 ESOP 中心、加拿大的员工持股和投资协会以及匈牙利的 ESOP 中心等）。这些组织通过会议和出版物提供信息、开展培训、维护合格的专业顾问名单、开展研究，并帮助公司在法律和员工关系方面了解员工持股管理中的"最佳实践"。它们还帮助宣传成功的模型，以便企业和工会了解员工持股如何取得成功。这些组织需要时间来形成，并且一旦形成，就需要有更多时间来产生影响。共享持股对于大多数公司和员工来说是重大变化，但期望任何法律——无论多么精心设计，短期内推动员工持股的急剧增长，是不现实的。因此，任何考虑员工持股的国家都必须确保配合法律的各类基础设施逐步创建和完善。

员工持股立法的方法

在员工持股立法的模式方面，有三种主要方法。最常见的是允许员工以某种补贴和/或税收优惠的方式购买股票。这具有直观的吸引力，相对简单。在私有化方案中，它有助于为国有企业向私人出售股东权益提供支持。公司向股东保证，并没有将股权送给员工，尽管可能有一些公司帮助员工购买股票。也许最重要的是，这符合一种常识，即员工只有自己付钱购买股份，才会真正重视持股。

然而，这种方法引发了诸多困难。在许多国家，员工实际上不可能购买大量股票。除非这些计划强制要求员工普遍参与，或者条款如此具有吸引力以至于几乎没有人会拒绝，否则员工持股计划的推行可能会受到有能力购买股票的员工百分比的限制。员工之间的股份通常会存在巨大差异。在许多私有化案例中，补贴仅在股权改革的时候一次性提供，这意味着未来的雇员几乎没有动力成为所有者。在非私有化案例中，这些计划很少会导致员工拥有的股份超过公司总股份的一小部分比例。最后或许最严重的是，员工可以自由地出售股份（通常是计划的一个特征），意味着很少有职工能够长期持有股票。这不仅意味着员工持有的股票总数会下降，而且持股员工人数也会下降，特别是当补贴仅是在项目启动时提供的情况下。

第二种常见方法是提供基础广泛的股票期权。虽然这确实要求员工在某些时候实际购买股票，但当选项是"实值期权"（即可以以低于市场价格的价格购买股票）时，不买股票是愚蠢的，除非员工没有现金购买，或者在购买之后有延长的禁售期限，员工在此期间不可以出售股票（在这种情况下，至少存在出售时股价低于购买价格的风险）。公司通常通过提供一些机制来帮助解决这些问题，如使员工能够获得资金，即公司为员工购买股票提供现金或股票的赠款，或者提供"无现金"操作，即给予员工股票现价与行权价格之间的差额。

期权计划可以设计成让每个员工都参与其中，并且通过定期授予期权，使得员工可以永远拥有公司未来的股权，即使他们定期行使部分期权并出售股票。

另一方面，股东有时会反对过于宽泛和过于慷慨地批准股票期权，认为会削弱股东价值。尽管期权计划设计可以解决这个问题，但股东可能会抱怨员工只享有股票市场价格上涨的奖励。如果没有政府关于如何分配期权的规则，就存在向企业的最高管理层提供不成比例的期权份额，或者只向员工提供象征性少量期权份额的倾向，员工也不能使用期权来获得公司控制权。员工很少持有大量的集体股票，因为他们倾向于在行使期权后迅速出售股票。因此，股票期权计划不是员工行使影响力或控制权的手段。

最后，还有基于信任的模型——最著名的是美国 ESOP，还有牙买加和埃及版本。与股票购买和股票期权模型不同，ESOP 确实实现了员工集体持股，可用于为员工获取公司的大量股权。根据旨在确保公平参与的规则，新员工会被自动纳入持股员工的候选范围。税收优惠可以使计划对公司和员工都具有吸引力。

另一方面，员工持股计划通常需要最大量的政府补贴。它们比其他模式和管理的计划更复杂。它们通常不需要员工直接投资，这是一个优势，但对于许多股东和经理来说，这是一个负面因素。他们认为员工应该购买股票，而不仅仅是直接获得股票。这在上市公司中是一个特殊问题，股东希望员工持股计划对于股东是"中性"的，意味着员工要么直接付款购买股份，要么通过某种特许计划安排。

但是，没有完美的员工持股模式，必须根据每个国家的文化、税收和法律框架、经济状况、劳资关系、公司结构等情形来设计。但是在起草法律时，至少需要考虑以下几个关键问题：

（1）目标是使员工持股成为经济中持续且重要的一部分，还是仅仅是一种过渡工具？如果是前者，就必须创造手段以确保员工可以持续地持有公司股权，而不仅仅是可以快速地出售股票，也必须有确定的条款规定新员工可以成为股份的所有者。

（2）目标是让员工对作为个人财富重要组成部分的公司拥有重大的集体利益吗？如果是这样，就必须激励公司和员工获得股票。在极少数情况下，员工无需帮助、主要从自己的投资中获得大量股权，或许只需要小额补贴。

（3）员工持股是否被视为改变企业文化的一种方式？如果是，该计划就必须持续为所有员工提供大量股权。让一些员工而不是所有员工拥有股票，这使得公司无法要求员工像所有者一样思考和行事。

（4）员工持股是否被视为员工施加控制权的机制？如果是，员工就需要具有特别的投票权、董事会中的代表权等实现控制权的机制。

(5)是否有机制可以确保员工持股计划参与者的公平待遇?大多数法律旨在为员工提供公平待遇,诸如如何分配股份、谁可以参与、何时可以实现股票价值等问题,均需要仔细考虑。

(6)是否有程序可以确保以公平价格买卖股票?如果员工购买股票,他们是否有适当的信息做出抉择?

(7)有没有办法确保公司和员工了解员工持股计划以及计划操作的最佳实践?没有这样一种信息来源,员工持股计划不可能成功。

非立法支持的员工持股方式

在许多国家,尤其是印度(在技术类企业)和芬兰(在所有企业),公司向广泛的甚至是所有的员工提供期权是非常普遍的。关于期权的税法因国家而异,但有一个新的变化方向即期权在被赠予时不征税,而是在行使或出售股票时(或两者都有)征税。

股票期权只是个人股权安排的一种形式,因为股票期权是分配给个人而不是采用信托或其他集体持股的形式。有四种常见的个人股权计划,每种计划在不同国家都有不同程度的存在:股票期权、限制性股票、股权等值计划(主要是股票增值权,stock appreciation rights,SAR,和虚拟股票)以及股票购买计划。除了有限的例外情况,可以根据公司和雇员的约定将其提供给任何人。

最常见的个人股权激励计划形式是股票期权。股票期权赋予持有人在未来规定年限里以固定价格购买股票的权利。有两种主要的股票期权:非法定期权和激励股票期权(incentive stock options,ISO)。后面将进一步详细描述。

第二种最常见的个人股权补偿形式是限制性股票。限制性股票可以直接赠予或出售给员工,无论是以全价还是折扣价。但是,限制性股票的持有人在满足特定条件之前不能占有股份,通常是存在一定年限的服务或某种形式的业绩要求(例如公司达到利润目标或个人所在部门达到销售目标)。

股票增值权和虚拟股票不是实际的股票。相反,它们根据一段时间内股票价值的增加(股票增值权)或股票本身的价值(虚拟股票)给予持有人现金奖励。理论上,这类奖励可以以股票等价值的形式进行,但不是常见的做法。

股票期权的定义

一些关键概念有助于定义股票期权的运作方式:

行权：按期权计划规定的价格购买股票。

行使价(exercise price)[①]：可以购买股票时的市场价格，也称为执行价格(strike price)。在大多数期权计划中，行使价格是在制订期权计划时股票当前的公允市场价值。

授予价格(grant price)：期权持有人必须支付多少才能行使期权。

差价：行权时的授予价格与行使价格之间的差额。

期权期限：员工在到期前可以持有期权的时间。

归属：通常是服务年限的要求，在满足规定的服务年限后，期权持有人才能够行使期权。

在典型的期权运作周期中，公司首先授予员工股票期权，以确定的授予价格购买规定数量的股票。这些期权需要一段等待时间才能被归属。一旦被归属，员工就可以在期权期限内的任何时间以授予价格行使期权，直至到期日。例如，员工可能被授予以每股10美元的价格购买1 000股股票的权利。期权在4年内以每年25％归属员工，期限为10年。如果股票价格上涨超过10美元，员工将以每股10美元购买股票，10美元购股价格与股票市场价格之间的差额是收益。如果股价在7年后变为25美元，并且该员工行使期权，则差价将为每股15美元。

限制性股票

限制性股票是为员工提供以公允市场价值或一定的折扣价格购买公司股票的权利，或者直接向员工发放股票。然而，员工所获得的股份并不立即就归属他们——在指定的限制结束之前不能占有股份。最常见的限制是员工必须为公司工作一定年限，通常是三到五年。基于时间的限制，可以一次性或逐渐地释放出限制性股票，但是可以施加任何其他限制。例如，公司的限制性股票计划可以规定必须实现公司或部门或个人某些的绩效目标。虽然股票权利受到限制，但公司可以选择是否支付股息、提供投票权或给予员工作为股东的其他权利。

虚拟股票和股票增值权

股票增值权和虚拟股票是非常相似的计划，两者本质上都是现金奖励计划，尽管是挂靠股票的形式支付利益。股票增值权(SAR)通常根据特定时间段内规定数量的

---

① 根据金融学的理解，股票期权的行使价就是期权计划中规定的股票购买价格，而根据上下文的内容，本书作者理解为行使股票购买权利时的市场价格，而把期权计划中规定的股票购买价格定义为授予价格。这种理解是错误的。但出于翻译的要求，本书保留了原书的原状——译者注。

股票价值的增加值,向员工支付现金。虚拟股票根据规定数量的股票价值提供现金或股票奖金,在指定的时间段结束时支付。SAR可能没有具体的结算日期,员工可以灵活选择行使SAR。虚拟股票可以分红,股票增值权不会。当企业给员工支付时,雇员将它作为普通收入纳税,雇主可以在税前扣除。一些虚拟的股权计划规定在员工达到某些目标(例如销售收入、利润或其他目标)时会受到奖励,这些计划通常也称为绩效表现单位。虚拟股票和股票增值权如果被广泛地提供给员工,则可能会被视为退休金计划,将受到联邦退休金计划法律的约束。不过,通过仔细设计计划结构,可以避免这些问题。

由于股票增值权和虚拟股票计划本质上是现金奖励,或者是以持有人想要兑现的股票形式交付,公司需要准备好如何支付。公司只是承诺支付还是准备好了支付资金?如果奖金是以股票形式支付,那么该股票是否有流动性的市场?如果只是一个承诺,那么员工是否会认为利益仅仅是"虚拟"的?如果它是用于激励目的的实际资金,公司将储备基金,许多小型的增长型公司都负担不起此类计划的成本,该基金还可能需要缴纳超额累计所得税。另一方面,如果员工获得的是股票,未来公司上市,则股票可以由资本市场兑现,如果公司被出售,则可以由收购方支付。

如果虚拟股票或股票增值权不可撤销地向员工承诺支付,则在员工实际收到资金之前,可能就需要纳税。"拉比信托"[①]是一种为员工提供延期付款的单独隔离账户,有助于解决累积的收益问题。但如果公司无法向信托的债权人付款,这些信托中的资金就会转移给债权人。告诉员工获得这些计划的权利不是不可撤销的,或者取决于某些条件(例如需要再工作5年等),可以规避对这些计划目前的征税,但也可能削弱员工对激励计划真实性的信心。

员工股票购买计划

基础广泛的计划

数百万员工通过ESPP(employee stock purchase plan,员工股票购买计划)成为公司的所有者。这些计划一般允许员工在税后基础上扣除部分工资,在股票的"发售期"累计起来,在指定的时间内一次或多次使用这些累计资金来购买股票。有些计划可以提供股票购买价格的折扣。有些计划允许根据"发售期"起始或结束时的价格(所谓的回溯特性),从中选择有利的价格进行购买。其他一些计划根据员工购买的股票

---

① rabbi trust.

为员工提供免费匹配的股票。

ESPP几乎都是在上市公司中采用，因为向员工提供股票，通常需要遵守成本高昂且复杂的证券法。然而，少量未上市的公司确实也有这些计划。

美国的经验

现在有超过2 500万的美国雇员通过职工持股计划、广泛授予的股票期权或401(k)计划[401(k)计划是一种雇员储蓄计划]等持有公司的股票。

这存在许多的原因。ESOP提供有吸引力的税收优惠。它们允许公司借钱给员工购股并以税前美元支付，为未上市企业的所有者提供了出售其全部或部分股东权益的方式，并推迟对员工持股的收益征税。而且，ESOP使公司可以通过提供自身股票的免税额以及其他福利来提供员工福利。广泛的股票期权计划不提供特殊的税收优惠，但为成长型公司提供了一种通过股权而不是现金的方式来补偿员工。将公司的股票放入401(k)计划中，为公司提供了一种比现金成本更低的方法。ESPP(通常称为税法的423计划，虽然并非所有这样的计划都属于税法423计划)允许员工可以将部分薪水用于购买公司的股票，通常是以大幅打折的价格。

然而，同样重要的是潜在生产力的提升。研究一致表明，当广泛的员工持股与高度参与的管理风格相结合时，公司的业绩表现非常好。员工持股、员工参与管理都不能单独实现这些重大利益。公司希望员工"像所有者一样思考和行动"，有什么比让他们成为所有者更好的方法呢？

因此，员工开始追求股权，至少在某些行业。比如在技术类公司中，提供所有员工股票期权越来越常见，否则公司很难吸引到优秀人才。由于所有这一切，在最近的一个十年期间，员工广泛持股的公司数量大幅增加。虽然没有准确的数字，但估计雇员拥有股票和股票期权的价值约为8 000亿美元，约占美国所有股票市值的8%。

截至2001年1月，美国约有11 500个员工持股计划，涉及850多万名参与者，控制着约5 000亿美元的资产。其中，约5%的公司是上市公司，95%是未上市的公司。上市公司中员工持股计划的持股比例中位数约为10%-15%。大多数上市公司都有ESOP和其他福利计划。私营企业的员工持股比例中位数为30%-40%，目前约有3 000家公司为员工所有。虽然典型的公司拥有20至500名员工，但员工拥有Lifetouch(15 000名员工)、TTC股份有限公司(30 000名员工)、Publix超市(109 000名员工)和科学应用设备(39 000名员工)等公司的大部分股份。私营公司中约有一半的员工持股计划被用来买断原股东的股权，其余通常用作员工福利计划，有时与借款一起用于资本收购。

员工持股计划是员工持股的主要载体,但401(k)计划也极为重要。到2000年,这些计划拥有约2500亿美元的公司股票,主要是在上市公司。根据各种调查,上市公司401(k)计划中约60%的公司配套资金是公司股票,私营公司的比例要小得多。员工通常也可以选择在上市公司401(k)计划中购买自己公司的股票。总的来说,在2000年所有401(k)资产中约有18%是雇主股票。虽然这些计划拥有大量公司股票,但它们很少拥有任何一家公司10%以上的股份,而401(k)计划中拥有雇主股票的公司很少将自己视为"员工持股"的公司。

此外,越来越多的公司正在为大多数或所有员工提供股票期权。百事公司、星巴克和微软是众所周知的例子。据估计,现在所有上市公司中有15%到20%都是这样做的,也可能有数千家私营公司。美国国家员工持股中心2000年的一项研究得出结论,现在至少有700万到1000万员工获得股票期权,是通过向大多数或所有员工提供股票的计划。关于所有员工持有的股票期权价值没有可靠的数据,但各种调查显示截至2001年初,期权的价值在5000亿美元附近(尽管其中大部分都掌握在高级管理层手中)。实施股票期权的公司并非基于税收激励的驱动,而是相信通过期权使得员工共享所有权,会构建更强大的公司。

最后,多达1500万名员工参加股票购买计划(ESPP),几乎完全是在上市公司。通常这些计划允许员工将工资扣除部分金额搁置6至12个月,累计扣除金额可以(但不一定)用于购买股票,通常比扣除期内的最低价格低15%,作为ESPP计划购股的价格。这些计划对公司没有特殊的税收优惠,但为员工提供了获得股票资本收益的潜力。不幸的是,没有关于ESPP参与者的确切数量或其持股规模的具体数据,但该类计划的资产价值显然远远低于公司401(k)计划的资产价值。

什么是ESOP?

员工持股计划是一种员工福利计划。在美国《雇员退休收入保障法》(ERISA)的管理下,员工持股计划于1974年获得了一个特定的法定框架。在随后的12年中,它们获得了许多其他税收优惠。与其他合格的递延补偿计划一样,它们不得在计划运营中歧视高薪的员工、企业管理层或股东。为了确保符合这些规则,员工持股计划必须指定计划受托人,较大的公司倾向于指定外部的信托机构,而较小的公司通常指定经理或创建ESOP信托委员会。

ESOP最复杂的类型是"杠杆型ESOP"。在这种方法中,公司建立了信托,然后信托从贷方那里借出资金。公司通过向信托免税提供资金供款的方式来偿还贷款,由信托再支付给贷款人。信托必须使用贷款来购买公司的股票,股东可以将贷款收益用于任何合法的商业目的。信托计划持有的股票被放入一个"悬搁账户"(suspend account),在贷款全部偿还时将股票发放到员工的个人账户。但是,为了进一步计算各种供款的限额,该员工被视为仅收到了他或她在该年度个人购股支付的本金份额,而不是所获得股票的全部价值。员工离开公司或退休时,公司会向他们分发代表他们购买的全部股票或其现金价值。在实践中,银行通常要求贷款交易往前再走一步,即贷款实际上提供给公司而不是信托,由公司将资金再贷给 ESOP。

作为同意通过 ESOP 为员工持股进行贷款的回报,该公司获得了许多税收优惠,前提是它遵守规则以确保员工得到公平待遇。首先,公司可以基于员工工资单的限额在所得税前扣除 ESOP 的全部贷款。这意味着公司实际上可以扣除贷款的利息和本金,而不仅仅是利息。其次,公司可以在税前扣除用贷款购买的股票所支付的股息,这些股息用于偿还贷款本身(换句话说,ESOP 借贷持股的股票股息是在税前支付的,产生了节税效益)。

员工持股计划也可以通过公司现金供款直接出资购买现有股票,或仅通过股票直接出资。这些供款是免税的,通常高达计划参与者总薪资的 25%。

ESOP 应用程序

ESOP 可以出于各种目的购买公司的新股和现有股票。

- ESOP 最常见的应用是购买一家知名公司离职人员的股票。如果 ESOP 持有公司股票的 30% 以上(并满足某些其他要求),所有者可以将其出售到 ESOP 所获得的收益(即资本利得)延期纳税。此外,这笔交易可以用税前公司的资金进行购买。
- 员工持股计划还用于剥离或收购子公司、从市场回购股票用于收购防御或利用杠杆型 ESOP 来重组企业现有的福利计划。
- ESOP 创始人路易斯·凯尔索(Louis Kelso)首先使用的 ESOP 是购买公司新发行的股票,公司增发融资用于购买新的生产资本。
- 通常涉及通过 ESOP(杠杆型 ESOP)向外部金融机构借款,但公司也可以简单地向 ESOP 提供新股票或者提供现金购买现有股票,作为创建员工福利计划的手段。随着越来越多的公司希望找到将员工和公司利益联系起来的方法,ESOP 计划已成为一种广受欢迎的应用方案。特别是在上市公司中,ESOP 计划的供款通常部分或全部匹配员工对 401(k) 计划的个人缴款。

ESOP 贷款的规则

员工持股计划在福利计划中是独一无二的,因为它可以向外部融资。通常情况下，贷款人（银行）会向公司贷款，公司会将资金汇入ESOP。然后ESOP使用贷款收益购买新股（当ESOP用于为增长融资时）或现有股票（当ESOP用于购买当前所有者的股票时）。当然，职工持股计划本身没有任何资金偿还贷款，公司向该计划提供可扣除税款的资金供款，然后该ESOP计划用于偿还贷款人。这意味着，如果符合要求，公司可以在所得税前扣除贷款的本金和利息（即公司提供的ESOP资金供款用于偿还员工持股的银行贷款，这些供款是公司税前支付的）。

员工持股计划可以向任何人借钱（除银行之外），包括商业信贷、股票卖家，甚至是公司本身。但是，任何向ESOP提供的贷款都必须符合以下要求：贷款必须有合理的利率和条件，并且必须只从雇主的投入资本、ESOP计划中股票的股息和从信托的其他投资中得到的收益中偿还。除贷方将接受的期限（通常为5至10年）外，对ESOP贷款的期限没有限制，并且将股票出售给ESOP的收益可用于任何商业目的。

计划中的股票以"悬搁账户"持有。贷款偿还后，这些股票将被发放到计划参与者的个人账户。该版本必须遵循两个公式之一。最简单的是，所发行股票的百分比等于当年或在还款期间已偿还的本金。然而，在这种情况下，股票释放给个人的速度可能不会低于正常摊销时间表提供的10年期贷款，其中包含本金和利息的水平支付。仅限本金的方法通常具有在早期向参与者发放较少股票份额的效果。或者公司可以根据其每年支付的本金和利息总额来重新安排，此方法可用于任何超过10年的贷款。

在任何一种情况下，重要的是要记住，ESOP计划每年释放的股票价值很少与计划每年偿还贷款本金的金额相同。如果股票价格上涨，以美元计算，释放股票的金额将高于公司供款的金额；如果股票价格下跌，释放股票的美元价值将会降低。用于偿还贷款本金的金额是由公司在每年允许的供款资金限额内以及计算税款扣除额的因素等所决定。

供款出资的限制

2001年，美国国会对所有员工退休计划的缴费限制做出了重大改变，规则于2002年1月1日生效。

首先，重要的是要理解：在杠杆型员工持股计划中，每年对员工持股计划供款资金的金额或者被定义为员工账户的"年度增加额"，是以每年对每个员工账户的贷款本金还款金额为基础。然而，雇员账户股份的实际增加额是释放股份的价值，但该价值不是上述供款资金或年度增加额。

国会慷慨地为杠杆型员工持股计划提供税收优惠，但也存在限制。一般而言，公司可以扣除计划参与者合格工资总额的25%，以支付贷款的主要部分，并且可以扣除贷款的所有利息。符合条件的工资基本上是所有工资项目，包括员工对各种福利计划的支付金额，实际计划中的人均参与者 200 000 美元或以内（以 2002 年美元的不变价值）。但是，公司对其他定额供款计划的供款，例如股票奖金、401(k)或利润分享计划，必须计入此 25% 的工资计算中。另一方面，对 ESOP 所持股票支付的"合理"股息可用于偿还贷款，这些不包括在 25% 的工资计算中。如果员工在完全享有其股份的权利之前离开公司，其罚没股份和金额分配给其他所有人，不计入比例限制。如果员工持股计划没有对外融资，那么每年的供款限额也是全部工资的 25%。同样，对其他计划的供款减少了这个数额。

但是，这些条款存在许多限制。首先，任何一名员工持股计划参与者可以从该年度归属于该员工的贷款本金或超过 40 000 美元中以较少者为准，获得至多 100% 的工资供款。在计算工资单时，每年支付超过 200 000 美元（2002 年美元），不计入总供款限额。其次，如果还有其他合格的福利计划，在评估此限制时必须考虑这些计划。这意味着员工缴款参加 401(k)计划，以及雇主对其他诸如 401(k)计划、股票奖金或利润分享计划的供款，都会被添加到 ESOP 的供款中，总共不能超过任何一年工资的 100%。

第三，根据美国《国内税收法》[第 414(q)节的规定]，如果计划中高收入员工获得的福利不超过三分之一，就能从个人薪酬上限的 25% 中扣除利息后纳税。如果三分之一的规定不被满足，就要重新计算确定一个员工每年的收入（即 ESOP 的利息成本不能抵税）。如果发起设立 ESOP 的公司是 S 型公司，则利息也不可扣除。

已经描述的规则适用于 2001 年 12 月 31 日之后的计划年度。在此之前的几年，供款方面受到更多限制。主要区别如下：

- 非杠杆型的 ESOP 计划中雇主供款限额只能是工薪总额的 15%。"工薪"的定义是，不包括雇员对 401(k)计划的缴款（2001 年后，将该缴款包括在内）。
- 每年从雇主供款和员工支付中可以增加到员工持股账户的金额，上限为工薪的 25%。
- 超过 170 000 美元的工薪，不被认为是"合格薪酬"，因此不用于计算缴费限额。

使用股息来偿还贷款

1986 年的美国《税收改革法案》允许公司使用"合理"股息支付来偿还 ESOP 贷款时，这部分股息是免税的。这些股息支付不计入前面描述的公司供款限额。虽然"合理"这个词从来没有被定义过，但大多数财务顾问认为，这是一个考虑利润水平相似的同行业其他公司支付的相似股息。许多公司在其员工持股计划中允许员工持有优先股以获得更高的股息支付。无论使用何种股票,股息金额都必须分配给员工账户。公司通常以从员工持股计划的悬搁账户中释放股票的形式分配这些金额。

公司还可以直接向员工"传递"股息。通常情况下,公司会对分配的股份(无论是杠杆还是非杠杆计划)支付股息,这些股息对公司来说是免税的。最后,员工可自愿将股息再投资于员工持股计划,也可以免税。这种安排可以与401(k)计划结合起来,使员工获得税收减免,这主要是在上市公司中完成的。

股票如何到达员工手中

员工持股计划的规则在参与、分配、归属等方面,与其他税收合格计划的规则相似,但有几个特殊因素需要考虑。所有21岁以上并在公司年度工作超过1 000小时的员工必须包含在ESOP计划中。除非他们没有被一个集体谈判单位所涵盖,属于一个单独的业务部门,并有至少50名员工未在ESOP计划的涵盖范围内,或者属于杠杆型员工持股不常用的几种反歧视豁免之一。如果存在工会,公司就必须在实施ESOP计划时充满诚意地与之协商。

员工股票根据员工相对薪酬进行分配,可以根据一个更平等的公式(如人均或按资历)或将二者组合起来分配给各个员工账户。所分配的股份须经历一个等待期才能得到真正授予。比如员工必须在服务5年后才能100%获得股份授予,或者公司可以采取3年内以每年不低于20%的比例分级授权,在3年后增加授予速度,直到7年后达到100%。更快的归属计划适用于企业对ESOP供款与员工401(k)缴款相匹配的情况。一次性的股份归属一般必须在3年内完成。而逐步的分阶段归属一般在2年等待期后开始授予股份,不迟于6年后完成全部授予。

当员工达到55岁,并且参与该计划已达10年时间,公司必须给他们一个选择:将25%的账户余额分散到至少三种其他投资选择中,或者干脆把这笔钱支付给员工。在60岁时,员工可以要求把账户50%的资金进行多元化投资或直接分配给他们现金。

当员工退休、死亡或伤残时,公司必须不迟于员工离职后年度的最后一天向其分配既得股份。对于在退休年龄之前离职的员工,必须不迟于离职后的第六个年度的最后一天开始领取分配的股份。股份可以在5年内以大致相等的分期付款形式支付,也可以一次性支付。在分期付款的方式下,公司通常每年从信托基金中支付一部分股票。当然,该股票的价值可能在那段时间上涨或下跌。在一次性分配中,公司可以按股份的当前价值向员工购买股份。公司只要提供足够的担保和合理的利息,就可以在5年内分期支付给员工。除非股票公开上市交易,否则ESOP持股的股票价值必须至少每年一次由独立的外部评估师进行评估。

私人持股公司和一些交易量较小的上市公司必须按照由独立评估机构确定的公允价值回购离职员工的股票。离职员工可以在两个 60 天期限中的一个期限内选择行使这种所谓的看跌期权：一个期限是在员工收到股票分配时开始的 60 天内，另一个是在推迟一年后的 60 天内。员工可以选择任何一个。这项义务应在设计员工持股计划时就加以考虑，并保证公司拥有偿还资金的能力。

投票规则

投票是 ESOP 问题中最具争议和最不被理解的话题之一。ESOP 的受托人实际上负责 ESOP 股份的投票。问题是，"谁指导受托人投票？"受托人可以独立完成决策，尽管这种情况非常罕见。或者企业的管理层或者 ESOP 管理委员会对受托人提供指导，或者受托人可以遵循员工的指示。

在私营公司，员工能够指导受托人对分配给其账户的股票进行表决。这些表决的问题包括倒闭、出售、清算、资本重组，以及与公司有关的重要问题，但是，他们不必为选举董事会成员或其他典型的公司治理问题投票，尽管公司可以提供这些投票权利。一般都是由企业管理层指示 ESOP 计划受托人在这些问题上投票。在上市公司中，员工必须能够就所有议题投票。

实践中投票权更加复杂。首先，一般的投票与投标股票（指股票出售给其他收购方）不同。因此，尽管员工可能被要求就所有问题进行投票，但他们对是否接受股票要约没有发言权。在上市公司中，这是一个重大问题。现在几乎所有的上市公司都在制订方案，赋予员工直接参与股票投标和投票的权利，具体原因将在之后解释。

其次，员工无须对未分配的股票进行投票。在杠杆型 ESOP 中，这意味着在贷款的前几年，受托人可以对大部分股份投票。公司可以规定，尚未分配到员工个人账户的股份以及受托人未收到投票指示的任何已分配的股份，应按之前已经收到的指示投票或接受投标。

这一切意味着，对于几乎所有的 ESOP 公司来说，公司治理并不是真正的问题。如果管理层希望员工在治理中只发挥有限的作用，可以实现；如果管理层想超越这个最有限的作用，也可以做到。实践中，在员工确实发挥了实质性治理角色的公司中，员工参与投票并不会导致公司运营方式的重大变化。

估值

在私人持股的公司和一些交易量较少的上市公司中，所有 ESOP 的交易必须基于一名独立外部评估专家的及时评估。评估过程是评价一个有意愿的购买者为一个有意愿的卖方支付多少。它是通过查看各种比率和参数来完成的，比如市盈率、未来现金流量和收益的贴现、资产价值以及可比公司等，然后对其进行调整，以反映股权出售是否表现为控制权（即拥有控制权的股权价值高于拥有少数股权，即使是以每股股份为基础）和流动性（即上市公司的股票价值高于非上市公司，因为它们更容易买卖）。一般ESOP公司的股票比非ESOP公司具有更好的市场流动性，因为ESOP计划提供了一个交易市场，尽管没有像证券交易所那样活跃。

对卖方股东的税收优惠

对于私人持股公司来说，ESOP的主要好处之一体现在美国的《国内税收法》第1042条。根据规定，ESOP的卖方可能有资格对出售所获得的收益进行延迟纳税。有几项要求必须满足，其中最重要的是：

（1）卖方必须在出售前持有该股票3年。

（2）股票不得通过期权或其他员工福利计划获得。

（3）员工持股计划必须拥有公司股份价值的30%或以上，并且除非公司被出售，否则ESOP计划必须持有股票3年。公司从离职员工手中回购的股份不计算在内。通过交易出售的股票使得ESOP持有公司总股本的30%，就有资格获得延期纳税的处理。

（4）符合延期纳税条件的股票不能分配给出售股东的子女、兄弟姐妹、配偶或父母，也不能分配给其他持股25%及以上的股东。

（5）这家公司必须是"C"型公司。

如果符合这些规定，卖方可以在出售后12个月或出售前3个月内将出售所获的收益再投资于其他"合格的替代证券"，并推迟任何资本利得税直到这些新的投资被出售。合格的替代证券包括国内公司股票、债券、认股权证或任何公司债券。共同基金和房地产信托不符合条件。如果这些替代证券一直被持有至到期，它们的价值逐步提高，但资本利得税将永远不会支付。

越来越多的ESOP计划的贷款人要求公司将其他的有价证券作为ESOP贷款的一部分或全部抵押品，这种策略对只出售部分股份资产的卖方有利，因为这使得公司可以将其资产用于融资，并可提高公司的未来价值。

还有一点很重要，那就是拥有"1042"税收条款待遇的人。如果他们是企业的雇员，就不能要求将出售给ESOP的股票重新分配到他们的个人账户中，对于其他持股25%及以上的股东及其关联方，也同样无法获得ESOP股票。

员工的财务问题

当员工从 ESOP 计划中获得股票分配时,就需要纳税,除非将股票转入个人退休账户(IRA)或其他合格计划。至于纳税,在获得分配的股票价值中,雇主缴纳的款项部分作为普通收入纳税,股份的其他任何增值都应作为资本利得纳税。此外,如果雇员在正常退休年龄之前收到了分配的股票或资金,而没有将这笔钱转入其他合格计划,还要加征 10% 的消费税。

然而,当股票在员工持股计划中,员工则不需要纳税。此外,员工很少会放弃工资而参加 ESOP 或通过计划直接购买股票。大多数员工持股计划要么是在现有福利计划基础上的补充,要么是取代其他固定缴费的养老金计划,通常是享有更高的支付水平。

确定员工持股计划的可行性

决定一个公司是不是好的 ESOP 计划候选企业,涉及以下几个因素:

- 成本合理吗?根据交易的复杂程度和规模,ESOP 计划的成本通常在 20 000 美元以上。若与其他出售股权方式相比,ESOP 便宜得多,但比其他福利计划更昂贵。
- 企业的工资总支出足够多吗?一项 ESOP 计划可以提供的供款资金存在限制,可能会使得 ESOP 用于买断主要所有者或者为一项大型交易融资变得不切实际。例如,如果公司拥有 50 万美元的合法工资支出,那么 500 万美元的股份购买就是不可行的,因为每年企业对 ESOP 计划的供款资金将不超过 12.5 万美元(25% 的工薪支出),不足以偿还购买股份的贷款。

但是,通过使用可抵扣税收的股息,会在一定程度上增加融资的金额。公司也可以设立贷款,以便银行在一个期限内(例如 7 年)向公司贷款,公司将资金再贷给 ESOP 计划(例如 12 年),这意味着本金的偿还期限延长了,每年所需支付的金额更小了。

- 公司可以负担得起这笔供款的金额吗?许多员工持股计划被用于购买现有的股票,这是一种非生产性的支出。公司需要评估其是否有足够的利润来提供供款资金。
- 管理层是否能够接受员工作为所有者的理念?虽然员工不必管理企业,但他们需要得到更多的信息和发言权。研究显示,除非以真正股东的方式对待他们,否则员工虽然持股但也没有积极性。

回购的考虑因素

员工持股计划必须面对的一个主要问题是，发起公司有义务回购离职员工的股份。公司可以通过向 ESOP 计划提供可免税的供款资金，由 ESOP 计划回购股票，但回购股票的法律义务由公司承担。大多数公司要么通过 ESOP 计划要么自己回购股票，然后重新分配给 ESOP（并由此获得税收减免）。无论哪种方式，股票继续在 ESOP 计划中流转，为新员工提供股票。然而，有些公司回购股票并将其注销，或者提供给其他人购买（例如经理）。

回购义务似乎是取消设立 ESOP 的理由（人们常常会问，"成立 ESOP 意味着我们必须不断回购股票？"）。事实上，所有的非上市公司对于 ESOP 计划都有 100% 的回购义务。ESOP 需要事先设定一个计划，允许公司以税前资金进行回购操作。如果公司对此没有预期和计划，回购股份可能成为一个主要问题。针对股份的回购，应仔细研究，以帮助管理这一过程。

在 S 公司[①]中的 ESOP

员工持股计划现在可以拥有 S 公司的股票。尽管这些 ESOP 与 C 公司的 ESOP 在大多数规则上相同，但存在重要的区别。

首先，对 ESOP 贷款的利息支付计入供款的限额（C 公司通常不计入）。对以 ESOP 持有股份支付的股息，也不可税前扣除。

其次，最重要的是，S 公司的员工持股计划的卖方不符合递延纳税处理的资格。

再次，对于 2002 年 1 月 1 日之前的计划年度，年度供款的限额为每年工资的 15%，尽管 ESOP 可以与其他的股份购买计划相结合，达到 25% 的上限。

另外，ESOP 在 S 公司的所有者中是独一无二的，因为它不必为任何可归属于它的利润支付联邦所得税（州的规则有所不同），这使得 ESOP 在某些情况下非常有吸引力。这也使得当 C 公司的 ESOP 拥有较高比例的股票时，将公司从 C 公司转换为 S 公司非常有吸引力。

对于想要通过 ESOP 为其股票提供交易市场的所有者来说，通常在设置 ESOP 之前将公司转换为 C 公司是有意义的。如果出售股票不是优先事项，或者如果卖方在出售股份时没有应缴的大量资本利得税，或者有其他原因倾向于保留 S 公司，则 S 公司 ESOP 可以提供显著的税收优惠。

---

① 美国国内税收法规定，对某些特定类型的公司可以免除双重课税，这类公司被称为 S 公司，它们选择按照非纳税公司的课征方式纳税。——译者注

虽然 S 公司的规定使 ESOP 非常具有吸引力，但 2001 年通过的法律明确规定，这些规定不应被那些主要为少数人利益而创造 ESOP 的公司所滥用。例如，一些会计师正在推广一项计划，在该计划中，一家公司将成立一个 S 管理公司，由少数人拥有，但这些人管理着一家大型的 C 公司，这样企业的利润将流向 S 管理公司，而不用缴税。

美国国会颁布的规则很复杂，但归结为两个要点。首先，在 ESOP 计划中持股比例超过 10%或以其他方式持股超过 20%的人（包括家庭成员）被视为"不合格成员"。其次，如果这些"不合格成员"共同拥有公司 50%以上的股份，那么他们就无法在没有特殊税收处罚的情况下在 ESOP 中获得股份配置。国会还指示美国税务局（IRS）将惩罚性税收待遇应用于本质上是为了逃避税收而不是为了提供员工福利的任何计划。

设置 ESOP 的步骤

设立 ESOP，有以下几个步骤。

1. 确定其他所有者是否愿意接受

这似乎是一个明显的问题，但有时人们会需要考虑此处列出的几个步骤，然后才能知道现有的所有者是否真有意愿出售股份。员工不应该开始组织 ESOP，除非他们有理由认为母公司愿意出售股份（例如，如果公司的目标是减少在其他地点生产的产品总量，则并不适合出售股份），或者私有企业的其他所有者可能永远不会同意 ESOP，即使 ESOP 计划看起来仅仅对最大的股东有吸引力。这些问题可能会在后续造成很多麻烦。

2. 可行性研究

这可能是外部顾问的一项全面分析，包含市场调查、管理层访谈和详细的财务预测，或者只是内部谨慎的商业计划。一般而言，只有在对 ESOP 偿还贷款的能力存在疑问时，才需要全面的可行性研究。但是，任何分析都要考虑以下几个要点：首先，它必须评估公司可用于 ESOP 的额外现金流量有多少，是否足以达到设立 ESOP 的目标。其次，它必须确定公司是否有足够的工资基数以提供足够的供款给 ESOP 的参与者，并且这些 ESOP 供款资金符合税前扣除的要求。请记住，在这些计算中需要包括公司已有的其他福利计划的影响。再次，必须估计企业的回购责任将是什么，以及公司将如何处理。

3. 股份估价

可行性研究将依据对股票价值的粗略估计，以计算公司提供的现金和根据工资单供款资金的充足性。当然，在上市公司中股份的价值估算相当准确，因为可基于过去的股票价格表现。在私营企业中，估值将更具投机性。对私营企业来说，估值是必须做的。公司可能首先进行初步评估，以确定所产生的股票价值范围是否可接受。如果是的话，随后再进行全面估值。

在实施计划之前进行股份估值是关键步骤。如果股份的价格太低，卖家可能不愿意出售。或者股份的价格可能太高，公司将无法负担。估值顾问将研究各种因素，包括现金流量、利润、市场状况、资产、可比公司价值、商誉和整体经济因素等。如果ESOP购买的股票少于5%，则可能会折价。

4. 聘请一名ESOP律师

如果前三个步骤的结果是正面的，那么现在可以起草ESOP计划并提交给美国税务局。应该仔细评估您的选择，并告诉律师希望如何设置ESOP。这可以在咨询时间上节省大量资金。美国税务局可能需要几个月的时间才会发放一份"决定书"（letter of determination），但您可以在此之前就开始出资。如果美国税务局的决定对您不利（这种情况很少发生），通常只需要修改计划。

5. 为该计划筹集资金

有几种潜在的资金来源。显然，ESOP可以贷款。银行通常会提供ESOP贷款，但是与任何贷款一样，在其他机构周围进行"货比三家"也是有道理的，股份卖方和其他私人机构也可以提供贷款，但不具备以利息抵税的资格。对于规模较大的ESOP交易，也可以从债券市场融资，或从保险公司借款。另一个资金来源是公司提供的持续资金。根据法律规定，员工持股计划必须主要投资于雇主证券，但多数ESOP专家认为，员工持股计划可以暂时主要投资于其他资产，为买下所有者的全部股份而准备资金。第三个来源是现有的其他福利计划。养老金计划不是实际的资金来源，但有时会考虑利润分享计划（profit-sharing plan）。利润分享计划的资产可以部分或全部转移到ESOP中。许多公司都这样做，但必须谨慎行事。如果员工在此类转换投资中没有选择权，则该计划的受托人必须能够证明对公司股票的投资是谨慎的；如果员工有选择权，则可能会涉及证券法的有关问题。最后，员工本人可以为ESOP计划做出供款，最常见的是从工资或福利中拿出一部分资金。大多数ESOP不需要员工本人出资，但在某些情况下则是必需的。显然，这是一个需要谨慎处理的问题。

6. 建立运作计划的流程

必须选择一个受托人来监督运行ESOP计划。在大多数私营公司中，这将是一个公司内部的机构，但一些私营公司和大多数上市公司会雇用外部受托人。ESOP的委员会将具体指导受托人。在大多数公司中，ESOP委员会是由企业管理层人员组成，但许多ESOP公司至少允许有一些非管理人员的员工代表。最后也是最重要的一点，必须建立一个流程，来确定ESOP计划如何运作，并让员工作为所有者更多地参与进来。

基于广泛持有的股票期权

"合格"的员工持股计划意味着必须符合联邦法律的规定，以确保这些计划不会过分偏向薪酬更高的人。并非每家公司都希望遵守这些规定，也不是每家公司都希望获得额外的税收优惠。此外，一些公司认为，如果员工必须付出一些代价才能获得所有权，那么员工持股成本就太高了。一些成长型公司发现，公司供款或购买现有股票对其资本结构、财务状况存在太大的压力，它们宁愿给予员工未来持股的权利。许多成长中的私营公司不纳税，因此 ESOP 的税收优惠就不具吸引力，这使得具有更大灵活性的期权更具吸引力。最后，期权的会计处理十分灵活，这对于上市公司来说尤为重要。

因此对很多公司而言，广泛的股票期权是一个有吸引力的选择。直到 20 世纪 80 年代末，除了一些初创的高增长公司外，几乎没有人听说过向大多数或所有员工授予股票期权的概念。例如，微软通过向员工提供广泛的股票期权，已经创造了 1 万多名百万富翁。现在，估计在上市公司中有 15％到 20％的企业，如百事可乐、星巴克、美国银行、瓦尔格林药妆店、全食品超市和惠而浦等等，都正在为大多数或所有员工提供期权。正如这些例子所表明，实施期权的公司并不局限于高科技领域，这种趋势遍及各行各业。与此同时，越来越多的高科技公司广泛提供股票期权。在 1992 年位于加州硅谷圣何塞的谢尔得塔公司（该公司为硅谷企业的股票期权计划提供管理服务）针对电子行业公司的一项调查中发现：30％的受访企业表示它们为大多数或所有全职员工提供股票期权。2 年后再次进行调查时，这一比例增长到 54％。调查显示，公司规模越小，授予期权范围越有可能包括大部分员工。在 2000 年罗格斯大学的约瑟夫·布拉西（Joseph Blasi）的一项研究发现，排名前 100 位的电子商务公司中有 97 家为大多数或所有员工提供了股票期权。

美国的股票期权程序

股票期权赋予员工在未来一定年限内以固定价格（通常是授予时的市场价格，但有时更低）购买股票的权利。这些期权可以按工资百分比、绩效公式、平等分配的方式或公司选择的任何其他方式授予。大多数广泛授予的期权计划定期（每 1 年至 3 年）提供，或者是根据时间的推移（例如每年），或者是某些事件（例如，晋升、达到公司或集团的业绩目标或绩效考核）。这些期权通常需要 3 至 5 年的等待期①。员工通常可以随时行使等待期后的期权。大多数期权的期限为 10 年，意味着员工可以选择在等待

---

① 等待期 vesting period，即期权授予后不能立即行权而必须等待一段时间。待等待期结束以后，期权才可以被行使。此时获得的期权属于 vested option，即等待期后的可行使期权。——译者注

期后的任何时间以授予价格购买股票,期限最长可达 10 年。授予价格与行权时的市场价格之间的差,称为"差价"(spread)。

大多数上市公司都提供一种"无现金执行"的替代方案,即员工行使期权后,公司向员工提供的现金金额等于授予价格与行使时市场价格之间的差额减去应付的税金。

期权也可以用现金来行使,员工必须有足够的现金支付股票和税款(如果有的话)。员工可以通过卖出其现在拥有的股票,或者出售通过一定量的期权购买的股票,来支付成本和税费,然后保留剩余的股票。

在私营公司中,员工通常必须等到公司被出售或上市后才能出售其股票,尽管有些公司会安排回购股票,或帮助员工之间进行股份买卖。当员工行使股票期权时,构成了受证券法约束的一项投资决策,至少需要有"反欺诈财务披露"的声明,并且在某些情况下,还需要进行证券登记。因此由于上述限制,在私营公司中授予广泛的股票期权的主要目的是未来出售企业或者未来上市。

对于上市公司而言,由于发行新股是为了满足期权持有人的需求,广泛授予的股票期权会对其他股东造成重大稀释。或者,如果公司回购股票以满足期权行使的要求,则会产生大量现金成本。然而,发起股票期权计划的公司认为,股东应该感到满意,因为只有在股价上涨的情况下,期权成本才会存在。这些公司的管理层认为,相比带来的企业价值增加而言,广泛授予的期权是值得的。

非法定期权

大多数覆盖面广泛的计划为员工提供非法定期权,这些期权不符合任何特殊的税收考虑。任何人,无论是员工还是非员工,都可以在公司确定的任何基础上获得非法定期权。当行使非法定期权时,雇员必须在授予价和行使价之间的"差价"上缴纳普通所得税,公司可以扣除该金额。

例如,假设在百事可乐的菲多利(Frito-Lay)部门的机械师奇普·索尔特(Chip Salter)每年赚 2 万美元。根据百事可乐的计划,奇普每年可获得工薪 10% 的期权,5 年内每年可解禁 20% 的期权。因此,奇普在 10 年内可以以行权价格购买价值 2 000 美元的百事可乐股票。我们假设在授予期权时的股票交易价格为 40 美元(由此确定了行权价格也是 40 美元),因此奇普拥有 50 股的股票期权(40 美元×50＝2 000 美元)。假设他在整整 10 年中持有这些期权。在第 10 年末,假设百事公司的股票价值为 100 美元。奇普只需按 40 美元/股即可购买价值 100 美元/股的 50 股股票,每股盈利 60 美元,总计盈利 3 000 美元。要以每股 40 美元的价格购买股票,他可以借钱或使用现金。无论他如何获得这些股份,都必须为 3 000 美元的收益缴纳普通收入所得税。百事公司则获得了相应的税收减免。另外,在大多数情况下,他可以让百事公司为其购买股票、缴纳税款，然后返回余额给他，大约为 2 000 美元。

激励性股票期权

通过激励性股票期权（incentive stock option，ISO），公司授予员工在未来某个时间以指定的价格购买股票的期权。在 ISO 中，对期权的结构和以期权购买股票的转让时间有限制。员工在期权授予或行使时不用确认普通收入并纳税（尽管对期权行使价格与股票的公允市场价值之间的差额可能会按最低税额征税），公司也不能税前扣除相关的薪酬成本。员工只有在处置通过期权购买的股票时才会纳税。对于符合条件的处置收入，按资本利得征税，对于不合格条件的处置收入，将确认为普通收入征税。

对于符合 ISO 标准的股票期权[即根据"税法"第 421(a)节，它可以获得特殊税收待遇]，它必须在授予时以及从授予开始直至行权的所有时间，都满足税法第 422 条的要求，这些要求包括：

● 该期权只能被授予员工（不允许授予非员工董事或独立的企业合同商），这些员工必须在仍然是员工的情况下或不迟于终止雇佣后 3 个月内，行使该期权（除非该期权处于"虚值"状态，在这种情况下，此 3 个月期限延长至 1 年）。

● 必须根据书面计划文件授予期权。该文件规定了可发行的股份总数以及有资格获得期权的员工。该计划必须在采纳之前或之后的 12 个月内由股东大会批准。

● 每份期权必须根据 ISO 协议授予，该协议必须是书面的，并且必须列出执行 ISO 的限制条款。每份期权都必须规定按执行价格购买股票，以及期权保持开放的时间。

● 期权必须在被采纳或者股东大会批准二者中较早的时间之后的 10 年内授予，且期权必须仅在被授予后 10 年内行使。

● 期权行使价格必须等于或超过授予时标的股票的公允价值。

● 在授予时，雇员不得持有公司股票 10% 以上，否则其获得的期权行使价格至少为公允价值的 110%，且自授予之日起 5 年内无法行使期权。

● 协议必须明确指出，除遗嘱或继承法的规定外，期权持有人不得转让期权，并且该期权不能由期权持有人以外的任何人行使。

● 首次股票期权行权持有股票的总公允总值（以授予日为计算日）在一个日历年度内不得超过 10 万美元。否则超过的话，按法典第 422(d)条规定，此类期权被视为非法定期权。

ISO 对员工的税务影响

员工在收到或行使期权时没有实现收入。相反,员工在处置根据期权计划获得的股票时要纳税。期权处置通常是指任何销售、交换、赠予或转让合法持股的股票。对于期权行使股票处置的税务处理取决于股票是否在期权的法定持有期内以"合格的处置方式"被处置。"ISO 法定持有期"是指自期权授予员工之日起的 2 年之后,或者自行权持有股票之日起 1 年之后,以较晚者为准。如果员工在离职 3 个月后行使了期权,则无法享受优惠的税收待遇。在符合 ISO 法定持有期条件下的处置时,员工确认资本收益,以期权行使价与股票出售收益之间的差额来计量征税基础。但是,激励性期权的收益取决于可替代的最低税收待遇。

如果处置发生在员工收到期权后的两年内或行权持有股票后的一年内,员工则要计算普通收入,按普通收入所得纳税。普通收入以期权行使价格与行权时的股票公允价值之间的差额计量或者以行使价格和股票出售价的差额计量,在二者中取较小的一个。如果在不合格处置期之后继续持有股份,那么任何额外的收益或损失将被视为资本利得或损失。

授予期权的雇主无权就授予期权或行使期权扣减所得税。如果雇员导致该期权成为不合格的处置方式(即在必要的法定持有期结束之前提前处置了股票),雇主通常可以在雇员确认普通收入的同一年,在缴纳公司所得税前扣除雇员确认为普通收入的金额。

此外,授予期权的雇主对于员工在不合格处置时所获得的普通收入没有任何预先扣缴的义务。

401(k)计划

401(k)计划允许员工将部分税前工资纳入公司设立的养老基金,从而推迟获得这部分收入。公司通常提供至少四种不同的另类投资工具。由于法律要求该类计划不能过多地倾向于高收入人群,因此公司通常会提供部分匹配的资金/股票,以鼓励员工广泛参与这些自愿的计划。这种匹配可以由公司选择的任何投资工具,包括本公司的股票。公司可以为该计划提供最高达应纳税工资总额 25% 的缴费。

虽然员工持股计划作为员工持股的首选工具受到了最大的关注,但 401(k)计划实际上现在持有的公司股票几乎和员工持股计划一样多。401(k)计划中的大多数"本公司股票"投资都发生在规模较大的公司中。在员工少于 200 人的公司中,只有 2% 的 401(k)计划资产是本公司股票;在员工 1 000 名以下的公司中,这一比例为 8%。对于拥有 1 000 到 5 000 人的公司,比例增加到 17%,对于拥有 5 000 多人的公司，这一比例增加到32.4%。这些数据还揭示了401(k)计划资产中一般有多少比例投资在规模比较大的公司上。翰威特咨询公司(Hewitt Associates)的一项研究发现，在雇员人数超过1 000人的公司中，在401(k)计划中，有25%的员工缴款是以公司股票形式缴纳的，而约70%的雇主匹配资金是以公司股票的形式缴纳的。总的来说，401(k)计划中约有18%的资产为本公司的股票，截至2001年，其价值约为2 500亿美元。

虽然这些数字加起来相当可观，但很少有员工通过401(k)计划持有本公司股份超过10%。此外，美国全国员工持股中心的研究发现，一般以这种方式提供股票的公司很少将自己视为"员工拥有的公司"。相反，公司只是将其视为一种更方便或更经济的投资选择。

然而401(k)计划的持续增长表明，必须认真对待员工股权。在接下来的十年中，如果目前的趋势继续下去，员工通常可以拥有许多大型上市公司20%或更多的股份。虽然这只是一种预测，但我们认为企业管理层将会开始意识到，将自己视为一家实质上由员工拥有的公司是有优势的，就像员工开始意识到他们的退休福利将取决于公司业绩一样。

有几个因素支持将401(k)计划作为上市公司员工持股的工具。从公司的角度看，本企业的股票可能是对员工缴款进行匹配出资的最具成本效益的手段。如果企业存在库存股票或公司发行新股，则将其投入401(k)计划不会给公司带来现金成本；事实上，它会提供税收减免。当然，其他股东的持股比例会受到稀释。如果公司必须用现金来回购股票，那么至少使用的现金美元是投资了自身企业。从员工的角度看，公司股票是员工最了解的投资，因此对那些不想花时间了解其他投资选择或对自己公司有强烈信心的人颇有吸引力。当然，员工和公司都应意识到，这样做使得未能实现退休投资组合多元化的风险很大。

对于少数股东集中持股的公司，401(k)计划的吸引力较小，尽管在某些情况下非常合适。如果员工有权购买公司股票，这通常会引发大多数公司希望避免的证券法问题。雇主的匹配股份供款更有可能性，但公司要么稀释所有权，要么从现有股东手中重新获得股份。在许多私有企业中，第一个不受欢迎的原因是控制权稀释，第二个原因是可能没有股份的卖家。此外，401(k)计划不像员工持股计划(ESOP)那样对于股份出售方能提供"滚动展期"的税收优惠，而且公司能够供款的最大金额取决于员工储蓄的多少。这将限制雇主通过401(k)计划从卖方购买股份的数量，从而只相当于ESOP计划所能购买的一小部分。

401(k)计划的投入也不能被杠杆化[①]，因此公司股票的出售必须以年度增量形式

---

① 即获取外部融资如银行贷款。——译者注

缓慢进行。例如,如果一家公司能够让60%的员工参与401(k)计划,并且员工支付5%的工资(在实践中这是一个合理但相当高的比例)进入401(k)计划,那么公司按1∶1的比例匹配资金,结果仍然只能达到企业工资总额4%的投入[而且这里假设401(k)计划参与者的薪酬往往高于非参与者的薪酬]。

尽管存在这些限制,401(k)计划及其更新的、更简洁的相似计划——SIMPLE方案[针对100个以下雇员企业的计划,与401(k)计划非常相似,但是具有更严格的规则和更容易管理]依然具有吸引力,在公司只希望雇员成为所有者的情况下,不需要买断所有者的所有股权或者使用ESOP的融资借贷功能。公司可以简单地根据员工对401(k)计划的工资延付缴款与公司的股票匹配出资,或者以公司股票的形式直接向所有符合计划要求的员工支付一定比例的股票。

401(k)计划和ESOP也可以合并,ESOP投入资金被用作与401(k)计划的匹配。这可以在非杠杆或杠杆的基础上运行。在非杠杆的情况下,公司简单地将其匹配股票描述为ESOP,这增加了一些设置和管理成本,但允许公司获得ESOP的额外税收优惠,例如《税法》第1042条款的税收展期。在有杠杆的情况下,公司估计每年需要多少资金来匹配员工的投入资金,然后借入一笔金额(即银行贷款),使每年贷款的偿还额接近公司每年的匹配供款金额。如果贷款的年度偿还金额没有企业承诺的匹配资金那么多,公司可以选择:或者用额外的股票或现金出资投入401(k)计划中,或者更快地提前偿还银行贷款。如果金额较大,员工就会获得额外的收益。合并计划必须符合复杂的规则,以确定这些做法是否过分偏向高薪人群。

员工股票购买计划

最后,数百万员工通过员工股票购买计划(ESPP)[1]成为公司的所有者。其中许多计划是根据美国《税法》第423条形成的,因此通常被称为"423"计划。其他的ESPP是"不合格计划",这意味着它们不满足第423条的规则,也不能享有特殊的税收待遇。大多数ESPP计划在结构上非常相似。

根据《税法》第423条,公司必须允许所有员工参与ESPP,除非任职期少于2年的员工、兼职员工和少数高薪员工。所有员工在计划下必须拥有相同的权利,尽管公司可以允许购买的限额随参与者相对薪酬而变化(但大多数情况下不会这样做)。计划一般限制员工可以购买股票的金额,法律将其上限定为每年25 000美元。

与所有的ESPP一样,第423条计划允许员工从税后工资中扣除部分资金,这些

---

[1] ESPP,即employee stock purchase plan的简称。——译者注

扣除额在股票的"发行期"内累计。在指定的时间点一次或多次，员工可以选择使用这些累计资金购买股票，或者可以收回款项。该计划可以在股票价格上提供高达15％的折扣。大多数计划都允许根据发行期开始或结束时（所谓"回溯"特征）的价格给予折扣。如果员工为其股票支付的价格是以期末股票价格为基础的，"发行期"最长为5年；如果以较早的时间点确定股票购买价格，则"发行期"最长达27个月。

该计划的设计可以有多种方式。例如，公司允许员工在发售期结束时享受15％的价格折扣，但如果员工根据期初的价格购买股票，则不会有折扣。一些公司在发行期间为员工提供临时购买股票的机会。另外一些计划提供较小的折扣，发行期的长短也各不相同。然而，美国全国员工持股中心的研究表明，绝大多数计划都具有回溯特征，在发行期开始或结束时均提供15％的股价折扣。大多数计划选择12个月作为发行期，其次是6个月。

在一个典型的计划中，前面例子中的奇普·索尔特可能会开始参与ESPP计划。计划开始时，股票价值40美元，他每周存20美元，共计52个工资期，累计1 040美元。发行期在第52周结束，奇普此时决定购买股票。目前的股票价格是45美元。根据计划的回溯特征，奇普显然会选择较低的价格即以发行期开始时的股价40美元的15％折扣来购买股票，这意味着他可以34美元的价格购买股票，他以34美元的价格买到了现在价值45美元的股票。如果股票价格在发行期结束时降至38美元，那么奇普则会选择以38美元折价15％的价格购买股票。

423计划的税收待遇与激励性股票期权计划（ISO）类似。如果奇普在ESPP计划开始后持有股票2年，并在购买后持有股票1年，当他实际出售股票时，他需要缴纳资本利得税，但排除15％的折扣（在我们的例子中每股6美元）。[①] 如果他在满足持股的时间要求后以低于40美元的价格出售股票，他就按购买股票价格和出售股票价格之间的差额缴纳普通收入所得税。发起计划的公司不会得到税收扣减。

如果奇普因为提前出售了股票而不符合上述的持股时间规定，那么他就要为购买价格（34美元）和购买时的市场股价（45美元）之间的全部差额缴纳普通收入所得税，另外还要为超过45美元的任何增值缴纳长期或短期资本利得税。公司从购买价格和市场价格之间的价差中得到税收减免（本例中为每股11美元）。

不合格的ESPP通常以相同的方式运作，但对于它们如何被构建，没有专门的规定，也没有特殊的税收优惠。员工在购买股票时就必须为可能的折扣收入缴纳普通收

---

① 根据文中的逻辑，假设奇普在符合持股时间要求的条件下，以每股50元的股价出售了股票。在上段分析中，他是按照40美元折扣15％的价格（即每股34美元）购买的股票，那么按每股10美元收益征收资本利得税，而不是其真实收益的16美元。如果最后按照每股38元出售股票，那么按每股4美元收益征收普通收入所得税。——译者注

入所得税，并将在未来对任何后续的股票收益缴纳资本利得税。

ESPP 几乎只存在于上市公司，因为向员工提供股票，需要遵守昂贵且复杂的证券法。但是，私有企业也可以且有时确实有这些计划。只向员工发行股票，可以免除联邦一级的证券登记要求，但必须遵守反欺诈披露规则，并需要遵守国家证券法。如果私有企业提供了员工股票购买计划，那么至少每年都要对股票进行价值评估。

ESPP 在上市公司中非常受欢迎，因为它们为员工提供了福利，并为公司提供了额外的资金。为满足购买股票的要求而发行新股，或公司回购已发行股票并折价出售给员工，ESPP 计划所产生的股份稀释度通常都很小，股东不会反对。ESPP 计划的员工参与率差异很大，中位数在合格员工人数的 30% 至 40%。因为大多数员工不会对这些计划投入大量资金，而且许多员工根本不参与，ESPP 通常应该被视为其他类型员工持股计划的补充，而其本身并不是创造员工所有权文化的一种手段。

员工持股和员工的激励

在 20 世纪 80 年代早期，美国全国员工持股中心就员工对成为所有者的反应进行了详尽的调查。该项调查针对 45 家公司的 3 500 多名员工，研究了数百个因素，试图确定员工持有股票是否重要，以及在何种情形下重要。

结果非常清楚。员工确实喜欢成为所有者。他们拥有的股票数量越多，对公司的忠诚度就越高，对工作的满意度就越高，离开企业的可能性就越小。当然，有些公司员工比其他公司员工更喜欢成为所有者。员工对持股的反应主要取决于每年获得股票的多少。此后，如果员工有足够的机会参与制定影响其工作的决策，管理层真正拥有员工持股信念而不仅仅是为了税收优惠，并定期向员工提供有关持股计划如何运作信息等，在上述情形下，员工的反应会更加积极。

相比之下，公司规模、业务范围、员工人口特征、资历、工作分类、是否存在投票权或获得董事会成员资格、员工所拥有公司股份的百分比、公司年度供款资金的多少和许多其他因素等，都没有显著影响。员工们针对员工持股计划并询问"我能从中得到多少钱？""我真得被当作主人对待了吗？"，如果他们认同这些问题的答案，他们就喜欢成为所有者。

员工持股和公司业绩

2000 年，罗格斯大学的道格拉斯·克鲁斯和约瑟夫·布拉西分析了 1988 年至 1994 年期间所有可获得数据的员工持股计划。然后，他们将这些公司与可比的非

ESOP公司匹配，并查看了这两类公司在成立ESOP前3年至3年后的销售收入和就业数据。他们发现，当将同期竞争对手公司的业绩扣除后，ESOP样本公司在制定员工持股计划后的增长速度比预期的要快2.3%至2.4%。[①] 这似乎强有力地证明了员工持股计划确实对公司业绩做出了重大且积极的贡献。

上述研究结论令人印象深刻，但并没有表明员工所有权是如何导致了绩效的改善，或者仅仅是少数特殊的ESOP样本公司产生了绩效改进。另外一些研究表明，"员工持股"和"员工参与管理"的结合才能真正发挥作用。

了解"员工持股是否能激励员工"的答案，似乎可以回答"持股是否能提高公司绩效"。但其实并非如此。在大多数公司中，劳动力成本低于总成本的30%-40%。据推测，激励本身确实会使员工更加努力。我们经常询问企业经理们，在一天工作8小时的基础上，他们认为能从更具有积极性的员工那里得到多少额外的工作时间。15分钟是典型的回答，只比8小时多了3%。如果假设每个人都更有动力，那么即使企业劳动力成本占40%，也最多只能节省总成本的1.2%，这远非员工持股计划的事实。

虽然1%的改善可能是很多钱，但这并非真正成功的公司与普通公司的区别。优秀的企业能以创造性、创新的方式对环境做出反应，为客户提供比竞争对手更好的价值。这是如何实现的？他们通过处理信息并灵活明智地应对复杂问题。在大多数公司中，信息收集仅限于一组管理人员。创意的产生同样受到限制，决策也是如此。这里的假设是认为只有少量的管理层人员才有执行这些任务的才能，也许还有动力去完成。但事实上，在大多数公司中，没有人比普通员工每天接触的客户更多，没有人比普通员工更接近生产制造产品或提供服务的日常流程。而且，普通员工们经常有一些有用的想法可以与管理层分享。

因此，一个公司要有效地运用员工持股计划，需要做的不仅仅是激励人们更加努力地工作，这可能不是最有效的事情。相反，它必须征求和搜集员工的想法和信息，"以最佳的方法做最重要的事情"。要做到这一点，公司需要让员工参与其中。管理者应该征求员工的意见，应建立特设和常设的员工工作小分队来解决问题。可以建立质量控制小组和员工参与团队。可以加强员工的工作强度，实行有限的监督，同时可以实施员工合理化建议制度。这一切似乎都是常识，但是这些做法在大多数公司中并不常见。

数据表明，上述员工参与管理的情况在员工持股的公司中越来越普遍。在1987年的美国总会计办公室（GAO）报告中，约有三分之一的ESOP公司都有一定程度的员工参与。到1993年，东北俄亥俄州员工持股中心和肯特州立大学对俄亥俄州企业

---

① 此即DID(difference-in-difference)研究方法。——译者注

的一项研究发现，约有60%的公司拥有积极的员工参与计划，如自主工作团队、全面质量管理等类似计划。在员工持股计划启动后，员工参与率大致翻了一番。美国总会计办公室报告称，这些员工参与管理的企业将其员工持股计划与参与式管理实践相结合，生产率得到了显著提高。

在美国全国员工持股中心组织发表于《哈佛商业评论》1987年9/10月刊上的一项研究认为，参与型ESOP公司比没有ESOP计划的公司增长速度快8%-11%。在美国全国员工持股中心和美国总会计办公室的研究中，没有其他因素（除了员工参与之外）能对所有者与绩效之间的关系产生影响。只有员工参与，才能将持股的动机转化为更为丰厚的企业利润。正如数百项研究所表明的那样，仅仅靠员工参与本身也是不够的。其中一个原因是很少有员工参与管理的项目能在传统企业中持续5年以上。相比之下，在过去十年中，我们没有发现一家ESOP公司放弃了员工参与管理计划。

员工参与的结构因公司而异，但基本上归结为员工组成团队以分享信息、产生想法并提出建议。

例如，在美国联合航空公司，员工出资购买公司后不久就组建了员工任务团队。在随后的两年中，各个团队将公司业务分类，为经常发生的重大变化提出建议。这些团队包括广泛的员工群体，但任何人都可以自愿申请加入。员工团队的想法帮助产生了数亿美元的成本节约和增量收入。具有讽刺意味的是，在团队完成工作后，管理层却放弃了员工参与的想法，导致联合航空公司在随后的几年里出现了严重的困难。美联航的ESOP现已被冻结，经理和员工都认为这不成功。美联航最近宣布破产，并正在尝试重组。美联航的案例清楚地表明，仅仅建立一个ESOP计划甚至是已经朝着正确的方向开始前进，都还是远远不够的。公司必须致力于建设长期的员工持股文化。

位于纽约州汉诺伊的斯通工程设备公司就是一个很好的例子。它在20世纪70年代后期建立的ESOP计划影响甚微。随后，该公司聘请了一位新总裁鲍勃·费恩，开始了一项参与式管理计划。最终，所有员工都接受了"及时"[①]管理培训，并组成工作小组，负责安排和控制工作流程，并对工作设计和组织流程有相当大的投入。斯通工程设备公司一直步履蹒跚，以质量低劣而闻名。但到了1991年，公司已经取得了长足进步，美国《商业周刊》将其列为全美十大制造商之一。

在位于密苏里州斯普林菲尔德的斯普林菲尔德再制造公司，员工所有者都将学习如何阅读详细的财务数据和生产数据。在工作小组会议上，他们检查数据，从中找出改进方法，员工有时会研读、理解多达90页的财务报表。斯普林菲尔德的股票从

---

① 原文："just-in-time"。——译者注

1983年开始实行ESOP时的每股10美分涨到了1994年的21.00美元,就业人数增加了500%以上。

其他方法包括:成立员工向管理层提供咨询意见的委员会、减少监督层级并同时给予非管理员工更多自主权力、管理层和随机挑选的员工群体之间召开会议、建议箱以及其他任何可以想象的让员工参与管理的方法。

在许多企业,这种"高度参与"的管理方式属于传统智慧(但仍然是非经典做法)。让员工持股真的是使员工参与管理发挥作用的必要条件吗?关于这一点并没有确凿的证据,但有充分的理由相信:如果不是必要,员工持股至少是非常可取的。首先,持股是一种累积的收益。每增加一年,员工与公司业绩的利害关系就会越大。在许多成熟的计划中,员工持股的股票增值和雇主的供款资金在一年内加起来的金额,高达员工工资的30%-50%或更多。利润分享或收益分享计划都是定期积累资金的,占总薪酬的一小部分,利益相对较小。其次,员工持股具有更强烈的情感吸引力。人们可能会非常自豪地说他们是企业的所有者,很少有人会向朋友吹嘘他们是利润的分享者。最后,只有持股,才能鼓励人们思考企业的各个方面,而不仅仅是短期利润或某些效率指标。这在公司转向开放式的管理制度时,尤为重要。

结论

员工持股的持续增长反映了人们对员工在工作场所中扮演角色的看法发生了变化。可以肯定的是,一段时间以来,公司一直在说"人是公司最重要的资源"。然而除少数公司之外,这只不过是夸夸其谈。投资者、资本、技术,尤其是高层管理人员,才被视为公司未来的关键。在这些其他资产受到损害之前,员工将被解雇或获得有限补偿。然而,越来越多的公司开始认识到:吸引和留住各级优秀人才,然后让他们有权力就更多事情做出更多决策,对于成为有效的竞争者至关重要。在很大程度上,这是技术发展的一个要求。海量的信息以及处理信息的速度使公司别无选择,只有让更多的人参与更多的管理之中。当员工被要求对公司承担更多责任时,理应得到相应的奖励。

复习题

1. 写一份关于美国ESOP计划的说明文案。
2. 比较和剖析股票期权、限制性股票、股票增值权和虚拟股票。
3. 员工股权计划如何影响公司业绩?
4. 比较和剖析养老金的固定收益计划和固定缴款计划。

教学案例

案例 1　萨蒂扬财务造假丑闻：公司治理

案例描述：案例介绍了印度历史上著名的萨蒂扬(Satyam)公司财务造假丑闻，该案涉及金额达 14 亿美元，主谋马林加·拉朱(Ramalinga Raju)为纽交所上市公司萨蒂扬信息技术公司的董事长兼创始人。案发后为了寻找战略投资者拯救公司，在印度政府主导下萨蒂扬成立了一个临时董事会。案例追述了公司破产前发生的一系列事件。通过对案例的分析，学生要总结萨蒂扬公司治理和外部监管失败的经验与教训，分析公司财务状况，并从收购方角度评估公司内在价值。

学习目标：介绍不同层面的公司治理方法并探究涉案公司治理失败的原因；介绍新兴市场的公司治理准则；培养财务、收购以及估值分析方面的相关技能。

涵盖主题：公司治理　收购　财务管理　估值

> "凤凰希望能够飞越沙漠的天空，同时不畏惧命运的恶意，并从灰烬中重生。"
> ——《堂吉诃德》，西班牙作家塞万提斯(1547-1616)

"哦，天啊，真让人感到震惊，"在看到萨蒂扬信息技术公司创始人的公开信后，一家大型共同基金的分析员雅耶斯·沙惊叹。2009 年 1 月 7 日，纽交所上市公司——印度萨蒂扬公司的创始人兼董事会主席马林加·拉朱，向外界披露了印度公司史上涉案金额最大的一起财务造假案。印度证券交易委员会主席钱德拉舍哈尔·哈夫(Chandrashekhar Bhave)收到了拉朱的这封来信，而信的内容在公司董事会上早已公布，拉朱希望通过坦白公司这些年是如何被操纵的来"宽慰自己的良心"。

在这封公开信(见表 E1.1)中，拉朱承认了已经操纵公司利润七年以上。2008 年 9 月 30 日的资产负债表虚构了账面价值高达 504 亿卢比的现金和银行存款(资产负债表报告额为 536 亿卢比)以及 3.76 亿卢比的应计利息。公司未披露表外负债 123 亿卢比，虚增账面债务 49 亿卢比(资产负债表报告额为 265.1 亿卢比)。考虑到董事会的构成，公司财务造假之严重让人极其震惊。萨蒂扬的董事会包括了哈佛商学院会计学教授克里斯娜·帕里普(Krishna Palepu)、奔腾芯片的创始人维诺德·达姆(Vinod Dham)、印度前内阁成员塔塔·罗姆查达·普拉斯德(Tata Ramachandra

Prasad)以及印度商学院院长拉姆·莫罕·劳(Ram Mohan Rao)、哈佛大学肯尼迪政府学院顾问芒格拉姆·斯尼瓦逊(Mangalam Srinivasan)、新德里印度理工学院前院长拉逊(V. S. Raju)等知名人士。公司近九年的审计工作都由普华永道会计师事务所完成。

拉朱的公开信发布于公司中止收购印度地产公司迈塔斯基建(Maytas Infrastructure)和迈塔斯房产(Maytas Properties)的数周之后。收购迈塔斯是萨蒂扬高管为弥补公司资产负债表亏空进行的最后一次努力。拉朱的公开信中提到：2008年第二季度(7月至9月)，萨蒂扬的营业利润率为64.9亿卢比(占收入的24%)，实际上仅为6.1亿卢比(占收入的3%)。拉朱表示虚构营业利润是为了满足投资者的预期，以推动股价持续上涨。表E1.1展示了拉朱的公开信。

公告重挫印度股市，孟买证券交易所Sensex指数当日暴跌7.3%。萨蒂扬印度市场股价由179.10卢比暴跌至30.7卢比，跌幅达83%。投资者、分析师和行业观察家们都在猜测何种原因导致了萨蒂扬的公司治理和外部监管失败，担忧萨蒂扬的命运以及印度IT行业的前景，萨蒂扬丑闻将会对以承接欧美外包合同为主的印度IT产业造成重大冲击。

公司背景

萨蒂扬公司1987年成立于印度海德拉巴并于1991年上市，当年IPO超额认购高达17倍。1999年印度软件工程协会(SEI)能力成熟度模型(CMM)将公司评为5级。其子公司萨蒂扬信息(Satyam Infoway)在1999年成为印度第一家美国纳斯达克市场上市公司。萨蒂扬在全球30个国家运营，2000年共有10 000名员工。在发展历程中赢得了众多荣誉，公司获得过印度政府颁发的国家HRD奖，是世界上首批通过ISO 9001：2000质量标准认证的企业，并且是印度最早的纽交所上市公司之一。2008年，萨蒂扬的收入已超过800亿美元，成为印度第四大IT服务公司。

截至2008年，至少有四家印度证券公司埃德威斯研究(Edelweiss Research)、拉里盖尔研究(Religare Research)、拉里昂斯资本(Reliance Money)、卡维股票经纪商(Karvy Stock Broking)发布了对萨蒂扬"买入"或"持有"的正面评级，目标价位在每股435卢比到570卢比，对应市盈率为19倍，市净率为4倍。然而并非所有的证券公司都对萨蒂扬持乐观态度，亚洲知名金融服务集团里昂证券在2008年9月的一份报告中就曾指出，一家公司在拥有520亿卢比现金的同时还有3.5亿卢比债务是十分不正常的。

2009年初的印度信息技术产业

2009年印度IT业产值约占印度GDP和出口收入的5%,为近250万专业人士提供工作岗位。由于成本劣势以及无法跟上IT业的发展趋势,许多主营业务非IT业的西方大型企业普遍将IT服务外包给印度公司,预计2020年印度IT业外包产值将达到2 250亿美元。印度IT行业的代表企业包括塔塔咨询服务公司、印孚瑟斯技术(Infosys Technologies)公司、威普罗(Wipro)公司等本土跨国集团以及惠普、IBM和埃森哲等全球性公司。2008年金融危机影响了包括印度企业在内的全球大部分IT服务商,IT指数在2008-2009财年第三季度下降了28%,反映出行业进入衰退状态。

认罪的导火索

1998年,拉朱和他的家人成立了迈塔斯房产和迈塔斯基建两家房地产公司,两家公司均由拉朱的儿子领导。利用拉朱的政治关系,两家公司获得了涉及灌溉、电力、交通以及海德拉巴地铁等很多政府项目。拉朱夸大了萨蒂扬的账面现金和银行存款余额,通过抵押萨蒂扬股权为两家房地产公司购买了6 800英亩的土地,这些投资带来了巨大的财务压力。2008年印度股市和房地产市场崩盘,股票和房地产价格迅速下跌,使贷款人开始出售拉朱抵押的股票。

2008年12月,萨蒂扬十分奇怪地宣布要收购迈塔斯房产(非上市公司)和迈塔斯基建(上市公司)两家公司。拉朱在后来的公开信中承认这次收购是为了最后尝试去弥补萨蒂扬资产负债表的亏空,收购遭到了萨蒂扬其他利益相关者的强烈反对并于24小时内取消,然而萨蒂扬公司的董事会并未反对此次收购。

随后英国在线支付运营商优派得(Upaid)开始起诉萨蒂扬,声称萨蒂扬造成了其10亿美元的损失。接着公司另一大客户世界银行又宣布由于数据安全问题,未来8年将停止与萨蒂扬的所有(印度)境外业务往来。一系列的事件暴露了萨蒂扬公司存在严重的公司治理问题,引发了外界对其治理的担忧。

在对收购迈塔斯项目进行评估的过程中,萨蒂扬的并购顾问美林证券咨询团队发现萨蒂扬存在很多公然违反会计准则的行为。随后美林证券停止向萨蒂扬提供咨询服务,并向印度证券交易委员会(SEBI)报告了萨蒂扬的严重违规问题。至此,拉朱已无计可施,只能向董事会坦白公司已陷入困境。

印度的公司治理改革

自1991年金融自由化改革之后,印度股票市场连续发生数起公司重大欺诈丑闻,市场高度呼吁印度推进公司治理改革。1992年印度证券交易委员会（SEBI）成立，1996年至2003年期间，SEBI通过设立四个职能委员会进行了一系列公司治理改革，委员会成员均为印度工商界知名企业家，如拉呼尔·巴加杰（Rahul Bajaj，Bajaj集团董事长）、库马·孟格拉姆·博拉（Kumar Mangalam Birla，Birla集团董事长）、纳雷什·钱德拉（Naresh Chandra，Zee电视网的创始人）、纳拉雅纳·穆西（Narayana Murthy，Infosys信息技术公司的创始人）。印度证券交易委员会通过证券交易所上市协议第49条实施了博拉委员会①的改革建议，该条款有以下突出特点：

1. 如果董事会有全职董事长，50%的董事必须是非执行董事。

2. 审计委员会必须包括三名独立董事且审计委员会主席必须具有良好的财务背景。财务总监和内部审计负责人应成为审计委员会特殊受邀者。审计委员会每年至少召开三次会议。该委员会负责年报和半年报的审核，审计人员的任命、罢免、薪酬，以及内控系统合规审查。

3. 董事会会议每年至少举行4次。董事不能任职超过10个委员会，董事长不能任职超过5个委员会。

4. 年报中的管理层述职和分析报告必须涵盖对行业趋势、机遇、风险、未来前景和细分市场表现的分析。

5. 股东具有对公司季报、分析师研报、半年报和重大事件的知情权。

2003年成立的纳拉雅纳·穆西委员会②规定了一些额外的监督措施，其具体措施摘要如表E1.9所示。尽管印度政府进行了一系列的改革，拉朱还是谎报了超过10亿美元的现金和1.21亿美元的收入。

善后

印度证监会官员在收到拉朱来信后召开了紧急会议，对萨蒂扬的账目进行了详细审查并于当日公布了调查结果。

由于无法从萨蒂扬的董事会成员那里得到满意的答复，印度证监会审查了更多细节以了解公司最后一次董事会会议的确切情况，以及促成独立董事同意投资拉朱两家关联公司的具体原因，并调查了收购交易中是否存在内部人员的利益输送现象。此外由于公司已在美国纽交所上市交易，萨蒂扬还受到了美国证券交易委员会的调查。

伦敦世界公司治理委员会剥夺了萨蒂扬2008年获得的公司治理卓越金孔雀奖。大多数二级市场证券经纪人也停止了萨蒂扬股票的交易。虽然印度政府未对萨蒂扬

---

① Birla委员会为印度证券交易委员会设立的四个委员会之一。——译者注
② Narayana Murthy委员会是印度证券交易委员会设立的四个委员会之一。——译者注

提供财务救助,但为了防止公司破产,印度政府公司事务部迅速采取行动,临时性地介入萨蒂扬的监管。印度政府公司事务部向印度公司法律委员会提出申请,要求解散萨蒂扬董事会,该提议于2009年1月9日实施。随后印度政府公司事务部组建了由三名印度工商界权威人士组成的萨蒂扬看守董事会,董事会规模后来扩大至6人,且6名董事不收取任何报酬。2009年2月5日,六人董事会任命A. S.穆西担任萨蒂扬CEO,即日生效。穆西自1994年1月以来一直在萨蒂扬工作并担任全球运输部门负责人。董事会还任命浩米·库斯罗可汗(Homi Khusrokhan,塔塔集团子公司塔塔化学的CEO)和注册会计师帕萨·达他(Partha Datta)担任特别顾问,聘请了德勤和毕马威作为公司新的审计机构。

印度会计最高权力机构印度特许注册会计师协会(ICAI)向萨蒂扬公司原审计机构普华永道发出通告,要求其解释在萨蒂扬财务造假案中的失职行为。同一天印度犯罪调查部门审讯了萨蒂扬前首席财务官V. 斯尼瓦丝(V. Srinivas)并将其逮捕。拉朱公开信发表后,萨蒂扬的美国存托凭证价格当日暴跌超90%至每股85美分。随后Vianale & Vianale LLP和Izard Nobel LLP两家律师事务所主导,在美国对萨蒂扬进行了单独起诉,控告萨蒂扬操控股价,诈骗美国投资者数十亿美元。

有趣的是,除了作为萨蒂扬美国上市的主承销商,美林证券还与其他四家机构一起持有了萨蒂扬大量股票。2008年7月,已被美国银行收购的美林证券经纪业务部对萨蒂扬的评级为"买入",目标价每股530卢比;2008年11月,美林证券将萨蒂扬评级下调为"中性";12月16日,进一步下调为"表现不佳",目标价为每股130卢比,而当天萨蒂扬的股票收盘价为每股226卢比。

2009年3月的情况

与借款人、客户和公司业务经理沟通之后,政府任命的新董事会得出结论:萨蒂扬的商业模式基本上是合理的,新董事会决定寻找能够使公司重回正轨的战略投资者。目前萨蒂扬已具有收购标的的典型特征,如内部员工持股较少、投资者信心下降、财务绩效不佳等。

在2009年3月第二个星期的会议上,萨蒂扬董事会表示已向所有投标申请人公布了收购提案。此外董事会还聘请印度前首席大法官山姆·布哈鲁察(Sam Bharucha)对收购过程进行监督。董事会于2009年3月11日在孟买会见了布哈鲁察,并商讨了选拔战略投资者的拟议流程。根据董事会最终确定的程序,意向投标人必须在2009年3月20日之前提交意向书(Expression of interest,EOI)以及150亿卢比的资金证明①(按照

---

① 原书中这里为15亿卢比,根据汇率计算并查阅资料后,应该是150亿卢比。——译者注

汇率51.635卢比/1美元,约合2.9亿美元)。提交合规意向书并执行相应程序的投标人可以获得萨蒂扬的财务数据和公司信息,以方便进行技术和财务投标。

2009年3月13日,印度马衡达信息(Tech Mahindra)集团正式公布其对萨蒂扬的收购意向。其他意向收购方还包括印度工程和建筑巨头拉森和土布罗(Larsen & Toubro,L & T)、通信企业WL罗斯以及柯格尼赞特技术公司①。

L & T最近将其在萨蒂扬的持股比例从4%提高到12%,成为萨蒂扬的最大股东。L & T认为萨蒂扬的核心优势与其未上市的IT子公司L & T信息科技存在功能互补,收购可产生协同效应。萨蒂扬的优势在于企业应用和工程部门系统开发,能够很好地补充L & T信息科技现有的企业资源规划(ERP)业务。萨蒂扬的ERP业务收入占比为45%,工程解决方案收入占比为6.5%。此外收购萨蒂扬还能使L & T获得诸如提供商业情报等横向业务解决方案的能力,L & T可提供新的软件服务并将业务扩展至全球更多地区。分析师认为由L & T收购萨蒂扬是解除公司危机的最佳选择。

市场调研公司弗雷斯特对萨蒂扬的意向竞标者和现有客户的调研结果显示,L & T将是收购萨蒂扬的最有力竞争者。一方面L & T与萨蒂扬存在业务重叠,另一方面L & T的公司声誉、资源整合能力、行业地位以及政府关系都提高了其获胜的概率。然而知名经纪公司科达克机构股权的报告却指出,L & T若将收购萨蒂扬的资源用于增强现有核心业务,更有利于公司发展。

截至2008年年末,L & T共持有共同基金40亿卢比,持有100亿卢比现金,负债—权益比为0.4(资产负债率约为29%)。

马衡达信息是印度著名商业集团马衡达和马衡达(Mahindra & Mahindra)与英国电信(BT)的合资企业。公司仅经营电信业务,公司收入的65%来自第一大客户英国电信。2009年马衡达信息的收入为9.35亿美元,有员工25 000名。如马衡达信息负债200亿卢比全资收购萨蒂扬,其利润表将如表1.10所示。②

由于马衡达信息的利润来源十分单一,收购萨蒂亚将有利于公司的多元化发展,但筹措收购资金对于公司却是一大挑战。截至2009年12月31日,马衡达信息资产负债表现金和现金等价物合计52亿美元。由于参与对萨蒂扬的收购竞争,惠誉还下调了马衡达信息的主体信用评级,进一步增加了公司募集海外资金的难度。此外萨蒂扬董事迪帕克·派诺克(Deepak Parekh)自1990年以来也担任了马衡达和马衡达的董事,如果马衡达信息参与收购竞标,还存在利益冲突的问题。

美国亿万富翁威尔伯·罗斯(Wilbur Ross)经营的私募股权基金WL罗斯将与柯

---

① 由于一些原因,B. K. Modi's Spice集团和IBM都放弃了竞标。
② 由于缺少其他竞标者的财务数据,本书只计算了马衡达信息一家的收购后预期利润表。

格尼赞特技术公司携手竞购萨蒂扬。罗斯以破产公司重组而闻名，其成功投资的企业涉及钢铁、煤炭、电信和纺织等众多行业。它擅长杠杆收购，与罗斯柴尔德投资公司（Rothschild Investments）共同成立了一只私募股权基金。罗斯通过3 700万美元现金收购OCM印度打入印度市场，该收购案的联合投资方包括WL罗斯3亿美元印度资产复苏基金、WLR复苏基金三期以及住房发展金融公司。①

柯格尼赞特技术公司的前身为萨蒂扬和美国资信服务机构邓白氏［Dun & Bradstreet(D & B)］于1994年共同创立的邓白氏-萨蒂扬软件公司，邓白氏持有该公司76%的股权，萨蒂扬持有24%的股权。公司成立后的第二年改名为柯格尼赞特技术公司，邓白氏从萨蒂扬手中买下了剩余股权。柯格尼赞特主要提供银行、保险等金融领域以及医疗保健领域的IT服务，收购萨蒂扬将会使其自动进入企业信息服务领域［如企业管理解决方案（SAP）］，且萨蒂扬的业务全球布局具有较大优势。

收购萨蒂扬对所有竞标方都具有重要价值，但投资者还是十分关心谁才是最佳收购方。

思考题

1. 找出萨蒂扬公司治理和外部监管存在的问题，并讨论其产生原因。可以从公司高管、高管薪酬、独立董事、审计委员会、外部审计机构、机构投资者和证券分析师等角度进行分析。

2. 高管财务造假的原因是什么？有哪些典型的财务造假手段？

3. 对印度政府在处理萨蒂扬危机时采取的措施进行评价。重点对新董事会的组建和董事激励机制进行评价。

4. 收购萨蒂扬对马衡达信息是否有意义，并解释原因。

5. 分析收购萨蒂扬对马衡达信息财务绩效的影响。具体假设如下：

萨蒂扬的收入为13亿美元，息税折旧摊销前利润率为3%，假设合并后的债务为200亿卢比，债务利息率为10%，卢比/美元汇率为48.50，卢比/加元汇率为39.74。

6. 运用相对估值法计算萨蒂扬的内在价值，假设可比公司的单位员工息税前利润为14 000美元。

图表E1.1 拉朱致董事会的信（摘录）

怀着深深的愧疚和巨大的压力，我想告诉大家以下几点事实：

---

① 该公司详细信息可见公司官网：www.cognizant.com。

1. 截至 2008 年 9 月 30 日第二季度资产负债表，公司（a）虚增不存在的现金和银行账户余额 504 亿卢比（账面报告额为 536.10 亿卢比）；（b）虚增不存在的应计利息 37.6 亿卢比；（c）未披露表外负债 123 亿卢比；（d）虚增账面债务 49 亿卢比（资产负债表报告额为 265.1 亿卢比）。

2. 9 月 30 日第二季度利润表报告收入为 270 亿卢比，营业利润为 64.9 亿卢比（占收入的 24%），公司实际收入为 211.2 亿卢布，实际营业利润为 6.1 亿卢布（占收入的 3%）。导致现金和银行存款余额仅在第二季度就虚增 58.8 亿卢比。

资产负债表亏空完全来自公司近几年的利润操纵行为（仅限萨蒂扬母公司，子公司账面反映了真实业绩）。随着公司规模的扩大（2008 年 9 月，公司以年化收入增长率估算的年度总收入为 1 127.7 亿卢比，官方留存收益为 839.2 亿卢比），公司真实利润与账面利润之间的缺口由小变大，最终达到难以控制的程度。

公司必须不断增加资产来证明利润增长的合理性，该行为显著提高了运营成本，造成真实利润与账面利润缺口的进一步扩大。公司所有弥补亏空的尝试都失败了。而公司发起人持有股权很少，如果公司业绩不佳，将有极大可能被其他投资者收购，使业绩造假问题曝光，由此导致了骑虎难下之局面。

已经失败的收购迈塔斯交易是公司为弥补账面亏空进行的最后一次尝试。迈塔斯的投资者确信收购提供了绝佳的退出机遇。一旦萨蒂扬的问题得到解决，迈塔斯就可以延期偿还借款。但事实并非如此，过去几天发生的事正如大家所看到的一样。

我希望董事会知道：

1. 本人及公司总经理（包括我们的配偶）除出于慈善目的（已发布公告）出售的一小部分股票外，过去 8 年未出售任何公司股票。

2. 过去两年间，公司发起人已抵押全部持有股权，借款 123 亿卢比提供给萨蒂扬，并为萨蒂扬提供了各种形式的贷款担保，以确保公司正常运营。

3. 高股息率、大量的收购交易和资本支出以实现营业收入快速增长的手段并未起到作用。每次尝试都是为了确保公司资金链不断裂以按时向员工发放工资。压倒公司的最后一根稻草是发起人无法满足银行追加保证金的要求，造成质押股票被大量抛售。

4. 本人和公司总经理都未从公司拿走一卢比/美元，未从财务造假中牟取私利。

公司过去和现在的董事不了解公司现状。

在这种情况下，我已申请辞去萨蒂扬董事长职务，但将继续担任此职直到董事会重新组建。当前我的任职只是为了新的董事会能够早日组建。

本人愿承担一切法律责任。

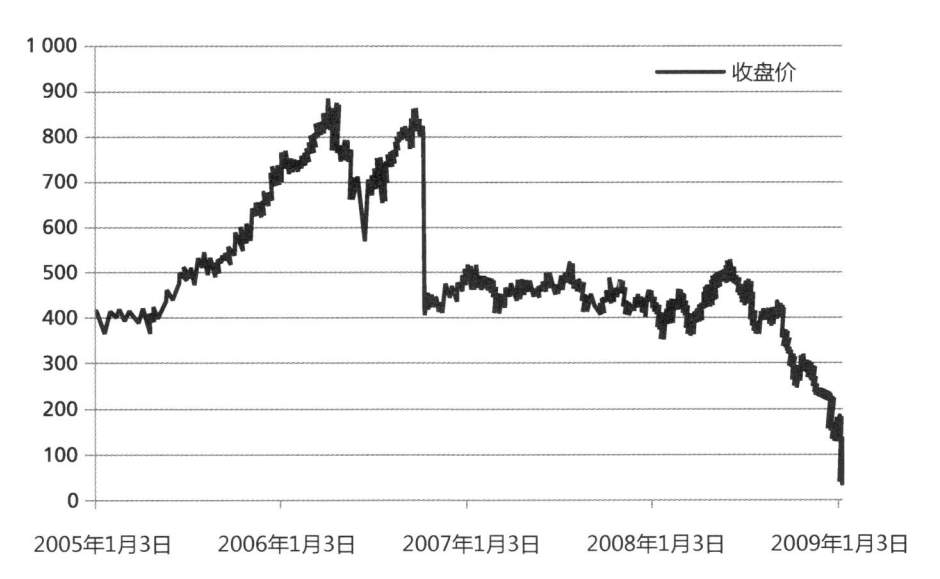

图 E1.6　萨蒂扬公司的历史股价(2005 年 1 月 1 日至 2009 年 1 月 7 日,卢比)

资料来源:孟买证券交易所。

表格 E1.8	公司历史大事
1987 至 2008	
1987	成立私人有限公司
1991	上市;IPO 超额认购 17 倍
1993	公司获得 ISO9001 认证
1999	在 SEI CMM 获得 Level 5 评级 萨蒂扬 Infoway 成为纳斯达克上市的第一家印度互联网公司 在 30 个国家设立办事处 与 TRW Inc. 成立合资公司
2000	员工人数达到 10 000 人 获得印度政府颁发的国家 HRD 奖
2001	成为世界上第一家获得 BVQI 认证的 ISO 9001:2000 公司 在纽约证券交易所上市 亚太总部在新加坡成立
2002	萨蒂扬 BPO 推出
2005	印度以外最大的全球开发中心(位于墨尔本)开始运营城市软体和知识动态系统
2006	在新加坡建立第一个全球创新中心 在中国广州开始开展业务

续表

2007	萨蒂扬成为 2010 年（南非）和 2014 年（巴西）FIFA 世界杯的官方 IT 服务提供商 收购总部位于英国的尼特国际公司 在马来西亚开设研发中心 成为亚洲第一家列入"川宁杂志"排名前 125 位的榜样公司
2008	获得收购 S＆V 管理咨询的协议，S＆V 管理咨询是一家位于比利时的供应链管理咨询公司 成为首家在纽约证券交易所和阿姆斯特丹泛欧证券交易所同时上市的公司 成为第一家受国家证券交易所（NSE）邀请来敲锣的公司 签署收购布里奇战略集团的最终协议，该公司总部位于芝加哥

来源：萨蒂扬公司 2009 年官网。

（译者注：原书附的部分财务报表等省略）

案例 2　塔塔钢铁公司的融资策略

案例描述：该案例介绍了印度跨国钢铁集团——塔塔钢铁的股票发行融资。学生除分析塔塔历次证券发行决策外，还要对本次股票发行的时机、特点以及优势进行评述。

学习目标：学习资本结构相关理论、证券发行背后的决策过程、融资的动态特征、CFO 在企业中的作用，培养学生的估值分析技能。

涵盖主题：财务管理，融资，收购

2011 年 1 月，一家大型券商的分析师阿努贾·古柏塔（Anuj Gupta）正在审查塔塔钢铁有限公司（TSL）公开增发的红头招股说明书。2011 年 1 月 17 日，印度跨国钢铁集团——塔塔钢铁宣布将以每股 10 卢比的面值发行 5 700 万股股票，共计划融资 347.7 亿卢比。塔塔钢铁向印度证券交易委员会发出正式通知，将于 1 月 19 日公开增发 5 500 万股并预留 1 500 万股供有资格的员工认购，本次增发将占公司实收权益资本份额的 5.94%（发行后）。增发募集资金的用途如下：(a) 部分补充公司在詹谢普尔（印度东北部的城市）扩建工程的资本支出；(b) 赎回该公司部分可赎回—不可转换私募债；(c) 一般企业用途。本次公开发行将于 2011 年 1 月 19 日开始，2011 年 1 月 21 日结束，采用 100% 累计投标询价的方式，发行价格区间为每股 594-610 卢比。公开发行的联合承销商包括印度科塔克马衡达银行（Kotak Mahindra Bank）、花旗银行、德意志银行、汇丰银行、苏格兰皇家银行、日本 SBI 资本、渣打银行七家投资银行。

阿努贾注意到塔塔钢铁在 2007 至 2011 年间至少进行了 6 次证券发行融资，他想知道是什么原因导致了塔塔钢铁不断增长的融资需求。作为分析师，阿努贾必须提供是认购还是拒绝认购塔塔钢铁股票的投资建议。

1 月 17 日塔塔钢铁在孟买证券交易所的交易价格为每股 621 卢比，比前一交易日下跌 2.47%。

公司背景

塔塔钢铁成立于 1907 年，是印度最大的钢铁集团，产能约为每年 2 520 万吨

(mtpa；产能具体情况请见表 E2.1）。公司业务包含铁矿石开采加工、钢铁生产分销等，涉及钢铁产业价值链的上中下游。世界钢铁协会（WSA）统计显示，以粗钢产能计算，塔塔钢铁居全球第 7 位。塔塔钢铁公司的业务主要集中在印度、欧洲和亚太地区，2010 年公司在欧洲和印度的业务分别占其总产量的 62.9% 和 28.8%。

塔塔钢铁产品门类丰富，可生产如轧卷、型钢、板材和线材等一系列高附加值产品，同时也是印度重要的铬铁生产企业。公司客户主要集中于建筑、汽车、航空航天、消费品、材料处理和一般工程行业，主要生产基地位于印度贾姆谢德布尔，该生产基地年产粗钢 6 800 万吨，并进行铁矿石、煤炭开采精炼。

塔塔钢铁的财务报表、关键财务指标、同行业可比公司财务指标和股票历史价格如表 E2.1 至 E2.6 所示。

竞争优势和战略

塔塔钢铁的竞争优势明显。

全球规模：塔塔钢铁在印度、欧洲和亚太地区进行生产经营活动，全球化经营可吸引一批跨国公司客户。

表 E2.1　　塔塔钢铁产能全球分布　　单位：百万吨每年

	钢铁产能
欧洲	
艾默伊登钢铁厂，荷兰	7.7
塔尔伯特港钢铁厂，西格拉摩根，威尔士	4.9
斯肯索普钢铁厂，南亨伯赛德，英格兰	4.5
罗瑟勒姆钢铁厂，南约克郡，英格兰	1.3
印度	
詹谢普尔钢铁厂，恰尔肯德邦	6.8
合计	25.2

成本优势：塔塔钢铁在印度拥有铁矿和煤矿，受原材料价格波动的影响较小。此外，与其他跨国钢铁公司相比，塔塔钢铁的劳动力成本较低。上述原因使塔塔钢铁成本优势明显，公司每吨钢铁对应 EBITDA 在印度钢铁企业中是最高的。

市场地位：塔塔钢铁板材和长材产品在印度市场优势显著，并为各行业客户提供服务。虽然客户需求增长迅速，但由于公司生产的产品进入壁垒较高，来自其他印度钢铁公司的竞争有限。

通过收购英荷科鲁斯(Corus)集团,塔塔钢铁在欧洲建立了强有力的竞争优势,公司 2010 年销售额的 46% 来自欧洲市场。

规模经济:收购英荷克鲁斯使塔塔钢铁实现了更大的规模经济,提高了公司成本效益。通过收购,塔塔钢铁降低了物流和采购成本,提高了上游议价能力,从而显著提升了供应链管理效率。

塔塔钢铁公司的战略包含以下四大关键要素:

- 塔塔钢铁产能从 2006 年的约 500 万吨增加到 2011 年的 2 720 万吨。随着钢铁需求的增长,公司计划继续扩大规模,带来进一步的规模经济和成本优势。
- 塔塔钢铁建设原材料供应专有渠道,降低生产成本的波动性。
- 塔塔钢铁计划获得更多的港口和航线使用权,强化分销渠道控制,提高供应链效率,降低物流成本。
- 塔塔计划在原材料采购、钢铁生产、港口运输等钢铁行业全产业链中与印度国内外企业建立合资公司,形成战略联盟。公司战略合作伙伴包括新千年资本、日本 JFE 钢铁、日本新日铁、韩国浦项制铁、越南钢铁公司、越南水泥工业公司、博思格钢铁、印度拉森特博洛公司、日本邮船公司。

行业背景

钢铁行业是周期性产业,行业增速与各国经济周期密切相关。各国工业生产、基础设施建设、贸易政策、区域供需平衡等因素都会对行业产生影响。钢铁企业通过实施产品和客户的多元化战略,提高产品附加值来降低经济周期的影响。全球钢铁协会(WSA)的数据显示:2009 年全球粗钢产量约为 12.24 亿吨,同期需求量为 11.27 亿吨。

全球钢铁生产

全球钢铁生产的增长率波动较大,全球钢铁协会的数据显示:1990 年到 1995 年,全球钢铁生产年度平均增长率为 0.5%;1995 年至 2000 年年度平均增长率为 2.4%;2000 至 2005 年年度平均增长率为 6.1%。2005 至 2009 年,全球钢铁生产年平均增长率约为 1.7%。最高年度 2006 年的增长率为 9%,最低年度 2009 年的增长率为 −7.9%。2009 年全球粗钢产量为 12.24 亿吨,较上年下降 7.9%。

截至 2010 年 10 月 31 日的前 10 个月,全球钢铁协会估计 66 个主要国家粗钢总产量(占 2009 年全球粗钢总产量的 98% 以上)为 11.65 亿吨,同比上升 17.5%。其中中国同比上升 10.7%,美国和欧盟 27 国分别同比上升 44.7% 和 29.1%。而 2009 年

10月31日的前10个月,美国和欧洲钢铁生产同比下降43.6%和36%。过去十年中,全球钢铁生产由发达国家的传统工业基地逐步转移到中国和印度等快速增长的发展中市场。

全球钢铁消费

历史上,美国和欧洲曾是钢铁产品的主要消费市场。2000年,美国和欧盟27国占全球钢铁消费量的37.8%,日本占10%,印度和中国分别占3.6%和16.3%。2005年,美国和欧盟27国占全球钢铁消费量的26.4%,日本占7.3%,中国和印度占全球钢铁消费量的33.2%和3.8%。

2009年,美国和欧盟27国仅占全球钢铁消费量的15.8%,日本占4.7%。相反,中国和印度的占比达到了48.1%和4.9%。

2009年全球钢铁总消费量为11.27亿吨,比上年下降6.7%。其间除中国和印度外,全球其他地区的钢铁消费量均有所下降。欧盟27国的消费量为1.187亿吨,比上年减少34.9%,欧盟27国钢铁消费减少总量占全球消费减少总量的78.2%。2008年由美国金融危机演变而来的全球经济危机造成全球钢铁需求量大幅下降,且这一趋势持续到2009年第一季度。全球钢铁协会数据显示,2009年中国是世界上最大的成品钢消费国,消费量高达5.42亿吨,同比上升24.8%。2009年,印度是第四大钢铁消费国,粗钢消费量达5.53亿吨。

全球钢铁价格

全球钢铁价格随供需结构、原材料成本和宏观经济形势的变化而波动。1998年全球钢铁需求开始逐年下降,钢铁价格在2001年第三季度达到了历史最低点。随后全球尤其是中国钢铁需求走强,钢铁价格逐步上升。2008年第三季度,全球经济疲弱,造成钢铁需求量和价格急剧下滑。此外原材料成本和产能供应、钢铁进出口贸易、汇率、劳动力和运输成本、各国贸易政策也会造成钢铁行业的波动。特别是随着近几年来各国钢铁市场关系的日益密切,跨境贸易钢铁总量占钢铁总产量的比重日益提高,钢铁价格的波动性进一步上升。

全球钢铁行业展望

全球钢铁协会的报告显示,美国钢铁消费量自2008年下降39.8%后,预计2010年将增长32.9%,2011年将增长9.4%,达到2007年消费总量的80%。欧洲是北美自由贸易区外受金融危机影响最严重的地区,欧盟27国、其他欧洲国家和独联体国家

2009年的钢铁消费量分别下降了35.7%、17.3%和28.3%。金融危机严重打击了日本的出口部门,其中的汽车和机械制造业属于钢铁消耗性产业,受此影响,日本的钢铁消费量在2009年下降了32.3%,预计2010年将增长19%。欧盟27国的钢铁消费量2010年预计将增长18.9%,2011年将增长5.7%。其他欧洲地区2010年预计增长率为20.1%,2011年为9.5%。北美自由贸易区的钢铁消费2010年预计增速为31.3%,2011年为8.7%。由于库存重建和出口部门的实力,欧盟2010年钢铁消费量的预计增速为18.9%,2011年需求量将达到1.474亿吨,为2007年峰值的75%。

相对而言,新兴市场国家的钢铁需求受金融危机的影响较小。印度钢铁消费量自2009年上升7.7%后,2010年预计将上升13.9%,2011年预计将上升13.7%。金砖四国(巴西、俄罗斯、印度、中国)钢铁消费量2010年预计上升8.6%,2011年预计上升4.9%,对全球钢铁消费增长的贡献率分别达到37.4%和50.5%。

中国钢铁消费2010年预计增长率为6.7%,2011年预计增长率为3.5%,中国钢铁消费2009年实际增长率为24.8%。除中国外,世界其他地区钢铁消费量2010年预计增长率为19%,2011年预计增长率为6.8%。

收购英荷科鲁斯集团

塔塔钢铁最近已整合新加坡大众钢铁和泰国千年钢铁,在东南亚和环太平洋地区的八个国家建立了生产网络。

塔塔钢铁首席财务官科什克·查特吉(Koushik Chatterjee)对收购英荷科鲁斯(Corus)集团的评价如下:

不幸的是,由于各方面的重大延误,企业内部发展并不是塔塔钢铁实现增长目标的最快方式。在印度本土进行收购可创造的价值十分有限,印度钢铁企业在技术、产品和管理等方面都面临瓶颈。印度企业需要尽快增加自身钢铁产能,以满足不断增长的市场需求。

为实现企业发展战略,塔塔钢铁开始走出印度。第一步,塔塔钢铁主要考察并收购了地理位置上临近的东盟企业。2004年公司收购新加坡的大众钢铁(亚洲)后成功进入了包括越南、菲律宾和马来西亚在内的六个国家。虽然东盟国家市场规模较小,但人口总量大,钢铁需求增速高,未来极具前景。顺便说一句,对东盟地区企业的收购也锻炼了塔塔钢铁的资源整合能力,特别是文化和组织整合能力,使公司学习了如何进行跨国经营。

2006年10月20日,英荷科鲁斯集团董事会接受了塔塔钢铁76亿美元的收购要约,双方在随后的几个月进行了多轮谈判并达成系列协议。塔塔钢铁收购科鲁斯集团的竞争对手为巴西钢铁生产商 Companhia Siderúrgica Nacional(CSN)。2007 年 1 月 30 日,塔塔钢铁最终以每股 608 便士的价格购买了科鲁斯集团 100% 股权,交易为现金收购,共计 120.4 亿美元。该交易是印度历史上规模最大的一起海外收购,塔塔钢铁一举成为世界第五大钢铁集团。

塔塔钢铁公司发行了一揽子证券组合产品为该收购募集资金,其中包括另类可转换证券等新产品。在研究了若干可选方案后,科鲁斯和塔塔钢铁最终选择了杠杆收购(LBO)的方式完成交易,并制订详细计划,逐步完成对科鲁斯 100% 股权的交易。塔塔钢铁管理层认为,股权的减少意味着资金流失,目标企业现金流会通过股利流向其他股东。如果持股低于 100%,少数股东也有权获得股利,这时支付给少数股东的股利就意味着现金流失。

科鲁斯董事会建议塔塔钢铁直接向其中小股东发出要约。然而竞争对手巴西 CSN 钢铁同样与科鲁斯有业务关系,巴西 CSN 拥有大型煤矿和铁矿,可以确保科鲁斯的原料供应安全。原料供应限制导致科鲁斯税后利润率仅为 5%,塔塔钢铁规模上虽然仅为科鲁斯的四分之一,但利润率却是其四倍。英国政府以拍卖方式出售科鲁斯公司以确保股东获得最大利益,拍卖的竞争异常激烈,共进行了八轮,每轮加价至少 7.5 亿英镑。

最终收购价格为每股 608 便士,而四年以前科鲁斯的股票价格仅不到 50 便士。收购资金大部分由塔塔钢铁在荷兰注册的三家特殊目的实体(SPV)提供,属于不可追偿贷款。荷兰法律不允许贷款人越过中间借款人向母公司追偿欠款,这使借款的成本十分高昂,但非常适合塔塔钢铁,即便科鲁斯经营失败,塔塔钢铁也不会被追究贷款的偿付责任。因此塔塔钢铁可使用大量债务进行杠杆收购,用科鲁斯未来现金流偿还债务。由于特殊目的实体(SPV)与母公司隔绝,塔塔钢铁还能使公司的资产负债率保持在较低水平,确保了后续融资安全。

塔塔钢铁收购科鲁斯的原因主要有两点:

(1) 塔塔钢铁将由世界排名第 60 位上升至第 5 位。

(2) 塔塔钢铁可通过以下方式提高科鲁斯的竞争力:

a. 通过在全球范围内收购矿石生产企业以保障科鲁斯原料供应安全,降低原料价格波动对科鲁斯的不利影响。

b. 在 5-10 年内转变商业模式,将低附加值的初级钢铁产品(钢坯/钢锭)生产转移到印度或其他铁矿石资源丰富的地区,在英国或欧洲地区生产高附加值产品(板材和长材)。原因在于初级钢铁产品可以通过成本低廉的海陆运输,而印度拥有更低的原料和劳动力成本。即便并购不能带来规模效应,塔塔钢铁也会成为世界上生产成本最低的钢铁企业。

收购的资金来源如下：

- 塔塔钢铁新加坡子公司是为该收购筹集自有（权益）资金的载体。这种方式规避了印度政府的逐案审批和对外直接投资（FDI）限制，因为境外全资子公司的收购不在印度政府对外直接投资监管范围内。
- 塔塔之子（Tata Sons）和塔塔钢铁共同为新加坡子公司提供了约400亿卢比的收购自有资金。塔塔之子通过出售塔塔咨询服务公司（塔塔集团子公司之一）0.8%的股权募集资金90亿卢比，塔塔集团持有塔塔咨询服务公司近80%的股权，0.8%的股权出售对塔塔集团基本无影响。塔塔钢铁在收购之前拥有大量现金，流动性十分充裕，但是收购使公司面临了流动性不足问题，不得不在后来几年内多次募集资金。
- 塔塔钢铁还借入了约1 200亿卢比的过桥贷款满足自有资金要求。这部分过桥贷款已于2008年6月偿还，塔塔钢铁偿付过桥贷款前后的收购资金结构如图E2.1a和E2.1b所示。
- 塔塔钢铁和塔塔之子提供的自有（权益）资金转移至荷兰的三家SPV（作为权益出资方）。荷兰的三家SPV以约3∶1的杠杆率筹集债务资金，最终以6 500亿卢比收购了科鲁斯100%股权。
- 在赢得科鲁斯竞标到收购资金到位的这段时间内，塔塔集团与提供收购资金的贷款银行重新谈判，三家银行中有两家改变了原来的贷款条件，估计可节省利息10亿美元。此外，在预付款罚金等方面，塔塔集团也获得了更多的优惠条件，未来可产生潜在的有利影响。

收购英荷科鲁斯之后

2007年11月，塔塔钢铁以1亿澳元的价格收购了澳大利亚瑞威戴尔（Riversdale）矿业拥有的一家莫桑比克煤炭企业（本迦项目）35%的股权，瑞威戴尔拥有该煤炭企业总产量40%的承购权。此外，塔塔钢铁还将持有的瑞威戴尔矿业股权增加至24%，将享有本迦项目50.6%的经济利益。

后来澳大利亚另一家矿业巨头力拓（Rio Tinto）集团以每股16澳元，合计39亿澳元的价格向瑞威戴尔提出全现金收购要约。除塔塔钢铁的派驻董事外，瑞威戴尔其他董事均建议接受收购要约。力拓的收购意味着塔塔钢铁在瑞威戴尔的股权价值9.2亿美元（每股46卢比），观察人士认为，塔塔钢铁既不会出售也不会增持瑞威戴尔的股权，因为采取反收购措施将会增加塔塔钢铁债务负担，出售股权将会降低公司对上游原料供应的整合水平。

尽管2008年全球经济衰退导致原材料价格和需求暴跌，但塔塔钢铁仍然坚持了其上游企业收购战略。

2010年9月,塔塔钢铁收购了新千禧资本公司(NML)的加拿大铁矿石项目80%的股权,以及该项目100%的铁矿石承购权。此外,塔塔钢铁还收购了NML公司27%的股权。

2010年全球钢铁原材料供应商联合商议,将原料供应合同由年度转为季度,下游钢铁生产企业成本波动进一步加大。

2011年1月,塔塔钢铁与新日铁签订合资协议,共同建立一条连续退火生产线,生产汽车冷轧钢板。塔塔钢铁持有合资公司51%的股权,工厂位于印度贾姆谢德布尔,设计产能为每年60万吨,计划于2013年投产。

塔塔钢铁目前正在奥里萨邦(Orissa)根贾姆区(Ganjam)的戈巴尔布尔(Gopalpu)市建设一个多功能产业园区。园区主要为矿石、珠宝、工程、汽车辅助、化学药品、纺织品和海洋加工企业提供办公区域和各项服务。

为确保印度本土生产的焦炭供应,塔塔钢铁收购了位于澳大利亚昆士兰州的卡伯勒唐斯煤炭项目5%的股权。公司还签订了一项协议,协议规定塔塔钢铁有权在项目生命周期内以市场价格购买该项目每年20%的煤炭产能(最低承购量为5%)。该煤炭项目合作方还包括淡水河谷、JFE钢铁、新日铁和浦项制铁。

塔塔钢铁还参与了以下项目:

1. 与印度钢铁管理局(SAIL)共建合资企业,双方各持有50%的股权。合资企业主要从事煤矿收购和经营业务,已在印度主要产煤区收购了数家煤矿。

2. 与威瑟姆(Vicem)和越南钢铁在越南建立合资钢厂企业,塔塔钢铁、越南钢铁和威瑟姆分别持股65%、30%和5%。工厂设计产能为每年450万吨。

3. 与L&T公司各持50%股权,共同在印度奥里萨邦达姆拉市开发深海港口,以增强塔塔钢铁进出口贸易的运输能力。港口每年可运输煤炭1 300万吨,铁矿石600万吨,可停靠载重量达18万吨的集装箱货轮,预计于2010年9月开始试运营。

为改善公司流动性,塔塔钢铁还出售了一批非核心资产。2010年8月,塔塔钢铁与泰国最大的钢铁企业撒哈威亚公司(SSI)签署谅解备忘录,SSI将以5亿美元收购科鲁斯集团的泰希德(TCP)业务。除此之外,塔塔钢铁还以7 200万美元的价格出售其子公司奈特钢铁持股公司下属企业——马来西亚伯赫德钢铁27.03%的股权。

除了出售非核心资产外,2011年塔塔钢铁还通过向发起人发行股票和认股权证,筹集资金107亿卢比,2012年发起人认股权证转换还将为塔塔钢铁提供53亿卢比资金。塔塔钢铁还计划通过增发新股进一步降低其杠杆率。增发新股将导致6.3%的股权稀释,使发起人持股比例下降2.4%。增发新股募集资金将用于以下方面:(a) 180亿卢比用于扩大詹谢普尔工厂产能;(b) 偿还100亿卢比债务;(c) 投资莫桑比克和加拿大的国际原材料项目。

分析师预计,塔塔钢铁在印度的 300 万吨产能扩大项目每年将产生 7 亿美元的增量 EBITDA。

历次融资事件

近几年来塔塔钢铁的净债务头寸大幅下降,但其债务水平仍然相对较高。

收购科鲁斯后,塔塔钢铁一直在积极寻找机遇,重新商定贷款条约,交换证券,募集长期或低成本资金。公司还尽一切可能进行股权融资,并制定了几种新的筹款方案,包括累积另类参考证券(cumulative alternative reference securities,简称 CARS,详细内容见后文)的新型证券产品。

对于塔塔钢铁收购科鲁斯之后面临的挑战,公司财务总监科斯克·查特杰(Koushk Chatterjee)评论道:

自收购科鲁斯以来,我们在很短时间内成为一个规模庞大、组织结构复杂、业务多元化的企业。这意味着公司需花费更多时间专注于绩效管理、资本分配和流动性管理。在危机爆发前,公司一直致力于流动性的积累。我认为最优融资决策在于制定长期资金募集战略而不是临时仓促应对,这样可以为企业提供更多的谈判空间,不受资金提供方胁迫。过去 6 个月验证了我的观点,塔塔钢铁资本储备为 3 年、5 年或 7 年的长期资本,短期内无须再融资。我们最近还进行了权益融资,募集的资金将投资于印度一些前景较好的项目。鉴于全球经济的不确定性,保持充足的流动性储备非常重要。

截至 2010 年 9 月 30 日,塔塔钢铁净债务余额约为 107 亿美元(4 879 亿卢比),其中 53.2 亿美元债务用于扩大国内生产,其余债务主要用于 2007 年收购科鲁斯集团。

2010 年 11 月,塔塔钢铁董事会批准了一项总额高达 700 亿卢比(15 亿美元)的融资预案,该方案综合利用了多种证券工具。12 月 24 日,融资预案获得股东批准,但融资规模不能超过 500 亿卢比。

塔塔钢铁 2006—2011 年历次融资事件如下:

2010—2011

2010 年 7 月,塔塔钢铁发行价值 5 亿美元的 GDR(全球存托凭证),发行价格为每股 7.644 美元(每份 GDR 等于 1 股)。这是印度公司在伦敦证券交易所发行的规模最大的 GDR 产品之一。

此外,2010 年 7 月塔塔钢铁向母公司塔塔之子发行了 1.583 2 亿美元的认股权证和 1.98 亿美元的普通股。

2010 年 12 月和 2011 年 1 月,塔塔钢铁两次发行 20 年期不可转换债券,共筹集资金 300 亿卢比,塔塔钢铁在前 3 年无须支付债务发行的利息。

2009-2010

2009 年 11 月,塔塔钢铁提出将公司在 2007 年发行的 CARS 转换为外币可转换债券(FCCB),目的是延长债务期限,降低成本,并减少未来的或有还债义务。公司价值 4.93 亿美元的 CARS 转换为 FCCB 后,总价值为 546 935 000 美元。

塔塔钢铁还在 2009 年 12 月和 2010 年 1 月提前偿还了 200 亿卢比的债务,在 2010 年 2 月和 3 月提前偿还了 3 亿美元的外币债务。此外,塔塔钢铁欧洲公司在 2009 年 6 月提前偿还了 1 亿英镑的债务。

塔塔钢铁公布了贾姆谢德布尔 290 万吨产能扩建项目的财务报告,公司共签订了总额高达 933.9 亿卢比的长期借款合同,偿还期限为 7 年,且其子公司未来 3 年内可以使用该笔资金。

公司获得了出口信贷机构(ECA)支持的长期买方信贷(进口融资)资金 2.64 亿欧元,可在未来两年内提取,并在 10 年内偿还。此外,塔塔钢铁还通过 ECA 支持的长期买方信贷融资 7 000 万欧元。

由于钢铁市场不确定性上升,2009 年下半年至 2010 年第一季度,公司多次进行债务融资以保障流动性充裕。2009 年 4 月,公司获得 200 亿美元长期贷款,2009 年 5 月,公司发行 215 亿卢比的私募不可转换债,偿还期限为 10 年。同时公司还签订了 65 亿卢比的 10 年期贷款合约和 19.9 亿卢比的 7 年期贷款合约。

2007-2008 和 2008-2009

公司在 2007-2009 年发行了一系列规模不等的期限为 3 年、7 年、8 年和 10 年的不可转换债券。

2008 年 5 月,塔塔钢铁发行了三个系列的可赎回不可转换债券,募集资金 200 亿卢比:

- 价值 62 亿卢比的不可转换债券系列 1,于 2015 年 5 月到期,票面利率为 10.2%,在纽约证券交易所的债务批发市场上市交易。
- 价值 109 亿卢比的不可转换债券系列 2,期限为 3 年,浮动利率。
- 价值 29 亿卢比的不可转换债券系列 3,期限为 3 年,固定利率。

2008 年 11 月,公司发行了价值为 125 亿美元的不可转换债券,于 2016 年 11 月到期,票面利率 12.5%,在纽约证券交易所的债务批发市场上市交易。

2006—2007

塔塔钢铁优先发行了 2 700 万股普通股,面值为每股 10 卢比,发行溢价为每股 506 卢比,同时向塔塔之子定向发行了 2 850 万份认股权证,每份认股权证给予投资者以特定价格购买公司一股普通股的权利,认股权证的行权日为 2007 年 4 月 1 日及其以后时间。

此外,公司还发行了总额达 139.32 亿卢比的股票。

2007 年 4 月 16 日,塔塔之子行权,以每股 484.27 美元的价格将 2 850 万份认股权证转换为普通股。塔塔钢铁于 2007 年 4 月 17 日向塔塔之子发行了普通股,每股溢价为 474.27 卢比,合计融资 138 亿卢比。

公司还以担保贷款的方式从美国华盛顿的国际金融公司获得 1 亿美元(折合 43.53 亿卢比)的 A 类贷款和 3 亿美元(折合 130.6 亿卢比)的 B 类贷款。

公司还借入了几笔无抵押贷款,详情如下:

- 日元银团贷款 4.95 亿美元(折合 216.3 亿卢比)。
- 伦敦卡纳诺银行的外部商业贷款 500 万美元(折合 2.177 亿卢比)。
- 法兰克福德意志银行的 1.047 亿卢比欧洲赫尔墨斯贷款。
- 渣打银行 7.5 亿美元(折合 329.9 亿卢比)日元银团贷款。

此外,公司还从 IDBI 银行获得了 25 亿美元的短期贷款。

塔塔钢铁能够在成功执行机会性融资策略的同时有效降低杠杆率和财务成本,主要原因是公司在杠杆收购融资方案的重新谈判中获得了巨大优势。与其他杠杆收购融资方案的不同之处在于,塔塔钢铁拥有提前偿付的权利。标准的杠杆收购融资方案包中可摊销贷款(本金可提前偿还)比例不能超过 20%,剩余部分要在第 7—10 年末一次性偿还。这些到期一次性偿还的贷款成本高昂,且禁止提前还款。银行对塔塔钢铁的贷款却允许提前偿还,可能的原因在于塔塔这类大型集团的信用水平高且影响力强,银行未来还能获得更多的合作机遇。

结论

投资银行对股票增发的定价通常使用同业比较法。根据同业比较法,分析师将塔塔钢铁的发行市盈率以及其他比率与同业公司进行了比较。

阿努贾审阅了所有文件并撰写了塔塔钢铁的投资报告,他还注意到至少有五家证券经纪公司,即阿纳德拉蒂(Anand Rathi)、埃姆凯国际金融服务(Emkay Global Financial Services)、ICICI 证券、印度信息在线和奈特沃斯迪瑞特(Networth Direct),

已经发布了"买入"评级(塔塔钢铁2011)。

思考题

1. 为什么塔塔钢铁需要筹集资金？请解释并说明原因。
2. 2011年初塔塔钢铁发行的哪些证券对公司有重大意义？为什么？
3. 塔塔钢铁最近的表现如何？
4. 如何解释塔塔钢铁融资工具的选择？
5. 根据案例中提供的事实，你会投资塔塔钢铁公司吗？请解释原因。
6. 作为分析师阿努贾，您会给出何种投资建议？请解释原因。
7. 使用案例中的数据对公司股票进行相对估值，分析说明了什么现象？
8. 通过对各子公司的估值进行加总计算公司权益总价值，计算所需数据如下：

EBITDA(塔塔钢铁)	125 626 百万卢比
EBITDA(科鲁斯)	41 231 百万卢比
EBITDA(亚洲子公司)	3 842 百万卢比
净负债	416 029 百万卢比
发行在外的普通股数	914.85 百万股
汇率	1美元＝45卢比

案例 3　翠鸟航空有限公司：债务重组[①][②]

案例描述：印度一家大型航空公司由于管理不善、资本支出计划欠考虑和行业衰退，面临严重的财务困境。公司正在对其资产、负债和人力资本进行重组。学生需要评估债务重组计划，确定公司方案是否可行，并决定是否投资该公司。这个案例展示了在印度陷入困境的新兴市场公司如何进行重组。在印度，企业债务重组（或裁员）的能力存在重大限制和约束。

学习目标：本案例分析了印度一家大型公司实施的企业重组计划，并评估了在印度这样的国家进行企业重组面临的障碍。本案例强调了融资政策和企业战略之间的相互作用，并向学生介绍了围绕重组的典型问题。我们使用一个四部分的框架进行分析。

涵盖主题：公司治理，公司重组，财务报告。

翠鸟航空（Kingfisher Airlines）是印度一家业务领先的航空公司。2011年9月，翠鸟航空的董事长兼总经理维贾伊·马尔雅（Vijay Mallya）发表声明：

公司遭受了巨大的损失，资产净值受到了侵蚀。然而，考虑到经济景气度的改善，公司已经采取了合理的措施来应对，包括重新安排飞行编队，重整银行与公司的债务以及将债务转化为股本。中期的会计财务报表是基于公司可持续经营的假设，不需要调整资产和负债的账面价值。

这个消息被印度和国际媒体广泛报道。分析师和媒体都认为，翠鸟需要注资才能渡过难关。由于财务困难，该公司的股票价格接近历史低点附近。加拿大一家投资公司的两名分析师指出，翠鸟的股票价值实际上是负的（Monga and Raj, 2011），这让全球投资界大吃一惊。马尔雅本人强调，他正在与银行就第二次债务重组进行谈判，公司正在复苏的道路上。鉴于所有这些情况，该公司的股价已从2007年3月276卢比

[①] 本案例仅基于已公开的资料来源。本案例所提出的解释和观点，未必是翠鸟航空有限公司或其雇员的观点。

[②] Durga Prasad、Kulbir Singh 和 S. R. Vishwanath 撰写这个案例仅仅是为了提供课堂讨论的材料。作者隐藏了某些名称和其他识别信息以保护机密性。版权ⓒ2015，加拿大西安大略大学毅伟商学院，版权所有，未经许可禁止转载。

的高点下滑至 2011 年的 25 卢比。

公司背景

翠鸟航空成立于 2003 年，由马尔雅和其家族拥有的联合酿酒厂（UB）集团所创立。2005 年，该航空公司以四架新型空客 A320 飞机开始了商业运营，两年后开通了国际航线。它的主要业务是在印度提供商业航空服务。据印度时报报道（*Times of India*, 2001），翠鸟航空运营着一家成立于 1995 年的廉价航空公司——德干航空（Air Deccan）。2006 年 5 月，德干航空上市。该公司在 2006 年和 2007 年发生了现金损失，累计损失超过其净资产的 50%。为了将股权资金注入，德干航空与 UB 集团达成协议，以每股 155 卢比的价格优先配售公司 26% 的股权，帮助德干航空筹资 54.6 亿卢比。2006 年 7 月，公司以每股 145 卢比的市价加上 10 卢比溢价，向翠鸟电台有限公司发行 3 500 万股票。为了满足印度证券交易委员会的规定，翠鸟电台有限公司不得不与 UB 持股公司以及 UB 海外公司进行公开交易。翠鸟电台有限公司以 155.7 卢比的价格收购了 2 700 万股股票，这相当于 20% 的股份。这次交易使得翠鸟电台有限公司和其关联公司持有的有表决权股票增加到了 46%。翠鸟航空于 2008 年 4 月与德干航空公司合并，更名为翠鸟航空有限公司。

联合酿酒厂集团

UB 集团是一家综合企业集团，业务涉及饮料、航空、工程和化工等行业。该公司以"翠鸟"为商标销售啤酒，并拥有许多其他酒类品牌。马尔雅担任集团主席。他还曾担任印度国会议员。马尔雅个人财富 8 亿美元，2014 年位列福布斯富豪榜百强（*The Economic Times*, 2014）。UB 集团的酒类饮料业务由两家子公司经营：联合酿酒有限公司（UBL）和联合烈酒有限公司（USL）。UB 集团在酒精饮料市场的占有率超过 60%，在全球拥有 79 家酒厂和瓶装厂。

2005 年 3 月，麦克唐维公司（USL 的母公司）从迪拜杰宝世界持股有限公司手中收购了肖华莱士公司。这笔 2.2 亿美元的收购使 UB 集团获得了肖华莱士 54.5% 的股权。2006 年，数家集团公司合并，成立 USL。合并后的公司仅次于帝亚吉欧（Diageo）和保乐力加（Pernod ricard），成为全球第三大烈酒制造商。USL 在 2007 年 11 月收购了苏格兰酿酒厂怀特和麦凯，试图超越帝亚吉欧，成为全球最大的烈酒公司。

印度航空业

2009年印度航空业总收入为70亿美元,2005年至2009年复合年增长率为19.6%。2005年至2009年间,工业增加值的年复合增长率为20.6%。预计2009年至2014年,该行业的年复合增长率将达到20.8%。到2014年底,该行业年产值将达到179亿美元。在1986年之前,航空业一直是国家的垄断行业,当时私人公司只被允许经营短程小客机业务。1994年,私营公司获准经营特定的航空线路。捷达航空、撒哈拉航空、莫迪汉莎航空、达米阿那航空和东西航空公司于1995年获得航空线路的运营权。到1997年,六家航空公司中有四家已经关闭(捷达航空和撒哈拉航空继续运营)。德干航空公司是第一个作为有限责任公司(LCC)开始运营的航空公司。翠鸟、香料航空(SpiceJet)、靛蓝航空(Indigo)、捷行航空(Go Air)和派拉蒙航空(Paramount)于2005年开始运营。

由于经济发展、业务全球化、行业管制放松和机票价格下降,印度的航空旅行需求在不断增长。2007年,该行业拥有5家全方位服务公司:捷达航空(Jet Airways)、印度航空(Air India)、印度人航空(Indian Airlines)、翠鸟航空和派拉蒙航空,以及5家低成本航空公司:撒哈拉航空(撒哈拉)、德干航空、香料航空、捷行航空和靛蓝航空。捷特航空在2007年收购了撒哈拉航空,并将其更名为Jet Lite,以彰显其低成本的价位。翠鸟航空与德干航空合并,印度航空与印度人航空合并,更名为印度航空快运。人们普遍认为,国有航空公司印度航空在适应不断变化的环境方面行动迟缓、效率低下。该公司正在考虑私有化,但官僚主义使得障碍重重。2000年以来,印度航空公司的私有化计划一直停滞不前。捷达航空是业内最老牌的私人航空公司,有71架飞机,占有22.5%的市场份额。最大的三家公司——捷达航空、印度航空和翠鸟航空——合计占据了88.5%的市场份额。

由于低成本运营,廉价航空公司能够吸引对价格敏感的客户。市场占有率由2004年的1%上升至2007年的17%。在这一成功的鼓舞下,低成本航空公司开始疯狂地增加运力。仅靛蓝航空公司就从空中客车公司订购了100架飞机。航空业总共从波音公司订购了138架飞机,从空客订购了334架飞机。

尽管印度经济增长有多种途径,但也存在一些担忧。民航局、监督管理机构在航空出行指南中指出,经营Ⅰ类路线的航空公司至少要在Ⅱ类路线部署10%的可用客运周转量,在Ⅲ类路线部署50%的可用客运周转量。前往吸引力较低目的地的第二类航线是赔本买卖,占航空公司载客量的6%,很容易抹去航空公司1.5%的利润。机场缺乏基础设施、机场拥堵和航空涡轮燃料(ATF)价格飙升,也令人担忧。

2008年,原油价格迅速攀升,从1月份的每桶100美元升至6月份的每桶140美元,创下历史新高。由于油价不断攀升,绿洲香港航空公司在运营仅 17 个月后就陷入破产。由于印度公司面临额外的燃油税,因此国内航空涡轮燃料价格比国际价格高出 60%-70%。燃料费用占航空公司收入的 47%(而全球平均水平为 30%),这导致利润率被压缩了 13%。印度和亚洲的航空公司通过缩减扩张计划、提高机票价格、采用更高效的飞行技术和减少浪费来应对高油价。国内机票价格上涨了 30%,机票涨价对廉价航空有不利影响。国内客运量下降,航空公司也被迫削减运力。五大航空公司通过停飞将运力降低了 12%-20%。

截至 2008 年 11 月,航空涡轮燃料价格较 2008 年 8 月的峰值下跌了近 40%,这让航空公司松了一口气。五大航空公司的运力大幅下降,导致供不应求,载客率提高。2011 年,由于客流量的改善和燃料价格的稳定,航空业商业环境有所改善。

在短期内,航空公司必须应对高负债和流动性不足带来的挑战。最需要的是通过发行股票来降低负债率。从长远来看,他们需要降低成本,优化飞机调度和飞行航线。

经营及融资历史

国家对航空运输航线的垄断结束后,出现了三家全业务航空公司和六家低成本航空公司。2010 年,该行业机队规模约 380 架,其中印度国家航空公司拥有 38%,捷特航空公司(连同捷特 Lite)拥有 28%,翠鸟航空拥有 22%。其余 12% 则分布在其他廉价航空公司中。在市场份额方面,捷特航空以 26% 的市场份额位居第一,翠鸟航空以 22% 的市场份额紧随其后。靛蓝航空和香料航空分别占有 15% 和 13%。

在其历史上,翠鸟航空曾多次获奖,包括 Skytrax 世界航空公司奖等三个全球奖项,以及太平洋地区旅行作家协会颁发的最佳服务和美食新国内航空公司奖。它被《商业世界》评为客户满意度最高的航空公司,并被评为最值得信赖的 100 个品牌之一。

翠鸟航空开始了大规模的资本支出计划,试图主导印度航空业。2005 年,订购了 5 架 A380(随后被取消)、5 架 A350-800 和 5 架 A330-200,总价值超过 30 亿美元。从 2008 年到 2010 年,该公司累计订购了 67 架空客飞机,主要通过租赁公司为购买提供资金。翠鸟还大量使用银行贷款为资本支出和营运资本提供资金。为贷款提供抵押品,翠鸟集团已将其所有动产、商标、公司商誉、应收款项和公司总部翠鸟大厦作为抵押。致同会计师事务所对翠鸟品牌进行了估值。公司以其品牌为抵押,向贷款方抵押了 410 亿卢比(合 6.60 亿美元),筹集到的贷款是公司市值的三倍。

然而,自翠鸟航空开始运营以来,一直在报告亏损。收购德干航空后,翠鸟航空连续三年亏损超过 100 亿卢比。该公司公布 2009 年第二季度净亏损 41.9 亿卢比。与上年同期相比，第二季度的营业收入也下降了13.6%。考虑到这些巨额的亏损，翠鸟决定解雇近100名飞行员。另外，翠鸟董事会通过了一项决议，通过各种方式筹集1亿美元，其中包括全球存托凭证，这是在增发了价值50亿卢比股票之后做出的决定。

截至2011年，该航空公司累计亏损约10亿美元，一半机队停飞，许多员工罢工。翠鸟的市场份额急剧下降至14%，同比增长为负。靛蓝航空和香料航空等低成本航空公司受益于翠鸟的财务困境，锁定了更高的市场份额。

在金融危机最严重的时候，翠鸟集团聘请桑贾伊·阿加瓦尔担任新的首席执行官，以扭转公司的颓势。阿加瓦尔曾担任香料航空的首席执行官，并被认为是带领香料航空实现盈利的功臣。在媒体大亨卡拉尼希·马兰购买了香料航空37.7%的股权后，威尔伯·罗斯(Wilbur Ross)决定出售自己的股权。阿加瓦尔还曾担任航线优选公司(Flight Options LLC)的首席运营官和战略官，以及万豪国际负责信息技术、战略和运营规划的高级总监。

问题的迹象

翠鸟集团因不履行与供应商和出租人签订的合同而被起诉的案件数不胜数。自2008年以来，该公司一直无法按时支付飞机租赁金，并因无法支付费用而停飞了几架飞机。结果，作为出租人的通用商业航空服务公司以违约为由威胁要收回租赁的飞机。翠鸟集团在2009年拖欠银行和金融机构的贷款和利息。该公司的审计人员注意到，在几个月的时间内，拖延支付逾期本金的时间最长可达61天，拖延支付逾期利息最长可达84天。拖欠银行的分期付款和利息分别为27亿卢比和21.9亿卢比。

此外，翠鸟还在支付燃油账单上遇到了麻烦。2009年，巴拉特石油公司起诉翠鸟公司拖欠应付款。卡纳塔克邦高等法院判令，在2010年11月之前支付全部24.5亿卢比(合5000万美元)的赔偿金，航空公司将分期付款。2011年，新加坡的DVB航空亚洲租赁公司在英国起诉翠鸟航空违约。此后不久，印度政府拥有的另一家石油公司——印度斯坦石油公司——因翠鸟航空拖欠应付款而停止向翠鸟航空供应航空燃油，虽然后来得到了解决(*The Economic Times*, 2010)。同样，截至2011年9月，有几家供应商向卡纳塔克邦高等法院提出了针对翠鸟的诉讼。

翠鸟航空公司遭受了巨额亏损，其净值在2009年缩水。然而，财务报表的编制是基于该公司是一家持续经营的公司，并且由于最近开展的国际业务、银行发放的贷款、集团支持和筹资计划，因此不需要对资产和负债的账面价值进行调整。审计员指出，这项会计政策是否适当取决于公司是否有能力获得偿还债务所需的资金。他们还注意到由民航总局局长签发的定期航空公司许可证已经失效，卡纳塔克邦高等法院已经受理了银行家财团和一名无担保债权人关于公司清算的请求。这些事件使人们对该公司持续经营的能力产生了重大怀疑。审计人员还注意到该公司过去的若干会计政策不符合印度会计标准。

2010年的重组

2005年4月至2010年3月，翠鸟累计亏损达420亿卢比。2010年11月，为了防止债务集中到期违约，该公司董事会批准了一项与贷款银行的债务重组方案，此前印度央行批准了一次性放宽的重组指导方针。这次修改后的重组计划的显著特点包括：

- 将贷款人提供的135.5亿卢比债务转换为股权。
- 出资人提供的64.8亿卢比债务转换为股权。
- 重新安排在9年内偿还贷款机构的余额债务，延期两年偿还。
- 降低利率。
- 贷款人批准额外的货币或者非货币融资便利

翠鸟的出资人（创始人）集团通过直接投资、控股公司预付款、控股公司担保等方式支持翠鸟航空。该集团还帮助翠鸟获得了第三方投资，以应对紧急情况，并以股权形式投资了218亿卢比。被转换成优先股的债权总计达到了500亿卢比，然后在债务重组时进一步转换成普通股。除此之外，UB持股公司还通过可转换债券从联营公司获得了总计71亿卢比的第三方融资。通过这些融资，UB控股公司为翠鸟集团提供了总计913.5亿卢比的公司担保。此外，马尔雅本人提供了总额为615.6亿卢比的个人担保，贷款方给了他56亿卢比的佣金。

翠鸟航空完成了800亿卢比债务的重组，所有18家贷款机构都同意下调利率，并将部分贷款转换为股权。银行将65亿卢比的债务转换为优先股。当该航空公司通过出售全球存托凭证在卢森堡证交所上市时，这些优先股将转换为普通股。这些优先股将以全球存托凭证出售给投资者的价格转换为普通股。此外，还有80亿卢比的债务在12年内被转换成可赎回优先股。由于重组，该航空公司的平均利率将降至11%，帮助该公司节省了每年50亿卢比（合8 000万美元）的利息。重组计划涉及发行几种类型的金融工具。可转换优先股将强制转换成股票，累积优先股则是可赎回的。除了这些发行的债权以外，向UB控股公司发行的面值为100卢比、利率为6%的970万股可赎回优先股，全部转换成面值为10卢比、利率为6%的9 700万股强制性可转换优先股。债务重组需要翠鸟航空及其公司创始人、UB控股和翠鸟芬威斯特公司，质押它们所持有的该航空公司的股权。

债务重组后，航空公司采取了几项措施来削减成本和应对未来的挑战。这些措施包括改变商业模式、减少利息和租金,将一些贷款转换成外币贷款,精简飞行队伍,重新配置机舱以添加更多的座位。贷款转换成外币贷款,预计每年将减少6.5亿卢比的利息支出。其他改进措施预计每年为公司节约179.6亿卢比。

一系列改进措施很快带来了业绩的改善。2011年,翠鸟息税折旧及摊销前利润率(EBITDA)为20%,而捷特航空的利润率为17%。未计摊销及租金成本前盈利率(EBITDAR)是−0.8%,而竞争对手捷特航空和香料航空的利润率分别为−9.2%和−11.7%。

维瑞特思的报告

当翠鸟航空的董事长兼总经理维贾伊·马尔雅(Vijay Mallya)在孟买证交所发表声明时,加拿大的一家投资公司维瑞特思(Veritas)的两个分析师研究指出,翠鸟航空公司和母公司UB控股正濒临破产,当时两家公司的股票分别以25卢比和114卢比进行交易。这导致许多人质疑该公司的会计操守、未来前景和债务重组计划。然而,印度著名证券经纪公司ICICI的其他分析师对该股给出了"买入"建议。

思考题

1. 翠鸟航空为什么在2010年重组?
2. 为什么航空业的杠杆率如此之高?
3. 为什么航空业的盈利能力很低?使用波特五力模型评估印度航空业的吸引力。
4. 找出翠鸟集团迄今为止所做出的主要会计政策变化。该公司是否有理由假设,尽管其净资产受到侵蚀,但仍能持续经营?你同意公司管理层还是审计人员的意见?为什么?
5. 翠鸟公司管理层采用财务报告政策的动机为何?投资者在为公司股票定价时能"看穿"这些吗?
6. 评估翠鸟航空的财务表现,将其与竞争对手比较。
7. 根据你对之前问题的见解和案例中关于公司扭亏为盈策略的信息,评估公司的未来前景。作为投资者,你会投资翠鸟航空吗?作为贷款人,你会批准债务重组吗?

案例 4　信实电信：纸牌屋的游戏

案例描述：印度大型电信公司信实电信（Reliance Communications Ltd.）由于管理不善，资本支出超过 60 亿美元，债务负担高达 3 500 亿卢比（合 58 亿美元），行业不断变化，导致其财务状况捉襟见肘。有意思的是，加拿大一家投资研究公司的两名分析师对该股给出交易目标价 15 卢比的"卖出"建议。分析师们还指出，公司创始人可能在掏空中小股东。该公司股价从 2008 年的高点 844 卢比跌至 2012 年的低点 46 卢比。公司正在进行资产负债重组。该案例从股东的角度考虑了企业的经济效益。学生被要求评估公司的表现，并决定是否投资该公司的股票。

学习目标：案例前半部分描述了公司的业务组成以及无线事业部所采取的策略。这让学生有机会评论信实电信的营销策略并为其提供的服务估值。案例的后半部分描述了该公司的财务战略、发行的筹资工具以及重组计划。该案例让学生研究与高杠杆相关的问题，以及新兴市场重组面临的挑战。

涵盖主题：财务管理、融资、重组。

2012 年 9 月 4 日，信实电信的董事长安尼尔·安巴尼先生（Anil Ambani）誓言在未来 3 年要降低公司的高额负债。这家在印度电信行业第二大公司正与艾泰电信（Airtel）和印地蜂窝通信（Idea Cellular）等根基深厚的公司展开激烈的竞争。电话通信价格大幅下滑和高昂的 3G 频谱许可费用对公司利润率施加了压力。更为糟糕的是，该公司背负着高达 3 500 亿卢比惊人的债务，2012 年 6 月，虽然公司希望通过出售其部分业务股权筹集资金，但最终并未成功。

安巴尼提出了一个四步走策略来降低信实电信的债务率：

（a）提高资本生产率。

（b）资产证券化，以增加收入。

（c）增强盈利能力，并通过出售部分股权或首次公开发行（IPO）将信实基础设施（Reliance Infratel）公司变现。

（d）将信实全球公司（Reliance Globalcom）在新加坡证交所上市，以此降低债务。

宣布新战略后，股价从 2012 年 8 月历史低点的每股 46 卢比上涨了 1.7%。当

2012年6月两个加拿大分析师给出目标价为15卢比的"卖出"建议时,股票交易价为93卢比。行业分析师想知道,公司是怎样陷入财务困境的?为什么它前期的重组尝试失败了?当前计划是否会成功,以及公司是否有治理问题。

信实集团的背景

信实电信是信实集团(Reliance group)的一部分。信实集团由迪鲁拜·安巴尼(Dhirubhai Ambani)于1996年创立。信实集团是印度最大的工业集团,在全球拥有超过1亿客户。它拥有超过1 200万的股东,是世界上最大的公司之一。印度四分之一的投资者是信实的股东。2012年,集团收入超过154亿美元,权益超过400亿美元。该集团的收入相当于印度GDP的3.5%,贡献了该国近10%的间接税收入和超过6%的出口。该集团的业务包括油气的勘探和生产、石化、纺织、金融服务、电力和电信。

迪鲁拜·安巴尼死后,他的儿子安尼尔·安巴尼(Anil Ambani)和穆克什·安巴尼(Mukesh Ambani)继承了集团。安尼尔·安巴尼旗下的信实集团更名为安尼尔·迪鲁拜·安巴尼集团。安尼尔·安巴尼是印度著名的商业领袖,曾任沃顿商学院董事会成员。2004年6月,他被选为印度议会上院的独立议员,任期一年,至2006年3月。2001年12月,他获得沃顿印度经济论坛颁发的第一个沃顿印度校友奖,1999年被《亚洲周刊》评选为"商业和金融领域的千禧年领袖"。

信实电信的背景

信实电信有限公司于2004年7月15日成立,前身为信实基建发展私人有限公司(Reliance Infrastructure Developers Private Limited)。2005年8月3日,公司更名为信实通信风险投资有限公司(Reliance Communications Ventures Limited)。在不到一年的时间里,也就是2006年6月7日,公司再次更名为现在的名称即信实电信有限公司。该公司于2006年3月上市,股票在孟买证券交易所和印度国家证券交易所同时交易。

信实电信有限公司是印度电信市场的后来者,行业其他公司在20世纪90年代中期开始运营,当时印度市场向私人竞争领域开放。信实电信有限公司通过推出基于CDMA的移动服务进军通信市场。该公司建立了一个全印度最先进的网络,目标是通过实施"破坏性的竞争压力"来改变该行业。

在2004至2006年间,信实电信有限公司是22个地区的市场领头羊。信实电信有手机的连锁分布服务。该公司的手机分销网络覆盖全国5 000个城镇,约有1 500

家分销商提供服务。2007年2月底,信实电信有限公司已经是印度第二大综合电信解决方案提供商,拥有3 240万移动户。其中,CDMA技术用户2 830万户,GSM(全球移动通信系统)技术用户410万户。公司提供完整的电信和电话解决方案组合,包括移动服务、有线服务、国内和国际长途服务、企业宽带、全球语音和数据服务,面向全球企业提供带宽、基础设施和托管服务。

信实电信有限公司将其业务划分为三个战略业务部门:无线部门、全球部门和宽带部门。

无线部门

无线业务收入占信实电信有限公司总收入的最大份额(2012年总收入的62%)。该公司通过该业务部门提供移动手机服务,是印度电信市场上的第二大公司。截至2006年年底,信实电信移动用户总数为2 020万,其中CDMA用户1 830万,GSM用户190万。2006年,该公司在全印度的市场份额达到21%。截至2007年2月底,信实电信的用户基数已增长至3 240万,公司在全印度的市场份额为20.4%。从2004年到2006年,信实电信的移动用户基数的年复合增长率为61.3%。从2002年到2006年,全印度移动用户基数的年复合增长率为95.3%。

CDMA技术被认为比GSM更有效,原因如下:
- CDMA允许多个用户同时占用同一频谱,即CDMA允许频谱共享。由于频谱的可用性是主要的行业进入障碍,CDMA比GSM有明显的优势。
- GSM发射塔处理的用户数据比CDMA网络低15%至30%。
- CDMA的数据承载能力和传输速度比GSM网络好40%。因此,为支持更多流量所需的资本支出更低。
- CDMA是第三代移动通信技术(3G)服务的首选。

CDMA技术使信实电信在制定资讯费率方面更加激进。高效的技术加上廉价的手机帮助信实成为印度第二大电信公司。CDMA技术的一个关键特点是,手机与其他服务提供商不兼容,导致消费者的转换成本很高。因此,信实电信客户月流失率为1.8%,显著低于同行。尽管有这些优势,GSM仍是全球范围内的首选技术,原因有二:国际漫游服务需求增加和手机种类增多。因此,信实电信计划在2009年之前完全转向GSM技术。信实手机预计将被打造成一个"双SIM"设备,即其SIM卡可以支持CDMA和GSM技术。当公司激活设备后,CDMA用户可以简单地在GSM和CDMA之间切换。

2008年第三季度,该公司获得2G频谱,开始为全印度提供基于GSM的移动电话服务。在此之前,该公司只在全国8个地区运营基于GSM的服务。在获得其余14

个地区的频谱后，公司可以在这些地区范围内开始运营其业务，在适当的时候成为一个泛印度地区 GSM 运营商。该公司为获得许可证支付了 165.1 亿卢比。同年，在一次分析师会议上，安巴尼重申了他将把信实电信发展成一家可与美国 AT & T 和威瑞森（Verizon）媲美的综合电信公司的雄心。信实电信基础设施公司（Reliance Telecom Infrastructure Ltd, RTIL）是信实电信的全资子公司，于 2007 年 4 月成立。该公司在 2007 年拥有 1.3 万座发射塔的基础设施，并计划在 2010 年 3 月之前将其增加到 5 万座。这将使 2008 年的覆盖范围从 1 万个城镇和 30 万个村庄扩大到 2.5 万个城镇和 60 万个村庄。信实电信将是 RTIL 的基石客户，并将与 RTIL 签订 10 年的主服务协议。信实电信的 CDMA 和 GSM 业务都将是这些发射塔的主要业务。

全球部门

信实电信通过该业务单元提供国内和国际长途电话服务。这项业务也为其他运营商和其他信实的业务单元提供批发和终端设备。2003 年年中，信实电信进入印度长途电话市场，成为最大的运营商，市场份额超过 40%。2004 年 1 月，信实电信以 2.11 亿美元收购了旗帜电讯公司（Flag Telecom），获得了该公司 100% 的股权。旗帜电讯成立于 1990 年，是一家提供国际网络传输和通信服务的公司，铺设有 5 万公里的海底电缆。2001 年，旗帜电讯根据《破产法》第 11 章申请破产。2002 年，它摆脱了破产，后来被信实电信收购。

合并后，旗帜电讯更名为信实全球电讯（Reliance Globalcom）。通过并购旗帜电讯，信实电信拥有并运营着世界上最大的私人海底电缆系统，连接着从美国东海岸到欧洲、中东、印度、东南亚和日本等 28 个国家/地区。通过其全球海底电缆系统，旗帜电讯和猎鹰信实电信（Falcon RCL）成为亚洲和中东地区最大的国际宽带提供商。

2008 年 5 月，通过收购全球虚拟网络运营商凡科（Vanco），信实全球电讯的年收入增加了 3.65 亿美元（合 155 亿卢比），企业客户数量增加到 1 400 多家。凡科的客户包括西门子和英国航空。通过这次收购，信实电信新增了 9 个网络管理中心。

2007 年 7 月，信实电信以 3 亿美元收购了总部位于旧金山的伊卜思（Yipes）公司。伊卜思为信实电信提供高速数据网络接入服务，覆盖美国 14 个城市的 1 000 个客户。伊卜思运营着一个超过 2.2 万公里的光纤网络，它将作为信实全球电讯的战略业务部门运营。未来一年，信实电信将斥资 100 亿卢比在印度、亚洲、非洲、中东和欧洲推出伊卜思提供的服务。考虑到伊卜思和旗帜电讯的产品、服务和网络的互补性，该公司预计收购伊卜思和旗帜公司的业务将产生协同效应。

宽带部门

通过该业务单元，信实电信提供了一系列的企业语音、数据、视频、互联网和IT基础设施服务，包括国家和国际私人租用线路、互联网宽带接入、音频和视频会议、MPLS-VPN、中央交换机和管理互联网数据中心服务。该公司的企业客户基础包括排名前1000的印度企业和跨国公司中的750家。在消费者方面，信实电信提供固定电话服务和宽带上网服务。

2008年4月24日，信实全球电讯的业务部门、信实通讯的全资子公司信实信息英属维京群岛公司（Reliance Infocom BV）宣布收购总部位于英国的电信公司e潮世界（eWave World）的控股权。e潮世界专注于快速发展无线电话服务市场，使用的是WiMAX（一种旨在提供30-40 MB/s数据速率的无线通信标准）技术标准。

在未来2-3年内，信实全球电讯将通过e潮世界投资约5亿美元（合200亿卢比），在亚洲、欧洲、拉丁美洲和非洲的新兴市场建设和收购WiMAX网络。最近，e潮世界在中国成立了一家合资企业，投资全国的宽带业务。该公司持有许可证，并已获得在几个国家开展WiMAX服务的频谱。

其他业务

除了这些业务外，信实电信于2008年8月19日推出了直接连接家庭服务的大电视项目。"大电视"拥有先进的MPEG4技术，可以保证更好的音质和更清晰的画面。它的目标是在一年内占据40%的市场份额。除了大电视，信实电信还计划与微软合作推出互联网协议电视（IPTV）。该合资企业将需要5亿美元的软件许可证和基础设施投资。通过IPTV技术，信实电信将在初期服务于大都市，并逐渐扩展到其他30个城市。信实电信的IPTV功能将由总部位于美国华盛顿的著名公司雷德蒙德（Redmond）开发。信实电信为其IPTV争取到了领先的内容提供商，目标是为客户提供400个频道。

行业背景

印度政府1991年启动的全面改革计划是成功的，印度电信业就是一个很好的例子。在竞争加剧的背景下，该行业在过去几年迅速发展，促进了电信费率降低、可支配收入增加（由于GDP增长率强劲）以及移动服务运营商覆盖范围扩大。在改革之前，电信行业是政府管制的垄断行业，由MTNL、VSNL和BSNL三家公司提供固话服务。MTNL获准在印度孟买和新德里提供固话服务，而BSNL则获准向印度其他地区提供服务，BSNL还获得了提供全国长途电话服务的许可。另外VSNL提供国际长途电话服务。然而在1994年，该部门向私人竞争者开放，并颁发了蜂窝网络许可证。最初，电信服务的成本很高，因为许可证的成本高得令人望而却步，导致移动用户基数几乎没有增加。事实上，在1998年底，印度仅有88万手机用户。1999年出台的国家电信政策，将许可费支付方式由固定价格改为收入分成。其他举措如统一接入许可、实施"呼叫方付费"（即免费接听电话）制度，以及降低电信运营商的监管成本，都导致了移动电话用户数量的大幅跃升。

2007年年初，印度手机用户数量为1.591亿，手机普及率仅为15%，显示出巨大的增长机遇。印度电信业被分为23个带（或服务领域）。这些服务区域被进一步划分为大都市和A、B、C三大服务区域。这是基于区域的收入潜力划分的。收入潜力最大的是大都市，其次是A、B、C区域。新德里、孟买、加尔各答和钦奈是大都市。印度的卡纳塔克邦和马哈拉施特拉邦属于A区域，而查谟和克什米尔等较小的邦和阿萨姆邦属于C区域。

尽管全球经济低迷，但印度电信行业继续呈现强劲增长态势。截至2010年3月31日，印度固定电话和无线电话用户总数增长至6.228亿，远程用户增长52.74%。44.58%的年增长率主要是由农村市场的扩张和平价设备的普及推动的。无线用户5.8432亿，无线电话普及率49.60%。截至2010年3月31日，私营部门在无线连接方面的份额达到了87.24%。这一年随着几项新服务的推出，电信资费大幅下降。数家新运营商推出服务，电信行业运营商的总数已达15家。竞争令运营商向已饱和的大城市用户提供其他增值和数据服务。该行业的用户增长主要来自低价值客户，这限制了收入增长。新的竞争对手进入本已高度竞争的市场，降低了资讯费率，给收入增长带来了压力。在监管方面，电信行业受到印度电信管理局（TRAI）的监管。印度电信管理局是根据议会的一项法案于1997年成立的，负责制定各种电信服务套餐计划，如资讯费率，连接到家服务和可携性移动电话号码。例如，在2007年，印度电信管理局规定了地区或国家漫游电话每分钟1.40卢比的上限。

经营和融资历史

2008年第一季度，信实电信公布了堪称典范的业绩。净利润增长138%至122.1亿卢比，营收达到434.4亿卢比，由于新增用户数量巨大，营收增幅达32%。息税折旧及摊销前利润率（EBITDA）为42.7%，是印度所有电信公司中利润率最高的。在业绩的鼓舞下，该公司宣布了一项雄心勃勃的扩张计划。

2006年1月，信实推出了"一国一资费"（One Nation, One Tariff）计划，允许预付费用户以每分钟 1 卢比的价格在印度任何地方打电话。同月晚些时候，该公司推出了"Hello Capital 计划"，让 19 个州首府的用户能够以每分钟 40 派士（合 0.4 卢比）的当地通话费率互相通话。这些举动使得 2006 年 12 月增加了 140 万用户。大约在同一时间，它削减了高达 66％的长途电话费率。2008 年 4 月，它宣布无限制的免费 STD（用户中继拨号）呼叫计划。

2009 年 12 月，该公司在印度电信行业发起了一项激进的计划，在新德里地区的信实网络内，为 GSM 用户提供 1 000 分钟的免费通话时间。后来，它取消了对所有网络的固定线路，以及信实的 CDMA 和 GSM 手机的本地和服务带内通话的收费。

用户总数、平均每位用户带来收入、收入/分钟和总分钟数，是电信业务成功的关键驱动力。由于免费通话和免费通话时间，从 2008 年第二季度到 2011 年第二季度，每个用户的平均收入从 364 卢比骤降至 122 卢比。为了阻止平均每位用户带来收入（ARPU）的下降，公司开始减少网络上的空闲时间。同样，由于季节性等因素，同期的使用分钟/月（MoU）从 490 分钟降至 276 分钟。

2010 年，3G 和 4G 电信频谱在一场激烈的竞标中被拍卖。获得者在 9 月被授予频谱使用权。参与拍卖的私营公司有艾尔泰尔（Airtel）、艾尔瑟尔（Aircel）、印地（Idea）、信实电信、塔塔电信、S 电信和沃达丰印度（Vodafone India）。信实电信赢得了 13 个电信行业的 3G 频谱，总支出为 859 亿卢比。该公司甚至无法在一个区域内赢得宽带无线接入（BWA）频谱，并以不合理的投标价格退出了投标过程。

行业格局发生了变化，政府向新运营商发放了 120 多张牌照，行业内的公司数量从 5-6 家增加到 9-10 家。这些新的运营商获配了 18 到 20 个区域的频谱，其中一些公司与大型跨国公司成立了合资企业。2010 年，该行业拥有约 30 万座发射塔，现有基础设施供应商有充足的机会向新的国内和跨国运营商提供发射塔租赁服务。

到 2010 年年底，信实电信在孟买、德里、加尔各答和昌迪加尔推出了 3G 服务，成为继塔塔 DoCoMo 之后的第二大私营运营商，也是继 BSNL、MTNL 和塔塔 DoCoMo 之后的第四大运营商。该公司开始提供各种计划服务，包括捆绑语音和数据、单数据、USB 数据卡和移动电视服务。当年早些时候，信实电信采取了一项改变游戏规则的举措，打破了各种各样的收费标准，对印度境内任何移动或固话网络、任何时间、任何地点的所有本地和 STD 电话都实行单一费率，没有任何条件或限制。

信实电信设立了一个新的行业标准，以一种简单和透明的方式提供了难以置信的、前所未有的价格。"简单信赖计划"提供了三种不同的模式，以满足不同呼叫模式的客户需求，即面向印度全国所有用户，提供每分钟 0.5 卢比、每秒钟 0.01 卢比和每通话 3 分钟 1 卢比等三种不同模式。

该公司与全球领先的远程直播、视频和语音解决方案提供商宝利康公司

(Polycom Inc)结成联盟，推出全球首个无线、高分辨率视频和 CD 音质以及易于使用的内容共享功能。通过这种方式服务活动，如现场会议、在线教育、医疗程序、家庭活动、婚礼、派对和仪式等，都可以付费进行网络直播。

随着智能手机的出现和移动互联网使用的增加，人们预计手机的使用将受到移动端应用程序流行和互联网服务移动版本的推动。信实电信与 350 多家领先的移动商务解决方案提供商、技术和内容合作伙伴建立了战略合作关系。

信实的企业业务部门与微软合作，将虚拟化技术和云计算的力量结合起来，推出了"信实云计算服务"。这是一项托管基础设施服务，为印度客户提供访问各种企业规模的 IT 解决方案、业务应用程序和服务，如服务器托管、数据存储和归档、企业资源规划（ERP）和文档管理。它有一整套基于云计算模型的应用程序和服务。微软的虚拟化和管理技术帮助他们降低了提供这些服务所涉及的接入成本，从而使信实电信能够帮助客户节约成本带来收益。

资本支出

截至 2007 年，公司计划国内网络扩张的资本支出 25 亿美元，用于海外扩张的资本支出为 15 亿美元，分 3 年进行（用于增加海底电缆传输量）。2008 年，公司的资本支出计划从早些时候宣布的 45 亿美元提高到 52 亿美元，用于获得 GSM 全球服务的接入许可证、进一步扩展 CDMA 服务以及收购伊普思。同时，该公司给出了 2009 年 60 亿美元（约合 2 400 亿卢比）资本支出的初步计划。其中 20 亿美元被用于移动网络的基础设施组件建设，13 亿美元作为新业务计划如 DTH 和 IPTV 的资本支出。2007 年至 2012 年，该公司的总资本支出为 2 643 亿卢比（约合 60 亿美元）。

融资

2007 年 2 月，为了实现雄心勃勃的扩张计划，信实电信在国际市场上发行了 10 亿卢比外币可转换债券，这是印度最大规模的零息外币可转换债券。该工具的期限为 5 年，转换价格为每股 661 卢比，比现行市场股票价格高出 30%。这次发行获得超额认购。然而，由于卢比在 2009 年第一季度贬值，该公司的已实现和未实现亏损总额为 106.3 亿卢比。公司没有按照印度特许会计师协会（ICAI）颁布的会计准则 11 号文的要求，将其记入损益账户，而是在固定资产的账面成本中进行了调整。公司澄清说，这是根据它收到的法律咨询意见做出的，并符合 1956 年《公司法》。如果该公司按照会计准则 11 号文的标准记录，本季度的利润将只有 44.9 亿卢比，较上年同期下降 63.2%。在 2011 财年第一季度，信实电信及其部分子公司因外币贷款与负债产生汇兑损益,损失达 82 亿卢比。除此之外,公司没有将 78 亿卢比记入损益账户(Shah,2010)。截至 2010 年 12 月,信实电信的总债务激增至 3 780 亿卢比,其中 1 149 亿卢比主要用于支付 3G 牌照费用的国内债务,其余为外币债务。

重组动机

为了将发射塔的资产证券化,信实电信在 2007 年达成一项协议,以 140 亿卢比(合 3.375 亿美元)的价格将发射塔公司 5% 的股份出售给一群投资者。此次配股面向的是来自美国、欧洲和亚洲的主要金融投资者,如堡垒基金(Fortress Capital)、汇丰信安投资(HSBC Principal Investments)、盖伦集团(Galleon Group)、新丝绸之路基金(New Silk Route)、GLG 合伙基金、量子基金(Quantum Fund,乔治·索罗斯管理)和 DA 资本。

该交易对发射塔公司的估值为 2 700 亿卢比(合 67.5 亿美元),即每股 135 卢比。

2008 年 2 月,发射塔公司计划进行首次公开发行,但由于资本市场状况不佳,该 IPO 计划不得不撤回。2009 年 9 月,信实电信再次提出了发行 10% 股份的计划,使公司市值达到 10 亿美元,但计划并未实现。市场观察人士猜测,公司可能会先将部分股权出售给一家战略投资者,然后再进行 IPO 或抛售。

在印度,有 5 家公司[信实电信基础设施(RTIL)、GTL、塔塔装备、巴哈迪电信基础设施和印都斯发射塔]运营着电信发射塔。GTL、塔塔装备和巴哈迪电信基础设施运营着大约 12 万个塔。巴哈迪电信和沃达丰艾萨旗下的印都斯发射塔公司至少有 10 万座发射塔。信实电信基础设施与至少 5 家电信运营商签订了发射塔共享协议。对于在 3G 拍卖中赢得宽带无线频谱的公司来说,同样拥有信实电信光纤电缆网络的信实电信基础设施尤其具有吸引力。

2010 年 6 月 6 日,该公司董事会批准了发射塔业务的股权出售。信实电信基础设施开始与 GTL 公司进行谈判,以现金加股票的方式将其 5 万座发射塔的资产组合与 GTL 公司合并,使其成为全球最大的独立发射塔公司,拥有 8.25 万座发射塔,并从 10 家运营商获得 12.5 万份租约。安巴尼将保留新公司 25% 的股权,但完全是以战略财务投资者的身份入股。信实电信基础设施和 GTL 的企业价值合计约为 110 亿美元(合 5 000 亿卢比),其中包括两家公司的债务和股权,也包括信实电信基础设施大约 1 800 亿卢比(约合 30 亿美元)的债务。这些债务将转移到 GTL,大大减少信实电信的债务负担。出于对估值的担忧,与 GTL 的谈判在 2010 年 9 月破裂。GTL 在印度国家证券交易所的交易价格为 42.65 卢比,较前一日收盘下跌 5.6%,但信实电信的股价上涨 0.3%,至 163 卢比。2011 年初,另一家公司塔塔装备[现更名为维奥姆网络

(Viom Networks)]因未能就价格达成一致,退出了收购信实电信基础设施的谈判。信实集团希望为该公司筹集50亿美元,维奥姆称这是"不现实的"。2011年11月,信实电信与黑石集团和凯雷集团等两家私募股权集团展开谈判,试图出售其发射塔公司的股权。

旗帜通讯的上市

2012年,信实全球电信基础设施信托,是一家由信实电信全资拥有的信托,拟通过在新加坡上市的方式募集7亿至10亿美元,总企业价值为15亿美元。

2G 频谱丑闻

2G频谱丑闻涉及当时的印度电信部长拉贾(A. Raja)等政界人士以及一些政府官员。拉贾涉嫌向电信公司收取频谱授权牌照的费用过低。印度审计部门估计,实际收款和预计收款之间的差额为270亿美元。2007年1月,电信部决定以先到先得的方式发牌,把截牌日期由2007年10月1日提前至9月25日。当天晚些时候,电信部在其网站上发布公告称,下午3点30分至4点30分之间申请牌照的人将获得牌照,德里高等法院认为这是非法的。CAG发现在频谱分配中存在大量的不合规现象。中央审查委员会指示中央调查局调查这些违规行为。这一丑闻导致了几起针对涉案人员的调查。拉贾于2010年11月辞去电信部长一职。于2011年2月被捕,并被司法拘留。起诉书将信实电信列为被告之一。信实集团董事总经理高塔姆·多西(Gautam Doshi)、两名高管哈里·奈尔(Hari Nair)和苏伦德拉·皮帕拉(Surendra Pipara)被捕,随后获得保释。2011年9月29日,印度工业联合会表示,正在调查安尼尔·安巴尼。2012年2月,印度最高法院取消了拉贾在位期间发放的全部122张牌照,并对几家电信公司处以罚款。

2009年,电信部任命派雷科企业(Parekh & Co)为特别审计师,对该公司及其子公司在2006-2007财年和2007-2008财年的账目进行审计。印度移动电话运营商协会指控信实电信少报收入后,印度电信部门任命了特别审计人员,审计人员称,信实电信虚报收入超过290亿卢比,意图逃避30多亿卢比的许可费。然而,该公司否认有任何不当行为。

维诺塔思的报告

2012年6月,两位来自加拿大投资研究公司维诺塔思的分析师,将信实电信股票的目标价下调至15卢比,这令投资界大为吃惊,因为当时股价为93卢比。他们质疑信实电信的会计政策和公司治理标准。该公司的股价遭受重创,在报告发布后跌至一年来低点至60卢比。两位分析师对其核心业务的估值为每股15卢比,他们对其每股当时30卢比的股票估值打了50%的"治理折扣"。此前,维诺塔思在2011年7月发布了另一份报告,分析师在报告中写道:

"信实电信是一家典型犯错误的印度企业,尽管管理层在各年度报告中声称"价值观"和"诚信",无论其财务报表还是之前的母公司,我们都没有发现可信的证据。当2005年8月31日公司与RIL公司分离时,我们怀疑管理层的诚信以及对股东的怠慢。公司于2006年3月6日在印度证券交易所上市。"

维诺塔思估计,信实电信成立期间,RIL(Reliance Industries Ltd.)的股东向其业务投入了1 367.5亿卢比,相比之下,管理层投入的资金微不足道,只有18.6亿卢比。但在印度孟买证券交易所上市后,RIL的股东持股比例从61.73%降至37%。维诺塔思的分析师表示,在信实电信成立时,RIL向管理层发行了8.248亿股股票,根据信实电信2006年3月6日的收盘价约307卢比计算,RIL股东损失2 520.4亿卢比。当然,信实电信公司认为维诺塔思的这份报告毫无根据,充满恶意。

结论

截至2012年,证券分析师对信实电信的估值存在很大分歧。分析师给出了持有、中立或卖出的建议。目前尚不清楚信实电信是否能够去杠杆,并改善其业务表现。

思考题

1. 从2012年开始你会投资信实电信吗?在回答这个问题时分析公司的战略、优势、劣势、机会、威胁、会计质量和财务表现。

2. 公司的内在价值是什么?你同意维诺塔思分析师的估值吗?为什么?

3. 信实电信为什么会陷入财务困境?是坏策略还是坏运气?

4. 就资本结构而言,公司是否存在错误的资本结构,是否发行了错误的融资工具或发行顺序错误?

5. 严格评估公司的重组计划,为什么重组计划失败了?

6. 你从这个案例研究中得到了什么教训?

(省略有关财务报表)

案例 5　威普罗有限公司：分拆决定

案例描述：2012年11月，在纽约证券交易所(NYSE)上市的IT服务公司威普罗有限公司(Wipro Ltd)宣布，计划将非IT业务拆分为一家非上市实体威普罗实业(Wipro Enterprises)。该案例突出强调分拆方的治理、评估和道德问题。原股东们有三种选择。其中之一是他们可以交换威普罗实业的股份，这些股份是他们将威普罗有限公司的股份分拆后置换获得，因为威普罗实业并未上市。该案例要求学生从投资者的角度分析重组。这个案例特别有趣，因为它提供了一个探讨家族上市公司的治理问题。

学习目标：
1. 评估公司分拆的利弊
2. 在分拆或剥离的情况下估值
3. 突出有关分拆的道德和法律问题
4. 公司董事会受托责任的概念，涉及保护少数股东的利益

涵盖主题：分拆、估值、道德、公司治理

2012年，在纽约证交所上市的IT服务公司威普罗有限公司宣布，计划将其非IT业务拆分为非上市公司威普罗实业(WEL)。威普罗消费者护理和照明、威普罗基建工程(主要为水利业务)和医疗诊断产品及服务业务，将由威普罗实业控股。根据该计划，威普罗有限公司(WL)仍将是一家上市公司，专注于信息技术，而威普罗实业将是一家非上市公司。威普罗有限公司董事长阿齐姆·普雷姆吉(Azim Premji)对该计划的优点深信不疑。他坚信分拆符合股东的最大利益。

阿齐姆·普雷姆吉表示：

我相信，分拆将为我们的股东带来更大的价值，并为增长提供新的动力。每一项业务都是各自行业中最好的，我们致力于这两项业务。

董事会将于2012年11月1日召开会议，会议议程包括对分拆计划进行最后表决。2012年12月28日，按照印度法院的要求，股东将对分拆计划进行投票表决。普雷姆吉董事长希望他的分拆计划能得到董事会和威普罗股东的支持。

阿齐姆·普雷姆吉

阿齐姆·普雷姆吉毕业于斯坦福大学电气工程专业，是印度著名的商业领袖，以财富积累和慈善事业闻名。他在美国、欧洲、亚洲和印度获得了无数的荣誉。2003年3月，《福布斯》将他列为全球最具改变力量的10人之一。2003年8月，《财富杂志》授予他美国以外最具影响力的25位商界领袖之一的荣誉。2003年10月，他作为"印度科技之王"登上了《商业周刊》的封面。两年后（2005年10月），英国《金融时报》将他列入全球25位"极大地改变了人们的生活、工作或思维方式"的人物之列。2011年11月，《外交政策杂志》将他列为全球顶尖思想家之一。普雷姆吉成为第一个获得令人垂涎的法拉第奖章的印度人，并被美国卫斯理大学、印度理工学院孟买分校和鲁尔基分校等机构授予荣誉博士学位。2011年1月，印度政府授予他帕德玛·维布山奖（Padma Vibhushan），这是印度最高的平民奖项之一，法兰西共和国授予他"荣誉军团"奖章。2012年11月，《福布斯》杂志印度版将他评为"年度杰出慈善家"。2012年，他以122亿美元的个人财富被《福布斯》评为印度第三大富豪，全球第41位。他曾担任印度中央银行董事会的非执行董事，印度全国工商联委员会委员，印度—英国和印度—法国首席执行官论坛成员。

2001年，普雷姆吉成立了普雷姆吉基金会，这是一个非营利组织，致力于建设一个更美好的社会，提高印度教育的质量和公平性。2004年和2011年，他被《时代》杂志评为100位最具影响力的人物之一。微软创始人比尔·盖茨承认他的贡献，在2011年写道：

如果说有谁能代表印度的经济转型，那就是信息技术巨头威普罗公司的董事长阿齐姆·普雷姆吉。但鉴于普雷姆吉在印度新兴慈善领域的开拓性领导地位，这或许将成为他的永久遗产。盖茨最近向普雷姆吉的基金会捐赠了20亿美元，这是现代印度历史上最大的一笔慈善捐款。

公司背景

公司成立于1945年，原名西印度蔬菜制品有限公司（Western India Vegetable Products Limited），1946年2月上市。该公司于1981年进入新兴的IT行业，并于1983年成立了软件产品和出口子公司威普罗系统公司（Wipro Systems Ltd）。威普罗是销售本土个人电脑的先驱。20世纪90年代，该公司开创了离岸业务的概念，开始提供IT服务。公司于1989年与通用电气（GE）成立了一家合资企业，生产医疗设备。公司于2000年初进入业务流程外包(BPO)业务,并于2008年进入生态能源业务。2013年,威普罗连续第二年被全球领先的商业道德智库埃思菲尔协会(Ethisphere Institute)评为全球最具道德规范的企业之一。

威普罗于2000年在纽交所上市,以反映其业务的全球性。它是全球首家通过IT服务公司认证的人员能力成熟度(PCMM)5级和软件工程学会员工能力成熟度(SEI CMM)5级的公司。截至2012年,威普罗拥有超过142 905名员工。它是一家领先的印度公司,在IT和BPO服务、国内硬件、消费者照明和消费者护理等领域拥有多元化的业务组合。它还提供广泛的服务,包括系统集成、支持IT外包服务、软件应用程序开发和维护以及研发服务。此外,它在基础设施工程建设、消费品和电子照明等细分市场拥有强大的影响力。

IT业务

IT产品部门销售一系列的威普罗个人桌面电脑、威普罗服务器和威普罗笔记本电脑。此外,它还是一家为国际品牌销售台式电脑、服务器、笔记本电脑、存储产品、网络解决方案和打包软件的增值分销商。威普罗于1981年进入科技行业,在54个国家拥有超过13万名员工和客户。在截至2014年3月31日的财年中,其营收为59亿美元,客户复购率超过95%。

消费者护理和照明

威普罗消费者护理和照明是威普罗公司在快速消费品领域的一个业务部门,提供多种消费品。该部门成立于1945年,推出的第一款产品是植物油,后来以葵花籽黄油的品牌推广开来。该公司提供个人护理产品,如威普罗婴儿护理、威普罗安全清洗、三特和前德卡等香皂品牌,以及像雅得蕾这样的国际品牌。其照明解决方案包括司玛利特CFL、LED和应急灯等产品。消费者部门仅贡献了公司总收入的9%,以及息税前利润的6%。该部门在过去几年以38%的复合年增长率增长,在40个国家拥有6 500多名员工,在印度有8家工厂,海外有5家。

在国内市场,威普罗的三特牌香皂以8.8%的市场份额排名第三,而市场领导者印度联合利华的市场份额为45%。戈得瑞的消费品占据了11%的市场份额。在除臭剂方面,威普罗再次名列第三。在马来西亚,该部门在洗漱用品领域的市场份额为48%,在香水领域的市场份额为24%,位居行业之首。在洗面奶、身体乳液类产品中,该公司的市场份额分别为27%和17%。通过其热销的产品和收购其他公司,威普罗消费者护理和照明已成为快速消费品领域快速增长的公司。2007年,它收购了新加坡的个人护理公司 UNZA，2009 年收购了雅得蕾在亚洲、中东和非洲的业务。该部门在 9 年内进行了 8 次收购，总价为 5 亿美元。

基础设施工程

这个部门负责威普罗的液压业务。该公司为国际原始设备制造商制造液压缸、卡车气缸及其零部件等，并在印度代表川崎重工、太阳液压公司和泰进山崎公司提供服务。它已经与川崎重工和欧洲宇航防务集团建立了合作关系。威普罗基建工程是全球第二大独立气缸制造商。该公司最近涉足水处理系统和解决方案，以满足不同行业的需要。

医疗系统

威普罗医疗系统有限公司是威普罗与通用电气医疗南亚公司的合资企业。公司致力于研究及发展先进的技术解决方案，以满足病人及顾客在医疗方面的需要。该伙伴关系始于 1990 年，为疾病诊断及 IT 在医疗中应用提供设备和方案，以帮助医疗专业人员对抗癌症、心脏病和其他疾病。

行业背景

印度 IT 行业可以分为四大类：软件产品和软件工程服务、IT 服务、IT 支持服务和硬件设备。2012 年，该行业总收入为 1 009 亿美元，为印度近 250 万专业人士提供了就业机会。由于印度 IT 公司的成本优势，许多西方大公司将 IT 服务外包给印度公司。到 2020 年，印度的外包业预计将达到 2 250 亿美元。该行业由塔塔咨询服务公司(Tata Consultancy Services，TCS)、印孚瑟斯技术公司(Infosys Technologies)、威普罗等本土跨国公司以及惠普、IBM 和埃森哲(Accenture)等跨国公司主导。2010-2011 年，印度 IT/ITES 行业的总收入有望达到 4 288 亿美元。2011 年，前三大公司(塔塔咨询、印孚瑟斯和威普罗)的收入增长了 19.8%，达到 9 584 亿卢比。排名前五的印度公司一直在全球顶级服务提供商之列。

重组

2011 年，与塔塔咨询服务和科尼赞特技术等竞争对手相比，威普罗的表现略显逊色。该公司宣布对高层管理人员进行了一系列调整，并推出了旨在提高其灵活性和专注度的新结构。威普罗任命 T. K. 库林(T. K. Kurien)为新任首席执行官,之后开始了重组工作。

该公司根据行业领域将其 IT 服务业务划分为 6 个战略业务单元(SBUs)。每个战略业务单元被期望作为一个独立的盈利中心运营。这一举措旨在使公司更加以客户为中心,提高在大客户市场的份额。这个举措很快就产生了效果。该公司在一年内将 1 亿美元的客户数量从 3 个增加到 7 个。

分拆是重组的又一步。根据该计划,董事会将保持不变,分拆将不影响威普罗的管理结构。威普罗品牌将由两家公司共同拥有。分拆不会导致威普罗实业的领导层发生变化。阿齐姆·普雷姆吉将继续担任威普罗董事会执行主席,并担任威普罗实业的非执行主席。

威普罗公司财务总监兼执行董事苏雷什·塞纳帕蒂(Suresh Senapaty)在评论分拆计划时指出:

威普罗公司的业务是多元化的,这一分拆为它们提供了一个追求独立增长的机会。我相信分拆计划对所有利益相关者是透明和公平的。

威普罗公司首席执行官兼 IT 业务执行董事 T. K. 库林补充道:

创建一家以技术为核心的公司,将使我们能够更好地服务于客户的需求,并加快必要的投资,以利用市场增长机会。

不同部门的业务模式是不同的。根据拟议的重组方案,威普罗的印度居民普通股股东可以根据投资目标从多种选项中选择,他们可以选择:

1. 以 5 股每股面值为 2 卢比的威普罗有限公司股份交换 1 股面值为 10 卢比的威普罗实业公司股份;

2. 以 5 股威普罗有限公司股份,交换一股面值为 50 卢比、利率为 7% 的威普罗实业公司可赎回优先股;

3. 交换威普罗实业公司的股权,获得创始人持有的威普罗有限公司的股权作为对价。换股率为 1∶1.65(即,每 1.65 股威普罗实业公司股份对应 1 股威普罗有限公司股份)。

每一份可赎回优先股的期限为 12 个月,赎回价为 235.20 卢比。

非普通股股东和 ADR(美国存托凭证)持有人将有权按上述比例获得威普罗实业公司的股权。非普通股股东可以选择将威普罗实业公司的股权与创始人持有的威普罗有限公司的股权交换。根据拟议的重组方案,按照上述比例,美国存托凭证持有人有权获得的威普罗实业公司股权,将被强制转换为创始人持有的威普罗有限公司股权。在获得印度和美国两国的证券交易委员会的全部批准后,ADR 持有者将获得威普罗有限公司股权的额外存托凭证。如果未获批准或在分拆的日期之前未获批准,则公司管理层预计保管人将出售威普罗有限公司的股权,并将收益分配给存托凭证持有者。

分拆的理由

在美国,公司通过分拆进行重组是很常见的。2011年,美国宣布了总计1 158亿美元的剥离计划。在分拆中,上市公司的一个或多个部门与母公司分离。母公司将控股子公司的股份按比例分配给股东。这些实体继续由母公司的原股东拥有。因此,分拆出来的公司成为一个独立的公司,并在证券交易所上市。网飞(Netflix)、雅培(Abbott Labs)、泰科(Tyco)和麦格劳-希尔最近通过分拆进行了重组。

与美国同行一样,印度企业也在进行分拆重组。公司剥离一部分业务,重新注册公司、单独上市是分拆的一种方式。在威普罗的案例中,非IT业务的分拆将有助于创建包含两个独立实体的简单结构。

1. 一个纯的IT服务公司,类似于它的同行;
2. 威普罗实业则是一家业务多元化的非上市独立公司。

天使证券经纪公司的一位分析师表示:"剥离非IT业务将导致上市实体的已投资资本回报率和净资产收益率上升,因为非IT业务的回报率较低。我们仍然看好这只股票。"

摩根大通的两名分析师在报告中表示:"对IT服务的关注将会增强,利润率等财务指标将会相对更清晰"。因此,威普罗有限公司将更容易与同行比较。

然而,一些分析师并不乐观。他们想知道估值是如何计算出来的,分拆出来会有什么结果。埃德威斯(Edelweiss Capital)的一位分析师说:

事实上,威普罗应该分拆消费保健部门。印度快速消费品公司的市盈率在所有国家中最高,如果威普罗真的将其上市,这将是一个不错的举措。

在2011—2012财年,威普罗的IT业务为其贡献了86%的收入和94%的营业利润。预计分拆将为威普罗和威普罗实业各自的增长战略提供新的动力。预计分拆还将提高各自市场的竞争力。根据印度证券交易委员会(SEBI)颁布的《上市协议》第40A条,在2013年6月之前,上市交易的公司要求公众股东至少拥有25%的公开股份。以威普罗有限公司为例,由阿齐姆·普雷姆吉领导的创始人拥有或控制了公司总股权的78.3%。这意味着威普罗必须向公众发行更多的股票,以满足25%的最低公众持股要求。

威普罗成立了董事会的一个特别委员会,监督分拆计划的规划和执行。特别委员会由独立董事比尔·欧文(Bill Owens)、N. 瓦格尔(N. Vaghul)和M. K. 沙玛(M. K.

Sharma)组成。分拆的具体时间为 2012 年 4 月 1 日,预计在下一财年完成。分拆计划还需获得威普罗总部所在地卡纳塔克邦监管机构和高等法院的批准。一家信托基金将被设立用于监督股票交换和索赔方案的解决。

分拆时间安排

根据印度法律,分拆是 1956 年《公司法》第 391-394 条规定的一种安排方案,需要在为此目的召开的一次会议上获得多数股东(四分之三投票权)的批准,并由高等法院批准。股东将于 2012 年 12 月 28 日投票。由于重组需要与利益相关者举行多次会议,并获得监管当局的批准,因此整个过程预计将从分拆之日起长达 6 个月。

估值

估值由德勤杜玛苏印度私人有限公司和 N. M. 莱吉公司共同承担,而独立意见由 JM 金融证券私人公司和花旗集团全球市场印度私人有限公司提供。JM 金融还担任威普罗的唯一财务顾问。这些公司同意上述评估师所建议的估值及安排方案。

在花旗集团发布的独立意见中,尽管同意换股率,但指出评估机构德勤和莱吉没有进行基本面估值分析,他们建议考虑基于会计、所得税、法定准则和基于与管理层的讨论以及与威普罗独立董事组成的特别委员会的沟通,对威普罗进行估值。

增量的成本

虽然分拆带来了一些好处,但也有一些代价。公司在向投资者提供的一份信息声明中指出,在经营多元化业务的过程中会出现一些公司成本的浪费,可能会导致运营成本的增加。此外,分拆将导致 IT 和非 IT 业务之间失去任何协同效益(如果有的话)。这些增加的费用无法被精确地量化。

2012 年年末的情况

2012 年 12 月 10 日,正在准备分拆的威普罗消费品部门宣布,已达成一项最终协议,以 1.44 亿美元收购新加坡快速消费品公司 LD 滑克逊集团(LD Waxsons Group)。这项收购预计在两个月内完成。LD 滑克逊集团拥有领先的护肤品牌,如碧艾森丝(Bio-Essence)和京芙拉(Ginvera),以及保健品牌爱必尼(Ebene)。该公司在中国和马来西亚都有生产设备,在新加坡、马来西亚、中国大陆、中国台湾、中国香港和泰国都有强大的生产基地。预计此次收购将使消费品部门进入面部护肤业务。它还将把该部门在马来西亚的市场份额从16%提高到26%。

最后的投票

2012年11月,威普罗的董事会计划就分拆进行投票。同年12月,股东们预计将在一次法庭会议上就分拆计划投票。对于分拆的好处以及分拆提议对股东是否公平,证券分析师们意见不一。

思考题

1. 董事会在制定上市公司的战略方向方面有哪些责任？他们在管理组织中的角色是什么？
2. 对重组公司而言,有哪些不同的选择？重组能改善公司业绩和增加股东财富吗？
3. 在家族企业中,少数股东面临哪些风险？董事会在保护小股东利益方面的职责是什么？领导者的国家文化和声誉是否影响董事会的公司治理运作？
4. 你认为威普罗领导层希望将IT业务与其他业务分离的原因是什么？
5. 威普罗应当被分拆吗？为什么？
6. 分析威普罗的财务和股票市场表现。威普罗是否表现不佳？
7. 使用相对估值法对威普罗进行估值。威普罗是否被低估？
8. 威普罗的分拆实现了什么？
9. 确定投资者在分拆中面临的风险。
10. 分拆中是否存在潜在的道德风险？它们是什么？
11. 作为股东,你会投票赞成分拆吗？
12. 你从这个案例中学到了什么？

案例 6 苏司兰能源公司：债务重组

案例描述：该案例描述了印度一家致力于非传统能源（风能）的公司苏司兰雄心勃勃的增长战略。2007 年，苏司兰宣布收购世界顶级风力发电公司之一的德国 RE 帕瓦公司。它发行了总额为 7.6 亿美元的零息、付息的外币（美元）可转换债券，为收购融资。

这些债券在新加坡挂牌交易。由于经营环境恶化，公司的盈利能力和股价急剧下跌，导致负债累累。与此同时，印度卢比汇率从 1 美元兑 44 卢比贬值至 1 美元兑 55 卢比，由此公司在未对冲的外币息票支付上出现巨大亏损。为了避免破产，公司不得不调整资本结构。由于外币可转换债券的持有者不同意重组债务的条款，该公司不得不求助于优先级债权人进行债务重组。

学习目标：该案例可用于教授国际金融中的平价条件、资本结构的设计以及用外币计价的可转换债券为高科技企业融资的风险。

该案例使学生能够：
- 批判性分析债务重组。
- 培养对融资战略和商业战略之间相互作用的理解。
- 分析国际金融中的平价条件，目的是利用套利机会获取更廉价的资本。
- 批判性评估外币债券的基本原理。

涵盖主题：收购、公司重组、融资策略、国际金融、风险管理

2012 年 10 月 29 日，苏司兰能源有限公司（Suzlon Energy Ltd），世界最大的五家风力发电公司之一，宣布其高级担保债权人同意债务重组。公司计划分期支付利息和本金。在宣布消息后，苏司兰股价收盘时上涨 10.7%，至 17.10 卢比。苏司兰集团财务总监基尔蒂·瓦加迪亚（Kirti Vagadia）说：

优先级债权人支持我们的长期业务计划，支持我们为实现可持续的资本结构而整合债务所做的努力。这是稳定业务的重要一步。考虑到整体业务前景，我们认识到，尽管业务基本面强劲，订单总额 72 亿美元，但公司债务重组过程的时间表将持续地影响业绩。

根据债务重组计划，贷款机构同意增加营运资本贷款 180 亿卢比（合 3.5 亿美元），并在延期偿付期间将 150 亿卢比（合 2.7 亿美元）的利息在两年内转换为股权。从财务总监和 SBI（苏司兰的财务顾问）的角度来看，苏司兰的任务是从可用的替代方案中选择一个行动计划，如出售资产和筹集股本，以恢复财务健康。

公司背景

苏司兰能源公司是由塔尔西·坦蒂（Tulsi Tanti）和他的三个兄弟于 1995 年创立的。公司总部设在印度浦那（Pune）。该公司的愿景是成为风能行业的三大公司之一。2011 年，它是全球第五大风力涡轮机制造商，在 30 个国家的装机容量为 2 万兆瓦，拥有 1.3 万多名员工。该公司在亚洲、澳大利亚、欧洲、非洲和北美都有业务。公司提供的产品组合范围从 600 千瓦陆地涡轮机到 6.15 兆瓦海上涡轮机。公司拥有一体化的垂直生产基地。它开发了印度西部古吉拉特邦（Gujarat）和拉贾斯坦邦（Rajasthan）最大的风力发电场，累计发电能力超过 1 000 兆瓦。

2009 年至 2011 年，该公司的销售额从 741.646 亿卢比降至 471.836 亿卢比，但 2012 年又回升至 721.905 亿卢比，反映出 2007-2008 年全球金融危机爆发后不久，该公司在产品市场出现了困难。在同一时期，公司累计亏损超过 250 亿卢比。2010 年至 2012 年期间，该公司运营现金流从 210 亿卢比降至 54 亿卢比。

行业背景

印度的电力行业在过去十年中有了相当大的发展。截至 2011 年 8 月底，电力行业的装机容量已增至 18.15 万兆瓦（GOI 2012）。印度电力部门主要以煤炭为主，总装机容量包括 99 503 兆瓦（占比 55%）的煤炭发电机组，20 162 兆瓦（占比 11%）的可再生能源发电机组。2012-2017 年印度"十二五"期间新增装机容量预计为 75 715 兆瓦，其中 42 131 兆瓦将由私营部门生产。可再生能源在弥补供求差距方面日益重要。

风能是印度增长最快的行业，装机容量超过 1.9 万兆瓦，占可再生能源总装机容量的 70% 以上。印度是一个能源匮乏的国家，所有的电力公司，包括风能公司，都有巨大的增长潜力。由于电力项目延迟实施，供需缺口持续存在，印度的风能产业预计在 2012-2017 年间将增加 15 000 兆瓦。过去几年，由于印度政府提供的加速折旧等各种激励措施，该行业增长迅速。然而，2011 年政府取消了一些激励措施，这限制了苏司兰的增长前景，并使公司的处境艰难。由于海外市场放缓，苏司兰一直在苦苦挣扎。

印度的泰米尔纳德邦、古吉拉特邦、马哈拉施特拉邦、卡纳塔克邦和拉贾斯坦邦是风能装机容量最大的几个邦。2011-2012 年,印度风能发电量为 23.4BU,比 2008 年增长 19.7%。除发电量外,印度也是全球风能设备制造业的重要参与者。2012 年风电设备生产能力为 8 000 兆瓦。印度有 19 家风力涡轮机制造商,预计将有新公司进入这个市场。丹麦维斯塔斯风力系统公司是该行业的领导者。美国的通用电气、德国的艾能康和西班牙的迦马萨技术紧随其后。印度主要的传统电力生产商包括 NTPC、PGCIL、NHPC、耐维力利特、特伦特电力和 CESC。使用煤炭和其他化石燃料(如石油和天然气)的发电企业不仅面临投入品价格的波动,而且还面临投入品可获得性的波动,而风能则更具可持续性。

经营及融资历史

苏司兰以其卓越的运营能力而闻名,并每年于印度举行的印度风能大会上荣获"最佳制造商""最佳服务提供商""最佳企业社会责任奖"等多个奖项。2006 年,该公司与澳大利亚天然气与照明公司(AGL)签订了一份合同,建造澳大利亚最大的风电场,从而扩大了其经营的地域范围。它与泰克尼加西能源(TECHNERIA)签署了另一份合同,在葡萄牙建造一个高容量涡轮机。2006 年 12 月,该公司与英国石油签署了一份合同,将在印度马哈拉施特拉邦建设一座 40 兆瓦的风力发电厂。2007 年 3 月,该公司在澳大利亚建造了一个 2.1 兆瓦的涡轮机,在印度为 DLF 有限公司建造了一个 150 兆瓦的电厂。为了把苏司兰打造成一个重要的全球企业,塔西·坦蒂(Tulsi Tanti)开始在全球范围内收购主要的竞争对手。2006 年,坦蒂以 5.65 亿美元收购了比利时汉森变速器公司。第二年,它又竞购了德国的 RE 帕瓦公司。

收购 RE 帕瓦公司

可再生能源 RE 帕瓦公司是德国最大的风能公司,2006 年的收入预测为 4.5 亿欧元。该公司已在欧洲建立了强大的市场,并寻求在中国、印度和美国的机会。

2007 年 1 月,阿瑞瓦 S.A 公司即 RE 帕瓦系统公司最大的股东,宣布有意收购可再生能源 RE 帕瓦公司,并以每股 105 欧元向其股东出价,收购价格较公司前 3 个月平均股价溢价 44%。然而,在阿瑞瓦公司的报价后不久,苏兹隆风能,一家苏司兰的子公司,以每股 126 欧元(相比可再生能源 RE 帕瓦公司前 3 个月的平均股价溢价 72%)出价,超出了阿瑞瓦 S.A 的报价 20%。随后苏兹隆风能进一步修改其报价至 150 欧元,以对应阿瑞瓦 S.A 公司提出的 140 欧元报价。截至 2007 年 5 月,苏司兰已经获得了可再生能源 RE 帕瓦公司 25.46% 的股份。苏司兰希望控制该公司 75%

的股份，成为继艾能康、迦马萨和维斯塔斯之后的第四大风力涡轮机制造商。苏司兰最终控制了87.1%的投票权，这是由于其与马蒂夫和阿瑞瓦之间的选票池安排。宣布后，苏司兰的股价保持平稳，而市场小幅上涨。

苏司兰希望与可再生能源RE帕瓦公司的合作，能够促进苏司兰的研发工作。预计这一合并不仅将把研发和技术团队聚集在一起，还将为欧洲市场扩张提供基础。此外，合并后的新公司实体将更适合进行资本投资。这种合作关系将在研发经营周期内创造出最可靠的产品。

此次交易的投行包括荷兰银行（ABN AMRO）、印度国家银行（State Bank of India）和印度工业信贷投资银行（ICICI Bank）。2007年2月，苏司兰及其合作伙伴与荷兰银行达成了一项信贷安排，将为此次收购提供数笔贷款。信贷额度覆盖了收购6 057 209股（价值793 208 334欧元）和交易成本的金额。这将使偿债负担从6.69亿欧元增加到17.36亿欧元。在收购可再生能源RE帕瓦公司之后，苏司兰通过在世界各地设立子公司和赢得新订单，继续巩固其地位。在接下来的几年里，苏司兰花费了888.7亿卢比的资本来支持扩张。

融资

苏司兰的收购资金来自银行的定期贷款、不可转换债券以及零息或付息的外币（美元）可转换债券。在2007-2012年度，该公司共发行了约7.6亿美元的外币可转换债券。

外币可转换债券

外币可转换债券是一种混合工具，为投资者提供在特定日期或初始锁定期之后将债券转换为股票的选择权。转换价格通常为发行可转债时的股票市场价格加上一个溢价。

可转换债券在发行方中很受欢迎，因为它的票面利率比普通债券低，而且在债券转换为股票时提供了增加股本的可能性。外币可转换债券不像股本那样涉及原股东股权稀释。投资者发现可转换债券具有吸引力，因为这些工具允许投资者在保持债务安全的同时，从公司的股价上行潜力中获益。这些工具的到期收益率颇具吸引力。就税收而言，债券的利息支付（在转换期权行使之前）需缴纳10%的预扣税。债券转换部分的股息可按10%的税率扣税。在印度，当外币可转换债券转换为股票时，投资者无须缴纳资本利得税。

2004年至2006年，印度企业通过发行外币可转换债券筹集了106亿美元。印度企业能够以较低的票面利率发行外币可转换债券。在2004-2006年度发行的78个债券中,41个是零息债券,另外26个票面利率低于2%。外币可转换债券的到期收益率在4%至8.5%之间,平均为6.1%。大多数的外币可转换债券定价在5%-7%。对投资人来说,相对于普通债券,外币可转换债券有着更高的到期收益率。与普通不含权债券、外币贷款和外部商业借款相比,外币可转换债券的票面利率要低30%-40%,这将每年可节省2%-3%的成本。三分之一的发行人以低于主权债券收益率的票息筹集资金。与银团贷款和债券相比,外币可转换债券的约束条款较少。因此,这对发行方来说更加方便。

在大多数情况下,债券的转换价格与发行时的股票市场价格相比有相当大的溢价。平均而言,外币可转换债券转换价溢价为44%。如果债券持有人不想转换,则可以继续持有债券,直到偿还期满时收取本金和利息。

由于外债利率远低于印度的基准优惠贷款利率,因此,当本国货币相对于外国货币走强时,印度企业借入外国货币是合理的,这将导致利息和本金支付的现金流出减少。绝大多数对外直接结算货币是以美元计价的,这些债券主要在新加坡、卢森堡、伦敦和中国香港上市。

2003年至2007年,印度股市经历了周期性的牛市。印度的外币可转换债券为那些寻求国际多元化投资机会而又不想承受新兴市场股票风险影响的国际投资者提供了一个有吸引力的投资机会。

以美元计价的外币可转换债券对苏司兰很有吸引力,因为其收入也大多以美元计价。2009年,苏司兰的外汇汇兑收益为411.15亿卢比,外币支出为375.41亿卢比。苏司兰的附息债券每半年付息一次,票面利率为7.5%,赎回溢价高达150%的本金。这些债券在新加坡上市。塔塔汽车、塔塔钢铁、信实电信和拉尔森-图布洛(Larsen & Toubro)等印度的全球顶级企业都是最大的外币可转债发行主体。

印度企业将外币可转换债券视为纯粹的债务工具。公司在发行零息可转换债券时,将被转换债券的账面价值作为换发股票价值,不确认转换损益。就零息债而言,一般直接记入纯债工具,而不是记入利润表,发行可转换债券旨在把债券换成股票,转换时不应确认损益,不然会夸大利润和每股收益。这是会计处理中的非常规情况处理方法。

2010年6月,除了外币可转换债券和定期贷款外,苏司兰还以每股61卢比的配股价格向现有股东发行了207 565 299股,筹资35.28亿卢比。上一年,它发行了全球存托凭证(GDR),价格为每份7.40美元,筹资1.080 4亿美元。

苏司兰有一个专门的财务团队,负责监测外汇波动,目的是尽量减少汇率不利波动的影响。风险敞口是在合同基础上进行管理和对冲的。它使用远期和期权合约来对冲外汇风险。然而,2007 年发行的零息可转换债券并未进行对冲,债务人、债权人以及银行余额均是如此。在 2008 年和 2009 年转债余额分别是 240 亿卢比和 800 亿卢比。

经营和财务表现

2008 年,苏司兰的涡轮叶片在美国出现裂纹。这对来自美国的订单产生了负面影响,从而影响了销售。2008 年的全球金融危机导致了信贷紧缩。这对苏司兰的打击更大,尤其是因为它以过高的估值收购了可再生能源 RE 帕瓦公司。由于来自艾能康、迦马萨和维斯塔斯的竞争,苏司兰的市场份额从 2008 年的 58% 下降到 2012 年的 35%,2007-2008 年达到顶峰时,苏司兰的净收入为 10.17 亿卢比。在 2010 和 2011 财年,它分别亏损了 9.82 亿卢比和 109.6 亿卢比。然而,2012 年,公司设法将亏损减少到 47.8 亿卢比。随着财务状况的恶化,该公司的长期债务工具评级已从 2009 年的 AA 级降至 2012 年的 BBB 级。

2010 年 2 月 15 日,由于财务业绩不佳,苏司兰宣布将下调 2007 年 6 月发行的 3 亿美元零息债券和 2007 年 10 月发行的 2 亿美元零息可转换债券的转换价格。2010 年 5 月 18 日,可转换债券持有人同意:

1. 除去债券的财务约束条款。
2. 降低 (1)3 亿美元零息可转换债券的转换价格,由每股 359.68 卢比降至每股 97.26 卢比;(2)2 亿美元零息可转换债券的转换价格,由每股 371.55 卢比降至每股 97.26 卢比。
3. 将固定汇率设为 1 美元=44.60 卢比,替代了 2012 年 6 月到期的 3 亿美元零息可转换债券和 2012 年 10 月到期的 2 亿美元零息可转换债券的原汇率条件。

2012 年,苏司兰负债超过 1 100 亿卢比(合 20 亿美元)。6 月需要 3.6 亿美元,10 月需要 2.06 亿美元来赎回外币可转换债券。它的高杠杆率、高融资成本和持续的业绩亏损使得能赎回债券的现金几无可能。在外币可转换债券于 2012 年 6 月到期之前,它不得不紧急融资 3.6 亿美元。债券持有人批准了延长 45 天的提议。该公司必须在 7 月 27 日前安排资金偿付债券持有人。

仅 2012 年一年,该公司就负有偿还总计 392 亿卢比(合 7 亿美元)的债务义务,下一财年还要偿还 2.5 亿美元。为了注入股本,苏司兰要么让银行重组债务,出售其在可再生能源 RE 帕瓦公司的股权,要么将 RE 帕瓦与自己合并,要么出售其非核心资产,如印度或中国的风力发电场。然而,非核心资产的出售预计仅能获得 1 亿美元。该公司的股价从 2008 年 1 月的高点 446 卢比跌至 2012 年 7 月的 19.75 卢比,反映了资本市场的担忧。按照这个估值,该公司的债务是其 350 亿卢比市值的三倍。

印度的公司债务重组[15]

根据美国《破产法》第 11 章关于破产程序的规定,债务人保留对资产的占有,并在破产法院的监督下经营业务。债务人对债权人负有受托责任。当债务人无法履行职责时,会委任一名受托人监管业务。然而这种类型的破产法在印度并不存在。政府当时还没有出台应对破产的法律。印度的企业重组机制把债务重组的责任留给了银行。2011 年,为了保护陷入困境企业的债权人利益,印度央行(Reserve Bank of India)发布了有关银行将实施的企业债务重组的指导方针。公司债务重组(CDR)是建立在债权债务协议(DCA)和债权人间协议(ICA)基础上的自愿的非法定制度。该协议为多家银行账户、银团或财团账户提供了条件,所有银行和机构在这些账户上的未偿风险敞口可以达到 1 亿卢比或更多。

债权债务协议对债务人和债权人均有法律约束力,在合同期间不得诉诸任何法律行动,并采取"中止任何行动"的立场。印度的债务重组有三层结构,包括一个常设委员会、一个被授权小组和一个债务重组单元。

- 在这三层体系的顶层是债务重组委员会,是一个由商业银行和金融机构首席执行官组成的具有代表性的总机构。它制定了其他两级债务重组应遵循的政策和准则。
- 第二层是授权小组,它筛选了债务重组单元报告的所有案例的初步报告,并对公司架构的个别案例进行审议。在确定项目的可行性之后,它与债务重组小组一起拟订一套详细的重组方案。这项任务将在 90 天内完成,或至多在授权小组成立的 180 天内完成。
- 第三层是债务重组单元,一旦重组计划被授权各方批准并确认,债务重组单元就发出批准信(LOA)。贷款机构被要求在贷款发放之日起 45 天内批准重组计划,并在未来 45 天内执行重组。

2012 年的重组

苏司兰未能向外币可转换债券持有人支付款项,因为债券持有人不同意进一步延长到期日。2012 年 10 月 28 日,公司开始与高级债权人就公司债务重组进行讨论。苏司兰要求将贷款期限延长至 10 年,并在未来 2 年内暂停支付利息和本金。由 19 家国内银行组成的财团通过了早些时候的债务重组机制,并批准了该公司 950 亿卢比(合 18 亿美元)的债务重组方案。该方案包括:(1)暂停支付利息和本金 2 年;(2)下调利率3%；(c)暂停支付营运资本利息6个月。此外，为了保持财务稳定，在延期偿付期间支付的2年利息中有2.7亿美元将在今后2年内转换为股本。该计划包括一项为期10年的还款计划。它还包括增加180亿卢比（3.5亿美元）的营运资本融资，这将使该公司能够加快订单的执行。两位创始人被要求追加25亿卢比（合5 000万美元）的股本。另外，苏司兰被要求通过出售少数海外子公司来整合业务。

它还被要求在印度国家银行(SBI, State Bank of India)开立托管账户。苏司兰任命SBI的投资银行部门为公司债务重组提供建议。为了应对困境，苏司兰还可以出售非核心资产，以1亿美元的价格出售，向公众出售股票，或出售RE帕瓦的股份。目前尚不清楚这些方法是否可行。

思考题

1. 苏司兰公司的重组是必需的吗？
2. 为什么苏司兰公司会陷入财务困境？
3. 收购RE帕瓦公司的价格是否过高？运用乘数法和现金流折现法来估值。

   R_f＝德国10年期欧元国债利率＝3.81%，贝塔β＝0.88，德国的股市风险溢价＝5.28%，流通在外的股票数量＝8 993 576股，2007年税后利润＝7 053 555欧元，2007年股东权益＝187 829 789欧元

4. 为什么苏司兰选择发行外币可转债？在2007-2012年采用何种货币融资更为便宜？
5. 苏司兰处理财务困境的可选项有哪些？
6. 若你是债权人，你会同意重组计划吗？为什么是或为什么否？

译 后 记

这是一本印度学者写的并购与重组的教材。在金砖五国(BRICS)中,我们极少了解巴西、俄罗斯、印度、南非等国家的教材,现有绝大部分翻译的是来自英美或者欧美学者撰写的西方教材。

印度并购重组市场发展如何?特征有哪些?

本书的标题是"兼并、收购和公司重组——教材与案例",因此它分为正文与案例两个部分。正文部分有14章,具体又可划分为三个模块:(1)并购战略;(2)企业估值与并购相关话题;(3)公司重组。案例部分有6章,即每章围绕着一个主题给出一个案例。

本书的第一个特征是关于并购重组的一些新描述,如珍珠一般散落在书中的不同地方。下面以正文中的三个模块分别阐述之。第一个模块,为并购战略的第1-3章。对于并购的核心概念——协同价值(synergy)的定义、分解以及估算,是本书的一个特色。我虽然从事并购重组教学多年,但在国内外的同行教材中,很少见到对协同价值如此清晰深入的阐述。第二个模块,属于并购估值及相关话题,为本书的第4-11章。对于非上市企业的估值(第4章)、并购估值的期权应用特别是赢取计划(earnout)的分析(第5章),对于合并中买方和卖方的最大换股比例的分析(第6章)、跨境并购(第8章),以及并购后整合(第11章),均有一些独到表述的地方。第三个模块,讲述公司重组。其中,在讲到分立、股权切割,特别是跟踪股票(targeted stock offering)、印度的破产重组规定等方面,具有一些不为常人所知的新意。

本书的第二个特征,也可说是最大的特征,就是基于印度这个国家的并购重组的法律制度、社会经济环境背景的讲述。书中正文多有体现,但最突出的还是在教学案例部分。全书有6个教学案例,分别为IT行业的萨蒂扬(Satyam Computer)公司治理丑闻、塔塔钢铁(Tata Steel)的财务并购战略、翠鸟航空(Kingfisher Airline)的债务重组、信实电信(Reliance Communications)的并购与重组、威普罗公司(Wipro Ltd.)的分拆、苏司兰新能源公司(Suzlon Energy)的债务重组。这6个案例涉及的企业分别是IT信息技术、钢铁、航空、电信、综合实业、新能源(风能)等行业,这些企业也是印度最重要的国际著名的大公司。通过对这些案例的学习,读者在理解并购重组的理论和方法之后，得以观察印度企业并购重组的实际行为，顺便得以一窥庞大的印度经济体系。

我的一些学生分别是：丛菲菲、谷文臣、花弘毅、杨刚、胡涛、胡晓婕、王捷、文曲鸣、姜昆等，在 2018-2019 年进行了初稿的草译，然后我进行修订。当时我正在美国波士顿从事富布赖特研究学者的访学。波士顿郊区属于丘陵地形，起起伏伏。在我所居住的 Winthrop road 有一段曲折蜿蜒的山路，每当翻译工作告一段落之后，我总是喜欢走上山头溜达一圈，在山顶处眺望远方的城市，以缓解翻译工作的疲惫。回国之后重新润色，由于教学科研工作任务繁重以及去年疫情因素的影响，直到 2023 年 4 月份，才最终完稿，其间我花费了大量时间进行文字和内容的推敲和补充。

常常听人说印度这个国家是多层次的、丰富多彩的，我以为，本书的最大功能之一是为了解和学习印度企业的并购重组以及经济特征，提供了一条较为便捷的通路，展示了这个全球重要新兴经济体如万花筒般的几个多彩画面。这对于践行我国提出的"一带一路"倡议、推动中印经济合作具有重要的意义。

是为跋。

李曜

2023 年 6 月 22 日端午